ACADÉMIE DES SCIENCES

BELLES-LETTRES ET ARTS

DE SAVOIE

DOCUMENTS

Tome IV

LE
PRIEURÉ DE CHAMONIX

DOCUMENTS

RELATIFS

AU PRIEURÉ ET A LA VALLÉE DE CHAMONIX

Recueillis par M. J.-A. BONNEFOY,

Notaire à Sallanches, Chevalier de la Couronne d'Italie,
Membre de plusieurs Sociétés savantes,

Publiés et annotés par M. A. PERRIN.

Volume II

CHAMBÉRY

IMPRIMERIE CHATELAIN, AVENUE DU CHAMP-DE-MARS

1883

DOCUMENTS RELATIFS AU PRIEURÉ

ET A LA VALLÉE DE CHAMONIX

INTRODUCTION

L'impression de ce second volume était près d'être terminée, lorsque nous parvint la nouvelle de la mort de M. Bonnefoy, qui venait de nous retourner corrigées les dernières épreuves de ce volume dont il attendait impatiemment la publication. Nous nous faisons un devoir de consacrer ces premières pages à la mémoire de celui dont les recherches patientes et un travail continué pendant près de quarante ans ont créé ce recueil.

Jacques-Adrien Bonnefoy, né à Sallanches (département du Mont-Blanc), le 24 mai 1810, après avoir terminé ses études à Chambéry, fut notaire à Chamonix de 1837 à 1842, puis à Sallanches, où il exerça jusqu'à sa mort, 11 avril 1882. Ses fonctions d'officier ministériel et ses recherches historiques ne furent pas un obstacle à ce que cet homme de bien consacra encore une partie de son temps au service de sa province et de sa ville natale. Il fut membre du Conseil provincial de Faucigny, de 1845 à 1851, puis du Conseil divisionnaire d'Annecy et du Conseil d'arrondissement jusqu'en 1870, époque à laquelle son grand âge l'obligea à la retraite. Conseiller municipal de Sallanches de 1845 à sa mort, il en fut syndic de 1846 à 1849 et maire en 1861.

Ce fut pendant son séjour à Chamonix qu'il commença à se livrer à la lecture et à l'étude des anciens documents, apprenant seul à lire les écritures des manuscrits et leurs abréviations. Ses recherches portèrent d'abord sur les actes relatifs à cette vallée dont il retrouva une mine abondante à Sallanches (1831) dans les combles d'une maison et plus tard dans les archives du Chapitre ; elles s'étendirent ensuite à toutes les archives de la province de Faucigny, dans lesquelles il recueillit une importante collection de chartes et de documents originaux d'une grande valeur historique ; ses copies faites avec un soin minutieux constituent le recueil le plus complet des éléments de l'histoire de cette province et en particulier de Sallanches. Dès 1837, il était nommé membre de la Commission d'antiquités et des beaux-arts créée à Turin en 1832, à laquelle il communiqua divers documents qui furent imprimés dans les *Monumenta historiæ patriæ*. Ses travaux lui méritèrent, en 1869, la distinction d'être créé par Victor-Emmanuel chevalier de la Couronne d'Italie. L'Académie de Savoie le nommait membre correspondant en 1841, agrégé en 1856 et membre effectif non résidant en 1879. Associé étranger de la Société d'histoire et d'archéologie de Genève dès 1848, il publiait un certain nombre de documents dans les tomes VII, XIII, XIV et XV de ses Mémoires.

En 1863, il adressait à la Société d'histoire et d'archéologie de Savoie une note et dix documents relatifs à la levée faite sous Henri II, en 1547, pour la crue des gages des gendarmes publiés dans le tome VII de ses Mémoires.

Il avait fourni à Léon Ménabréa une partie des documents et la chronique avec lesquels il composa sa notice sur l'abbaye d'Aulph, et ouvrait généreusement ses riches cartons aux savants de tous pays avec lesquels il était en relation.

C'est au milieu de ses études historiques et dans l'exercice de ses travaux professionnels que le poids des années n'avait pu interrompre, que la mort est venu le frapper et l'enlever à sa famille et à ses nombreux amis.

Ce second volume de documents commence avec le XVe siècle et se termine par un acte de 1700 ; pour la période du XVIIe siècle, nous n'avons reproduit que les documents d'un intérêt spécial, ayant analysé dans les derniers chapitres de l'histoire de Chamonix tous ceux relatifs à l'adjonction du prieuré au chapitre de Sallanches.

Il comprend 108 pièces se rapportant aux matières suivantes :

Onze chartes de confirmation des franchises, contestations et transactions qui s'y rapportent, prise de possession et prestation de serment des prieurs et des habitants ;

Quatre reconnaissances d'hommage et actes d'affranchissement ;

Trois pièces relatives à l'élection des syndics ;

Vingt documents sur la juridiction criminelle exercée par les bons hommes, instructions, jugements, condamnations ; huit se rapportent à des crimes de sorcellerie, d'hérésie, d'idolâtrie et d'apostasie ;

Vingt-sept actes judiciaires, condamnations, compositions, etc. ;

Cinq criées, soit publications des règlements particuliers de police ;

Trois ont rapport aux offices de Métral, de notaire et de secrétaire ;

Huit sont relatifs à la propriété des montagnes et alpéages, aux redevances, transactions, hommages, ventes et acquisitions ;

Deux albergements et concession de prise d'eau pour établir des artifices ;

Deux traités de concessions de l'exploitation des mines ;

Un contrat relatif à l'établissement d'un chemin par un particulier ;

Dix pièces concernent les affaires ecclésiastiques, les curés et les églises de Chamonix et de Vallorcine, l'union du prieuré au chapitre de Sallanches ;

Six quittances de dons gratuits et subsides aux comtes et ducs de Savoie ;

Cinq actes relatifs aux relations internationales avec le Valais.

Un curieux pari relatif à l'abstention de jouer pendant un certain temps ;

La dernière pièce est la visite du directeur général de la taille en 1700, que nous avons publiée malgré sa date récente à cause des détails intéressants et curieux qu'elle donne sur la division de la vallée et le mode de perception usité *ab antiquo*, et dont la continuation est autorisée sans grande modification.

INDEX CHRONOLOGIQUE

17 Mars 1401.

Sentence absolutoire prononcée par spectable Jean Fontaine, docteur ès-lois, juge de la terre et juridiction de Chamonix, en faveur de François Péclo qui avait été injustement accusé par Vuillelme Péclo de lui avoir volé sa part des fruits du chaudron de la montagne de Peclerey ; ce dernier est condamné aux frais et dépens de l'instance.

28 Octobre 1402.

Pouvoirs donnés par R^d Guillaume de Challand, abbé du monastère de Saint-Michel de la Cluse, à Me Jean Enamorat, de Pynolio, notaire public, pour, en son nom, examiner et confirmer toutes les aliénations que R^d Jean Bochard, prieur de Chamonix, décédé (du 23 septembre au 28 octobre 1402) avait faites dans l'étendue de son prieuré.

11 Septembre 1405.

Affranchissement passé par R^d Antoine de Saint-Amour, prieur de Chamonix, de l'hommage lige dû par Hugon Botollier et Françoise, sa femme, de Servoz, pour les biens qu'ils possédaient dans la juridiction de Chamonix; et réduction dudit hommage en sufferte, moyennant soixante sols.

15 Novembre 1406.

Albergement passé par R^d Antoine de Saint-Amour, prieur de Chamonix, à Jeannet Mottier, des moulins et du battoir de Couz (chef-lieu de Chamonix) appartenant audit prieuré, sous l'introge de 18 francs 8 sous pour les moulins et le servis annuel de 12 sous pour le battoir; le prieur pour lui et ses successeurs s'y réserve la mouture, sans émine, des blés qui se consomment dans ledit prieuré.

8 Juin 1411.

Composition sur certains délits commis dans la juridiction de Chamonix par Aimon Bellon dit Grebilloud et son fils Jeannet, d'Argentière, pardonnés par R^d Antoine de Saint-Amour, prieur et seigneur temporel de Chamonix, au moyen d'une somme de 30 écus d'or, au coin de France, à payer aux finances du prieur et de six florins, petit poids, à payer aux officiers dudit prieuré.

12 Décembre 1412.

Antoine de Saint-Amour, prieur de Chamonix, cédant aux prières et aux supplications de ses sujets, casse et annule une publication (criée) faite audit lieu, qui défendait, sous peine de douze deniers, de marier des pupilles sans son consentement ou celui de deux ou de quatre de leurs plus proches parents. Il interdit aux notaires de recevoir et de transporter hors du mandement les actes et écritures concernant ses sujets, de les poursuivre sans sa permission, devant une autre cour que la sienne, pour la rentrée de leurs honoraires et de leur demander des droits qui n'auraient pas une cause juste. Il prescrit que les notaires, le juge et le châtelain qui sont en exercice et ceux à venir, avant de prendre possession de leur office, prêtent serment d'observer ces dispositions.

24 Septembre 1414.

Enquête faite à la demande de vénérable Antoine de Saint-Amour, prieur de Chamonix et des Prud'hommes dudit lieu, sur l'exercice par ces derniers de la juridiction criminelle.

3 Décembre 1414.

Quittance passée par Amédée VIII à vénérable Antoine de Saint-Amour, prieur de Chamonix, du don gratuit de 250 florins d'or, petit poids, que celui-ci lui avait fait à l'occasion de l'arrivée et du passage, en Savoie, de Sigismond, empereur des Romains.

23 Mars 1417.

Henri Fabre, juge de Faucigny pour Bonne de Berry, comtesse d'Armagnac, après avoir fait comparaître devant lui et entendu François

Chamonix, notaire et procureur d'Antoine de Saint-Amour et Jaquemet d'Avullier, procureur fiscal de la terre de Faucigny dans la cause de Vuillelme Anceys, fils de Gaudin Anceys, du mandement de Chamonix, détenu dans la prison de Châtillon et accusé d'avoir tué Vuillelme Moret dans le territoire de Chamonix, ordonne sa remise au juge et au châtelain de Chamonix pour y être jugé en conformité de la requête présentée par Pierre Vaneus, juge de Chamonix.

3 Juin 1417.

Condamnation à mort de Guillaume fils de Gaudin Anceys, coupable d'avoir tué Guillaume Moret.

14 Mai 1417.

Abandon de poursuites dirigées contre Pierre Plat, d'Argentière, consenti par vénérable Antoine de Saint-Amour, prieur et seigneur temporel de Chamonix, au moyen d'une somme de 46 écus au coin de France, à payer au receveur des finances dudit prieuré.

25 Août 1417.

Publication faite à Vallorcine du règlement particulier de la juridiction de Chamonix.

8 Octobre 1418.

Criée faite à Chamonix constatant que le prieur du lieu a la cinquième partie des biens meubles des personnes qui décèdent sans enfants.

Juillet 1419 au 20 Avril 1420.

(A.) Plainte adressée par le prieur de Chamonix au duc de Savoie, à l'occasion de la connaissance qu'avait indûment prise le châtelain de Montjoie, des différends survenus entre plusieurs particuliers, tant de la paroisse du Lac que d'autres lieux, au sujet de la montagne de Challioud et d'Arlevé, dépendante du territoire de sa juridiction ; ce qui avait obligé ledit prieur à réduire sous sa main ladite montagne, et demande de l'annulation de tous mandements dominicaux accordés à ces particuliers sur l'instance de noble François Botollier, l'un d'eux.

(B.) Révocations de tous mandements, avec inhibition et défense audit châtelain de troubler ledit prieur et les officiers de justice dans l'exercice de leurs droits et fonctions.

(C.) Procès-verbal du vice-châtelain de Montjoie, qui donne acte de

la remise qui lui est faite des lettres dominicales et qui néanmoins ne donne aucune disposition opportune.

(D.) Autre procès-verbal du même par lequel il déclare changer de résidence, sous prétexte qu'il y a une épidémie dans sa châtellenie.

(E.) Lettres de jussion audit châtelain, sous peine de 50 fr. en cas de désobéissance.

(F.) Procès-verbal dudit châtelain au sujet des premières lettres dominicales qu'il met à exécution, ce qu'il avait refusé jusqu'alors d'exécuter.

18 Juin 1420.

Nomination faite par vénérable Jacques de Crescherel, prieur de Chamonix, d'un curé dans la paroisse de Vallorcine, en la personne de Pierre Begninat, prêtre, de Fribourg, dans le diocèse de Lausanne.

27 Août 1421.

Compromis passé entre R^d Jacques de Crescherel, prieur de Chamonix, et les syndics et prudhommes du lieu, et nomination d'arbitres pour examiner et réparer l'erreur commise au préjudice de la communauté de Chamonix dans une sentence rendue par R^d Jean de Lentenay, official de Genève, par délégation de l'abbé de la Cluse, au sujet du conseil que ledit prieur doit fournir, à ses frais, à ladite communauté, pour juger les criminels, et dans laquelle il était dit que les prudhommes dudit lieu, siégeant comme cour criminelle, devaient suivre aveuglément l'avis dudit conseil, contre tout ce qui avait été pratiqué auparavant.

6 Juin 1425.

Quittance et déclaration d'Amédée VIII au sujet du don gratuit à lui offert par vénérable Jacques de Crescherel, prieur de Chamonix. Ce don avait été accordé à l'occasion du projet formé par le duc, de récupérer les comtés de Valentinois et de Diois.

10 Juin 1425.

(B.) Second recours présenté à R^d Jean Seyturier, abbé de Saint-Michel de la Cluse, par les parents et amis d'Aymon Mottier, de Chamonix, pour obtenir l'élargissement de ce dernier des prisons du prieuré de Chamonix.

(C.) Ordre d'élargissement prononcé par ledit abbé et menace d'excommunication contre le prieur.

(A.) Procès-verbal de présentation de ce second recours et de l'ordre y annexé à R⁴ Jacques de Crescherel, prieur de Chamonix.

(D.) Et transmission de cet ordre par ledit prieur à noble Jean Delesvaux, vice-châtelain de Chamonix, pour son exécution. Celui-ci en demande acte.

25 Octobre 1425.

Sentence prononcée par Aymon de Taninge, licencié en droit, juge de la terre de Chamonix, contre Aymon Miat et Millieret Benoz, qui avaient proféré des injures contre Aymon Motier, des Ducs, et Jean Lucy, chargés de faire la perception du don gratuit de 200 florins, accordé au duc de Savoie pour doter les princesses Bone et Jeanne, ses sœurs, et avaient empêché les plaignants dans la perception de ce don.

27 Janvier 1427.

(B.) Recours présenté par R⁴ Jacques de Crescherel, prieur de Chamonix, à l'abbé de la Cluse, son supérieur, au sujet de la plainte formée contre lui par Aymon Motier et ses partisans, à l'occasion de la détention dudit Aymon Motier dans les prisons du prieuré de Chamonix.

(C.) Révocation par vénérable Jean Seyturier, abbé de la Cluse, de l'excommunication par lui lancée contre ledit prieur, au sujet de la même détention, et commission par le même à R⁴ Jean de Lenthenay, chanoine et sacristain de Genève, pour connaître de la cause ventillante entre ledit prieur et ledit Aymon Motier et de l'appel porté par-devant lui par ce dernier.

(A. et D.) Et sentence de contumace prononcée par ledit délégué contre ledit A. Motier et ses partisans, pour n'avoir pas comparu en justice pour soutenir leur appel, dont ils ont tenu l'exposé caché.

20 Juin 1427.

Transaction arbitrale passée entre R⁴ Jacques de Crescherel, prieur et seigneur temporel du mandement de Chamonix, d'une part; et Nicod Bouchard et Hugue Mermet, son beau-frère, de la paroisse du Lac, d'autre part; par laquelle ceux-ci, se trouvant dans l'impossibilité de rétablir le chalet, dit des Bouchards, en la montagne de Challiou, et voulant se racheter des peines prononcées contre eux par le châtelain de Chamonix, à cause du préjudice fait audit prieur, par défaut de cette reconstruction, rétrocèdent, par donation entrevifs, tous les droits qu'ils pouvaient avoir à cette montagne.

27 Octobre 1429.

Quittance d'un don gratuit de 120 fr. et de 100 florins, petit poids, donnée au prieur de Chamonix, Jacques de Crescherel, par Amédée VIII, duc de Savoie, somme destinée à former la dot de la princesse Marie sa fille, mariée au duc de Milan, et à dégrever l'État des frais de la guerre soutenue contre ce dernier.

19 Mars 1431.

Composition sur divers délits commis par Jacquet Viviant, de Chamonix; celui-ci s'engage à payer 50 florins d'or, petit poids, monnaie de Savoie, au prieur de Chamonix, comme seigneur temporel du lieu, outre ce qui pouvait revenir aux officiers de justice.

18 Juillet 1431.

Sentence rendue par le Conseil d'État dans la cause qui avait ventillé par-devant lui entre R^d Jacques de Crescherel, prieur de Chamonix, demandeur, et noble Humbert de Chissé, seigneur de Servoz, d'autre part, par laquelle ce dernier fut condamné à payer audit prieur, avec ses arrérages, le muid et demi de froment qui avait été donné au prieuré de Chamonix, par Aimon, sire de Faucigny. (Charte du 17 des Kalendes de décembre 1236.)

25 Octobre 1431.

Sentence de contumace rendue par spectable Urbain Cirisier, docteur en droit, juge de Chamonix, contre Pierre Giraudenz, de Montjoie.

9 Février 1434.

Reconnaissance passée et hommage rendu par Hugue, fils de Vuillelme Gaudin Onsey, d'Argentière, mandement de Chamonix, habitant à Fully, en Valais, d'être toujours homme lige et censat de révérend Jacques de Crescherel, prieur de Chamonix, quoique habitant hors des terres de ce dernier.

2 Mai 1435.

Transaction passée par-devant le Conseil ducal de Savoie, terminant le différend existant entre révérend Jacques de Crescherel, prieur de Chamonix et N. Humbert de Chissé, châtelain perpétuel de Servoz.

Par laquelle :
1° Ledit prieur donne quittance audit châtelain du muid et demi de froment que ce dernier lui devait annuellement sur les revenus de la châtellenie de Servoz, ainsi que des arrérages de cette rente ; 2° ledit châtelain donne quittance audit prieur du denier d'or qu'il lui devait aussi annuellement pour la garde du prieuré de Chamonix, laquelle est remise au duc de Savoie. De plus, il rétrocède audit prieur la tour, soit château de Saint-Michel du Lac, ainsi que les hommes, hommages, servis et autres droits et devoirs seigneuriaux que ledit châtelain avait dans les limites de la juridiction de Chamonix, moyennant 260 fl. pp. Ledit prieur acquiert le droit de faire faire ses publications dans l'église de Sainte-Marie du Lac, sans que, par cette faculté, il puisse s'attribuer aucune juridiction.

3 Mai 1435.

Lettres-patentes de confirmation de la transaction qui précède par Louis de Savoie, prince de Piémont, lieutenant général d'Amédée VIII, duc de Savoie, son père, attachées à ladite transaction.

29 Septembre 1435.

Publication du règlement de police de la juridiction de Chamonix, faite de la part du prieur du lieu par le vice-métral.

11 Décembre 1437.

Sentence prononcée par spectable Pierre Fontaine, docteur en droit, juge de la terre et juridiction de Chamonix, contre divers particuliers, lesquels sans titre s'étaient permis de conduire leurs bestiaux et de faucher sur la montagne de Fer, appartenant au prieuré de Chamonix.

24 Janvier 1439.

Hommage lige et noble prêté par noble François, fils de noble Jean de Lucinge, de la paroisse de Passy, au nom de son père, au prieur de Chamonix, pour les terres, hommes, servis et autres revenus que son dit père possédait dans les territoires de Vaudagne et du Lac, dans la juridiction de Chamonix, tant de son chef que du chef de son frère Jacquemet, de Lucinge, et ratification de cet hommage, faite par ledit noble Jean de Lucinge.

27 Mai 1439.

Lettre de R^d Jean Seyturier, abbé de la Cluse, adressée à tous dignitaires ecclésiastiques requis, afin qu'ils employassent tous leurs pouvoirs pour contraindre les sujets de R^d Guillaume de la Ravoire, prieur de Chamonix, à lui rendre hommage et fidélité, et à lui payer les dîmes et revenus de toute nature à lui dus.

28 Septembre 1439.

Serment prêté par R^d Guillaume de la Ravoire, prieur de Chamonix, d'observer les libertés et franchises que ses prédécesseurs avaient accordées à ses sujets.

24 Juin 1440.

Règlement particulier de la juridiction de Chamonix, publié par ordre du châtelain du lieu et de la part de R^d Guillaume de la Ravoire, prieur et seigneur temporel dudit lieu, savoir : à Chamonix, aux portes de l'église, les 24 juin 1440, 1441 et 1442, et à Vallorcine, aux portes de l'église, les 15 août 1440 et 1441.

20 Septembre 1440.

(B.) Plainte portée au comte de Genevois, baron de Faucigny, par divers particuliers du mandement de Saint-Michel du Lac (partie du territoire de la commune des Houches, annexée à la paroisse de Servoz), sur ce que le prieur de Chamonix exigeait d'eux qu'ils lui prêtassent hommage et fidélité, en vertu d'une concession qui lui aurait été faite ; ce à quoi lesdits particuliers se refusaient, se disant hommes liges dudit comte.

(A, C.) Sentence rendue par le magnifique conseil du Genevois, résidant près la personne dudit comte, laquelle condamne les plaignants à rendre les devoirs seigneuriaux au prieur de Chamonix.

(D.) Décret de Philippe, comte de Genevois, baron de Faucigny, qui rend exécutoire cette sentence, en confiant cette exécution aux châtelains de Sallanches, de Flumet et de Montjoie.

6 Septembre 1441.

Procès-verbal de la remise pour vingt-quatre heures par noble Nicod de Montfort, vice-châtelain de Chamonix, aux mains de Jean Despraz, vice-métral du lieu, de Jeannette, veuve de Peronet-Decupelin, accusée de délits par elle commis dans la vallée.

7 Septembre 1441.

Procès-verbal de la remise faite, au banc du droit à Chamonix, par le vice-métral du lieu à noble Nicod de Montfort, vice-châtelain, de

Jeannette, veuve de Peronet Decupellin, accusée de délits par elle commis dans la vallée de Chamonix, après que ledit vice-métral l'a eue en garde pendant vingt-quatre heures, suivant la coutume observée dans ladite vallée.

28 Octobre 1441.

Sentence arbitrale prononcée par spectable Jean de Chissé, chevalier, docteur en droit canonique, licencié en droit civil et juge de la terre de Chamonix, arbitre élu d'un commun accord, par frère Jacques de Crescherel, ancien prieur de Chamonix, agissant comme administrateur et gouverneur dudit prieuré, au nom de R^d Guillaume de la Ravoire, prieur moderne, d'une part, et par les syndics, conseillers et procureurs de Chamonix, du Lac et de Vallorcine, d'autre part, pour terminer les différends qui les divisaient.

4 Décembre 1441.

Guillaume de la Ravoire, prieur de Chamonix, à la requête des syndics et procureurs de la vallée de Chamonix, confirme et homologue la sentence arbitrale qui précède, rendue par spectable Jean de Chissé, juge du lieu, arbitre choisi par les parties.

6 Novembre 1443.

Sentence arbitrale sur procès, acceptée par R^d Guillaume de la Ravoire, prieur de Chamonix, d'une part; et par les frères Jean, Aimon et Guillaume, fils de noble François Botollier, de Servoz, et leurs consorts, de la paroisse du Lac, soit des lieux de Vaudagne, du Lac, de Montvautier et du Songy, d'autre part, relative aux montagnes de Challioud et d'Arlevé; par laquelle, 1° il fut reconnu que ces montagnes étaient du domaine direct du prieuré de Chamonix; 2° ledit prieur s'engage à n'y faire inalper que les bestiaux appartenant aux paroissiens du Lac; 3° ceux-ci furent tenus de répartir leurs bestiaux dans les deux chalets y existant, soit dans celui dit des Botolliers, appartenant aux nobles de ce nom, soit dans celui appelé des Bouchards, appartenant audit prieur; 4° il fut reconnu que les nobles Botolliers avaient droit de recevoir, à titre d'hautsiège, dans le chalet de leur nom, un serac et deux fromages. Les frais de procédure furent annulés.

10 Mai 1444.

Autorisation accordée par Guillaume de la Ravoire, prieur de Chamonix, aux syndics et habitants de ce dernier lieu, de placer, dans le chœur de l'église du prieuré, un tabernacle.

9 Mars 1446.

Demande d'extradition adressée à Louis, duc de Savoie, par le procureur fiscal de la juridiction de Chamonix, de Pierre d'Orsin [1], de Montjoie, sujet du duc, qui avait commis plusieurs délits et vols dans ladite juridiction et qui s'était enfui sur les terres de Savoie.

Ordre donné par le duc à tous ses officiers ministériels de faire la recherche du prévenu dans leur ressort, et de le remettre audit procureur fiscal de Chamonix.

Exécution de cet ordre, saisie de Pierre d'Orsin par le vice-châtelain de Flumet, qui le retient pendant trois jours, et sa remise au vice-châtelain de Chamonix.

20 Mars 1446.

A. Noble François de Lucinge, lieutenant de noble Guigon de la Ravoire, châtelain de Chamonix, fait la remise de Pierre d'Orsin, du mandement de Montjoie (vallée de Saint-Gervais), saisi comme prisonnier, à Reymond Charlet, vice-métral de Chamonix, pour le garder pendant vingt-quatre heures suivant l'usage du lieu.

B. Le lendemain, le vice métral rend le prisonnier au lieutenant châtelain.

C. Le même jour, le lieutenant châtelain enferme le prisonnier, chargé de fers, dans le cachot situé au fond de la Tour, dite le Ratier.

D. Le duc de Savoie écrit au prieur de Chamonix, pour l'inviter, ainsi que ses officiers, à traiter avec indulgence ce prisonnier qui se trouve être son homme taillable, lui promettant réciprocité pour les hommes dudit prieuré.

16 Mai 1446.

Composition entre le prieur de Chamonix et Pierre d'Orsin, qui avait commis divers crimes et avait notamment volé l'argent des troncs dans l'église du lieu. Ce dernier s'engage à payer en plusieurs termes la somme de 180 florins.

13 Juin 1446.

Protestation des syndics de la vallée de Chamonix, adressée à Guillaume de la Ravoire, leur prieur et seigneur temporel, au sujet de la sentence en matière criminelle rendue (le 16 mai 1446) par le juge du lieu au mépris des us, coutumes, libertés et privilèges

---

[1] Orsin, hameau de la commune de Saint-Gervais.

appartenant, *ab antiquo*, aux prudhommes de ladite vallée de juger seuls les criminels, et appel de cette sentence à l'abbé de Saint-Michel de l'Étoile.

Le prieur leur répond que cette sentence n'est point définitive, mais une composition faite par le châtelain du lieu en la présence du juge avec Pierre d'Orsin de Saint-Gervais, accusé de vols et de sacrilèges dans l'église de Chamonix ; laquelle, dit-il, ne blesse en aucune manière les droits de la communauté ; il confirme ces droits et annule cette composition, si elle porte atteinte à l'exercice de leurs droits.

28 Novembre 1447.

Sentence prononcée par N. Jean de Chissé, docteur en droit canon, licencié en droit civil, chevalier, juge de la terre de Chamonix, contre divers particuliers du lieu qui, au mépris des transactions et des règlements de la vallée, s'étaient permis d'inalper sur la montagne de Challiou, appartenant au prieuré, et condamnation des inculpés.

16 Août 1456.

Vente de l'office de Métral de Chamonix, passée par noble Petremand de Chivron, Vidame de Sion, Jean Métral de Martigny, Jean Métral d'Olon, agissant au nom de Jeannette de Marigny, sa femme, et François Bosset, notaire, agissant au nom de Pierre de Marigny et de Bone, femme de M. Jean Bel, secrétaire ducal, à noble Guigon, fils de noble Guigon de la Ravoire dit Banderet, seigneur de la Croix et conseigneur de la terre et juridiction de Saint-Alban, près Chambéry ; prix : 150 florins.

Confirmation de cette vente par R^d Guillaume de la Ravoire, prieur de Chamonix (frère de l'acquéreur).

22 Décembre 1456.

(A, F.) Georges de Cons, abbé de Tamié, ensuite de la commission reçue d'Alanus, cardinal prêtre, du titre de Sainte-Praxède, légat, accepte la démission de R^d François Buthod, en sa qualité de curé, soit vicaire perpétuel de Chamonix, et confère ladite cure à Hugues de la Ravoire, clerc du diocèse de Grenoble, sous la réserve de payer en deux termes à son prédécesseur une pension annuelle de 7 écus au coin de France, sur les revenus et produits de la cure.

25 Septembre 1458.

Conventions passées entre R^d Jacques de Crescherel, ancien prieur de

Chamonix et R^d Guillaume de la Ravoire, prieur moderne dudit lieu, d'une part; — et maître Étienne Duruyquin, agissant tant en son nom qu'en celui de maître Marc Biaynie, d'autre part; pour l'exploitation des mines d'or, d'argent, plomb, cuivre et autres métaux, existantes dans la juridiction de Chamonix.

20 Novembre 1458.

Sentence rendue par les prud'hommes de la vallée de Chamonix, représentés par Jacques Bollet, un d'eux, contre Guiga, veuve de Millieret-Balmat dit Monard, de Chamonix, et Rolette, veuve de Jean Duc, de Vallorcine, accusées du crime d'hérésie, après qu'elles eurent été examinées par R^d Pierre Ginod, de l'ordre des Frères prêcheurs et professeur de théologie, lieutenant de l'inquisiteur général et apostolique dans les diocèses de Lausanne, de Genève et de Syon; et exécution de la sentence par le feu.

7 Décembre 1458.

Transport-cession, moyennant 15 florins, passée par R^d frère Pierre Ginod, de l'ordre des Frères prêcheurs, professeur en théologie, vicaire général de frère Raymond de Rote, inquisiteur général de la foi dans les diocèses de Genève, de Lausanne et de Sion, en faveur de R^d Guillaume de la Ravoire, prieur de Chamonix, du tiers qui lui revenait des biens de toute nature, confisqués au préjudice de Guiga, veuve de Mellieret-Monard, dit Balmat, de Jeannette, femme d'Aymonet-Charrerat, de Françoise, veuve de François Paviot et de Rolette, veuve de Jean Duc, condamnées et exécutées à Chamonix, pour crime d'hérésie.

15 Décembre 1458.

Vente passée par noble Louis, fils de noble Louis Botollier, de Nyon, en faveur de dom Jean et noble Aimon Botollier, frères, des rentes féodales, en cens, servis, tailles, hommages, etc., qu'il possédait dans le mandement de Chamonix; prix 200 florins, bon or, petit poids, un cheval poil gris, et un livre intitulé Cadiouz; confirmée par R^d Guillaume de la Ravoire, prieur et seigneur temporel de la vallée de Chamonix.

21 Décembre 1458.

Documents relatifs à la détention, à la mise en accusation, à la défense et à l'élargissement de Jean Corteys, dit Martin, de Chamonix, prévenu du crime d'hérésie, lequel avait été incarcéré dans les prisons dudit lieu le 20 novembre 1458.

(A.) Sa procuration générale pour former sa défense. (B.) Demande à lui faite du paiement de la somme de 40 florins par le vice-inquisiteur apostolique. (C.) Les syndics de Chamonix promettent de le défendre conformément aux libertés et franchises de la vallée. (D.) Il passe une nouvelle procuration à son fils et à plusieurs autres personnes pour vendre ses biens. (E.) Il fait la cession de ses biens au prieur de Chamonix. (F.) Le vice-châtelain de Chamonix le remet à Genève, entre les mains du vice-inquisiteur. (G.) Son élargissement des prisons de Chamonix.

1er Mars 1459.

(A.) Lettres testimoniales constatant la rémission faite par R^d Pierre Ginod, vicaire général de l'inquisiteur apostolique dans les diocèses de Genève, Lausanne et Sion, en présence de Me Jean du Foug, notaire, à ce député par le chapitre de Genève, le siège vacant, au bras séculier, en la personne de noble François de Lucinge, vice-châtelain de Chamonix, de Henriette, femme de Pierre Oncey, dudit lieu, accusée du crime d'hérésie et d'idolâtrie.

(B.) Et, sur la demande des syndics de Chamonix, et en exécution de leurs franchises, R^d Guillaume de la Ravoire, leur prieur et seigneur temporel, leur adjoint pour conseil dans les sentences qu'ils avaient à prononcer en matière criminelle, spectable Étienne de Sys, juge du lieu, qui, le jour des jugements à prononcer, devait donner sa démission de juge de Chamonix.

2 Avril 1459.

Sentence rendue par les prudhommes de la vallée de Chamonix, représentés par Jacques Bollet, l'un d'eux, contre Henriette femme de Pierre Oncey, de Chamonix, accusée du crime d'hérésie obstinée, d'idolâtrie et d'apostasie, après l'examen que lui fit subir R^d Pierre Ginod, de l'ordre des Frères prêcheurs et professeur de théologie, lieutenant dans les diocèses de Lausanne, Genève et Syon, de R^d Raymond de Rote, du même ordre, inquisiteur apostolique.

20 Août 1459.

Accord entre R^d Guillaume de la Ravoire, prieur de Chamonix et les syndics du lieu, pour traiter ensemble d'un subside demandé par le duc de Savoie, pour cette fois seulement, et sans préjudice du droit des parties pour l'avenir.

3 Juillet 1461.

Prestation de serment par les syndics modernes de la vallée de Chamonix, entre les mains du châtelain du lieu, avec indication de la manière dont leur élection avait eu lieu et formule de leur serment.

29 Avril 1462

Promesse faite par les syndics et les procureurs de la communauté de Chamonix, de sauvegarder Jacques Bollet, au sujet des condamnations qu'au nom de toute la communauté, il devait prononcer contre ceux qui avaient commis des crimes.

29 Avril 1462.

Nomination faite par R^d Guillaume de la Ravoire, prieur de Chamonix, d'un procureur fiscal, en la personne d'Aimon Mottier dit Favret.

29 Avril 1462.

Sentence de mort prononcée par les prudhommes de la vallée de Chamonix, représentés par Jacques Bollet, l'un deux, contre Jean Effrancey le Jeune, Jean Dumolard dit Pesant, Pierre Dunant, Michelle, femme de Ramus de la ville, Jeannette, femme de Michaud Gillier, Pernette, femme de Martin Du Bectex, Pernette, veuve de Michel des Ouches, et Jean Greland, convaincus du crime d'hérésie, après qu'ils eurent été examinés par vénérable Claude Rup, de l'ordre des Frères prêcheurs, vice-inquisiteur, et exécution de ladite sentence.

31 Janvier 1463.

Accord entre Aimon Mottier, notaire, et Jean Bossonney dit Bontemps, d'une part, et François Balmat dit Monard, d'autre part, par lequel les deux premiers s'engagèrent à donner au dernier trois florins petit poids à la Saint-Michel 1463, si dès le 31 janvier au 29 septembre de ladite année, ledit Balmat dit Monard s'abstenait de tous jeux, notamment de celui des dés et des cartes, avec enjeux d'argent, d'or, de comestibles ou d'autres valeurs métalliques, tant à Chamonix qu'ailleurs, et par lequel le dernier s'engagea à son tour à leur relâcher un quarteron de terre à prélever sur ses propriétés, dans le cas ou il y contreviendrait.

21 Septembre 1458.

Convention entre R^d Guillaume de la Ravoire, prieur de Chamonix, et Guillaume Bottollier, curé de Notre-Dame du Lac, par laquelle ce dernier s'oblige à établir un chemin bien convenable et suffisant depuis le village du Lac jusqu'au Plan des Montées, moyennant 60 florins.

4 Juin 1464.

Donation faite par Jean-Louis de Savoie, administrateur de l'évêché de Genève, à Hugue de la Ravoire, curé de Chamonix, du tiers des biens des condamnés dès environ six ans, pour crime d'hérésie, dans la vallée de Chamonix.

9 Mars 1467.

Promesses faites par R^d Guillaume de la Ravoire, prieur de Chamonix, d'observer les libertés, franchises, us et coutumes de la communauté de Chamonix, en tant qu'il peut y être astreint par droit et par raison, à la demande des syndics qui s'engagent, au nom de ladite communauté, d'être loyaux et féaux envers ledit prieur, leur seigneur temporel.

24 Mars 1467.

Concession pendant vingt-six ans, accordée par R^d Guillaume de la Ravoire, prieur de Chamonix, à Antoine, de la vallée de Sésiaz *in Berguero*, diocèse de Novare, d'exploiter les mines d'alun, existantes dans sa juridiction, sous la redevance annuelle de douze ducats d'or.

20 Mai 1467.

Lettres testimoniales portant protestation de la part de Jean Bossonney dit Bontemps, co-syndic de Chamonix, contre une assignation donnée par le vice-métral à un nommé Raymond Messat, au banc de la Cour, au lieu de l'avoir été à la porte de l'église, et refus dudit co-syndic de légaliser cette assignation.

12 Septembre 1468.

R^d Guillaume de la Ravoire, prieur de Chamonix, casse et annule une transaction passée le 28 octobre 1441 entre R^d Jacques de Crescherel, ancien prieur, alors gouverneur et administrateur du prieuré de Chamonix et les syndics du lieu, et règle la succession des femmes décédant sans postérité, en ce qui concerne la part mobilière revenant au prieuré, et confirme les anciennes franchises de la vallée.

29 Mars 1468.

Démission donnée par Jean Bossonney dit Bontemps, de ses fonctions de co-syndic de la communauté de Chamonix, sa nomination n'ayant pas convenu à un petit nombre de ses administrés.

13 Mai 1468.

Déclaration faite par Pierre Viollat, tuteur des enfants de Martin Cuinat, de la vallée de Montjoie, exécuté pour crime d'hérésie, d'avoir reçu de divers particuliers de la vallée de Chamonix, les douze brebis que ledit Martin avait mises en hivernage chez eux, l'évêque de Genève, le comte de Genève et l'inquisiteur ayant renoncé, en faveur des enfants dudit Martin, à la confiscation des biens de ce dernier.

7 Juin 1468.

(*A.*) Invitation faite au prieur de Chamonix par les syndics sortants, d'assister à l'élection de nouveaux syndics.

(*B.*) Et serment prêté par les nouveaux syndics d'exercer fidèlement leur charge.

3 Novembre 1468.

Concession faite par R^d Guillaume de la Ravoire, prieur de Chamonix, à Aymonet Bard, du Lac, d'une prise d'eau sur le torrent de la Diosaz, dès la porte de Bocher, jusqu'à la prise d'eau inférieure appartenante au prieuré de Chamonix, pour y construire tous artifices quelconques se mouvant à eau. Le concessionnaire, au cas où il s'établirait un étang, pourra seul y pêcher ; le prieur se réserve la reconnaissance que cette concession est un fief du prieuré et tout droit de lod en cas de vente, échange, donation ou aliénation quelconque, ainsi que toutes commises et échute, comme il est de droit et d'usage dans le pays. Cette concession a été faite sous l'introge de 40 gros, moyennant le servis annuel d'un denier, payable à la Saint-Michel archange.

31 Décembre 1469.

Nomination de R^d Jean Dufoug, en qualité de recteur et chapelain de la chapelle de Saint-Jean-Baptiste, érigée et fondée en l'église de Chamonix par les prieurs du lieu, par R^d Guillaume de la Ravoire, prieur moderne de Chamonix.

Et mise en possession de ladite chapelle, dudit R^d Dufoug, par R^d Pierre Solliard, chapelain domestique dudit prieur.

28 Mai 1470.

Lettre testimoniale faite à la requête des syndics de Chamonix pour constater qu'ils ont demandé au vice-châtelain les causes de la détention de Jean Pecluz, et protesté, afin que sa détention ne préjudicia pas à l'avenir aux franchises de la communauté.

Ledit Pecluz arrêté à Conteys avait été, sur lettres dominicales obtenues du duc de Savoie, remis au vice-châtelain de Chamonix qui, conformément à l'usage, l'avait, pendant un jour plein, laissé à la garde du vice-métral.

Interrogatoire dudit Pecluz.

14 Juin 1470.

Réquisition d'un des syndics de Chamonix au vice-châtelain de leur fournir un conseil comme le prieur y est tenu. Nomination dudit conseil.

14 Juin 1470.

Condamnation de Jean Pecluz, à avoir la main droite et la tête coupées, prononcée par Pierre du Lavanchier, co-syndic, juge élu par les bonshommes, suivie de la teneur du conseil donné par Martin Sostion.

13 Mars 1472.

Commission donnée par Jean de Varax, évêque de Belley, abbé commendataire du monastère de Saint-Michel de la Cluse, au prieur de Megève, pour admettre dans l'ordre de Saint-Benoît et conférer l'habit à Guillaume, le jeune, de la Ravoire, pourvu qu'il se trouve dans les conditions voulues.

8 Février 1473.

Quittance passée par R^d Guillaume de la Ravoire, prieur de Chamonix, à Michel Landriuz dit Bellin, dudit lieu : 1° d'une somme de 70 florins que celui-ci avait promis lui payer à titre de composition au sujet du suicide par strangulation, d'Aymonet Landriuz, son fils ; 2° et de diverses autres sommes au montant de 116 florins pour composition sur autres délits commis par ledit Michel Landriuz.

22 Février 1473.

Compromis passé entre R^d Guillaume de la Ravoire, prieur de Chamonix et les Prudhommes du lieu, de soumettre à la décision d'arbitres, jurisconsultes et docteurs, le différend survenu entre eux, au sujet de Pierre Despraz, dit Bellin, qui avait été traduit en prison à cause de ses méfaits, contrairement aux libertés et franchises du pays, puis gracié par ledit prieur.

25 Novembre 1474.

Déclaration de Janus de Savoie, comte de Genevois et baron du Faucigny, par laquelle, sur la demande de R^d Guillaume de la Ravoire.

prieur de Chamonix, et ensuite des plaintes des Chamoniards, il dispense pendant quatre ans ces derniers de toutes levées pour le service militaire. Don gratuit offert, à ce sujet, au prince, de cent quarante florins, petit poids.

4 Juin 1476.

Sauf-conduit accordé par l'évêque de Sion, préfet et comte du Valais, à R^d Guillaume de la Ravoire, prieur de Chamonix, pour se rendre et séjourner en Valais avec sa suite, pendant huit jours.

29 Mars 1479.

Protestation des syndic et procureur de la vallée de Chamonix, en leur qualité, contre la commission donnée par Janus de Savoie, duc de Genevois, au châtelain de Sallanches et à son greffier, pour informer sur la conduite de neuf Valaisants, venus en armes dans leur vallée à l'appel d'Aymon Favret et de son frère, qui avaient eu des différents avec plusieurs individus du lieu, et avaient notamment frappé un nommé Challant; lesquels Valaisants commirent plusieurs dégâts dans la vallée, la rançonnèrent, se promettant d'en faire davantage. Et recours desdits syndic et procureur au prieur, leur seigneur, le suppliant d'évoquer à lui la connaissance de ces faits, lui qui avait sur leur vallée le mère et mixte empire et l'omnimode juridiction, et de les dispenser de répondre auxdits commissaires, invoquant leurs libertés, franchises, us et coutumes. Enfin, protestation, de la part des mêmes, auxdits commissaires, contre l'exécution de leur commission, comme attentatoire à leurs privilèges.

25 Mai 1479.

Investiture de l'office de notaire, clerc et scribe de la vallée de Chamonix, par R^d Guillaume de la Ravoire, prieur de Chamonix, en faveur de N. Guillaume de la Ravoire, pendant la vie de ce dernier, tant seulement.

5 Janvier 1483.

Criée soit publication faite à la porte de l'église de Chamonix, par Perronet-Berthoud, vice-métral du lieu, portant défense de la part des syndics, procureurs et conseillers de Chamonix, ensuite d'une délibération par eux prise, à tous leurs administrés, d'acquérir des blés provenant des dîmes recueillies dans la vallée, à moins que ce fut des blés de la dîme prise sur leurs biens, ou pour en faire le profit de la commune, sous peine de soixante sols; et assignation à deux jours de date, à tous opposants, pour paraître au banc du droit et à l'heure de la cour, pour former leur opposition à ladite délibération.

7 Janvier 1483.

Lettres testimoniales de l'opposition formée en présence de noble Antoine de la Ravoire, vice-châtelain de Chamonix, par Aimonet Mottier dit Favret, au nom et comme procureur de R^d Guillaume de la Ravoire, prieur et seigneur de Chamonix, à la délibération publiée l'avant-veille, au détriment des droits du prieur et de son prieuré, et aussi en la présence des syndics, procureurs, conseillers et d'environ quatre-vingts personnes de la vallée réunies, acclamant à cette délibération.

20 Octobre 1483.

Sentence rendue par le vicaire temporel de la Cluse dans une cause mue entre le prieur de Chamonix et Jean Comte et ses consorts.

18 Mai 1484.

Décret de spectable Pierre Milliet, lieutenant-juge de Chamonix, portant : 1° Ordre aux châtelain, greffier, métral et officier de Chamonix, d'arrêter et incarcérer François Felisaz, Michel Cotterand, Michel Carrier et Pierre Charlet; 2° commission à Me Henry Trombert, notaire, pour procéder à information contre eux et contre tous autres.

16 Juin 1484.

Interrogatoire de Collet-Pellissier (*alias du Crest*) par Pierre de Lucinge, vice-châtelain de Chamonix.

22 Juin 1484.

Acte d'accusation contre Michel, fils de Michel Bertout et ses complices, dressé par Henri Trombert, notaire public commis par Pierre Milliet, vice-juge de Chamonix, assisté de noble Pierre de Lucinge, vice-châtelain et Peronet-Berthod, vice-métral.

16 Mai 1485.

État des amendes auxquelles ont été condamnés par le juge de Chamonix divers particuliers du lieu. qui avaient tenu plusieurs assemblées en différents endroits et pris une délibération, en l'absence du prieur ou de ses officiers, laquelle fut publiée aux portes de l'église, sur l'ordre des syndics et procureurs de la communauté de Chamonix, portant défense aux habitants, sous peine de 60 sols d'amende, d'acquérir ou d'affermer les dîmes du prieuré, mais permettant cependant à chacun de leurs administrés d'acquérir ou de louer la dîme par lui due sur son propre bien.

20 Août 1485.

Lettres exécutoires contre les condamnés, et commission donnée par le juge de Chamonix, au châtelain et aux autres officiers du lieu, pour les contraindre au paiement des amendes.

2 Septembre 1487.

Acte de mise en possession du prieuré de Chamonix, ensuite de la démission en cour de Rome de Guillaume de la Ravoire, en faveur de Jacques de la Ravoire, nommé prieur par bulle du pape Innocent VIII et installation par Georges de Compey, prieur de Megève.

6 Mars 1448.

Acte de prestation de serment de R^d Jacques de la Ravoire, prieur de Chamonix, entre les mains de R^d Jean de Varax, évêque de Belley, abbé commendataire du monastère de Saint-Michel de la Cluse, de n'observer les libertés et franchises de la vallée de Chamonix, qu'autant qu'elles ne dérogent aux droits de l'église de Chamonix et du prieuré.

25 Février 1489.

Injonction faite par R^d Guillaume de la Ravoire, ex-prieur de Chamonix, aux syndics et procureurs de la vallée de ce nom, de faire hommage et fidélité à R^d Jacques de la Ravoire, prieur moderne et seigneur temporel du lieu.

30 Septembre 1492.

Déclaration de Jacques de la Ravoire, prieur de Chamonix, que Pierre Daniel n'a rempli que pendant une année l'office de secrétaire à lui admodié pour trois ans par le procureur de noble Guigon de la Ravoire, pour le prix de vingt florins annuels, mais qu'il a été pourvu à cet office par Guillaume de la Ravoire, ancien prieur, son vicaire et administrateur.

4 Juin 1493.

Conventions passées entre Jacques de la Ravoire, prieur de Chamonix et les syndics et prudhommes de la vallée, ses sujets, pour mettre fin à un procès porté d'abord devant le vicaire général de l'abbaye de la Cluse, leur supérieur direct et ensuite à Rome devant les auditeurs de Rote, à l'occasion du droit que les prudhommes de Chamonix avaient, dès les temps les plus reculés, de juger les criminels, ce que ledit prieur et Guillaume de la Ravoire, son prédécesseur, avaient résolu de leur contester. Pour éteindre toute discussion, il fut réglé : 1° Que toutes sentences en matière criminelle, où la peine de mort pouvait être appliquée, appartenaient auxdits prudhommes, lesquels avaient le droit de condamner ou d'absoudre ; 2° que l'instruction de ces procès devait être faite et les frais de détention des accusés supportés par le prieur, lequel devait aussi fournir aux prudhommes un jurisconsulte expert pour résumer le procès et les diriger dans la sentence qu'ils devaient porter, sans qu'ils fussent astreints à suivre le conseil de ce jurisconsulte ; 3° que le prieur ne pouvait retenir les accusés plus de dix jours avant de commencer l'instruction qui devait être faite sans torture ; les accusés avaient droit d'avoir un défenseur ; 4° que le prieur devait produire les enquêtes à trois des prudhommes tenus d'en garder le secret, etc., etc.

3 Juin 1494.

(*A.*) Lettre comminatoire adressée par le grand Bailli du Valais à R^d Jacques de la Ravoire, prieur de Chamonix, à l'occasion de l'impunité qu'il accordait sur ses terres à Pierre Veytet et à Jacques Bontemps qui avaient assassiné sur les terres du Valais un nommé Collet-Métral, à l'instigation de Jacques Métral et Jeannette, frère et belle-sœur de ce dernier.

(*B.*) Lettre, à ce sujet, de l'évêque de Syon, préfet et comte du Valais audit prieur.

(*C.*) Supplique adressée par le châtelain de Chamonix à Blanche, duchesse de Savoie, tutrice et régente des États de Charles II, duc de Savoie, pour faire opérer, dans ses États, la recherche et l'arrestation desdits assassins et leur extradition et remise entre ses mains, pour être jugés suivant leurs méfaits.

(*D.*) Ordre donné, à cette fin, par ladite princesse aux gouverneurs de Verceil et de Vaud, et aux Baillis d'Aoste, du Genevois, du Faucigny et autres officiers ducaux.

8 Juin 1494.

Déclaration et promesse faites par R^d Jacques de la Ravoire, prieur et seigneur temporel de Chamonix, de Vallorcine, du Lac et de Saint-Michel du Lac, à l'instance des syndics et de plusieurs des prudhommes de la vallée de Chamonix, de maintenir bonne justice dans ladite vallée et de faire réprimer les délits et les crimes qui s'y commettent; sous l'offre que firent lesdits syndics et prudhommes de prêter leur appui soit audit prieur, leur seigneur, soit à ses officiers, dans l'exercice de la justice, toutes les fois qu'ils en seraient par eux requis.

11 Mai 1495

Sentence de mort contre Michel Berthoud prononcée par les syndics et le juge élu, après que Pierre Milliet, juge démissionnaire de Chamonix, leur eut été donné pour conseil par le prieur.

29 Juin 1506.

(*A.*) Défense faite par R^d Guillaume de la Ravoire, prieur de Chamonix, aux habitants du lieu, de sonner les cloches pour la convocation du conseil de la communauté, sans sa permission ou celle de son châtelain, sous peine de 25 livres.

(*B.*) Demande des syndics de Chamonix d'une copie de cette défense.

(*C.*) Opposition desdits syndics à l'exécution de cette défense, et réquisition à eux faite par N.-André de la Ravoire, au nom dudit prieur, de produire l'acte de leur nomination.

(*D.*) Et opposition privée des mêmes syndics faite, au contradictoire dudit N.-André de la Ravoire, toujours au nom dudit prieur, pardevant le châtelain du lieu qui rejette leur opposition ainsi formulée.

10 Novembre 1508.

Vente passée par noble François fils d'Aymon Botollier, de Servoz, en faveur de vénérable Amédée de la Ravoire, recteur des églises de Megève et de Chamonix, et Guillaume de la Ravoire, commendataire du prieuré de Saint-Pierre de Clages, en Valais, frères, du quart indivis pour l'autre quart avec noble Ansermod Botollier, son frère, et pour la moitié avec les héritiers ou ayant droit de noble François de Lucinge, d'un fief consistant en hommages, lige et taillable à miséricorde, rentes, servis et autres devoirs féodaux, situé dans le territoire de la juridiction de Chamonix, dès l'Église de Notre-Dame du Lac jusqu'au prieuré de Chamonix. Prix : 100 florins d'or, petit poids. — Confirmation de ladite vente par noble Jeanne (N), femme du vendeur.

Le jour des nones d'Avril soit le 5 dudit mois 1502.

Bulle du pape Alexandre VI, qui autorise la permutation de leurs prieurés respectifs entre Jacques de la Ravoire, prieur de Chamonix, et Guillaume de la Ravoire, recteur de l'église de Saint-Simphorien de Fully et prieur commendataire de Saint-Pierre de Clages, dans le diocèse de Sion, et nomination dudit Jacques de la Ravoire à ce dernier prieuré, avec réserve d'une rente annuelle de cent ducats d'or sur les revenus du prieuré de Chamonix, qui est donné en commande à Guillaume.

Dernier Mai 1510.

Déclaration de Charles III, duc de Savoie, que c'est à titre de subside que la commune de Chamonix lui a fait un don gratuit de 136 florins et six gros, de petite monnaie, et quittance du receveur.

17 Novembre 1516.

Grâce accordée par R^d Guillaume de la Ravoire, prieur et seigneur temporel de Chamonix, à la recommandation de François de Luxembourg, vicomte de Martique, gouverneur de Savoie, à François fils de feu Rolet-Charlet, accusé d'homicide sur la personne de Reymond fils de Michel Mottier, moyennant composition de 60 florins, payables en quatre termes de 15 florins et livrables à la fête de Saint-Michel de chaque année (29 septembre) jusqu'à final paiement.

3 des kalendes de Mars, soit 27 Février 1519.

Bulle de Sa Sainteté Léon X, par laquelle elle unit le prieuré rural de Chamonix au vénérable chapitre de Sallanches, ensuite de la cession qu'en fit, en cour de Rome, au nom de R^d Guillaume de la Ravoire, dernier prieur ; R^d Pierre Lambert, chanoine de Genève, notaire apostolique, son mandataire. Création en l'église de Sallanches d'un nouveau canonicat, sous le nom de prévôté, à la nomination de la maison de la Ravoire, et union à ce bénéfice des dîmes des Chavans et de Mont-Cuard, dans la vallée de Chamonix.

Environ 1519.

Mémoire sur les circonstances qui ont amené Guillaume de la Ravoire, protonotaire apostolique, conseiller de Mgr Charles III, duc de Savoie, et prieur de Chamonix, à consentir l'union de son prieuré au vénérable chapitre de Sallanches.

31 Juillet 1520.

Acte de prise de possession du prieuré de Chamonix, par R^{ds} Messires Charles du Coudrey, chantre, et Pierre Quinerid, chanoines, tant de leur chef que comme mandataires des autres membres du vénérable chapitre de Sallanches, en la présence de R^d seigneur Guillaume de la Ravoire, ancien prieur du lieu, protonotaire apostolique et doyen de Sallanches, et encore en la présence de R^d Amédée de la Ravoire, frère du précédent, curé de Chamonix.

16 Janvier 1520.

Fondation et dotation de la chapelle des Saints Christophe, Félix et Barbe en l'église de Chamonix, par R^d Guillaume de la Ravoire, prieur commendataire et seigneur temporel des vallées de Chamonix, de Vallorcine et du Lac, et par R^d Amédée de la Ravoire, son frère, curé du lieu. — Ils se réservent pour eux et leur famille le patronage de ladite chapelle et la nomination des recteurs.

Sans date 1521.

Instructions données par la communauté de Chamonix à ses quatre syndics qu'elle députa auprès de Charles III, duc de Savoie, probablement pendant le séjour de ce prince à Genève (janvier 1521), pour le remercier de la part qu'il avait prise à l'annexion du prieuré de Chamonix au vénérable chapitre de Sallanches, et aux capitulations qu'ils obtinrent de leurs nouveaux seigneurs, par son intercession et la médiation de N.-Alexandre Dufresnoy, seigneur de Chuet, son écuyer et commissaire.

22 Février 1536.

Lettre de l'état-major de l'armée valaisanne, adressée au chapitre de Sallanches, comme seigneur de Chamonix et aux habitants de ce dernier lieu. les prévenant de l'occupation et conquête prochaine de leur vallée, par leur armée après l'envahissement d'une partie de la Savoie par les seigneurs de Berne. *A.*

Lettre à ce sujet de dame Charlotte d'Orléans, duchesse douairière de Nemours et de Genevois, rappelant aux Valaisans les traités qu'elle avait conclu avec eux. *B.*

Réponse à cette lettre du capitaine général Kalbermaten, faisant ses excuses.

8 Mai 1700.

Procès-verbal de la visite faite par le directeur général de la taille (imposition foncière) en Savoie, des registres de la taille à Chamonix. — Mode de perception et tenue des comptes au moyen de coches faites sur des bâtons.

DOCUMENTS

RELATIFS AU

PRIEURÉ ET A LA VALLÉE DE CHAMONIX

104

Sentence absolutoire prononcée par spectable Jean Fontaine, docteur ès-lois, juge de la terre et juridiction de Chamonix, en faveur de François Péclo qui avait été injustement accusé par Vuillelme Péclo de lui avoir volé sa part des fruits du chaudron de la montagne de Peclerey ; ce dernier est condamné aux frais et dépens de l'instance.

(1401.)

Jeudi 17 Mars.

(Archives de l'église de Sallanches. — Liasse des titres de la justice de Chamonix. — Extrait de l'original écrit sur parchemin.)

Nos Johannes Defonte, legum doctor, judex terre et juridictionis Vallis Campimuniti pro venerabili et religioso viro dno Johanne Bochardi, priore prioratus Campimuniti, ordinis Sancti Benedicti, Domino dicte Vallis. Notum tenore presencium facimus universis quod quia reperimus. Villelmum Peclo de Campomunito inculpatum per inquisicionem contra ipsum factam ex officio dicte curie per Anthonium Legerii, clericum, vice clericum dicte curie anno dni millesimo tercentesimo nonagesimo sexto, die decima sexta mensis decembris ad denunciacionem Francisci filii Jacobi Peclo, de Campomunito quondam eodem anno, quadam die tempore quo fructus animalium inter socios Chonderegii fructus animalium montis dou Peclerey [1] dividebantur ad dictum locum dicti montis, accessisse jusque et porcionem dicti fructus dicti chonderegii dicto Francisco pertinente, sine voluntate et consensu dicti Francisci, cepisse sibique retinuisse et ad ejus voluntatem fecisse rem alienam sibi appropriando in injuriam et dapnum dicti Francisci. Visa dicta inquisicione et deffensionibus per dictum inquisitum factis; quia sufficienter non probantur, attentis deffensionibus per quas apparet ipsum inquisitum porcionem cepisse de voluntate dicti denunciantis. Sedente pro tribunali, more majorum, sacris scripturis nostro conspectui prepositis ac Dei nomine invocato, dicentes in nomine Patris et Filii et Spiritus Sancti, Amen. Nichilque de aliis juris sollempnitatibus opportunis obmitentes, ipsum Villelmum inquisitum a contentis in dicta inquisicione, per hanc nostram diffinitivam (*sic*) sentenciam quam ferimus in hiis scriptis absolvimus. Et dictum Franciscum condempnamus denunciantem in expensis per dictum Villelmum inquisitum occasione presentis cause factis condempnantes, taxacione nobis imposterum reservata. — Lecta, data et lata fuit hec nostra presens sentencia in Campomunito in nostris publicis assisiis ibi per nos tenutis loco solito die Jovis decima septima mensis marcii, anno domini millesimo quatercentesimo primo. Sub sigillo proprio dicti dni prioris, in absencia sigilli dicte judicature nostre, in testimonium premissorum.

Le sceau est rompu.

Signé : Jo. Peloczardi.

[1] Montagne de Peclerey, au bas du Brévent.

105

Pouvoirs donnés par R^d Guillaume de Challand, abbé du monastère de Saint-Michel de la Cluse, à Me Jean Enamorat, de Pynolio, notaire public, pour, en son nom, examiner et confirmer toutes les aliénations que R^d Jean Bochard, prieur de Chamonix, décédé (du 23 septembre au 28 octobre 1402) avait faites dans l'étendue de son prieuré.

(1402.)

28 Octobre.

(Archives de l'église de Sallanches, D,, n° 13. D'après une copie authentique sur parchemin.)

Guillelmus de Challand, miseracione divina, Abbas honorabilis Monasterii Sancti Michaelis de Clusa, ordinis Sancti Benedicti, Taurinen, diocesis, ad Romanam ecclesiam, nullo medio, pertinentis. Dilecto nobis in xpo Johanni Enamorati de Pynolio [1], notario publico, salutem in Domino sempiternam. Circa regimen et jurium conservacionem nostrorum et monasterii nostri providere volentes, tibi, de cujus probitate, industria et ydonitate ad plenum procul dubio certificati sumus, Serie presentium, auctoritatem plenariam, plenam et liberam potestatem acque speciale mandatum conferimus et donamus, omnes et singulas quascumque allienaciones, albergamenta et alia quecumque per fratrem Johannem Bochardi, priorem quondam prioratus nostri Campimuniti, ultime deffuncti, facta fuerunt sive gesta, quacumque de causa, sive quavis alia racione, dicto prioratui pertinencia, confirmanda et in eisdem nomine nostro plenarie consentienda, et omnia alia et singula in premissis

---

[1] Pynieul, province de Suse (Italie).

vel circa facienda, dicenda et exercenda que nosmet diceremus, faceremus et exerceremus, si personaliter ad premissa presentes interessemus. Promittentes bona fide nostra omnia et singula que in premissis vel circa premissa parte facta fuerint sive gesta attendere et non contra premissa vel aliquod premissarum facere vel venire per nos vel interpositam personam de jure vel de facto; sed omnia integra et illibata conservare. In quorum testimonium presentes fieri jubsimus et nostro auctentico sigillo muniri. Datum Javeni in castro nostro die vicesima octava mensis octobris anno Domini millesimo quatercentesimo secundo.

NOTES.

Ledit M° Jean Enamorat agissant en qualité de mandataire général, 1° des moines du monastère de Saint-Michel de la Cluse, suivant acte du 16 janvier 1399, M° Jacques Germane, notaire à Javen; 2° et dudit R^d Guillaume de Challand, par l'acte ci-devant ténorisé, ratifia par acte du 9 novembre 1402, passé à Chamonix dans la maison de Jacquet de Joria, notaire, en présence de ce dernier et des nommés Antoine de Brenecio, damoiseau, de dom Guillaume de Chagnia, moine, et de Girod Attricat, l'Albergement que R^d Jean Bochard, prieur de Chamonix, avait passé par acte du 23 septembre 1402, dans le cloître du prieuré de Chamonix, en présence de dom Pierre de Yburnio, chapelain, de Jacquet de Joria, notaire, dudit Girod Atricat, de François Daniel, notaire, de Jacquemet Huguet, tous de Chamonix, d'Hugonet Duntast, de Mieussy et de Jacquemet de Marthod, à Huguet fils naturel de Perret de Voserié (de Voseriaco), damoiseau et à Jean Gay, du Lac, des biens qui avaient fait retour, par droit de commise et d'échute, audit prieuré de Chamonix, par le décès sans enfants de noble François de Voserié, situés dans le territoire du Lac, sous l'introge de 40 florins d'or, et l'association que lesdits acquéreurs avaient faite pour leur acquisition, de noble Vuillelme Daniel, damoiseau, par autre acte du 26 même mois. Ces trois derniers actes, ainsi que les mandats ci-dessus énoncés, sont ténorisés sur une même feuille de parchemin et authentiqué par Jean Coquart, notaire impérial et comital, de Montmélian avec son signet tabellionique.

106

Affranchissement passé par R^d Antoine de Saint-Amour, prieur de Chamonix, de l'hommage lige dû par Hugon Botollier et Françoise, sa femme, de Servoz, pour les biens qu'ils possédaieut dans la juridiction de Chamonix ; et réduction dudit hommage en sufferte, moyennant soixante sols.

(1405.)

11 Septembre.

(Archives de l'église de Sallanches, non coté. Cette pièce fut communiquée, le 20 mai 1773, audit Chapitre qui ne l'a pas rendue. — D'après l'original écrit sur parchemin.)

In nomine Domini. Amen. Anno a nativitate ejusdem millesimo quatercentesimo quinto, indicione xiii cum eodem anno sumpta, die vero undecima mensis septembris. Per hoc verum presens publicum instrumentum cunctis fiat lucidum atque clarum. Quod in mei notarii publici et testium subscriptorum presencia. Quod cum vir nobilis et religiosus dns Anthonius de Sancto Amore, prior prioratus de Chamonix, ordinis Sancti Benedicti, Gebennen, Dyocesis, peteret et exigere vellet ab Hugone Botollier de Serviuz et Francesia ejus uxore omnes res et possessiones quas ipsi Hugo et Francesia conjuges tenent et possident infra mandamentum et segnyoriam ipsius dni prioris de Chamonix, videlicet eo quod ipse res et possessiones eidem dno priori sunt astricte ad homagium ligium, quod homagium ligium ipsi conjuges infra tempus a jure statutum non fecerant nec recognoverant eidem dno priori licet pluries fuerint requisiti; et eciam quia dicti conjuges dictum homagium deservire non possunt eo quod ipsi conjuges sunt homines ligii

Domini comitis Sabaudie, et eciam tributa annualia pro dictis rebus et possessionibus eidem dno priori debita non solverunt. Quibus de causis petebat et asserebat ipse dns prior dictas res et possessiones sibi fore excheutas, appertas et commissas. Qui vero Hugo et Francesia conjuges humiliter supplicaverunt eidem dno priori, quatenus super premissis dignaretur graciose agere et eisdem graciam facere velit specialem. Hinc est quod ipse dns prior pro se et successoribus suis in dicto prioratu humili supplicationi dictorum conjugum inclinare volens et eisdem benigne agere et graciam facere specialem et cum ipsis graciose agere, omnem commissionem quancunque, quam ex causis premissis et alia quacunque causa habere posset et deberet, racione sive causa dicti sui prioratus in dictis rebus et possessionibus ipsis conjugibus, pro se et eorum heredibus et successoribus solvit, greppit, liberat penitus et remictit; dictasque res et possessiones prefactis conjugibus pro se et liberis eorumdem ex ipsis conjugibus communiter procreatis et procreandis in futurum tradit et remictit, et homagium inde debitum ponit ipsis conjugibus et suis liberis predictis in sufferta homagii adeo quod dicta bona in futurum tenere possint absque aliquo homagio faciendo, prestando vel reddendo prefacto dno priori, nec successoribus suis; omnemque commissionem et excheutam quam ipse dns prior petere posset et habere in premissis bonis, rebus et possessionibus, causis prescriptis, seu alia quavis causa, dictis conjugibus, ut supra stipulantibus, quictando et penitus remictendo; omnem manum missam et omnia alia impedimenta in premissis bonis, rebus et possessionibus, causis prelocutis apposita, tenore hujus presentis publici instrumenti tollendo et totaliter removendo. Et hoc fecit ipse dns prior pro sexaginta florenis boni auri et parvi ponderis, aut duodecim solidis pro quolibet floreno monete currentis in patria. Quos vero sexaginta florenos habuisse et recepisse confitetur ipse dns prior a dictis conjugibus in bonis florenis et pecunia sibi traditis et numeratis. De quibusquidem sexaginta florenis ipse dns prior prenominatos Hugonem et Francesiam conjuges et eorum heredes solvit, absolvit, liberat penitus acque quictat. Pactum faciendo expressum ipse dns prior cum prefatis conjugibus de ulterius nil petendo aliquid de premissis sexaginta florenis....

Actum apud Chamonix ante parvum granerium prioratus predicti, presentibus testibus ad premissa vocatis et rogatis, videlicet : Venerabili et religioso viro dno Philiberto de Lessot, priore de Clusa Sancti Bernardi [1], nobilibus potenti et discreto dno Henrico dno Menthonis, milite, Georgio Paluelli, licenciato in legibus. Petro de Menthone, Marqueto de Thoria [2], domicellis et Francisco Chamonix, de Salanchia, notario. Et me Ramusio de Vernetis, clerico, auctoritate imperiali notario publico qui in premissis omnibus et singulis presens fui et hoc instrumentum recepi, scripsi, grossavi et in publicam formam redegi, signisque meis michi solitis signavi fideliter et tradidi requisitus. In cujus rei testimonium nos prefatus dns prior sigillum nostrum presentibus duximus apponendum. Datum ut supra.

Le sceau n'existe plus.

107

Albergement passé par R^d Antoine de Saint-Amour, prieur de Chamonix, à Jeannet Mottier, des moulins et du battoir de Couz [3] (chef-lieu de Chamonix) appartenant audit

---

[1] Prieuré de la Cluse du Petit-Saint-Bernard.
[2] De Thoire et Villars.
[3] C'est sur le sol de ces anciens moulins que se trouve l'*Hôtel de Londres et d'Angleterre*, appartenant aux frères Tairraz.

prieuré, sous l'introge de 18 francs 8 sous pour les moulins et le servis annuel de 12 sous pour le battoir ; le prieur pour lui et ses successeurs s'y réserve la mouture, sans émine, des bleds qui se consomment dans ledit prieuré.

(1406.)

15 Novembre.

(Archives de l'église de Sallanches. CC., n° 1. — D'après l'original écrit sur parchemin.)

In nomine dni. Amen. Anno a nativitate ejusdem dni millesimo quatercentesimo sexto, indicione quatuordecima, cum eodem anno sumpta, die quindecima mensis novembris. Per hoc verum presens publicum instrumentum cunctis fiat lucidum atque clarum quod in mei Ramusii de Vernetis notarii publici et testium subscriptorum presencia propter infrascripta, personaliter constitutus vir venerabilis et religiosus et potens dns Anthonius de Sancto Amore prior prioratus Campimuniti et dns temporalis mandamenti loci predicti, Vallis ursine et Lacus, ex una parte. Et Johannetus primogenitus filius quondam Mermeti Mocterii des dus, mandamenti predicti de Chamonix, ex altera. Prenominatus vero dns Anthonius, prior predictus, non deceptus, non cohactus, non vi, non dolo, metu seu aliqua alia machinacione fraudulenta inductus, seductus, seu per aliquam aliam personam subornatus, sed sciens, gratis, bonaque fide et ejus spontanea voluntate motus, considerans et actendens quod manutencio duorum molendinorum et baptitorii dicti prioratus, vocatorum de curia, magis redundabat in prejudicium ipsius dni prioris et dicti sui prioratus, de presenti et majus in futurum redundare parabatur, quam ipsa molendina et baptitorium an proficiunt [1]. Ideoque utilitate dicti sui

---

[1] Pour dire *sans profit* ou *y a-t-il profit?*

prioratus considerata, de juribusque suis et dicti sui prioratus ad plenum certifficatus et advisus, pro se et singulis suis successoribus in dicto prioratu Abbergat imperpetuum et ex causa puri, perpetui, firmi et vallidi abbergamenti, donat, tradit et sine spe de cetero revocandi, et ut melius, firmius, securius et validius fieri, dici, exprimi potest et notari de jure vel de facto aut patrie consuetudine, prenominato Johanneto, presenti, stipulanti et recipienti pro se et suis heredibus et successoribus quibuscumque aut cui seu quibus ipse Johannetus dare, etc. Videlicet, predicta duo molendina et baptitorium ipsius dni prioris et sui prioratus, que sita sunt in villa de Chamonix inferius grangiam dicti prioratus, una cum aquagio dictorum molendinorum et baptitorii, edificiis, eysimentis et garnimentis, pertinenciis, appendenciis, ingressibus et egressibus ipsorum molendinorum et baptitorii; abbergat, inquam, ipse dns prior dicto Johanneto dicta molendina et baptitorium unacum aquagio inferius dicta molendina videlicet ad faciendum, edifficandum et construendum alia edificia et eysimenta, excepcione molendini ad libitum voluntatis ipsius Johanneti, scilicet a dictis molendinis inferius; et unacum canali cujusdam molete juxta vel inferius dicta molendina. Et est sciendum quod dictus Johannetus accipere possit aquam ad ducendum in dictam moletam in summitate canalium dictorum molendinorum, videlicet en Loscloeseyl, dum tamen non sit in prejudicio dictorum molendinorum. Ad habendum, tenendum et per dictum Johannetum et suos, et quicquid sibi et suis deinceps de predictis placuerit faciendum; ita tamen quod prefatus dns prior et sui successores in dicto prioratu, habeant, percipiant et levent, haberequc, percipere et levare debeant in dictis molendinis terciam partem sine missione omnium eyminarum bladorum in dictis molendinis qualitercumque proveniencium et molencium et omne bladum in dicto prioratu molere necessarium in dictis molendinis molere, absque aliqua eymina levanda et accipienda ipse possit et debeat. Et dictus Johannetus et sui heredes habeant, percipiant et levant; habere, percipere et levare debeant in dictis molendinis pro labore suo duas partes omnium eyminarum bladorum in dictis molendinis qualitercumque proveniencium et molencium et totum suum bladum in domo ipsius Johanneti expendere necessarium et opportunum in dictis molendinis deinceps imperpetuum molere absque aliqua eymina levanda et accipienda possit et debeat. Et hoc sub introgio et nomine introgii decem octo librarum et octo solidorum monete currentis in patria et mandamento de Chamonix, quas habuisse, etc., de quibus vel pactum faciendo, etc.; et pro duodecim denariis Gebennensibus veterum de servicio annuali pro dicto baptitorio annualiter per dictum Johannetum et suos heredes prefato dno priori et suis successoribus deinceps singulis annis, termino quo alia servicia et cense solvuntur, persolvendum; super quo baptitorio ipse dns prior nec sui successores vel aliud percipiant nec percipere seu levare teneantur nisi duntaxat dictos duodecim denarios servicii predicti. Et fuit actum inter dictas partes, factum, dictum per pactum expresse, conventum et arrestatum quod dictus Johannetus et sui heredes teneantur et debeant dicta molendina et aquagium cum eorum pertinenciis bene et ydonee manutenere et in eisdem molendinis omnibus necessariis ministrare, taliter quod deffectu ipsius Johanneti vel suorum heredum dicta molendina et aquagium non depereant nec diminuentur. Item est actum inter ipsas partes et in pactum expresse deductum et retentum quod casu quo dictus Johannetus vel sui heredes dictum baptitorium inferius dicta molendina in futurum tenere nollet, quod ipsum baptitorium transportare, transmutare et reedificare possint in canali rassie[1] per Petrum de Menthone alias de Dingier, nomine ipsius prioris, eidem Johanneto, dudum abbergate; unacum dicta ras-

---

[1] Rassie, scie.

sia, si ipsam construere velit seu velint sine impedimento dicti dni prioris vel suorum successorum, nec alterius persone. Ultimo, est actum inter ipsas partes et per dictum dnm priorem ordinatum per dictumque Johannetum retentum quod ipse Johannetus et sui heredes possint et sibi licitum sit de nemore dicti prioratus accipere et cindere; vocatis prius gentibus dni prioris ad dictum nemus cindere visuris, si voluerint, scilicet ad facienda canalia dictorum molendinorum et baptitorii si et quocienscumque necesse fuerit et non alias; quoniam inter ipsas partes sic fuit ordinatum. De quibus vero molendinis, baptitorio, aquagio et aliis supra per ipsum dnm priorem abbergatis, ipse dns prior se et suos devestit et prenominatum Johannetum ut supra recipientem de eisdem investit et in possessionem, etc. Constituens se ipse dns prior res predictas per ipsum supra abbergatas ad opus prefati Johanneti, precario nomine possidere donec possessionem, etc. Et si plus valent dicte res abbergate quam introgium, servicium et usagia predicta, totum illud plus ipse dns prior dat dicto Johanneto, ut supra recipienti, donacione pura, etc. Promictentes predicte partes et qualibet, in quantum sibi pertinet, per juramenta sua super Sancta Dei Evangelia corporaliter prestita, et maxime prefatus dns prior, sub voto sue religionis manum pectori suo appositum, more religiosorum, contra premissa vel premissorum aliqua, non facere, dicere, vel venire, nec alicui contra facere, dicere, opponere, proponere vel alegare volenti in aliquo consentire, aliqua causa, racione vel ingenio, de jure vel facto aut alias quovismodo, directe vel indirecte, tacite nec expresse; ymo pocius predictum abbergamentum et omnia universa et singula in presenti instrumento contenta, rata, grata, vallida perpetue et firma, habere perpetueque tenere et inviolabiliter penitus observare, quodque sepedictus dns prior, predicta per ipsum abbergata dicto Johanneto et suis manutenere, ac expensis propriis ipsius dni prioris et sui dicti prioratus, omne onus, etc.; necnon et dictus Johannetus predicta omnia per ipsum supra conventa persolvere et totaliter adimplere. Renunciantes autem in hoc facto dicte partes et quelibet in quantum sibi spectari potest ex earum certis scienciis et sub vi juramentorum suorum jam prestitorum omni accioni excepcioni doli, etc., et in factum accioni, condicioni sine causa, etc., dictorumque abbergamenti pactorum; juridicenti obligacioni ceterorum que premissorum non sic, etc.; omnibus juribus quibus lesus vel deceptus in suis contratibus subvenitur et ne possit objici, dici vel allegari dolum, causam dedisse presenti contractui vel incidisse in eundem, peticionique et obligacioni, etc.; juridicenti confessionem factam extra judicium et non coram suo judice non valere, omni lesioni, etc., et omni alio juri canonico et civili sibi in hoc facto competenti et competituro, et juridicenti generalem, etc. Volentes dicte partes quod de premissis fiant duo publica instrumenta, unius ejusdem tenoris et substancie videlicet ad opus cujuslibet partis unum, que possint dictari, etc.

Acta fuerunt hec publice apud Chamonix in prioratu dicti loci, videlicet in magna aula juxta coquinam, presentibus testibus ad hec vocatis et rogatis videlicet dnis Johanne Beyegny, de Burgo in Bresia, Reymondo Solliardi, curato dicti loci Campimuniti, presbiteris, nobili Petro de Menthone alias de Dingier, castellano loci ejusdem, et Aymoneto Mocterii fratre Johanneti supradicti.

Ego autem Petrus Damielis, de Passiaco, auctoritate imperiali, notarius publicus, curieque illustrissimi principis dni nostri ducis Sabaudie juratus, ex commissione generali michi concessa, per dnm judicem Terre Foucigniaci, presens publicum instrumentum de prothocollis Ramusii Devernetis quondam notarii michi commissis, extraxi grossam et levavi et in hanc formam publicam redegi, prout in eisdem inveni ad grossandum, ad opus dni prioris Campimuniti et sui prioratus, signoque meo minori solito fieri signavi in testimonium premissorum... N...O...M....E...N.

108

Composition sur certains délits commis dans la juridiction de Chamonix par Aimon Bellon dit Grebilloud et son fils Jeannet, d'Argentière, pardonnés par R^d Antoine de Saint-Amour, prieur et seigneur temporel de Chamonix, au moyen d'une somme de 30 écus d'or, au coin de France, à payer aux finances du prieur et de six florins, petit poids, à payer aux officiers dudit prieuré.

(1411.)

8 Juin.

(Archives de l'église de Sallanches, titre non inventorié. — Liasse des titres judiciaires. — Extrait écrit sur parchemin de l'imbréviature dudit acte.)

Anno domini millesimo quatercentesimo undecimo, indicione quarta, die octava mensis junii. Coram Francisco Chamonix, de Salanchia, notario publico viam universe carnis ingresso et testibus infrascriptis. Personaliter (constitutus) Aymon Bellon alius Guerbilliodi, de Argenteria, Johannetus ejus filius, tanquam principales, et ad ipsorum requisicionem Michael Rochex, de Bonavilla, Petrus Plat, et Peretus Marguerat tanquam fidejussores et principales solutores pro predictis patre et filio, confitentur debere et solvere teneri viro venerabili religioso dno Anthonio de Sancto Amore, priori et dno Campimuniti stipulanti et recipienti ad opus ipsius et successorum quorumcumque, videlicet : Triginta scutos boni auri, cugni Francie et sex florenos parvi ponderis pro familia, nomine et ex causa cujusdam composicionis et concordie cum predicto dno priore hodie facte, de quibusdam delictis per ipsum Aymonem in curia dicti dni prioris delatis et commissis, ultra ea que pertinent castellano et mistrali dicti loci ; quos triginta scuta et sex florenos promictunt solvere principales et fidejussores et realiter expedire hinc ad proximum festum sancti Johannis Baptiste apud Chamonix quindecim scuta et sex florenos, et reliqua quindecim scuta hinc ad proximum festum sancti Michaelis ; unacum omnibus expensis, et unacum omnibus aliis promissionibus submissionibus, renunciacionibus in talibus opportunis. Actum apud Chamonix, in platea, ante grangiam dicti prioratus juxta valviam [1] curati ; presentibus dnis Johanne de Aberiis, monacho, Reymondo Solliardi, curato ; Michalleto Massilliardi, Jaqueto Viviandi, testibus. Unacum dicto Francisco Chamonix notario de cujus prothocollis, Ego Jacobus Chamonix, de Salanchia, clericus, auctoritate imperiali notarius publicus et curie illustrissimi principis dni nostri ducis Sabaudie juratus hoc presens publicum instrumentum reperi ad grossandum quodam vigore commissionis dominicalis michi facte, aliis occupatus negociis, per alium notarium coadjutorem meum fidelem scribi et grossare feci prout in dictis prothocollis reperi, nichil addicto et nichil remoto, ac ipsum signeto meo majori michi in talibus fieri solito signavi et me subscripxi in testimonium premissorum, pro interesse dicti prioratus fui requisitus.....

109

Antoine de Saint-Amour, prieur de Chamonix, cédant aux prières et aux supplications de ses sujets, casse et annulle une publication (criée) faite audit lieu, qui défendait, sous peine de douze deniers, de marier des pupilles sans son consentement ou celui de deux ou de quatre de leurs plus pro-

[1] Petite porte.

ches parents. Il interdit aux notaires de recevoir et de transporter hors du mandement les actes et écritures concernant ses sujets, de les poursuivre sans sa permission, devant une autre cour que la sienne, pour la rentrée de leurs honoraires et de leur demander des droits qui n'auraient pas une cause juste. Il prescrit que les notaires, le juge et le châtelain qui sont en exercice et ceux à venir, avant de prendre possession de leur office, prêtent serment d'observer ces dispositions.

(1412.)

12 Décembre.

(Archives de la commune de Chamonix.— D'après l'original sur parchemin en majeure partie effacé et déchiré, M. D. G. T. XIIIP.)

Nos frater Anthonius de Sancto Amore, humilis prior et dns temporalis prioratus et ejus mandamenti de Chamonix, notum facimus universis quod venientes ad nos homines nostri, videlicet Aymon Moterii *(les 32 lignes suivantes sont illisibles, cet Aimon Motier n'était pas seul, on n'a pu lire d'une manière correcte les noms des autres hommes qui l'accompagnaient, viennent ensuite les plaintes qu'ils adressent au prieur)*. Quare nobis humiliter supplicaverunt predicti homines nostri, nominibus suis et quibus supra. Ut nobis placeret, nobis et nostris successoribus in dicto prioratu de remedio apponere et providere. Videlicet : quod predictas cridas et penas, ut predicitur, de non maritando aliquos liberos pupillos, sine nostra licencia et mandato, vel consensu duorum vel quatuor hominum propinquiorum de genere eorum pupillorum revocemus irritemus et annullemus ; dictos duodecim denarios ad quos compelluntur solvere pro qualibet seysina et deseysina ; eciam annullemus et revocemus, ordinemus et inhibemus dictis clericis notariis nostris presentibus et futuris quod extra dictum nostrum mandamentum instrumenta et scripturas aliquas per eos in nostro mandamento recepta et receptas, recipienda et recipiendas ad opus dictorum hominum et subditorum nostrorum non exportant vel extradant, et quod de labore eisdem clericis notariis pertinenti racione dictorum instrumentorum et scripturarum compelli non possint per aliquam alienam curiam donec a nobis vel successoribus nostris obtinuerint licenciam, ipsos homines nostros compelli et vexari per aliam curiam. Et insuper ordinemus quod antequam dicti clerici notarii nostri qui nunc sunt vel qui pro tempore fuerint positi, admissi et ordinati non accipiant possessionem dictorum officiorum clericature et notariatus donec juraverint ad Sancta Dei Evangelia, dicta instrumenta et scripturas non exportare extra dictum mandamentum nec aliquem dictorum nostrorum hominum compelli et vexari facere per aliquam aliam curiam, donec a nobis optenta licencia ut supra. Eciam quod castellanis et clericis notariis presentibus et futuris ordinemus quod aliquem ex nostris hominibus dicti mandamenti non cogant nec compellant ad solvendum aliqua munera vel premia illicita vel sine justa causa evidenti. Nos itaque volentes et cupientes nostros homines subdictos in suis bonis juribus, moribus et consuetudinibus existere et permanere ipsosque benigniter pertractare, ut congruit, favorabiliter amplectare et malos mores seu mala usagia si qui sint apposita eisdem aufferre et animam et conscienciam nostram exhonerare, precibus et supplicacionibus eorum inclinati, per nos nostrosque successores in dicto prioratu supradictas cridas et penas, ut premictitur, factas revocamus et annullamus, revocatasque et annullatas perpetuo volumus et concedimus; omniaque alia per dictos nostros homines, nominibus quibus supra, petita et requisita concedimus, remictimus, quittamus, donamus per presentes. Mandantesque et precipientes tenore presencium dicto clerico nostro curie predicte qui nunc est, vel qui pro tempore fuerit, quatenus ipsas cridas et penas in dictis papiris curie nostre descriptas, cancellet, lineat et de ipsis papiris totaliter removeat, quas eciam per presentes cancellamus et removemus; castellanoque nostro presenti et futuro, dictoque. J(udici) nostro et aliis nostris officiariis presentibus et futuris quod a vexacione (pretextu) seysinarum et deseysinarum desistent se et supersedeant nec aliqua emolumenta (pretextu) ipsarum exigant et recuperant. Convenimusque et pactum expressum dictis nostris hominibus, nominibus quibus supra, facimus ex uberiori gracia quod nos a modo In antea magis dictis penis nullatenus utemur quod (a modo) in perpetuum (aliquos) clericos curie vel notarios in dicto nostro mandamento reciperemus vel constitueremus.... donec juramentum predictum et de quo supra fit mencio facerint et prestiterint; (pro) mictimusque et juramus sub voto nostre religionis (manu) dextra apposita in pectore, ut mos est in talibus et sub obligacione omnium bonorum nostrorum et dicti nostri prioratus per nos et successores nostros (in contrarium) premissorum non venire, sed omnia universa et singula supra et infra scrip(ta) (ra)ta grata et firma habere perpetue tenere, actendere, complere et (inviolabiliter observare) sub omni renunciacione juris et facti ad hec necessaria pariter et cautela. Datum apud Chamonix in prioratu dicti loci, (videlicet in parva camera judicis) dicti loci, in presencia fratris Johannis de alenis, mo(nachi) claus(tralis dicti loci..... Dni Raymondi Solliardi curati dicti loci, nobilis viri (Petri) de Sancto Amore dni castriveteris et plurium aliorum die duodecimo mensis d(ecembris) anno dni millesimo IIII° X(II) indicione quinta, sub apposicione (sigilli) nostri in testimonium premissorum. *(La ligne se termine par une signature illisible.)*

110

Enquête faite à la demande de vénérable Antoine de Saint-Amour, prieur de Chamonix et des Prud'hommes dudit lieu, sur l'exercice par ces derniers de la juridiction criminelle.

(1414.)

24 Septembre.

(Tiré des Archives de la commune de Chamonix. — D'après l'original écrit sur parchemin.)

Anno Domini millesimo quatercentesimo decimo quarto, indicione septima, die vicesima quarta mensis septembris. Cum ita sit quod communitas proborum virorum Vallis Campimoniti, ut asserunt, hominumque et subditorum Domini prioris Campimoniti habeat et ipsius communitatis predecessores habuerint usum et consuetudinem dudum ibidem observatos per tanti temporis spacium quod memoria hominum de contrario non habetur super delinquentes aut committentes casus criminales cum emergenciis eorumdem acque dependenciis, aut inculpati vel detenti seu incarcerati de eisdem infra confines ipsius vallis et juridictionis ejusdem Domini prioris et ejus prioratus predicti tanquam judices et cognitores ejusdem prioris et prioratus sentenciandi, pronunciandi, absolvendi et omnino cognoscendi, facto prius processu et completo per clericum curie dicti Domini prioris et sui prioratus ejusdem vallis Campimoniti, juxta ipsorum discretionem et consilium sicut asserunt probi homines ejusdem vallis. Et de quaquidem consuetudine asserta vir venerabilis dominus Anthonius de Sancto-Amore, prior modernus nundum informatus, cupiens ipsos homines suos ejusdem vallis graciose tractare, dum tamen jura dicti sui prioratus in aliquo non lederentur, volens se simpliciter informare tanquam Dominus et superior ipsorum hominum et vallis Campimoniti ad causam dicti sui prioratus ex eo quod ipsam consuetudinem nundum vidit observare, eo quia tempore quo idem stetit prior non evenit nec fuit perpetratus talis casus, manifeste sic...... in per Anthonium bastardum de Miolano nuncupatum vice castellanum ipsius loci Campimoniti ita esse. Nunc vero fuit formatus unus processus in dicta valle et juridictione per virum discretum Franciscum Chamonix de Salanchia notarium publicum et clericum curie ejusdem domini prioris in dicto suo prioratu campi-moniti contra culpabiles de nece unius pueri qui asseritur fore et fuisse interfectus per unam suem [1], sed criminis et processus cognitionem et ordinationem, probi ejusdem vallis observando eorum consuetudinem habere velint et intendant; ipseque Dominus prior mandavit castellano suo seu ejus loco tenenti et clerico curie predicte quod se informare de dicta consuetudine et quod eisdem...... novitatem facerent, nec jura ecclesie et dicti sui prioratus in aliquo non ledere permitterent sicut omnia predicta asserint probi dicte communitatis ita esse maxime nonnulli eorumdem proborum. Hinc est quod ad requisitionem Hugoneti Bonet et Michaëlis filii Francisci Pilicerii hominum et subditorum ejusdem Domini prioris, ratione dicti sui prioratus, factam nomine totius communitatis ejusdem vallis Campimoniti asserentium premissa fore vera et de consensu dicti Bastardi de Miolan vice castellani Campimoniti pro dicto domino priore. Ego Janinus Quinerrit, de Salanchia, notarius publicus, clericusque curie Montis-Gaudii tanquam publica persona per eos super hoc requisitus accessi ad virum nobilem Ramusium de Monteforti qui tempore Domini Johannis Bochardi predecessoris prefati domini prioris moderni in dicto prioratu per longum tempus olim, ut asseruit,

---

[1] Truie.

rexit castellaniam dicti loci Campimoniti et castellanus extitit unacum dictis Hugoneto Bonet et Michaele Pilicerii pro interrogando ipsum nobilem Ramusium de dicta consuetudine, qui nobilis Ramusius prius requisitus de veritate testificanda super consuetudine predicta per ipsos Hugonetum et Michaelem in et super constituti qui presentia mis notarii publici et testium subscriptorum dixit et testificatus fuit in modum qui sequitur : Et primo dixit et attestatus fuit quod tempore quo fuit castellanus castellanie dicti loci Campimoniti fuit ibidem captus Perrussodus Lyarichier qui inculpabatur de furtis et per officiarios ipsius captus et postea traditus mistrali ipsius loci Campimoniti qui ipsum detinuit per unam diem et per unam noctem et postea remissus sibi loquenti tanquam castellano ejusdem Domini prioris deinde fuit factus processus per Thomam Berchat de Salanchia notarium de mandato Domini prioris et facto processu dictus Perrussodus ad requisitionem dictorum proborum vallis Campimoniti et de mandato dicti Domini prioris Bochardi ante grangiam ejusdem prioratus coram ipsis probis et ibidem...... culpato per dictum Thomam et coram ipsis probis processus predictus ipso castellano presenti, quo lecto, dicti probi ad...... se longaverunt pro habendo consilium inter ipsos et petierunt...... sibi traderi et..... castellaniam suam videlicet ipsum loquentem pro consiliario ipsorum qui...... ipsum expelland...... suo consilio pro illa vice, et in consiliarium eisdem probis concessit et ministravit et deinde..... fuit eorum consiliarius, in quo loco idem dominus prior dictum Perrussodum cum processu predicto tradidit et remisit ad cognoscendum et ordinandum super ipso processu secundum eorum consuetudines...... dictum Perrussodum. Quibus sic pactis prenominati probi ipsum Perrussodum sententiaverunt ad standum ligatum...... ou Bynlit per certas horas diei...... presenti temporis spacium. Quo sententiato, fuit per eosdem remissus mistrali dicti loci qui dictam sentenciam ipsius sumptibus executioni posuit et adimplevit

sicut presens fuit et vidit. Item, dixit et testificatus fuit
ulterius quod quadam alia vice dum erat castellanus ipsius
loci Campimoniti Amedeus Quoquati de mandamento Montis
gaudii et parrochie Sancti Gervasii Verossie, ad requisitionem Guigardi de Frassia qui ipsum accusabat de furto fuit
per officiarios ipsius domini prioris captus et ut supra traditus mistrali domini prioris predicti et ipsum custodivit
per diem naturalem et postea per ipsum mistralem sibi loquenti tanquam castellano dicti domini prioris et ejusdem
loci Campimoniti remissus, et subsequenter fecit idem dominus prior evocare probos patrie et dictum Guigardum
accusantem et eumdem Amedeum Quoquati coram probis
predictis, presente dicto Guigardo. Cui Guigardo dixit idem
dominus prior : tu fecisti istum capere? Quid petis sibi :
qui Guigardus dixit quod nichil ei petebat nec capere fecerat. Qui dominus prior dixit quod...... ipsum Amedeum
idem dominus prior remisit dictis probis sibi dicendo quod
ordinarent de eodem. Qui probi, premissis, auditis et attentis quod nichil reperiebatur contra ipsum condemnabilis que inculpabatur, absolverunt et tanquam probum
ipsum licentiaverunt et premissa vidit et presens fuit sicut
dixit. Item dixit et asseruit quod alia vice quidam porcus
in dicta valle removit auriculam uni puero pro qua causa
probi dicti loci ipsum porcum condempnaverunt ad mortem
et tunc amici dicti pueri de et super eo quod puer perdiderat suam auriculam et ex eo quod dictus porcus tanquam
culpabilis condempnatus erat de eisdem ad furem quod idem
puer et ejus amici in futurum valerint...... qualiter idem
puer auriculam perdiderat sibi fieri petierunt publicum
instrumentum per manus...... liaco notarii publici et in
premissis fuit presens et ita vidit ut dixit. Actum apud Cupillinum magnum, in mandamento Montis-Gaudii et parrochie Sancti Gervasii Verossie ante domum habitationis
predicti nobilis Ramusii de Monte forti, presentibus Bono
Johanne Diuquenat de Magno Cupillino, Guillelmo Carerii,

Petro de Tagu et Jacobo Carrerii de...... testibus ad hec vocatis. *C.* Item, anno et indictione quibus supra, die vicesima tercia mensis septembris; fuit super ipsa consuetudine interrogatus Hugo Botollierii, de Siervuz, domicellus qui dixit et in verbo veritatis asseruit quod ipse vidit et presens fuit in loco de Campomonito, videlicet ante grangiam prioratus, in quo loco fuit remissus per Ramusium de Monte forti domicellum, castellanum pro tunc Campimoniti, Perrussodum Lyarchier qui inculpatus fuerat de furtis ad ipsum sententiandum seu cognoscendum quid de ipso erat agendum videlicet probis patrie dicti loci Campimoniti; qui probi patrie de Chamonix ipsum sententiaverunt ad verberandum et expellandum de patria ad certum tempus. Actum apud Siervuz in domo habitationis dicti Hugonis Botollierii, presentibus Petro Blonda, Francisco Botollierii domicello et Gabriel donato Dogni Johannis Michon curati Beate Marie de Lacu, testibus ad hec vocatis. De quibus attestationibus dicti Hugonetus Bonet et Michael Pilicerii nomine totius communitatis de Chamonix et patrie ejusdem petierunt per me notarium subscriptum sibi dari et fieri litteram testimonialem quam in hac forma sub signis meis quo uto in instrumentis publicis concessi eisdem et tradidi per presentes. Ita fuit coram me Janino Quinonridet de Salanchia, clerico, imperiali auctoritate, notario publico et clerico supradicto.

111

Quittance passée par Amédée VIII à vénérable Antoine de Saint-Amour, prieur de Chamonix, du don gratuit de 250 florins d'or, petit poids, que celui-ci lui avait fait à l'occasion de l'arrivée et du passage, en Savoie, de Sigismond, empereur des Romains.

(1414.)

3 Décembre.

(Tiré des Archives de l'église de Sallanches, non coté. D'après l'original sur parchemin.)

Nos Amedeus comes Sabaudie et Gebenesii. Notum facimus et universis quod cum Venerabilis Religiosus frater Anthonius de Sancto Amore prior prioratus Campimuniti super hominibus subdictis et juridiciariis suis existentibus de dicto loco Campimuniti numero centiem et quinquaginta trium focorum dumtaxat videlicet super quibus habet omnimodam juridicionem ducentos et quinquaginta florenos auri parvi ponderis, racione adventus et transitus ad has partes Serenissimi Principis et Domini nostri Carissimi Domini Sigismondi, Dei gracia Romanorum Regis, nobis ad nostri requisicionem concesserit graciose; quos ducentos et quinquaginta florenos dicti ponderis nobis solvere debebit in manibus thesaurarii nostri qui inde nobis tenebitur computare. Hinc est quod nos eundem priorem dictosque ejus homines subdictos et juridiciarios Volentes in suis bonis juribus perpetuo confovere hujusmodi concessionem nobis factam trahi vel educi nolumus ad consequenciam in futuro, nec eis propter hoc nisi quatenus de jure astricti forent prejudicium aliquod generari nec aliquod jus novum propterea nobis quomodo libet acquiri. Datum Aquiani die tercia mensis decembris, anno Domini millesimo quatercentesimo decimo quarto.

Per Dnum, relacione Dnorum G. MARCHIANDI, cancelarii ;
LAMBERTI ODDINETI ;
P. ANDREVETI, etc. ;
G. MARCI, thes^i.

Contresigné : Petrus GARETI.

Le sceau est emporté.

112

Henri Fabre, juge de Faucigny pour Bonne de Berry, comtesse d'Armagnac, après avoir fait comparaître devant lui et entendu François Chamonix, notaire et procureur d'Antoine de Saint-Amour et Jaquemet d'Arrellier, procureur fiscal de la terre de Faucigny dans la cause de Vuillelme Anceys, fils de Gaudin Anceys, du mandement de Chamonix, détenu dans la prison de Châtillon et accusé d'avoir tué Vuillelme Moret dans le territoire de Chamonix, ordonne sa remise au juge et au châtelain de Chamonix pour y être jugé en conformité de la requête présentée par Pierre Vaneus, juge de Chamonix.

(1417.)

23 Mars.

IN NOMINE DOMINI, AMEN.

Anno Dni millesimo IIII° decimo septimo, die vicesima tercia mensis marcii, assignata per Nos Henricum Fabri, licenciatum in legibus, bacallarium in decretis, judicem terre et baronie Fucigniaci pro Illustri Principissa, Domina nostra Dna Bona de Byturio, armagniaci comitissa, Dominaque ad causam dotalicii dicte baronie et terre Fucigniaci, Francisco Chamonix notario procuratori et nomine procuratorio religiosi nobilis ac venerabilis viri domini Anthonii de Sancto Amore, prioris prioratus Campimuniti supplicantis, ex una parte. — Et viro discreto Jaquemeto de Avullier procuratore fiscali dicte terre, ex altera parte; ad audiendum per nos ordinari et pronunciari de, in et super quadam causa et questione diu ventilata et adhuc vertente coram nobis inter dictas partes super remissione fieri petita pro parte dicti domini prioris Campimuniti de Vuillelmo Anceys penes juridicionem dicte illustris principisse domine nostre, domine dicte terre Fucigniaci pro suis demeritis et publicis criminibus assertis, per eum commissis, videlicet infra castrum castillionis, detentum prout in memoriali super hoc facto continetur; in qua enim causa vir venerabilis dominus Petrus Vaneus, licenciatus in legibus, judex terre et juridicionis dicti prioratus Campimuniti pro prelibato domino priore nos requisivit in juris subsidium et rogavit per suas patentes licteras requisitorias ut dictum Vuillelmum filium Gaudini Anceys, de Campomunito eidem remicteremus et tradi faceremus castellano Campimuniti pro justicia condigna de offensis per ipsum perpetratis in territorio et juridicione Campimuniti facienda potissime de nece seu morte Vuillelmi Moret, prout in dictis licteris requisitoriis lacius continetur quarum tenores secuntur et sunt tales.

Venerabili ac magne auctoritatis et circunspectionis viro domino Henrico Fabri, in legibus licenciato et bacallario in decretis. Judici terre Fucigniaci cum honoris augmento. Petrus Vaneus, de Annessiaco, in legibus licenciatus judex terre et juridicionis nobilis ac venerabilis religiosi dni Anthonii de Sancto Amore, prioris prioratus Campimuniti. Vos ex parte dicti dni prioris in juris subsidium requirimus et nostri actente rogamus quathenus Vuillelmum filium Gaudini Anceys, de Campomunito, hominem et juridiciarium prefati dni prioris Campimuniti detentum apud Clusas pro morte

Vuillelmi Moret, de Campomunito occisi in et infra juridicionem Campimuniti nobis remictatis et tradi mandetis castellano Campimuniti et officiariis dicti dni prioris pro justicia condigna in loco in quo delinquit ministranda taliter si placet in premissis agentes qualiter velletis in causa simili vel majori prefatum dnm priorem et nos facturum. Datum Annessiaci die tercia mensis novembris, anno dni millesimo quatercentissimo sex decimo, Johannes Clavelli.

Aversus quam remissionem se opposuit prefatus procurator fiscalis terre Fucigniaci, dixitque et proposuit ipsam remissionem minime fieri debere causis et racionibus in quadam cedula papirea in dicta causa tradita die nona mensis decembris anno proxime elapso dni millesimo III^c XVI^{to}, cujusquidem cedule tenor sequitur et est talis.

Comparet Jacobus de Avullier, procurator fiscalis terre Fucigniaci in causa vertente coram vobis domino (judici) dicte terre Fucigniaci, inter Franciscum Chamonix, assertum procuratorem et procuratorio nomine religiosi viri domini Anthonii de Sancto Amore prioris prioratus Campimuniti supplicantis ex una parte. Et dictum procuratorem fiscalem instantem ex altera, et satisfaciendo assignacionis hodierne que est ad deliberandum, dicendum et opponendum per dictum procuratorem fiscalem quare quedam asserta remissio Vuillelmi filii Gaudini Anseys, de Campomunito fieri non debeat prout in memoriali dicte assignacionis plenius continetur, petit ipse procurator fiscalis primitus et ante omnia fidem fieri per dictum Franciscum Chamonix de suo procuratorio et potestate per publicum instrumentum, alias se ab examine vestro licenciaturum, et dictum Franciscum assertum procuratorem predictum in suis expensis condempnaturum; si vero dicta pars supplicans legitime compareat, dicit et proponit ipse procurator fiscalis ipsam remissionem dicti Vuillelmi dicto dno judici Campimuniti fieri non debere tum ex eo quia castellanus dicti dni prioris Campimuniti ipsum Vuillelmum per castellanum castillionis et clusarum seu ejus locum tenentem, infra dictam villam clusarum et in nundinis festi Beati Luce proxime preteritis campi *(sic)* et detineri fecit, asserens ipsum Vuillelmum interfecisse Vuillelmum Moreti, de Arjenteria, petens de ipso justiciam ministrari sic quod ad clamam et denunciacionem dicti castellani Campimuniti ipse Vuillelmus Anseys de Campomunito per castellanum castillionis et clusarum detinetur pro justicia de ipso ministranda; tum ex eo quia ipse Vuillelmus Anceys, processum super hoc et occasione dicti omicidii factum per curiam dicte terre Fucigniaci respondit sic quod tam racione dicte clame quam racione dicte responcionis ipse Vuillelmus Anseys remicti non debet; tum ex eo quia ipse Vuillelmus Anseys delinquit penes dictum castellaniam castillionis et clusarum; tum ex eo quia judex terre Fucigniaci est judex ordinarius in tota terra Fucigniaci; tum ex eo quia alii judices dicte terre et maxime judex Campimuniti subest juridicioni dicti judicis ordinarii dicte terre Fucigniaci; tum ex eo quia ubi est ceptum judicium ibi finiri debet; tum ex eo quia judex terre Fucigniaci non consuevit remictere judici Campimuniti nec aliis suis inferioribus; tum ex eo quia dictus Vuillelmus Anceys ad clamam predictam fuit detentus in villa francha clusarum in qua quilibet sortitur forum dicti judicis terre Fucigniaci super hiis que ab ipsis petuntur; tum ex eo quia de illis qui capiuntur in villis franchis terre Fucigniaci, cujuscumque alterius juridicionis sint vel fuerint nunquam fuit facta aliqua remissio ymo sortiti fuerunt et sorciuntur forum dicti dni judicis terre Fucigniaci quando ab ipsis petuntur et petita fuerunt; tum ex eo quia dicta pars supplicans non docuit neque docet de eorum asserta juridicione nec de aliquo processu occasione dicti homicidii inculpati super hoc facto per curiam dicti dni prioris Campimuniti nec quod alias ipsis fuerit per dnm judicem terre Fucigniaci facta aliqua remissio; tum ex pluribus aliis causis suo loco et tempore declarandis; quare petit dictus procurator fiscalis dicte parti supplicanti super supplicatis perpetuum silencium imponi, et si alia dicant vel proponant sibi copiam dari et concedi et per vos sibi super premissis justiciam ministrari, vestrum officium implorando.

Ex adverso replicavit, dixit et proposuit in dicta causa predictus Franciscus Chamonix, nomine quo supra, quod non obstantibus contentis in cedula dicti procuratoris Fucigniaci superius inserta, dictam remissionem fieri debere per modum petitum causis et racionibus contentis et descriptis in quadam cedula papirea incipiens. Ad finem et effectum, etc., in dicta causa pro parte dicti dni prioris producta die xvi mensis decembris, dicto anno proximo lapso dni m° iiii° xvi cujusquidem cedule tenor sequitur et est talis.

Ad finem et effectum quod vobis venerande circumspectionis viro dno Henrico Fabri, licenciato in legibus et bacallario in decretis judici terre Fucigniaci. Evidenter appareat remicti debere Vuillelmum filium Gaudini Auceys, de Rouseria, habitatorem de Argenteria, hominem et juridiciarium venerabilis religiosi dni Anthonii de Sancto Amore, prioris prioratus Campimuniti, curie prenominati dni prioris Campimuniti, et judici suo prout idem judex terre et juridicionis Campimuniti in juris subsidium vos ex parte dicti dni prioris requisivit et ex parte sua rogavit prout et quemadmodum in dictis licteris requisitoriis ad quas se refert Franciscus Chamonix procurator et procuratorio nomine nobilis et venerabilis religiosi dni Anthonii de Sancto Amore, prioris prioratus predicti seu alius ejus dni prioris procurator. Comparet legitimus procurator prenominati dni prioris Campimunit coram vobis prenominato dno judici, petens prout et quemadmodum alias petiit remissionem in dictis licteris requisitoriis mentionatam per vos fieri, dicens sic fieri debere de jure ut est casus in authentica ut nulli judicium. Q. Si vero quis comprehensorum criminum ix colla. Non obstante descriptorum in quadam cedula que incipit : comparet Jacobus de Avullier, etc., producta per providum virum predictum Jacobum de Avullier procuratorem fiscalem terre Fucigniaci ad impediendum remissionem petitam fieri de dicto Vuillelmo filio Gaudini Anceys, de Campomunito que actento authentico supra proximo allegato dictam remissionem petitam non possunt juridice impedire quia posito quod officiarii prenominati dni prioris Campimuniti dictum Vuillelmum capi fecerunt apud Clusas per officiarios Clusarum, ricte et recte dictam detencionem fieri fecerunt, cum officiarii dicti dni prioris non debuerint ipsum extra territorium capere Campimuniti et in villa Clusarum sed ducti sano consilio eum detineri fecerunt per curiam Clusarum; confidentes firmiter de bona justicia dni judicis terre Fucigniaci predicti cui jura sunt nota quod requisitus debite eum curie prefati dni prioris Campimuniti remicteret pro justicia de eo ministranda in loco ubi delinquit et unde dictus Vuillelmus sumpsit originem et domicillium fovet, salva fuga per eum facta racione criminis homicidii per eum perpetrati in terra et juridicione dni prioris Campimuniti et in loco designato in inquisicione formata contra dictum Vuillelmum et alios suos complices ex officio curie prefati dni prioris. Quequidem inquisicio ad informandum animum vestrum et ad effectum quod dictus Vuillelmus dicte curie et justicie Campimuniti remictatur ut juris est pro justicia in loco delicti perpetrati ministranda fuit exhibita coram vobis et adhuc exhibetur ad fines et effectus quibus supra et pro conservacione justicie rei publice cui expedit ne maleficia remaneant impunita nec denunciacionem aliquam fecit castellanus Campimuniti ut pretenditur in cedula de dicto Vuillelmo nisi ad fines et effectus quod remicteretur, nam certum est quod pro delicto commisso in territorio et juridicione Campimuniti, dictus Vuillelmus puniri non debet apud Clusas ubi non delinquit sed pocius in loco perpetrati delicti ut pena ipsius sit metus multorum qui multis crassantibus opus est exemplo et facilitas venie intencionem tribuit delinquendi ; et posito sine prejudicio non tamen concesso quod judex terre Campimuniti subesset judici terre Fucigniaci propterea dns judex terre Fucigniaci non debet denegare remissionem de dicto Vuillelmo fieri petitam quoniam major judex debet remictere inferiori penes quem delinquit, causis supradictis et ut concludatur juridice criminosum puniri in loco delicti perpetrati tum pro eo quia non sequitur quod si alias non fuit facta remissio per dnm judicem terre Fucigniaci justicie et judici terre Campimuniti non esse necessaria illacio seu conclusio, ergo de dicto Vuillelmo et in casu presenti remissio fieri non debet pro et quia alias similis causa non evenit, sed quia de novo evenit per eundem dnm judicem terre Fucigniaci, dictus Vuillelmus remicti debet justicie et judici terre et juridicionis dni prioris predicti Campimuniti ut utraque disponit justicia. Et pro majori informacione fiende remissionis de dicto Vuillelmo in loco commissi criminis et ad fines et effectus quia animus prefati dni judicis terre Fucigniaci veraciter informetur quod prefatus dns prior in tota sua terra per aquas, montes et molaria limictata habeat et sui predecessores priores habuerunt retromissis temporibus omnimodam juridicionem, merum mistum imperium in quoscumque delinquentes vel quasi in tota terra Campimuniti et eadem juridicione mero et misto imperio usi fuerunt spacio x, xx, xxx, xl annorum et ultra per tanti temporis spacium quod de contrario memoria hominum non extat; et pro vera informacione juridicionis pretense et animi vestri pro parte dicti dni prioris exibetur ipsum publicum declaracionis dicte juridicionis prioratus Campimuniti sigillo auctentico corroboratum. Requirens ex debito justicie et officii prout in licteris requisitoriis in juris subsidium requisivit. Attento quod una potestas per aliam juvatur et remissionem per vos fieri breviter et sine lite beignitatis vestre ordinariam juridicinam humiliter implorando.

Replicavitque iterato idem procurator fiscalis Fucigniaci

in dicta causa dictam remissionem, ut prefertur, non esse fiendam causis et racionibus per ipsum in dicta causa deductis et propositis et aliis descriptis et contentis in quadam cedula papirea incipiente. Replicat discretus vir et in dicta causa producta per ipsum procuratorem Fucigniaci die XII preteriti mensis januarii, anno presenti, cujus cedule tenor sequitur et est talis :

Replicat discretus vir Jaquemetus de Avullier procurator fiscalis baronie Fucigniaci adversus novissime producta in hac causa pro parte venerabilis et religiosi viri dni Anthonii de Sancto Amore prioris prioratus Campimuniti in quadam cedula que incipit ad finem et effectum, et dicit quod Vuillelmus filius Gaudini Anceys, de Campomunito non debet remicti judici dicti domini prioris per modum petitum, et hob causis et racionibus descriptis in cedula pro parte dicti procuratoris fiscalis in hac causa producta que incipit : Comparet Jacobus de Avullier, etc., eciam ex alio capite quia cotienscumque aliquis commisit aliquod crimen in aliqua provincia seu in territorio alicujus judicis et ipse malefactor recedit ab illo territorio et venit ad territorium alicujus alterius judicis et ibidem commictit novum crimen et ibidem captivatur, tunc si a judice in cujus territorio secundo delinquit petatur fieri remissio, primo debet fieri cognicio de crimine commisso in territorio judicis penes quem reperitur quando fiat remissio judici in cujus territorio primo delinquit ut L. si cui crimen. C. cum sacrilegium ff. de actu. Et cum dictus Vuillelmus filius dicti Gaudini existens in castro castillionis qui inculpabatur de homicidio et fregerit carceres castillionis et exiverit dictos carceres bina vice sine consensu alicujus magistratus sed sua auctoritate ut constat per processum per procuratorem fiscalem formatum et per dictum Vuillelmum confessatum quem producit dictus procurator. Clarum est quod debet primo cognosci de crimine effracti carceris quùm procedatur super petitis pro parte dicti dni prioris, petens nichillominus dictus procurator fiscalis copiam omnium que producentur pro parte dicti dni prioris in ea parte in qua habere voluit sibi dari cum ad deliberandum termino competenti de suis expensis protestando.

Replicavitque dixit et proposuit in dicta causa prefatus Franciscus Chamonix procuratorio nomine quo supra dictam remissionem fieri debere per modum petitum causis et racionibus pro parte dicti dni prioris in dicta causa deductis et propositis et aliis in cedula papirea in dicta causa producta et tradicta pro parte dicti dni prioris die xix^a mensis januarii, anno presenti que incipit. Ut procurator legitimus, etc., deductis et descriptis, cujusquidem cedula tenor sequitur et est talis.

Ut procurator legitimus nobilis et venerabilis viri dni Anthonii de Sancto Amore, prioris prioratus Campimuniti satisfaciat assignacioni diei presentis.

Comparet legitimus procurator prefati Domini prioris coram vobis venerande circumspectionis viro dno Henrico Fabri in legibus licenciato, judice terre Fucigniaci. Dicens et instanter requirens ut in licteris requisitoriis in juris subsidium factis per dnm judicem terre Campimuniti in dictis licteris nominatum videlicet remicti Vuillelmum incarceratum penes juridicionem prefati domini judicis terre Fucigniaci prefate justicie et judici terre nobilis ac venerabilis religiosi dni prioris prenominati Campimuniti et dicit ita fieri debere causis justis et racionabilibus deductis et propositis pro parte dicti dni prioris Campimuniti in cedula que incipit. Ad finem, etc., ad quam se refert non obstantibus deductis in cedula postremo producta pro parte discreti viri Jaquemeti de Avullier procuratoris fiscalis Baronie Fucigniaci producta noviter que salva proponentis reverencia carent juris effectu pro eo quia dictus Vuillelmus homo et justiciabilis prefati dni prioris Campimuniti detentus maximum crimen commisit in loco et infra territorium juridicionis prefati dni prioris Campimuniti unde dictus Vuillelmus originem sumpsit quinymo et in loco originis crimen homicidii commisit ut clare fuit demonstratum per tenorem inquisicionis formate contra eundem ex officio curie prefati dni prioris Campimuniti, de qua offensa procurator prefati dni prioris ad informandum animum vestrum informavit, ut constat ex tenore actorum quare dictus Vuillelmus qui ad instanciam officiariorum Campimuniti extitit detentus apud mandamentum Clusarum remicti debet justicie et officiariis prefati nobilis et venerabilis religiosi dni prioris Campimuniti descriptis, oppositis et replicatis in cedula partis adverse dni procuratoris fiscalis Fucigniaci in actis productis non obstantibus; nam fugiens territorium originis sue est suspectus ad eo quod non convenit aliqua tergiversacione se excusare, nec obstat dicto dno priori. Lex cum cui crimen Q. cum sacrilegium ff. de accusa., quia allegacio pretensa retorqueri debet, salva dicti dni prioris allegantis reverencia contra eundem quoniam dictus Vuillelmus debet remicti juxta licteras in juris subsidium requisitorias et formatas secundum communis juris disposicionem ut in Q. alleg. Si vero quis comprehensorum in aut. ut nulli judicis coll, IX ubi expresse scribitur verbum. Jubemus quod verbum importat necessitatem ut in auct. Si vero crimen C. de adult. quia opposicio communiter reputatur va(lere) in L. Ex adversa parte allegatur in sua cedula si cui Q. cum sacrilegium et de necessitate unus judex alteri judici requisitus tamen in juris subsidium tenetur alteri judici remictere criminosum, quod si non faciat incurrit penam descriptam in dicto Q. si vero quis comprehensorum, mencionato supra, constat enim quod bar..... in L. II Q. qui ad exhibendum ff. de custo(dia) reorum movet questionem quod quando quis incarceratur propter magnum crimen propter quod imponi debet pena capitalis quod remicti debet in loco ubi tale crimen commissit et non in loco in quo crimen privatum commissit sic dici potest in proposito quod posito sine prejudicio non tamen concesso quod effugisset dictus Vuillelmus carceres castillionis minimo incidit in crimen publicum sed pocius in crimen privatum quare merito de jure concluditur dictum Vuillelmum remicti debere in loco originis ubi majus crimen commisit tam racione originis quam racione commissi majoris delicti quamvis negetur dictum Vuillelmum, qui petitur, remicti coram justicia dni sui dni prioris Campimuniti aliquod crimen mentionatum in cedula Domini procuratoris fiscalis terre Fucigniaci esse et fuisse commissum in terra Fucigniaci per modum propositum, petitum et narratum; merito petit et requirit legitimus procurator nobilis ac venerande religionis dni prioris prenominati Campimuniti sibi et sue justicie Campimuniti dictum Vuillelmum incarceratum remicti pro justicia condigna de eodem ministranda actento quod informavit de processu perpetrati per eum homicidii in terra et juridicione prefati dni prioris Campimuniti necnon de titulis et juridicione vel quasi dicti prioratus. Et Dominus procurator fiscalis terre Fucigniaci nec edocet aliquid nisi verbo et ubi est opus facto verba non sufficiunt, dicens ita per vos fieri debere petens ut alias dictum sibi remicti Vuillelmum ejus hominem et juridiciarium ut in loco ubi delinquit benenigtatem vestre justicie et officii implorando.

Qua enim die vicesima tercia mensis marcii superius assignata, comparuerunt coram nobis dicto judice prefatus Jacobus de Avullier procurator fiscalis dicte terre Fucigniaci ex una parte. Et dictus Franciscus Chamonix procurator et nomine procuratorio dicti dni prioris Campimuniti ex altera parte, petentes et cum instancia requirentes ipse partes nominibus predictis per nos de et super dicta causa ordinari, pronunciari et diffiniri juxta formam assignacionis hodierne.

Nos enim dictus judex, visis licteris requisitoriis supra insertis nobis pro parte venerabilis viri Domini Petri Vaneus in legibus licenciati judicis terre prefati religiosi viri fratris Anthonii de Sancto Amore prioris prioratus Campimuniti presentatis, ac requisicione et omnibus in eisdem contentis;

visa eciam opposicione facta per discretum virum Jacobum de Avullier procuratorem fiscalem predicte terre Fucigniaci ac racionibus et causis per eundem procuratorem propositis et allegatis in prima cedula in hac causa per ipsum coram nobis producta et oblata incipiente; comparet Jacobus de Avullier procurator fiscalis, etc., superius inserta, necnon cedula pro parte predicti procuratoris dni prioris Campimuniti incipiente : ad finem, superius inserta, et causis et replicacionibus in eadem declaratis, licteraque declaracionis juridicionis dicti prioratus Campimuniti facte per illustrem principem dnm Hugonem Dalphinum dnm quondam dicte terre Fucigniaci; processu inquisicionali facto apud territorium Campimuniti per clericum curie temporalis Campimuniti contra prelibatum Vuillelmum filium Gaudini Anceys inquisitum, Reymondam ejus uxorem, Vuillelmum Riqueti, Johannem Morii alias Requeti fratres inculpatos de nece Vuillelmi Moreti dicti territorii Campimuniti quodam instrumento vidimus nuncupato, recepto per Guillelmum de Campo, de Aquiano, continente quod prefatus Vuillelmus Anceys confitetur se occidisse corpus suum deffendendo Vuillelmum Moreti; eciam quodam inquisicionali processu facto ex officio curie territorii predicti Campimuniti contra Gaudinum Anceys, patrem predicti Vuillelmi Anceys penes territorium nostrum detenti productis et judicialiter oblatis coram nobis per prenominatum procuratorem antedictum dni prioris Campimuniti. — Visisque duobus aliis processibus factis et formatis apud territorium castillionis contra prefatum Vuillelmum Anceys incarceratum uno videlicet tam ex officio curie quam ad denunciacionem Anthonii Bastardi de Meolano asserti castellani Campimuniti, et altero ex mero officio dicte curie castillionis contra eundem Vuillelmum pro parte dicti procuratoris fiscalis in dicta causa, coram nobis judicialiter productis ac omnibus dictis propositis et replicatis per dictos procuratores hinc inde in hac causa, jurisque allegacionibus nobis ad partem per utranque parcium tradictis. Habita deliberacione matura et diligenti super eisdem ac toto processu seu causa cum libris et peritis. Sedentes pro tribunali more majorum nostrorum, sacrosanctis scripturis coram nobis prepositis, Dei nomine invocato ut de ejus vultu rectum prodeat judicium et oculi nostri videant equitatem, signo salutisfero sancte crucis nos munientes dicendo. In nomine Patris et Filii et Spiritus Sancti. In hiis scriptis dicimus, ordinamus, decernimus, pronunciamus et declaramus prenominatum Vuillelmum Anceys filium Gaudini Anceys, mandamenti Campimuniti penes districtum et carceres juridicionis nostre castillionis et clusarum detentum, esse per nos remictendum, transmictendum et tradendum domino judici Campimuniti territorii, seu deputatis ab eodem pro veritate inquirenda et justicia ministranda super actibus, criminibus et delictis de quibus in processibus per predictos procuratores videlicet Campimuniti et terre Fucigniaci super asserta nece predicti Vuillelmi Moreti asserta perpetrata in predicto territorio Campimuniti, non obstantibus in contrarium oppositis, propositis et allegatis in hac causa pro parte prenominati procuratoris terre Fucigniaci; neutram partem in expensis in hac causa factis et ex causis condempnantes. Mandantes insuper harum serie dilecto nostro castellano castillionis et clusarum seu ejus locumtenenti quatinus prefatum Vuillelmum Anceys tradat et realiter expediat prefato dno judici Campimuniti et castellano ejusdem territorii, seu deputatis ab eisdem nullo alio mandato a nobis super hoc expectato. Data et lecta fuit presens nostra pronunciacio et ordinacio ac sentencia publice apud Bonamvillam in loco in quo jura ibidem reddi sunt solita, die et anno quibus supra. Presentibus Stephano Boudrici, Johanne Irrati burgenses Boneville, Viffredo Quinonridet, Stephano Depassu, Guillelmo Depassu, Guigoneto Samoen notariis, burgensibus Boneville et prenominato Jac, de Avullier et sigillo majore dicte nostre judicature in robur et testimonium omnium et singulorum premissorum.

Per dictum dnm judicem terre Fucigniaci concessa.
Redd. Lrs. Portitor. exerc.

THEOBALDUS DE PASSU.

Pend le sceau de la judicature-mage du Faucigny sur circ verte.

113

Condamnation à mort de Guillaume fils de Gaudin Anceys, coupable d'avoir tué Guillaume Moret.

(1417.)

3 Juin.

(Archives de l'église de Sallanches. — Liasse de la justice civile et criminelle de Chamonix. Copié sur l'original écrit sur parchemin.)

IN NOMINE DOMINI AMEN.

Anno dni millesimo quatercentesimo decimo septimo, die tercia mensis junii. — Visa quadam informacione formata ex officio curie nobilis ac venerabilis religiosi dni Anthonii de Sancto Amore, prioris et dni temporalis prioratus et mandamenti Campimuniti sub anno dni millesimo quatercentesimo quatuor decimo, die vicesima sexta mensis octobris contra Vuillelmum filium Gaudini Anceys de Rouseria, habitatorem de Argenteria et ceteros qui possent reperui culpabiles de morte Vuillelmi Moret occisi in et infra mandamentum Campimuniti continente viginti octo articulos principales et decem articulos judiciarios responsionibus factis eciam super articulis judiciariis in manibus curie

Campimuniti et articulis fortifficatoriis inquisicionum septem, et responsione ad ipsos per eum facta; instrumento de confessione per eum facta apud Acquianum in domo Jaquemeti de Macley, recepto, scripto et signato per Guillelmum de Campo, de Acquiano, notarium publicum, de morte Vuillelmi Moret. Examinacionibus et repeticionibus per nos Petrum Vaneus, de Annessiaco, in legibus licenciatum, judicem terre et juridicionis nobilis et venerabilis religiosi dni prioris Campimuniti supra nominati, pluribus vicibus causa plenioris veritatis super toto processu inveniende; sentencia interlocutoria per nos lata super questione et tortura, dato sibi prius termino ad dicendum causas justas quare questioni et torture subici non deberet, in quo termino nichil fuit sufficienter propositum adeo quod sentencia interlocutoria fuit exequcioni mandata; et visa responsione facta per dictum Vuillelmum post sentenciam interloqutoriam sponte et libere coram pluribus personis fidedignis cum omnibus aliis inde sequutis dependentibus emergentibus et connexis ex eisdem. — Visis eciam informacionibus contra dictum Vuillelmum Anceys super morte Vuillelmi Moret et quod post mortem fuit submersus in aqua areris et taxa seu pera ejus perquisita in qua furatus fuit duo scuta auri, et postmodum peram seu taxam unacum cedulis in ea existentibus projecit infra aquam areris. — Visisque attestacionibus testium in dicto processu inquisicionali examinatorum. — Et quia nos prefatus judex, premissis omnibus et singulis actentis cum omnibus aliis inde sequtis, dependentibus emergentibus et connexis pariter et incidentibus ex eisdem matura deliberacione prehabita et participato maturo consilio cum libris et peritis, nichil de contingentibus obmictendo sedentes pro tribunali more majorum nostrorum Deum et sacras scripturas pre occulis habentes, non declinantes ad destram neque ad sinistram, sed equa lance causam inquisicionalem pensantes ut de vultu nostro rectum et justum prodeat judicium et occuli nostri semper videant equitatem, xpi nomine prius invocato et servatis sollempnitatibus in talibus servari consuetis. Dicentes in nomine Patris et Filii et Spiritus Sancti, amen. Per hanc nostram diffinitivam sentenciam quam in hiis scriptis, ore nostro proprio proferimus, pronunciamus, declaramus et sentenciamus quia per contenta in processu inquisicionali reperimus dictum Vuillelmum filium Gaudini Anceys culpabilem, ipsum condempnamus certis ex causis justis ex tenore processus inquisicionali nos juste moventibus et quem libet recte et juste judicare volentibus movere debentibus, ut laqueo furcha suspendatur et ibidem moriatur, ut pena ipsius sit metus multorum, lapsis tamen prius decem diebus. Lecta, lata fuit hec presens nostra sentencia apud Campummunitum, misericordia dni reservata. Mandantes insuper castellano de Chamonix, Symondo Mistralis, de eodem et ceteris officiariis quibuscumque dicti loci quatenus hanc presentem nostram diffinitivam sentenciam suprascriptam debite et cum effectu exequcioni demandent, injungendo dicto Symondo Mistralis quod lapsis dictis decem diebus faciat ea que ad suum officium incumbunt et sub pena privacionis sui officii, videlicet in Revellino extra muros castri Campimuniti ante furnum modernum et nullo alio mandato a nobis super hoc expectato. Presentibus nobilibus Jaquemeto de Lucingio, castellano Campimuniti, Symondo Mistralis dicti loci, Michaele de Cresco, Anthonio Bastardo de Miolano, Jaqueto Viviandi et Peroneto Decupillino alias Galuz. Qua sentencia per nos ut supra lata anno, die et loco suprascriptis et presentibus pluribus aliis ultra supra nominatis; prenominatus castellanus Campimuniti et providus vir Franciscus Chamonix notarius et clericus curie dicti loci pecierunt ad opus prefate curie sibi reddi per nos licteras opportunas et testimonium, quas eisdem per presentes concessimus. Datum et actum ut supra; in quorum robur et testimonium veritatis sigillum quo utimur in dicta judicatura duximus apponendum.

Ita esse per nos Petrum Vaneus de Annessiaco, in legibus

licenciatum, judicem predictum et sub signo nostro manuali in testimonium premissorum.

(*Signé*) *Idem* P. VANEUS.

Pend le sceau du juge sur cire rouge (effacé).

114

Abandon de poursuites dirigées contre Pierre Plat, d'Argentière, consenti par vénérable Antoine de Saint-Amour, prieur et seigneur temporel de Chamonix, au moyen d'une finance de 46 écus au coin de France, à payer au receveur des finances dudit prieuré.

(1417.)

14 Mai.

(Archives de l'église de Sallanches. — Liasse des titres de la justice de Chamonix. — Extrait écrit sur parchemin de l'imbréviature dudit acte.)

Anno domini millesimo quatercentesimo decimo septimo, indicione decima, die quatuordecima mensis maii. Coram Francisco Chamonix de Salanchia, notario publico viam universe carnis ingresso et testibus infra scriptis. Personaliter constitutus Petrus Plat, de Argenteria, principalis, etc. (ad) ejus requisicionem Moterius ejus frater, Johannetus Aymonis des Dus, Michaudus Gaudini, fidejussores et principales, quilibet ipsorum insolidum scientes et spontanei pro se et suis confitentur debere et solvere teneri viro nobili et venerabili religioso fratri Anthonio de Sancto Amore, priori de Chamonix presenti, etc.... Videlicet quadraginta scutos Regis Francie pro penis spretis per ipsum commissis sex scutis et pro drulia decem scutos et concedendo sibi suas defensiones super quadam inquisicione per clericum contra ipsum Petrum formata, solvendos per terminos infrascriptos. Videlicet : infra penthecostes decem florenos, in festo sancti Michaelis quindecim scutos et in festo Epiphanie Domini quindecim scutos usque ad plenam solucionem dictorum quadraginta scutorum, unacum omnibus missionibus, etc.... Promictentes, etc.... Supponentes se et sua bona, etc.... Renunciantes, etc.... Actum ante bancham curie dicti loci. Presentibus Sermondo Mistralis, Jaqueto Viviandi, Peroneto de Cupillino alias Gabet et pluribus aliis. Unacum dicto Francisco Chamonix notario de cujusquidem prothocollis. Ego Jacobus Chamonix de Salanchia, clericus, auctoritate imperiali, notarius publicus et curie illustrissimi principis dni nostri ducis Sabaudie juratus, hoc presens publicum instrumentum instanter extraxi et ipsum scribi et grossare feci per alium notarium coadjutorem meum fidelem, vigore commissionis dominicalis michi facti, aliis occupatus negociis, ac ipsum signeto meo majori michi in talibus fieri assueto signavi tanquam commissarius prothocollorum predictorum ad opus dicti prioratus in testimonium premissorum sui requisitus.

115

Publication faite à Vallorcine du règlement particulier de la juridiction de Chamonix.

(1417.)

25 Août.

Archives de l'église de Sallanches. — Coté FF. — Copié d'après son imbréviation écrite sur papier.)

Cride facte apud Vallem Ursinam die xv mensis augusti, anno Domini millesimo IIII° XVII, voce preconis in loco consueto post magnam missam, populo ibidem congregato per moterium Peretre, vice gerentem mistraliam dicti loci presentis.

Et primo. Quod nulla persona cujuscumque status et condicionis existat minime ferat neque portat gladios, enses neque alia arma ultra mensuram, seu plonbatum sine licencia castellani vel ejus locum tenenti et hoc sub pena L. librarum monete pro nobili, xxv librarum pro burgensi et omnibus aliis quibuscumque, dno priori applicanda in casu quo contrarium fecerint.

Item. Quod nulla persona minime faciat in toto loco Vallis Ursine, nec in mandamento de Chamonix aliquos rumores seu jurgia et hoc sub pena pro quolibet nobili quinquaginta librarum, pro burgensi et omnibus aliis quibuscumque personis xxv librarum dno priori applicanda in casu quo contrarium reperirentur.

Item. Quod nulla persona cujuscumque status vel condicionis existat de dictis locis Vallis Ursine et de Chamonix non vendat ad alias mensuras nec ponderet preter quam ad mensuram et pondus licitum dni prioris; et hoc sub pena pro qualibet persona contrarium faciente decem librarum monete cursalis, dicto dno priori applicanda, etc.

Item. Quod nulla persona cujuscumque status et condicionis existat minime recipiat et ad se retrahat, apportet seu deportet res alienas, aliqua communia nec quecumque bona pupillorum nec aliarum quarumcumque personarum et hoc sub pena, pro qualibet persona contrarium faciente decem librarum dicte monete prefato dno priori applicanda, etc.

Item. Quod nulla persona de dictis locis seu quibuscumque aliis minime vendat nisi bonas denariatas et sufficientes et pro competenti precio; et hoc sub pena pro qualibet persona contrarium faciente decem librarum, dno priori applicanda, etc.

Item. Quod omnes illi vel ille persone qui vel que debent dno priori de vendis de composicionibus nec aliis rebus solvant in manibus Anthonii Bastardi de Myollano procuratoris dicti dni prioris vel in manibus Francisci Chamonix clerici curie dicti dni prioris, huic ad decem dies proximos hodie incohendum; et hoc sub pena pro quacumque persona contrarium faciente decem librarum monete cursalis prelibato dno priori applicanda, etc.

Item. Quod omnes persone que emerunt et ement in mandamento de Chamonix et in Valle Ursina aliquas res possessiones vel aliud pro quo debere possent vendas vel debent dno priori, quod ipse revelent in manibus dicti Anthonii Bastardi procuratoris superius nominati seu in manibus clerici dicti loci vendas unum mensem proximum post vendicionem factam. Et hoc sub pena pro qualibet persona contrarium faciente decem librarum monete, prefato dno priori applicanda, etc., etc.

Item. Quod nulla persona dicti mandamenti vendat aliquas denariatas nec victualia infra x dies hodierna die incohendum donec et quousque prefatus dns prior provisionem sui hospicii fecerit, tamen de mutonibus, in manibus Johannis Bollion representent et dictus Johannes solvat secundum precium competens infra dictum tempus; et hoc sub pena pro qualibet persona contrarium faciente decem librarum monete, dno priori applicanda, etc., etc.

Item. Quod nulla persona dicti mandamenti cujuscumque status et condicionis existat non audeat retrahere, recoligere seu conducere aliquos forenses rumurosos seu rumores facientes extraneos ve domesticos in dictis mandamento locisque supradictis; et hoc sub pena pro qualibet persona contrarium faciente, videlicet de die xxv librarum et de nocte quinquaginta librarum monete, dno priori applicanda.

Item. Quod nulla persona cujuscumque condicionis et status sit dicti mandamenti de Chamonix et aliorum locorum circonvicinorum non sit ausa familias alienas iteneribus dicti mandamenti nec in aliis locis quibuscumque male tractare, subtrahere nec alias res inhonestas facere nec perpetrare. Et hoc sub pena pro qualibet persona contrarium faciente quinquaginta librarum monete, prefato dno priori applicanda, etc., etc.

116

Criée faite à Chamonix constatant que le prieur du lieu a la cinquième partie des biens meubles des personnes qui décèdent sans enfants.

(1418.)

8 Octobre.

(Tiré des Archives de l'église de Sallanches.)

Noverint universi quod ego Johannes Soliardi, notarius publicus subsignatus reperi in quodam papiro per Johannem Meytent olim clericum et scribam curie Campimuniti confectam intitulatam sub anno Domini millesimo quatercentesimo decimo octavo quandam cridam cum quibusdam revelacionibus factis in dicto loco Campimuniti quarum tenor sequitur et est talis.

Q. Die octava octobris, quoniam tercia pars bonorum mobilium Vulliermi Pecluz pertinet dicto domino priori quare quelibet persona que deberet aliquid dicto Vulliermo illud revelet in manibus clerici curie infra diem crastinum hora primie sub pena LX solid. De quibus, etc., presentibus Johanneto Aymonis, Johanne Lueys, Michaele Rochex et pluribus aliis.

Q. Revelacio càusante crida predicta. *Q.* Primo, Perretus Vallerii de Turno revelat debere dicto Francisco Botollier causa mutui viginti florenos parvi ponderis, presentibus Petro Bossoncys et Aymoneto Mocterii, fabro, des Dux.

Q. Revelacio alia pro bonis dicti Pecluz. *Q.* Item Hugonus Pecluz junior revelat debere heredibus dicti Vulliermi Pecluz XXX florenos, presentibus Aymoneto Decupellino et Johanne Bastardi de muretis. De quibus dominus prior debet habere terciam partem et ita revelat idem Hugonus. Item de novem solidis qui debebantur pro jornalibus, idem dominus prior debet habere tres solidos. Item pro vendicione cujusdam pasture vendite dicto Hugoni per Johannem Albi XIII. s. *Q.* Item, Reperi in quodam folio papiri signato per jam dictum Johannem Meyten notarium et clericum predictum quandam aliam revelacionem cujus tenor sequitur. *Q.* Die quindecima augusti Johanne Coudurerii revelavit mobilia que habebat Perreta ejus nurus videlicet pro tercio domini ut sequitur. Et primo unam vacham, tres oves cum tribus agnis, sex linteamina, unum copertorium, unum pulvinal[1], unum gausapie[2], unum parvum granerium[3], quatuor libras in argento ac novem solidos feni taxatos per probos homines. Ego itaque Johannes Soliardi clericus, auctoritateque imperiali ac Sabaudie ducali notarius publicus qui supra scriptas cridas reperi in crota prioratus Campimuniti ipsas-

---

[1] Une paillasse. — [2] Un manteau. — [3] Une bartelière.

que prout ibidem reperi levavi et in hanc formam redegi et signeto meo manuali signavi in testimonium veritatis de precepto et mandato Domini judicis Campimuniti prout de hujusmodi mandato constat litteris ab eodem Domino judice emanatis datis die quinta mensis novembris anno Domini millesimo iiii° sexagesimo primo. Idem notarius.

Signé : J^{es} SOLIARDI, n. (avec paraphe.)

117

(A.) *Plainte adressée par le prieur de Chamonix au duc de Savoie, à l'occasion de la connaissance qu'avait indûment prise le châtelain de Montjoie, des différends survenus entre plusieurs particuliers, tant de la paroisse du Lac que d'autres lieux, au sujet de la montagne de Challioud et d'Arlevé, dépendante du territoire de sa juridiction; ce qui avait obligé ledit prieur à réduire sous sa main ladite montagne, et demande de l'annulation de tous mandements dominicaux accordés à ces particuliers sur l'instance de noble François Botollier, l'un d'eux.*

(B.) *Révocation de tous mandements, avec inhibition et défense audit chatelain de troubler ledit prieur et les officiers de justice dans l'exercice de leurs droits et fonctions.*

(C.) *Procès-verbal du vice-châtelain de Montjoie, qui donne acte de la remise qui lui est faite des lettres dominicales et qui néanmoins ne donne aucune disposition opportune.*

(D.) *Autre procès-verbal du même par lequel il change de résidence, sous prétexte d'épidémie dans sa châtelenie.*

(E.) *Lettres de jussion audit châtelain, sous peine de 50 fr. en cas de désobéissance.*

(F.) Procès-verbal dudit châtelain au sujet des premières lettres dominicales qu'il met à exécution et qu'il avait refusé jusqu'alors d'exécuter.

(1419.)

(Archives de l'église de Sallanches. — Non inventorié. — D'après les originaux écrits sur papiers liés ensemble, au moyen du sceau du prince.)

(A.) Vobis illustri principi dno nostro duci, reverenter exponitur pro parte dni prioris Campimuniti quod cum inter cetera territorii, juridicionis et mandamenti dicti prioris ad causam prioratus Campimuniti, quidam mons vocatus de Challium et la revina Darliveron notorie sint in et de juridicione, territorio et mandamento prioris predicti ac eciam prioratus ejusdem. Cumque stantibus magnis debatis et rixis inter nonnullos homines et agricolas tam de parrochia Beate Marie de Lacu quam alias, et inter quos se interposuit Franciscus Botellierii de Siervo, unacum nonnullis aliis ejus complicibus in tantum quod maxime dubitabatur ne partes ad rixas graves et arma devenirent. Idem dns prior et ejus officiarii pro justicia ministranda dictum montem ad manus suas reduci fecit et alie que ad justiciam spectabant. Quibus sic stantibus et dum justicia per officiarios dicti dni prioris ministraretur super predictis, vos illustris princeps ad supplicacionem dicti nobilis Francisci et nonnullorum aliorum ejus consorcium, nonnulla mandata fecistis castellano Montis-Gaudii super quadam pretensa restitucione et manutenencia possessionis dicti montis, que mandate tendunt et facta sunt nulliter et de facto in grave prejudicium dicti prioratus et ecclesie Campimuniti, de cujus juridicione, districtu et mandamento fuit hactenus et est dictus mons, et cum similiter dicta mandata vestra processerint ad supplicacionem dicti nobilis Francisci et suorum consorcium qui tacunt juridicionem dicti dni prioris et alia super quibus juridice fuerat processum per officiarios dicti dni prioris. Ea propter vobis antedicto dno nostro duci, supplicat humiliter dictus prior suo et nomine dicti prioratus quathenus in et super premissis providere veletis et dicta mandamenta revocare pariter et cognicionem judicalem sicut jure decet eidem dno priori et suis officiariis relaxare, sic quod idem prior sicut hactenus consuevit, et jure debet, et ejus officiarii juribus et juridicione predictis utantur, et justiciam super premissis recte ministrent.

(13 Juillet.)

(B.) Amedeus dux Sabaudie, dilectis castellano Montis-Gaudii vel ejus vice gerenti et ceteris officiariis ad quos spectat et presentes pervenerint, salutem. Visa supplicacione presentibus annexa et ejus attento tenore si vera sint supplicata vobis et cuilibet vestrum inhibemus expresse ne ven^{lem} religiosum priorem Campimuniti supplicantem aut ejus gentes et officiarios in exercicio juridicionis loci montis de quo supplicatur debite solito nullathenus turbetis vel impediatis quoquomodo scilicet eundem priorem per se et ipsius justiciarios et officiarios frui et gaudere licite finatis moribus et locis, licite assuetis, absque alterius expectacione mandati. Datum Chamberiaci, nobis absentibus, quoniam sic fieri ordinavimus die XIII mensis jullii. Anno dni M° CCCC° XIX°.

Per dnum relacione dnorum :

Jo. DE BELLOFORTI, *cancellarii*,
Jo. DE FONTE et
Petri ANDROVETI.

RED. LITT. PORT.

Contresigné : BELMONT.

16 Juillet.

(C.) Anno instroscripto die xvi mensis julii. Fuerunt presentes lictere recepte per me nobilem Nicoletum De Cruce, vice castellanum Montis-Gaudii, cum reverencia omnimoda; et quia non sumus ad plenum informatus utrum supplicata sint vera et lator presencium recusavit michi ministrare testes vel alia documenta per que michi appareat omnia supplicata fore vera, quamvis super hoc fuerit requisitus. Idcirco ipsas exequi sicut decet non potui, donec facta informacione predicta, quarum, etc., de dicti vice castellani mandato.

Signé : Janinus Quinerit.

19 Août,

(D.) Anno supra mencionato, die xix mensis augusti. Fuerunt presentes lictere iterum presentate michi Nicoleto De Cruce, vice castellano Montis-Gaudii et inde requisitum pro parte dni prioris Campimuniti ad examinandum testes super contentis in supplicacione proxime precedenti et presentibus annexa juxta formam supplicacionis mandati presentis; et quia ad examinacionem predictam vacare non potui, tam propter morbum epedimie regnantis in mandamento Montis-Gaudii pro qua absens domum propriam et locum dicti mandamenti in dicto loco Campimuniti, requiro ven^{lem} dnm priorem Campimuniti quathenus me habeat pro excusato super premissis, de dicti vice castellani mandato,

Signé : Janinus Quinerit.

17 Octobre.

(E.) Amedeus dux Sabandie, dilecto castellano nostro Montis-Gaudii seu ejus locumtenenti, salutem. Visis sup-

plicacione et nostris Licteris, quibus presentes sunt annexe;
visis eciam tuis a tergo rescripcionibus quas frivolas reputamus. Tibi precipimus et mandamus iterum expressiùs
sub pena quinquaginta librarum forcium per te commictenda nisi parueris et nobis applicanda, quathenus dictas
Licteras nostras exequaris et observes juxta ipsarum continenciam et tenorem, absque alterius expectacione mandati.
Datum Thononii, die xvii mensis octobris anno dni m° cccc°
xjx°.

Per dnm relacione dnorum :

Jo. De Belloforti,
Cancellarii Sabaudie,
Francisci De Menthone,
Et Jacobi Sostionis.

REDD. LITT. PORTUS EX.

Contresigné : Hutus De Rivo.

20 Avril 1420.

(F.) Anno dni millesimo iiii° xx°mo die vicesima mensis aprilis. Fuerunt michi Nicoleto De Cruce vice castellano Montis-Gaudii dominicales lictere retroscripte pro parte supplicancium per nobilem Petrum De Fracia presentate, et cum omnimoda reverencia recepte, et ut inclita dominacio illustrissimi dni nostri sit informata de meritis controversie de qua in supplicacione hiis annexa mencio habetur, dignetur scire eadem quod fuit incohatta super eo quod montes de quibus in supplicacione agitur, posite fuerunt ad manus dni prioris Campimuniti, penes cujus juridicionem dicti montes dicuntur esse et imposite certe pene ne aliqua persona ad dictos montes sua animalia inalparet sine ipsius dni prioris licencia. Et super hoc Franciscus Botollierii et ejus cumplures homines et juridiciarii dominacioni predicte se opposuerunt, et dominacioni predicte supplicaverunt quod montes de quibus agitur possiderunt temporibus retrofluxis sine condicione per tanti temporis spacium quod memoriam, etc., ut eorum rem propriam et quod idem dns prior, quamvis requisitus, ut asseruerunt, dictam manum opposicionem, in favorem dicti Francisci et suorum complicum tollere recusavit, et requisierunt eciam quod manu tenerent in possessione in qua erant; asserendo quod ipsos montes possident et possiderunt sub certis tributis annualibus dicto dno priori debitis et consolvi consuetis, et que dominacio commisit et mandavit dno judici Fucigniaci quod vocatis evocandis super supplicatis provideret. Qui dns judex, vocatis partibus, summaliter ordinavit, per quam sentenciam mandavit castellano Montis-Gaudii seu ejus locum tenenti, dicto commissionis vigore quod dictos Franciscum Botollier et ejus complices juxta dictam sentenciam manuteneret in possessione dictorum mencium; inhibendo officiariis dicti dni prioris quod dictis Francisco Botollier et ejus complicibus vim, turbacionem vel impedimentum facerent in usu dictorum moncium sine judiciali cognicione, quam sentenciam vigore mandati dni judicis et commissarii predicti recepi et reverenter exequtavi pro posse. Et quia presente lictere dicte sentencie in parte sunt contrarie secundum videre meum, me supersedeo ab exequcione presencium licterarum donec aliud a vobis habuere in mandatis. Datum ut supra. De dicti vice castellani mandato.

Signé : Janinus Quinerit.

118

Nomination faite par vénérable Jacques De Crescherel, prieur de Chamonix, d'un curé dans la paroisse de Vallorsine, en la personne de Pierre Begninat, prêtre, de Fribourg, dans le diocèse de Lausanne.

(1420.)

18 Juin.

(Tiré des Archives de l'église de Sallanches, c., n° 9. Copié d'après l'original écrit sur parchemin.)

Nos Jacobus De Creycherello humilis prior et dns temporalis vallis et juridicionis Campimuniti, Lacus et Vallisursine. De industria, sciencia, legalitate et probitate dompni Petri Begnynat de Friburgo presbiteri Lausan. diocesis, relacione plurium fidedignorum, confidentes ad humilem supplicacionem parrochianorum ecclesie predicti loci Vallisursine nunc rectore carencium, ipsum dompnum Petrum incuratum ipsius ecclesie Vallisursine parrochianorùmque et omnium jurium suorum ac rectorem per presentes constituimus, juribus nostris assuetis temporibus retroactis super curatis et ecclesia predictis semper salvis. Curam et Regimen predicte ecclesie parrochianorumque jurium pertinencium appendencium questarum reddituum obvencionum et omnium aliorum emolumentorum terrarum pratorum garnimentorum predicte ecclesie et ipsius domus ceterorumque ipsi ecclesie quomodolibet appendencium ipsi dompno Petro dum vixerit in humanis dando et concedendo per concessionem littere presentis ipseque nobis stipulantibus ad opus predicti prioratus nostri et successorum nostrorum in dicto prioratu dicteque ecclesie et ejus parrochianorum et quorum in futurum interesse poterit, promisit et juravit per juramentum suum ad Sancta Dei Evangelia corporaliter prestitum et sub suorum omnium obligacione bonorum quorumcumque se esse bonum probum et fidelem erga nos nostrumque prioratum et parrochianos ecclesie antedicte, jura nostra et dicte ecclesie honorem et comodum facere persequere et servare ac revelare et incomodum evictare, juraque ipsius ecclesie ac redditus persequere, manutenere, augmentare et servare, divinumque officium et omnia alia sacramenta ecclesie ibidem facere et ministrare pro posse, et omnia alia quecumque ad servicium divinum et dicte ecclesie necnon nostri et prioratus antedicti pertinencia et incombencia facere et procurare, adimplere, manutenere et inviolabiliter penitus observare, inventariumque jurium reddituum garnimentorum et aliorum quorumcumque bonorum ipsius ecclesie ac instrumentorum ad requisicionem nostri vel officiariorum nostrorum, vocatis quatuor probis hominibus ex parrochianis ipsius ecclesie, facere legitime ipsaque fideliter custodire et augmentare pro posse et in utilia pretermittere aliquaque de bonis et garnimentis antedictis non alienare. Renunciando omnibus juribus canonicis et civilibus sibi *necturis* et opportunis impremissis. Datum in dicto nostro prioratu die decima octava mensis junii. Anno Domini millesimo quatercentesimo vicesimo sub sigillo nostro dicti prioratus in testimonium premissorum.

Signé : RICHARDUS BRIG[ti].

Au bas pendait le sceau du prieur, attaché à une lisière prise à la feuille de l'acte.

119

Compromis passé entre révérend Jacques De Crescherel, prieur de Chamonix, et les syndics et prudhommes du lieu, et nomination d'arbitres pour examiner et réparer l'erreur commise au préjudice de la communauté de Chamonix dans une sentence rendue par révérend Jean De Lentenay, official de Genève, par délégation de l'abbé de la Cluse, au sujet du conseil que ledit prieur doit fournir, à ses frais, à ladite communauté, pour juger les criminels, et dans laquelle il était dit que les prud'hommes dudit lieu, siégeant comme cour criminelle, devaient suivre aveuglément l'avis dudit conseil, contre tout ce qui avait été pratiqué auparavant.

(1421.)

27 Août.

(Tiré des Archives de la commune de Chamonix. — Copié d'après l'original écrit sur parchemin.)

In nomine Domini, amen. Noverint universi et singuli hoc presens publicum instrumentum inspecturi quod anno a nativitate ejusdem Domini millesimo quatercentesimo vicesimo primo, indictione quatuordecima, die vicesima septima mensis augusti. Accesserunt ad presentiam venerabilis viri domini Jacobi De Crecherello prioris prioratus Campimuniti Johannetus Aymonis, Michaletus Pilicerii, Johannes Loex, Michaletus Musilliardi alias Pilicerii, Girodus Praes, Petrus Bossonay, Aymonetus Moterii des Duc, Jacquetus Viviandi, Rodulphus Quarierii, Peretus Fabri de Rouseria et Aymonetus Landerii nominibus suis et tanquam procuratores et sindici communitatis hominum totius vallis dic'i loci Campimuniti, hominesque et juridiciales dicti domini prioris nomine dicti prioratus et eidem domino exponentes dixerunt quod ipsi fuerunt multum gravati et se sentiunt gravatos de et super quadam sententia dudum lata et in ipsorum prejudicium pronuntiata contra consuetudines et capitula suarum libertatum per venerabilem virum Johannem De Lentenay in spiritualibus olim officialem Gebennensem commissarium ad predicta deputatum per Reverendum Patrem Dominum Abbatem sancti Michaelis super lite et questione vertentibus pro tunc inter prelibatum dominum priorem ex una parte et communitatem predictam ex parte altera ad causam cognitionum factarum et fiendarum in dicta valle Campimuniti contra delinquentes in casibus criminalibus maxime super quadam clausula dicte sententie in qua continetur inter cetera. « Quod probi homines dicte vallis malefactores ad penam corporalem et non civilem delinquentes cum consilio dictis probis ministraturo per ipsum dominum priorem quando casus evenit, sumptibus ipsius domini prioris judicare debent insequendo ipsum consilium et non alias. » Et.... probi contra presentem clausulam nominibus suis et dicte communitatis se opponunt asserentes quod hoc fuit error scriptoris propter quod requirunt ipsam clausulam corrigi et emendari quoniam ipsi probi homines secundum consuetudinem et capitula ipsorum, judicare debent delinquentes judicandos in dicta valle ad penam corporalem, presente consilio per dictum dominum priorem sibi ministraturo suis sumptibus, sed non quod sint astricti ad insequendum dictum consilium sicut in ipsa clausula continetur ut asserunt. Qui dominus prior adversus predictam eisdem procuratoribus respondendo dixit, quod sententia predicta et omnia in ipsa contenta et descripta fuerunt legitime pronuntiata data, scripta et sententiata nec credit in eadem esse aliquam errorem. Tandem ipse partes volentes amicabiliter super premissis procedere se compromisserunt in arbitriis et mediis inferius nominatis. Videlicet prefatus dominus prior in Dominum Urbanum

Ciriserii[1] legum doctorem, judicem terre et jurisdicionis dicti domini in dicta valle Campimuniti electum in arbitrum pro parte ipsius et in dominum Johannes De Costis jurisperitum arbitrum electum pro parte dictorum procuratorum nomine dicte communitatis, et in Reverendum in Christo Patrem Dominum Jo.[2], archiepiscopum Tarentasiensem et nobilem et potentem virum Anthonium De Crecherello militem medios per utramque partem communiter electos.

De quibus dicte partes sibi fieri petierunt per me notarium subscriptum duo publica instrumenta ejusdem substancie et tenoris videlicet ad opus cujuslibet ipsarum partium unum, dictanda, corrigenda et de novo si opus fuerit reficienda cum consilio peritorum facti tamen substancia in aliquo non mutata. Actum apud Campummunitum infra dictum prioratum videlicet in curtina[3] seu revellino dicti prioratus, presentibus testibus nobili Petro De Fracia, castellano ipsius loci, domino Reymondo Solliardi, curato ejusdem loci et Johanne Cusini clerico ad premissa vocatis. Et me Jacobo Henriodi clerico auctoritate imperiali notario publico qui in premissis omnibus dum ut premittitur agerentur et fierent unacum prenominatis testibus presens fui, hocque publicum instrumentum rogatus recepi, ipsumque propria manu scripsi et me subscripsi et signeto meo michi consueto signavi fideliter et tradidi, quorum istud est ad opus dicte communitatis et vallis Campimuniti.

[1] Fut ensuite Premier Président de la Chambre des comptes de Savoie en 1447.

[2] Jean De Bertrand fut d'abord évêque de Genève, nommé par Benoît XIII, le 14 octobre 1408, figura au Concile de Constance, fut nommé archevêque de Tarentaise par Bulle de Martin V, du 23 septembre 1419 à 1432. — BESSON, *Mémoire ecclésiastique*, p. 215.

[3] Curtine, porte d'entrée couverte.

120

Quittance et déclaration d'Amédée VIII au sujet du don gratuit à lui offert par vénérable Jacques De Crescherel, prieur de Chamonix. Ce don avait été fait à l'occasion du projet dudit Amédée, de récupérer les comtés de Valentinois et de Diois.

(1425.)

6 Juin.

(Tiré des Archives du ci-devant chapitre de Sallanches, non coté. — D'après l'original sur parchemin.)

Nos Amedeus, dux Sabaudie, notum facimus universis quod cum ad nostri requisicionem venerabilis religiosus frater Jacobus De Crescherello, prior prioratus Campimuniti pro juribus nostris comitatum Valentinensis et Diensis recuperandis, reintegrandis et conservandis nobis graciose et liberaliter concesserit super hominibus subdictis et justiciariis suis existentibus de dicto loco Campimuniti numero centum et quinquaginta trium focorum vel circa videlicet illis super quibus habet omnimodam juridictionem. Ducentos florenos boni ponderis ad racionem duodecim denariorum grossorum cum dimidio pro quolibet foco, nobis solvendos in manibus thesaurarii nostri Sabaudie generalis qui de ipsis nobis computare debebit, sclicet medietatem in proximo festo Beati Johannis Baptiste et aliam medietatem in festo Beate Marie Magdalene inde sequenti. Hinc est quod nos per presentes attestamur dictam concessionem liberaliter et de gracia speciali per dictum priorem nobis factam fuisse; nolentes nec intendentes quod dicto priori, suisque in dicto prioratu successoribus predicta concessio in futurum aliquod inferat aut generetur prejudicium aut ad aliquam prejudiciabilem trahatur consequenciam. Datum Thononii die sexta junii anno Domini millesimo cccc° xxv° sub signeto nostro cancelario absenti. Per Dnum pntib⁸ Dnis :

J. A. ex marchionibus Saluciarum,
Francisco Compesii,
Roberto De Monte-Vagniardo et
Johanne De Compesio.

Contresigné : Guido Columbi.

Le sceau n'existe plus.

121

(B.) Second recours présenté à révérend Jean Seyturier, abbé de Saint-Michel de la Cluse, par les parents et amis d'Aymon Mottier, de Chamonix, pour obtenir l'élargissement de ce dernier des prisons du prieuré de Chamonix.
(C.) Ordre d'élargissement prononcé par ledit abbé et menace d'excommunication contre le prieur.
(A.) Procès-verbal de présentation de ce second recours et de l'ordre y annexé à révérend Jacques de Crecherel, prieur de Chamonix.
(D.) Et transmission de cet ordre par ledit prieur à noble Jean Delesvaux, vice-châtelain de Chamonix, pour son exécution. Celui-ci en demande acte.

(1425.)

10 Juin.

(Archives de l'église de Sallanches, non coté. — D'après l'original écrit sur parchemin.)

(A.) Noverint universi presens publicum instrumentum visuri et audituri. Quod anno dni millesimo quatercentesi-

mo vicesimo quinto, indicione tercia et die decima mensis
junii, accessit ad presenciam venerabilis religiosi viri dni
Jacobi De Crecherello prioris prioratus Campimuniti Johannes filius Johanneti Motier[1], parrochie Campimuniti et eidem
dno presentavit quamdam supplicacionem Reverendo in xpo
Patri Domino dno Johanni Seyturerii, decretorum doctori,
Abbati Monasterii Sancti Michaelis de Clusa, ordinis Sancti
Benedicti, diocesis Thaurinensis, porrectam, et quoddam
mandatum eidem supplicacioni annexum a prefato dno Abbate emanatum sub data diei quarte mensis junii anni predicti. Quorumquidem supplicacionis et mandati tenores inferius sunt descripti et sunt tales qui sequuntur :

TENOR SUPPLICACIONIS TALIS EST :

(B.) Vobis reverendo in xpo patri et domino dno Johanni
Seyturerii, decretorum doctori, abbattique honorabili incliti
monasterii Sancti Michaelis de Clusa, ordinis Sancti Benedicti, diocesis Taurinensis, nullo medio ad romanam ecclesiam pertinentis. Supplicando exponitur reverenter pro
parte vestrorum humilium fidelium subdictorum Aymonis
filii Johanneti Motier, mandamenti Campimuniti, actinenciumque[2] et parentum suorum. Quod cum idem Aymon de
et preteritis excessibus sibi factis per officiales loci predicti
habuerit regressum ad vos uti dominum eorumdem superiorem et tandem a reverenda paternitate vestra obtinuerit
litteras provisuras juriditas in talibus opportunas, quas cum
presentaret dno priori et ejus officiariis loci predicti subjectis vestris easque peteret ad debite execucionis effectum
demandari, ipsisque reverenter, ut dicet, minime receptis,
minusque aliquali executioni demandatis, predictum Aymonem personaliter ceperunt firmisque carceribus et cum
pedibus de facto et incontinenti mancipaverunt, quibus pe-

---

[1] Ancien nom de la famille Favret existante à Chamonix.
[2] *Actinentes*, basse latinité, *consanguins*.

ractis in contemptumque et neglectum non modium vestre superioris juridicionis de facto vique et violenter perpetractis non obstanteque quod quam plures actinentes dicti Aymonis obtulerint predicto dno priori et ejus officiariis fidejussorem cautionem sufficientem et ydoneam de stando et parendo juri ibidem judicatoque solvendo cum suis clausulis universis et de ipsum representando tociens quociens forent requisiti. Ipsum tamen a predicta detemptione relaxari minime voluerunt, dicentes expost[1] et asserentes quod dimissis ibidem in dictis carceribus vestibus suis inde fugiit et recessit, recusentes cuique de suis actinentibus et devutis *(sic)* ad locum predictum ubi est presumptive prebere accessum eciam cum officialibus predictis quibus colluxionibus causantibus dubitant de ejus vita quoniam ferore fuerit submissus, vel alias mortuus, attento quod de ipso nulla certa nova expost habere potuerunt. Ea propter iterato ad reverendam paternitatem vestram uti superiorem recurrerunt memorati exponentes eidem supplicando quatenus dignetur et velit, intuitu Dei pietatis et justicie, eisdem supplicantibus super predictis de remedio providere opportuno et tali quod dictus Aymon si vivit a predicta detempcione relaxetur et causa premissorum actenta et considerata ad vos avocetur jure superioritatis, memoratique supplicantes premissorum occasione ibidem non amplius fatigentur sumptibus inhanibus et expensis reverende paternitati vestre prelibate benignum subsidiarium que auxilium super hiis misericorditer implorando.

Signé : Ypo[tu].

TENOR VERO MANDATI TALIS EST :

(C.) Johannes Seyturerii, decretorum doctor, miseracione divina, abbas Monasterii Sancti Michaelis de Clusa, Ordinis Sancti Benedicti, diocesis Thaurinensis, Ecclesie romane

---

[1] Basse latinité pour *postea, ex inde*.

immediate subjecti. Dilecto vobis in xpo priori prioratus nostri Campimuniti, diocesis Gebennensis, judici, castellano, mistralique, suis et aliis quibuscumque officiariis dicti loci quibus hec fuerint presentate, salutem in Domino. Visis supplicacionibus et litteris nostris hiis annexis non immerito fuimus admirati quare ipsas nostras litteras non mandastis debita exequtioni, et mandatorum nostrorum contemptorum existentium supplicantem in ipsis nominatum forcioribus penis molestetis. Ea propter tibi priori, per presentes precipiendo mandamus et injunctimus semel, bis tercio et perhentorie uno edicto pro tribus ut parcium parcatur laboribus et expensis et sub pena excommunicacionis quam ex nunc pro ex tunc in hiis scriptis et sedentes in te ferimus et donamus si non feceris que mandamus ; ceteris vero officiariis supradictis secularibus eorum quilibet insolidum quantum ad quemlibet vestrum pertinet et incobit ; precipiendo mandamus et sub pena viginti quinque librarum forcium per vestrum quemlibet qui mandatis nostris non paruerit, commictenda et camere nostre applicanda quatenus visas presentes litteras nostras alias hic annexas observetis et contempta in eisdem adimpleatis, nichil de contingentibus in eisdem obmictentes. Dictumque Aymonem supplicantem ab omni arresto et detemptione relaxetis maxime in quo esset racione supplicatorum predictorum et nostras presentes litteras restituatis earum portitori debite execucioni ipsarum vobis copia si earum habere volueretis. Et hoc sub pena predicta. Datum in castro nostro Sancti Ambrosii [1] sub die quarto mensis junii, anno dni millesimo quatercentesimo vicesimo quinto, sub sigillo nostro.

Contresigné : Johannes DE BLANCHETO.

(D.) Requirens ipsum dnm priorem quatenus prefatum mandatum dicti dni Abbatis execucioni demandaret seu ad

---

[1] Localité entre Suse et Turin, au-dessous du monastère de Saint-Michel de la Cluse.

execucionis effectum perduceret seu deduceret. Quoquidem mandato per prefatum dnm priorem cum qua decet reverencia recepto, idem dns prior ipsum mandatum ibidem tradidit et in continenti Johanni Devallibus vice castellano dicti loci Campimuniti pro ipso ut convenit exequendo. De quaquidem supplicacionis et mandati presentacione et requisitione per dictum Johannem dicto dno priori facta, dictus Johannes Devallibus vice castellanus peciit a me notario subscripto fieri publicum instrumentum. Actum apud Campummunitum ante grangiam prioratus dicti loci [1]. Presentibus nobili viro Anthonio Torrerii de Turnons. Aymone Moterii, Fabro, parrochie Campimuniti et Moterio Fabri alias Pitor de eadem, testibus ad premissa vocatis. Et ego vero Henricus De Cussono de Fabricis, clericus, auctoritatibus imperii et dni nostri Ducis Sabaudie notarius publicus hoc publicum instrumentum, rogatus recepi scripsi et in hanc publicam formam reddegi, signetoque meo michi fieri solito fideliter signavi in testimonium omnium premissorum.

Signé : Henri DE CUSSONO.

122

Sentence prononcée par Aymon de Taninge, licencié en droit, juge de la terre de Chamonix, contre Aymon Miat et Millieret Benoz, qui avaient dit des injures contre Aymon Mottier, des Ducs, et Jean Lucy, chargés de faire la perception du don gratuit de 200 florins, fait au duc de

---

[1] Cette grange était sur la place publique de Chamonix, sur son emplacement sont placés la maison commune et l'*Hôtel de la Couronne.*

Savoie pour doter les princesses Bone et Jeanne, ses sœurs, et empêché les plaignants dans la perception de la somme formant ce don.

(1425.)

25 Octobre.

(Tiré des Archives de l'église de Sallanches.)

Anno Domini millesimo quatercentesimo vicesimo quinto, die vicesima quinta mensis octobris, ad quam diem citati erant Aymonetus Myat et Millieretus Benoz audituri diffiniri et jus dici per Nos Aymonem de Taningio licenciatum in legibus judicem terre et juridicionis prioratus Campimuniti pro religioso viro dno Jacobo de Creycherello priore dicti loci super quodam processu inquisicionali contra ipsos formato in curia dicti loci ad denunciacionem Aymonis Moterii de duc et Johannis Lucys, die sexta mensis augusti anno domini millesimo quatercentesimo octavo, per quem inculpantur diffamasse dictos denunciantes qui de mandato hominum communitatis Campimuniti pro subsidio docium illustrium dominarum Bone et Johanne sororum illustris principis domini nostri Ducis Sabaudie concordaverunt ad ducentum florenos, ac dixisse et vulgasse in dicto loco Campimuniti pluribus locis et coram pluribus personis dicti loci quod ipsi non concordaverint nisi ad centum scutis auri duntaxat, propter quod solucio dictorum ducentum florenorum fuit retardata per homines dicti loci Campimuniti in prejudicium dictorum denunciancium habencium onus solvendi dictos ducentum florenos, et tamen ipsa concordia fuit facta ad dictos ducentum florenos ut patet per litteram a dicto domino nostro duce emanatam nobis exhibitam cujus copia in dicto processu inquisicionali est inserta ut in processu dicte inquisicionis continetur. Ipsa die comparuerunt in judicio coram nobis dicti denunciantes et inquisiti, petentes ipsi denunciantes super ipso processu jus dici et diffinitivam sentenciam ferri. Et nos dictus judex visa dicta inquisicione, visa eciam dicta littera a dicto Domino nostro emanata. Sedentes pro tribunali more majorum, Deum et sacras scripturas pre occulis habentes, xpi nomine invocato, dicentes in nomine Patris et Filii et Spiritus Sancti, quia reperimus dictam inquisicionem esse probatam. Idcirco per hanc nostram diffinitivam sentenciam quam ferimus in hiis scriptis, dictos inquisitos ultra bannum curie condempnamus in emendam dampni et injurie et expensis dictorum denunciancium occasione premissorum factis, et sustentis, ipsarum taxacione nobis reservata. Data, lata et lecta fuit nostra presens sentencia anno die mense et loco quibus supra sub sigillo dicti domini prioris unacum subscripcione manuali nominis nostri proprii et subscripcione notarii et scribe nostri infrascripti.

Signé : AYMO, *judex.*

Contresigné : Petrus DE PORTA, *n.*

123

(*B.*) *Recours présenté par R*ᵈ *Jacques De Crecherel, prieur de Chamonix, à l'abbé de la Cluse, son supérieur, au sujet de la plainte formée contre lui par Aymon Motier et ses partisans, à l'occasion de la détention dudit Aymon Motier dans les prisons du prieuré de Chamonix.*

(*C.*) *Révocation par vénérable Jean Seyturier, abbé de la Cluse, de l'excommunication par lui lancée contre ledit prieur, au sujet de cette même détention, et commission par le même à R*ᵈ *Jean De Lenthenay, chanoine et sacristain de Genève, pour connaître de la cause ventillante entre*

*ledit prieur et ledit Aimon Motier et de l'appel porté par-
devant lui par ce dernier.*
*(A et D.) Et sentence de contumace prononcée par ledit
délégué contre ledit A. Motier et ses partisans, pour n'avoir
pas comparu en justice pour soutenir leur appel, desquels
ils ont tenu l'exposé caché.*

(1427.)

Lundi 27 Janvier.

(Archives de l'église de Sallanches, non coté. — D'après
l'original écrit sur parchemin.)

In nomine Sancte et individue Trinitatis, Patris et Filii et Spiritus Sancti, Amen. Nos Johannes De Lenthenay, licenciatus in legibus, Sacrista Gebennensis, generalis collector apostolicus Sabaudie Ducatus, auctoritate apostolica citra et ultra montes commissariusque in hac parte a reverendo in xpo patre et domino Johanne Seyturerii, abbate monasterii Sancti Michaelis Clusini, Thaurinensis diocesis, specialiter deputatus. Notum facimus universis presentibus et futuris, quod jam pridem die videlicet de anno dni millesimo quatercentesimo vicesimo quinto et die vicesima septima mensis augusti, prefatus reverendus in xpo pater et dns abbas Clusini nobis, per ejus certum nuncium, presentari fecerit quamdam commissionem per ipsum dnm abbatem nobis factam sub sigillo suo sigillatam et manu T^{di} De Poypia in fine signatam, unacum quadam supplicacione simul annexa pro parte venerabilis et religiosi viri dni Jacobi De Creycherello, prioris prioratus de Campomunito, Gebennensis diocesis, ipsi dno abbati pridem porrecta contra Aymonem Moterii filium Johanneti Motier, mandamenti Campimuniti, dicti Gebennensis diocesis, tamquam facinorosum, de et super relaxacione nonnullorum mandatorum ad supplicacionem ipsius Aymoneti et suorum fautorum et actinencium a dicto dno abbate emanatam, et eciam quarumdem licterarum excommunicatoriarum, et appellacione, ut dicebatur, per eundem Aymonem Moterii coram prefato dno abbate Clusini interposita, quas supplicacionem et commissionem cum debita reverencia recepimus. Quarum tenores sequntur de verbo ad verbum in hunc qui sequitur modum.

(B.) Vobis reverendo in xpo patri et dno Johanni Seyturerii, Dei et apostolice sedis gracia, abbati venerabilis monasterii Clusini, exponitur reverenter pro parte honesti religiosi vestre paternitatis, humilis servitoris et subditi dni Jacobi De Creycherello, vestri gracia, prioris prioratus Campimuniti. Q. Cum per officiarios ipsius prioris habentis, ut non latet, eandem paternitatem, in homines et subdictos dicti prioratus, merum et mixtum imperium et omnimodam juridicionem, captus fuisset et detemptus Aymonetus Moterii, homo facinorosus et subditus ipsius prioratus, suis culpis et demeritis exigentibus, quas et que reserare esset pocius tediosum quam fructuosum paternitati vestre, et tandem traditus custodie mistrali vel ejus locumtenenti juxta consuetudines patrie, per diem naturalem, custodiendus, a cujus forcia et manibus evasit procul dubio, hinc fuit quod habuit ad eandem paternitatem recursum per quosdam ipsius facinorosi homines fautores benivolos et deffensores, cum quadam supplicacione detestabili, mendacia continente et talia que non debent animum vestre paternitatis loco pure veritatis intrare, que veritas se habet rotonde in contrarium supplicatorum quorumcumque; paternitas eadem ultimate sub pena excommunicacionis mandavit ipsum Aymonetum relaxari debere, quod esset impossibile, ipsius fuga causante, essetque cum benigna supportacione contra ipsius juridicionem prioratus vobis notam, mandavit insuper eadem paternitas citari coram se Jaquemetum Viviandi, hominem jurisdixiabilem ipsius prioratus antedicti, et sic contra libertates et jurisdicionem prioratus antedicti ad vestram jurisdicionem, ipsum hominem trahendo quod cum supportacione benigna et vestre delate reverende paternitati esse non debet nec consuevit, cum igitur firmiter arbitretur ipse exponens eandem paternitatem jura et jurisdicionem dicti prioratus nulle plus minuere solito nec amplius faleret extendere quam consueverunt predecessores ejus, sed pocius in esse et forma solita preservare non-intendat quod ipse exponens ob premissa vel premissorum aliquod cum eadem paternitate vestra agredi litigiose, quoniam sibi plus quam duram reputaret cum hactenus consuevit eadem paternitas eundem exponentem et dictum exponentem favoribus consequi graciose. Supplicat igitur humiliter et devote paternitati antelate, quatenus premissis attentis, dictas licteras ab ea, ut premictitur, emanatas, cassare, annullare et revocare dignetur, ne idem exponens ab re laqueos orrendos excommunicacionis incurrat et illis inodetur sui affixa eandem paternitatem conservare in honoribus augmentare dignetur juxta votum prout optat.

(C.) Johannes Scyturerii, Dei et apostolice sedis gracia, abbas monasterii Sancti Michaelis Clusini, ad romanam ecclesiam nullo medio pertinentis. Supplicacionis annexa presentibus pensata continencia moti certis justis racionibus et causis supplicantem a sentencia excommunicacionis de qua in supplicacione tangitur libere relaxamus, et de speciali gracia, licteras ipsas excommunicacionis revocamus et annullamus; appellacionis causam per partem supplicatam ad nos interpositam unacum omnibus ex inde dependenciis emergenciis et connexis harum serie commictendam honorabili viro dno Johanni De Lenthenay, sacriste Gebennensi, et collectori apostolico; qui viso processu cum ceteris videndis, vocatisque evocandis partibus supplicanti et supplicate, ministret justicie complementum, vices nostras eidem in hac parte totaliter committendo. In quorum testimonium presentium fieri et scribi jubximus nostrique sigilli munimine roborari. Datum in castro nostro Sanct

Ambrosii die vicesima sexta mensis junii, anno dni millesimo quatercentesimo vicesimo quinto.

Signé : T^{dus} DE POYPIA.

(D.) Postquarumquidem licterarum annexarum presentacionem et recepcionem, fuimus instanter et debite, pro parte dicti dni prioris Campimuniti requisiti, quatenus ad execucionem contentarum in eisdem procederemus. Nos vero, commissarius prefatus, dicte requisicioni, velut rep..., annuentes, dictum Aymonem Moterii assertum appellantem et quoscumque ejus fautores, actinentes benivolos et deffensores, per nostras certi tenoris licteras debite exequtas, tam voce preconia, quam alias primo et prehemptorie citavimus, videlicet, ad diem vicesimam sextam mensis septembris, de anno predicto, tunc currente millesimo quatercentesimo vicesimo quinto, processuros et nos procedere visuros, tam super dicta asserta appellacione, quam super aliis supplicatis et annexis, dicturos contra commissionem nostram et alia facturos, visuros et audituros que plenius in dictis nostris licteris citatoriis continetur, cum intimacione opportuna. Qua die vicesima sexta septembris, in dictis nostris licteris citatoriis assignata, comparentibus coram nobis seu coram locum tenenti nostro. Discreto viro Johanne Devallibus, procuratore et nomine procuratorio prefati dni Jacobi De Creycherello, prioris Campimuniti, prout promptam fecit fidem de suo procuratorio, quodam publico instrumento, producereque dictas nostras licteras citatorias, commissionem, supplicacionem et quandam cedulam incipientem : Comparet religiosus vir dognus Jacobus ec. Exhibenteque, eodem Johanne Devallibus, nomine quo supra, in dicta causa, duas supplicaciones pro parte dicti Aymonis Moterii dicto dno abbati Clusini presentatas et duo mandata dominicalia ab eodem dno abbate obtenta, in actis nostris plenius designatas et designata ; petente insuper per partem citatam legitime comparere, fidemque facere de pretensa appellacione, et aliis juribus de quibus ipsa pars citata se juvare vellet; dicendo, petendo et requirendo, ut in dicta cedula continetur, ex una parte, et Johanne Moterii, fratre dicti Aymonis nomine suo et quantum ad ipsum spectat ac excusatorio nomine quod illa vice duntaxat, ut asserebat, ejusdem Aymonis fratris sui citati cum certis protestacionibus, petente dictas duas supplicaciones et mandata annexa, ut supra, ex adverso exhibita, nomine quo supra sibi tradi ac expediri, et se coram suo judice ordinario per nos remicti, necnon ad cauthelam peticionem prefati dni. prioris Campimuniti, ac copiam omnium ex adverso productorum, cum deliberandi termino sibi dari, producente que quundam cedulam incipientem : Citra omne debitum consensum, etc., dicendo, protestando et requirendo, procuratores suos penes acta constituendo, prout in dicta cedula et memoriali prime dicte continetur, ex altera parte; consequenter eodem anno currente millesimo quatercentesimo vigesimo quinto, die jovis post festum beati Luce evangeliste, fuerit producta in causa, pro parte dicti dni prioris, quedam cedula sive peticio contra dictum Aymonem Mocterii, contraque ejus actinentes, parentes, fautores benivollos et deffensores, cujus tenor incipit : Juxta assignacionem hodiernam comparet, etc. Dicto Johanne Moterii, nomine suo et dicti Aymonis ejus fratris quo supra, iterum comparente, et copiam dicte cedule et peticionis postulante, et quamdam cedulam in eadem causa producente que incipit : Coram vobis venerabili, etc. Item subsequenter citato iterum et secondo dicto Aymoneto Moterii, coram nobis ad instanciam dicti dni prioris, apportaturo pretensam appellacionem, si qua foret, et in causa cum dicto dno priore juridice coram nobis processuro, fuit pro parte dicti dni prioris producta in causa quedam alia cedula incipiens : Contra Aymonem Moterii et Johannem Moterii fratres, etc. Cujusque cedule copia parti adverse postulanti concessa, ipsa pars adversa rea postmodum coram nobis quandam obtinuit contumaciam contra prefatum dnm priorem ; quiquidem dns prior iterum et secondo citare obtinuit coram nobis dictum Aymonem Moterii et Johannem ejus fratrem processuros in hujusmodi causa appellacionis ac commissionis secundum ipsius cause retroactum et cum intimacione quod dictam appellacionem assertam apportarent, et coram nobis exhibent unacum omnibus juribus quibus se juvare vellent. Porroque procedentibus et comparentibus coram nobis legitime, dicto dno priore petente pronunciari penes ipsam assertam appellacionem dessertam et alia supplicata mandata contra ipsum ad supplicacionem dicti Aymonis et suorum attinencium, a prefato dno abbate Clusini, emanencia fore nulla, prout in processu et in quadam cedula sua in dicta causa contra dictos Aymonem et Johannem Moterii producta continetur, que incipit : Dominus prior Campimuniti, etc., ex una parte, et dicto Johanne Moterii nomine suo tantum et alias petente se instanter a nobis et audiencia nostra licenciari, et partem agentem in suis expensis condempnari; dicenteque, ita de jure fieri debere ex alia. Et tandem exhibito et producto in dicta causa coram nobis quodam publico instrumento in actis designato incipiente : Noverint universi presens publicum instrumentum visuri et audituri quod anno Domini millesimo quatercentesimo vicesimo quinto, indicione tercia et die decima mensis junii. Accessit ad presenciam venerabilis et religiosi viri dni Jacobi De Creycherello, prioris prioratus Campimuniti, Johannes filius Johanneti Motier, parrochie Campimuniti, et eidem dno priori presentavit quandam supplicacionem incipientem : Reverendo in xpo patri et domino Johanni Seyturerii, decretorum doctori, abbati monasterii Sancti Michaelis de Clusa, ordinis Sancti Benedicti, diocesis Taurinensis porrectam, et quoddam mandatum eidem supplicacioni annexum a prefato dno abbate emanatum, sub data diei quarte mensis junii anni predicti, etc. Quarumquidem supplicacionis et mandati tenores sunt in eodem instrumento inserti. Fuit demum in dicta causa de voluntate prefati dni prioris Campimuniti seu ejus procuratoris et dicti Johannis Moterii, renunciatum et conclusum et pluribus vicibus per nos assignatum ad ordinandum et jus dicendum in hac causa et causis predictis, secundum acta et actitata in eadem causa, et maxime ad diem hodiernam, videlicet vicesimam septimam mensis januarii, que fuit lune ante purificacionem Beate Marie Virginis, ad quam diem eciam citatus fuerit debite coram nobis prehemptorie et precise primo iterumque et secundo tercio, quarto, quinto, sexto, septimo et octavo, ac perhemptorio et ultimo termino, ac sex aut septem edictis a nobis emanatis precedentibus, voce preconia, debite, ut decet execucioni, dictus Aymo Moterii ac omnes alii, qui sua putarent interesse, processuri et nos procedere visuri cum dicto dno priore in hujusmodi commissionis et appellacionis causa, et maxime apportaturi et exhibituri coram nobis per partem appellantem dictam assertam appellacionem in causa allegatam, si quam haberet, ac omnia alia jura et informaciones de quibus se, in hac parte, juvare voluerit, visurique et audituri per nos, super premissis et aliis in hac causa actitatis, ordinari et jus dici acque purgaturi contumaciam contra ipsam partem appellantem obtentam; cum intimacionibus opportunis prout sic et plenius in dictis edictis et citacionibus nostris ac exequtione earumdem continetur. Qua die vicesima septima januarii, comparentibus coram nobis discreto viro Girardo Rubini, notario Salanchie, procuratore et nomine procuratorio prefati dni prioris Campimuniti, et Reynando Gantereti, notario Gebennensi, procuratore et nomine procuratorio dicti Johannis Moterii, prout de eorum procuratorio nobis constat legitime per acta cause. Petentibusque quod in causa et causas hujusmodi ordinari, deffiniri et jus dici. Nemine tamen pro dicto Aymone Moterii comparente, licet debite fuerit expectatus et proclamatus, cujus contumaciam dictus Girardus Rubini, nomine quo supra, accusavit, et in ejus contumacia per nos diffiniri, ut supra, et ordinari peciit, fidem faciens de sua citacione hodierna contra ipsum legitime exequta, unacum aliis precedentibus citacionibus et edictis contra ipsum Aymonem, numero sex vel septem, salvo pluri, a nobis emanatis et executatis, de suis expensis solemniter protestando. Et nos collector, commissarius prefatus, visis diligenter premissis, unacum juris allegacionibus nobis ad partem traditis, pro parte dicti Domini prioris quam predicti Johannis Moterii ac omnibus aliis in dicta causa et causis hujusmodi commissionis et appellacionis actitatis, gestis et productis, et que ipse partes dicere et proponere voluerint, matura deliberacione prehabita, et participato consilio cum liberis et peritis, nichil de contengentibus in eisdem obmictendo. Sedentes pro tribunali, more majorum, Deum et Sacras Scripturas oculis prehabentes, ut de Dei vultu nostrum prodeat judicium, et occuli nostri videant equitatem, non declinantes ad desteram, neque ad sinistram sed equa lance procedentes, xpi nomine prius invocato, et servatis solempnitatibus opportunis ad hanc nostram ordinacionem et diffinitivam sentenciam quam fecimus in hiis scriptis devenimus sic dicentes : In nomine Patris et Filii et Spiritus Sancti, Amen. Et quia dicta pars appellans, sepe et pluries et iteratis et reiteratis vicibus, fuit coram nobis, vigore dicte commissionis nostre, legitime citata, apportatura et exhibitura suam assertam appellacionem, de qua in dictis suis supplicacionibus prefato dno abbati clusini sui parte porrectam, et in mandatis ejusdem dni abbatis, ipsis supplicacionibus annexis, de qua eciam in appellacione in dicta commissione nostra fit mencio, nec non processura, et nos procedere visura cum dicto dno priore super supplicatis et commissione hujusmodi, nostramque ordinacionem visura et auditura cum intimacione opportuna; que tamen pars appellans coram nobis comparere seu eciam dictam suam assertam appellacionem apportare et exhibere minime curavit; constetque nobis per actitata, coram nobis et producta,

dictum Johannem Moterii supplicaciones dicti Aymonis ejus
fratris appellantis ac mandata prefati dni abbatis, ipsis supplicacionibus, annexata, tanquam actinentem, fautorem be-
nivolum ac fratrem ejusdem Aymonis appellantis prosequu-
tum fuisse, et eciam coram nobis pluribus tam nominibus
suo proprio quam excusatorio seu deffensorio ipsius appellantis ejus fratris comparuisse et processisse in hujusmodi
causa et causas contra prefatum dnm priorem Campimuniti,
certisque aliis de causis nos ad hec moventibus et movere
debentibus, pronunciamus, sentenciamus ac declaramus
supplicaciones dicti Aymonis et suorum attinencium, fautorum et benivolorum atque mandata a prelibato dno abbate
clusini contradictum dnm priorem obtenta fore, fuisse et
esse nullas et nulla, iniquas et iniqua, nulliusque valoris
vel momenti, ipsas partes unacum toto negocio et causa
principali. Remictentes dicto dno priori Campimuniti, seu
ejus judici, tanquam ordinario, cognoscenda et audienda et
sine debito terminanda, non obstantibus quibuscumque ex
adverso propositis vel objectis. Quocirca dictos Aymonem
Moterii licet contumaciter absentem cujus contumacia et
absencia, Dei suppleatur presencia, et Johannem Moterii,
ejus fratrem, nomine quo supra, licet absentem, in personam tamen dicti Reynaudi Gontereti, ejus procuratoris comparentem, ac eundem procuratorem, nomine ejusdem Johannis, tam conjunctim quam divisim in prefati dni prioris de
Campomunito expensis, propter hoc legitime factis et sustentis, pari nostra sentencia et ordinacione condempnamus,
ipsarum taxacione nobis in posterum reservata. De quibus
omnibus premissis dictus Girardus Rubini, procurator,
nomine quo supra, peciit a nobis hujusmodi licteras in debita et publica forma sibi per nos concedi. Data lata et lecta
fuit hec nostra presens sentencia ac omnia alia premissa,
Gebennis, in domo nostre habitacionis, dicta die lune vicesima septima januarii, anno a Nativitate Domini sumpto,
currente millesimo quatercentesimo vicesimo septimo, sub

sigillo nostro. Presentibus discretis viris Petro Boyssoneti, de Chambeyriaco, Girardo Serrallionis et Francisco Bocheti, clericis, notariis, habitantibus Gebennis, testibus ad premissa vocatis et rogatis.

Signé ainsi : ITA EST JO. DE LENT, *commissarius prefatus*

Contresigné : A. JACONIS, *not. avec paraphe.*

Pend un sceau en cire rouge, indéchiffrable.

124

Transaction arbitrale passée entre R^d Jacques de Crecherel, prieur et seigneur temporel du mandement de Chamonix, d'une part; et Nicod Bouchard et Hugue Mermet, son beau-frère, de la paroisse du Lac, d'autre part; par laquelle ceux-ci, se trouvant dans l'impossibilité de rétablir le chalet, dit des Bouchards, en la montagne de Challiou, et voulant se racheter des peines prononcées contre eux par le châtelain de Chamonix, à cause du préjudice fait audit prieur, par défaut de cette reconstruction, rétrocèdent, par donation entre-vifs, tous les droits qu'ils pouvaient avoir à cette montagne.

(1427.)

20 Juin.

(Archives de l'église de Sallanches, B., n° 14. — D'après l'original écrit sur parchemin.)

In nomine Domini, Amen. Anno ejusdem Domini millesimo quatercentesimo vicesimo septimo, indicione quinta cum eodem anno sumpta, die vicesima mensis junii. Per hoc presens publicum instrumentum cunctis id visuris pandet manifestum. Quod cum questio, lis et controversionis materia verteretur et major verti speraretur inter virum venerabilem et religiosum fratrem Jacobum de Crecherelo, priorem et dnm temporalem tocius mandamenti Campimuniti, racione sui dictique ejus prioratus et suorum in eodem successorum, ex una parte. Et Nicodum filium Ramusii Bochardi, de Lacu, quondam et Hugonem filium Johanneti Mermeti, susceptum ab Elinoda sorore dicti Nicodi, ex altera. De et super eo quod prefatus dns prior fecerat imponi et injungi predictis Nicodo et Hugoni per castellanum suum Campimuniti certas et formidabiles penas ut in papiris curie dicti loci ad cauthelam registratas continetur quatenus facerent et prepararent quoddam certum Challesium quod habere solebat dictus Ramusius, pater dictorum Nicodi et Elinode in loco et monte de Challiouz, vocatum de Bochard, infra certum tempus quod non fecerunt ne deffectu ipsorum heredum Nicodi et Hugonis prefatus dns et ejus prioratus non perdent redditus et emolumenta sibi dno et ejus prioratui pertinentes et pertinencia. Dictis vero Nicodo et Hugone ex adverso dicentibus se dictas penas omnino ignorare et ad premissa per dictum dnm priorem petita minime teneri debere. Tandem dicte partes viam litigii et sumptus evitare cupientes tractatu amicabili Aymonis Mermeti, Aymonis Bonneti, Johannis Luys et Johannis Depratis alias Bollion, per dictos dnm priorem, Nicodum et Hugonem electorum et amicabiliter tractancium tractaverunt, pronunciaverunt et declaraverunt hiidem arbitri dictis Nicodo et Hugoni, de consensu et auctoritate dicti Johanneti Mermeti ejusdem Hugonis patris. Quod ipsi Nicodus et Hugonus pro se et suis confessi fuerint publice tanquam si propter hec forent in judicio personaliter constituti dictos Montem et Challesium unacum pascuis corumdem, esse, esse debere et pleno jure pertinere ex antiqua consuetudine et antiquitus de mero dominio et misto imperio prefati dni prioris et ejus prioratus ac feudo proprio. Item. Pronunciaverunt, ordinaverunt et declaraverunt dicti arbitri de consensu et voluntate predictorum Nicodi et Hugonis eo quod non possunt construere dictum Challesium, dimittunt, dant, donant, forciori modo quo fieri et intelligi poterit, donacione pura, mera, perfecta, perpetua, simplici et irrevocabili, que fit et fieri dicitur inter vivos, sine spe de cetero ullo tempore revocanda, prefato dno priori, michique notario publico infra scripto, tanquam persone publice, presentibus, stipulantibus et recipientibus ad opus dicti dni prioris ejusque prioratus et suorum in eodempri oratu successorum quorumcumque, videlicet dictos Montem et Challesium unacum pascuis, pertinenciisque, appendenciis, ingressibus et regressibus dictorum Montis et Challesii ipsis pertinentibus et pertinere debentibus et que vel quas eorum predecessores soliti sunt possidere, in dictis Monte et Challesio, universis et singulis; ad habendum, tenendum, utendum et perpetue possidendum per prefatum dominum priorem et suos in dicto prioratu successores; et quicquid sibi et suis successoribus prenotatis ex inde placuerit faciendum. Se inde dicti Nicodus et Hugonus ut supra peragentes et suos de dictis Monte et Challesio ac juribus eorumdem devestientes et dictum dnm priorem, meque notarium publicum, ut supra stipulantes de eisdem investientes et in possessionem corporalem vel quasi per unius calami tradicionem, ut moris est, ponentes et inducentes. Que omnia universa et singula in presenti publico instrumento contenta promittunt prenominate partes et ipsarum quelibet, prout ad eam spectat, videlicet dictus dns prior sub voto sue religionis manum dextram ad pectus ponendo, ut moris est religiosorum juramenta sua prestare, et dicti Nicodus et Hugonus per sua juramenta ad Sancta Dei Evangelia corporaliter prestita. Et sub expressa obligacione omnium et singulorum bonorum suorum mobilium, immobilium presencium et futurorum rata, grata, stabilia, firma et valida habere perpetuo et tenere et non contra facere, dicere vel venire per se vel per alium, nec aliqui contravenire volenti in aliquo consentire ; sed ea prout scripta sunt, pronunciataque et ordinata de ponto ad pontum altera pars alteri parti et suis econtra inviolabiliter observare et observari facere in judicio et extra. Renunciantes in hoc facto dicte partes ex earum certis scienciis, sub vi suorum jam prestitorum juramentorum, omnibus juribus juris et facti excepcionibus, legum ac decretorum auxiliis et consuetudinibus quibus contra premissa, vel premissorum aliqua, facere, dicere vel venire possent aut in aliquo se tueri, et juridicenti generalem renunciacionem non valere nisi precesserit specialis. Actum ante ecclesiam Campimuniti, presentibus Henrico de Cussono, clerico, Falconeto Blancheys, Perrodo Bouczard, Petro Adam, Jaquemeto Viviandi, Johanne Albi-Frasserens et Johanne filio Vuillelmi de Ponte, testibus ad premissa vocatis et rogatis.

Ego autem Raymondus Solliardi, de Sallanchia, auctoritate imperiali notarius publicus qui, in premissis omnibus et singulis unacum prenominatis testibus, interfui, presensque publicum instrumentum recepi, aliis occupatus negociis, virtute commissionis michi facta per Petrum de Cresco Sancti Pauli notarium publicum grossari feci, signoque meo michi fieri solito signavi fideliter et tradidi requisitus in testimonium veritatis omnium et singulorum premissorum.

125

Quittance d'un don gratuit de 120 fr. et de 100 florins, petit poids, donnée au prieur de Chamonix, Jacques de Crescherel, par Amédée VIII, duc de Savoie, somme destinée à former la dot de la princesse Marie, mariée au duc de Milan, et à dégrever l'État des frais de la guerre soutenue contre ce dernier.

(1429.)

27 Octobre.

(Tiré des Archives du ci-devant Chapitre de Sallanches, non coté.—D'après l'original écrit sur parchemin.)

Amedeus, dux Sabaudie, Chablaysii et Auguste, princeps marchio in Italia, comes Pedemoncium et Gebennensis, Valentiniensisque et Dyensis. Universis serie presencium fieri volumus manifestum quod pro dote illustris filie nostre carissime Marie de Sabaudia, mediolani duchisse solvenda, venerabilis religiosus et orator noster frater Jacobus de Cracherello prior prioratus Campimuniti nobis hodie concesserit graciose pro et super hominibus suis in quibus habet merum et mixtum imperium, omnimodamque juridicionem cum ultimo supplicio, videlicet sex viginti franchos ad racionem sex decim denariorum grossorum pro quolibet francho, necnon et centum florenos parvi ponderis pro subsidio nobis universaliter concesso in subvencionem guerrarum per nos postremo ultra montes factarum contra illustrem filium nostrum carissimum Ducem Mediolani, pro quibus centum florenis dictum subsidium dictis hominibus remictimus et quictamus, actenta pietate mortalitatis et tempestatis quibus dicta patria annis nuper lapso et presenti distructa et deteriorata fuit; quos sex viginti franchos et centum florenos nos habuisse confitemur a dictis hominibus manibus dilecti fidelis Michaelis de Ferro thesaurarii nostri Sabaudie generalis qui de ipsis nobis computare debebit. Hinc est quod nos actestamur per presentes hujusmodi concessionem nobis factam fuisse de gracia speciali nec illam volumus ad aliquam indebitam consequenciam trahi aut ipsis priori et hominibus suis ve preheminenciis nunc vel imposterum ex hoc prejudicium aliquod generari, nisi si et in quantum reperirentur astricti. Mandantes propterea dilectis Castellanis Martigniaci, Montis Gaudii et ceteris officiariis nostris ad quos spectat seu ipsorum locatenentibus et eorum cuilibet insolidum quathenus ipsos homines occasione premissorum ulterius non inquietent vel molestent, quinymo omnia impedimenta in ipsorum personis et bona forte propter hoc apposita liberaliter tollant et admoveant indilate que eciam tenore presencium tollimus et amovemus. Datum Thononii die vicesima septima octobris anno Domini millesimo quatercentesimo vicesimo nono.

Per Dominum presentibus :

Roberto DE MONTE VUAGNARDI,
 Amedeo DE CRACHERELLO, *Magistris hospicii;*
Petro DE MENTHONE, *Baillivo Gebennesii.*

REDDANTUR LITTERE PORTITORI.

Contresigné : VETERIS.

Quos sepcies viginti franchos ad xvi et centum florenos parvi ponderis manibus dicti thesaurarii habui et recepi ego.

Signé : VETERIS.

Le sceau n'existe plus.

126

Composition sur divers délits commis par Jacquet Viviant, de Chamonix; celui-ci s'engage à payer 50 florins d'or, petit poids, monnaie de Savoie, au prieur de Chamonix, comme seigneur temporel du lieu, outre ce qui pouvait revenir aux officiers de justice.

(1431.)

19 Mars.

(Archives de l'église de Sallanches, non inventorié. — Liasse de la justice civile et criminelle de la juridiction de Chamonix. — Extrait de la copie sur parchemin.)

Noverint universi presentes inspecturi quod in prothocollis viri defuncti Jacobi de Reimondeys notarii quondam reperitur quedam nota sive imbreviatura non cancellata, non abolita nec eciam in aliqua sui parte viciata cujus tenor et effectus substencialis sequitur et est talis :

Anno dni millesimo quatercentesimo trigesimo primo, indicione nona die decima nona mensis marcii. Coram me notario publico et testibus inferius nominatis, per hoc, etc... quod cum quidem processus inquisicionali fuerit factus et formatus contra Jaquetum Viviandi in curia venerabilis et religiosi viri dni Jacobi De Crecherello prioris Campimuniti de pluribus et diversis excessibus et delictis que ipse Jaquetus inculpatur perpetrasse et super quo processu idem Jaquetus anno presenti et die decima septima presentis mensis marcii respondit et super contentis in eodem processu exceptis hiis quod factum Chermilliaz incantacione concerneret, se submisit misericordie prelibati dni, ipseque dns confidendo quod ipse Jaquetus de cetero a malis operibus se abstinebat velit cum eidem Jaqueto supplicacioni nonnullorum suorum parentum et amicorum misericorditer agere dicte supplicacioni inclinatus. Hinc est personaliter constitutus dictus Jaquetus filius quondam Rod. Viviandi sciens et sponte confitetur et manifeste recognoscit se debere et solvere teneri dicto dno, licet absenti, etc.... ex causa composicionis per eundem Jaquetum facte cum officiariis ipsius dni, eodem dno consenciente, de et super contentis in dicto processu contra ipsum Jaquetum formato ex officio curie dicti dni prioris super quibusdam delictis in eodem processu contentis, et per ipsum Jaquetum exceptis de quibusdam delictis Charmilliaz et incantacionum in eodem processu descriptis, de quibus idem Jaquetus nullathenus componere intendit. Videlicet quingentos florenos auri, parvi ponderis, moneta Sabaudie, quolibet floreno valente octo solidos fortes. Item, quadraginta florenos parvi ponderis pro familia ipsius dni solvendos jure, etc.... Ad requestam ipsius sic et talis quod ultra dictas quantitates idem Jaquetus solvere et satisfacere teneatur et debeat castellano dicti dni de suo quarto denario et mistrali secundum consuetudinem loci secundum quantitatem dictorum quingentorum florenorum dno insolidum pertinendorum et clerico curie de processu et labore ad voluntatem ipsius clerici seu ordinacionem. Hoc acto inter officiarios dicti dni et dictum Jaquetum, quod ipse Jaquetus teneatur et debeat satisfacere, solvere et restitutis omnibus et singulis personis dicto dno subdictis et ejus juridictioni, de ipso juste petere et conqueri de offensione, delictis et aliis quibuscumque concordiis, extorsionibus, exurpacionibus per ipsum Jaquetum indebite factis legitur, cognicioni et ordinacioni duorum proborum per partes eligendorum vel ordinacione dicti dni in deffectu ipsorum proborum, sive alia cognicione quacumque summaria de plano. Item, quod dictus Jaquetus de cetero imperpetuum non possit nec debeat infra domum dicti prioris seu in aliis locis in quibus ipse dns prior esset, venire seu intrare nec ipsum dnm a quatuor teysiis prope appropinquare scienter et ex impresia sine licencia ipsius dni sub pena confessionis et punicionis delictorum de quibus in dicto processu inculpabatur, sub pena confessionis delicti et punicionis eorumdem. Item, etiam quod non possit nec debeat de cetero aliquod officium dicti dni prioris et ejus prioratus tenere seu exercere nec contra subdictos ipsius dni et juridiciabiles aliquas composiciones indebitas vel justas facere sub pena predicta et eciam quod ipse Jaquetus per se vel per alium de cetero imperpetuum non possit nec debeat vel audeat seu presumat ac actentet aliquid contra eundem dnm seu ejus prioratum facere seu procurare nomine hominum communitatis sue juridictionis nec aliter, nec eciam contra communitatem sub pena superius mencionata, cui pene ipse Jaquetus in casu predicto se sponte promictit si juste reperiretur contra premissa facere ac facere actentare sub juramento et obligacionibus suis premissis de quibus composuit. Et pro premissis omnibus et singulis melius actendendis et observandis precibus dicti Jaqueti promictentis sub juramento et obligacionibus suis premissis, ipsis fidejussoribus ejus infrascriptis promictentibus, etc.... indemp.... facere erga me notarium ut supra stipulantem videlicet Aymon ejus filius, Peronetus De Cuppilino, Michael De Terra [1], Johanetus Cortesii, Jaquetus Quarierii [2], Petrus Saltoni, Mellieretus Bonafey, Perrerius Choudet et Mocterius Pictoni ac ipsi principales et insolidum jurati, etc... subque obligacione omnium bonorum suorum. Renunciantes, volentes de premissis per me notarium, etc.... tot fieri instrumenta quot fuerunt necessaria ad opus quorum intererit.... Actum in Campomunito, videlicet in stupha [3] dicti prioris, presentibus dno Reymondo De Duyno, monacho dicti loci. Janino Quinonridet

[1] Cette famille est encore très nombreuse à Chamonix.
[2] Cette famille existe encore à Chamonix sous le nom de Carrier.
[3] Le peêle d'une maison, chambrre chaude où se tient la famille en hiver.

notario, dno Reymondo Solliardi curato Campimuniti, Martino Curti et Michaele Gaudini, testibus ad premissa vocatis et rogatis.

Et me Ludovico De Remondeys, imperiali auctoritate notario publico, commissarioque prothocollorum defuncti viri Jacobi De Remondeys notarii quondam genitoris mei, hoc presens instrumentum sive hanc presentem notam aut imbreviaturam in notis sive imbreviaturis dicti Jacobi inveni non levatam nec registratam, ipsamque ex commissione illustris principis dni nostri, Gebennensis comitis, michi facta a dictis imbreviaturis extraxi et manu mea propria scripsi, signoque meo minori michi solito signavi fideliter et tradidi requisitus.

127

Sentence rendue par le Conseil d'État dans la cause qui avait ventillée par-devant lui entre R^d Jacques de Crescherel, prieur de Chamonix, demandeur, et noble Humbert de Chissé, seigneur de Servoz, d'autre part, par laquelle ce dernier fut condamné à payer audit prieur, avec ses arrérages, le muid et demi de froment qui avait été donné au prieuré de Chamonix, par Aimon, sire de Faucigny. (Charte du 17 des Kalendes de décembre 1236.)

(1431.)

18 Juillet.

(Tiré des Archives de l'église de Sallanches, D., n° 14. Copié sur l'original écrit sur parchemin.)

In nomine Domini, Amen. Anno a nativitate ejusdem sumpto millesimo quatercentesimo trigesimo primo die decima octava mensis julii. Assignata per nos consilium illustrissimi principis domini dni Amedei Sabaudie ducis, cum eo residens. Partibus infrascriptis ad audiendum nostram summariam ordinacionem et jus in et super quadam causa coram nobis certo tempore inter dictas partes ventilata prout de hujusmodi assignacione constat ultimo memoriali ipsius cause dato Thononii die decima sexta mensis hujus et per secretarium subscriptum signato. Ipsa enim die ipsius assignacionis vigore comparuerunt judicialiter coram nobis Jacobus Bondis procurator et nomine procuratorio venerabilis religiosi fratris Jacobi de Crecherello prioris prioratus Campimuniti supplicantis de suo procuratorio edocens publico instrumento recepto et signato per Reymondum Soliardi notarium sub anno domini millesimo quatercentesimo trigesimo, indicione octava et die decima tercia mensis novembris ex una parte. Et Bartholomeus burgensis procurator et nomine procuratorio ut in actis ipsius cause Humberti De Chissiaco supplicati parte ex altera. Petentes ipse ambe partes ut alias per nos in et super hujusmodi causa ordinari et jus dici. Quibus auditis, nos dictum consilium. Visa supplicacione pro parte dicti domini prioris illustrissimo domino nostro duci die decima septima mensis junii, anno proxime fluxo porrecta, unacum summaria peticione et cedula die vicesima prima proxime preteriti mensis novembris pro parte dicti domini prioris coram nobis producta quarum supplicacionis et cedule tenore sequuntur. Et primo tenor dicte supplicacionis prout ecce. Q. Vobis illustrissimo principi domino nostro domino Amedeo Sabaudie duci. Supplicatur humilime pro parte vestri humilis oratoris servitorisque domini Jacobi de Crecherello prioris et domini temporalis prioratus et patrie Campimuniti. Quod cum dudum felicis recordacionis Domina Beatrisia filia inclite memorie domini Petri comitis Sabaudie domina terre Foucigniaci. Ad requisicionem religiosi viri fratris Richardi prioris tunc prioratus predicti confessa fuerit et recognoverit quod tota vallis dicti loci Campimuniti cum omnibus suis pertinenciis appendenciis et coherenciis unacum hominibus dicte vallis scelicet ab aqua que vocatur Dyousa videlicet a ruppe qui vocatur saxus (albus usque ad Balmas est ligia prioratus predicti. Et ad ipsum prioratum pertinet cum omni plenitudine juris possessionis et proprietatis dominii ac juridicionis omnimode et eciam omnis meri et mixti imperii. Recognoveritque ipsa Domina Beatrisia sibi fore concessum et successoribus ipsius a dicto priore in feudum quoddam molare tantum situm in territorio de Lacu prope pontem aque areris infra limites predictos et ipsum molare cum hedifficiis ibidem fiendis se tenere in feudum ab abbacia Sancti Michaelis de Clusa et specialiter a dicta domo seu prioratu predicti Campimuniti pro quoquidem feudo ipsa Domina Beatrisia promisit nomine suo et suorum dictum prioratum seu domum predictam et vallem Campimuniti unacum hominibus ipsius vallis dicto priori et successoribus suis manutenere, deffendere et servare racione et nomine ipsius feudi. Remictendo eidem priori pro se et suis et quictando pretextu feudi ipsius molaris unum denarium aureum annualem eidem domine Beatrisie debitum pro garda ipsius prioratus. Promisitque eadem domina Beatrisia nomine suo et suorum eidem priori quod homines dicti prioratus ac vallis predicte non recipere in sua garda seu deffensione deffendendos modo aliquo contra dictum prioratum seu priorem ejusdem. Que omnia recolende memorie dominus Hugo dalphini dominus dicte terre Foucigniaci volens insequi approbare et confirmare et maxime predictam quictacionem ipsius denarii aurei annualis eadem ratifficaverit et dicto priori pro tunc quictaverit ac alia confessus fuerit et recognoveritque et eciam per eandem dnam Beatrisiam facta et ordinata ut supra fuerint prout per legitima documenta et informaciones veridicas paratus est idem supplicans loco et tempore opportunis de premissis informare. Insuper quod cum felicis memorie Aymo Dominus Foucigniaci dederit et concesserit dicto prioratui Campimuniti in helemosinam perpetuam unum modium cum dimidio frumenti annualiter percipiendum et habendum in villa de Siervuz ab hominibus dicti loci ut per litteram publicam sigillo ipsius Aymonis sigillatam in pendenti de predicta donacione vendite constat eidem dominacioni vestre cum locus affuerit exhibenda nichilominus premissis omnibus non obstantibus Jacobus de Rida assertus commissarius extentarum in dicto loco de Siervuz homines et juridiciarios ipsius prioratus cogit et compellit indebite et opprimit ad sibi recognoscendum que sunt ipsius prioratus et maxime aliquas salvagardias quas in antiquis informacionibus reperisse asserit in magnum prejudicium juridicionis ipsius prioratus ac insuper castellanus predicti loci de Siervuz dictam frumenti quantitatem annualem eidem priori solvere recusat et recusavit acthenus spacio decem annorum salvo pluri quamvis super hoc debite pro parte dicti supplicantis fuerit informatus et requisitus que fiunt in prejudicium ipsius prioratus non modicum pariter et gravamen detrimentumque juridicionis predicte. Unde cum talia juridice non procedant sed voluntarie ac de facto ipseque supplicans cupiat et velit jura sue dicte ecclesie ut convenit illesa servare ad vestram excelsam dominacionem recurrit que patrimonium crucifixi fovere consuevit et debet sibi super hoc de remedio provideri opportuno sic si placet quod jura ecclesie ac patrimonium per predecessores vestros ut prefertur colata non minuantur sed vestri benigno mediante auxilio ut consuevistis protegantur et augmententur. Vestram predictam excelsam dominacionem super hoc humilime implorando. Item tenor dicte cedule sequitur. Q. Comparet coram vobis sublimi consilio illustrissimi principis Domini nostri Sabaudie ducis residenti cum eodem. Venerabilis et religiosus dnus Jacobus de Cracherello prior et dnus temporalis vallium lacus et Campimuniti supplicans seu ejus procurator pro eodem contra nobilem Humbertum de Chissiaco castellanum de Siervuz dicens, narrans et petens ut in sua supplicacione et in suis litteris auctenticis et documentis titulis informacionibus et instrumentis jam predictis per quas et que constat dictum dominum priorem nomine dicti sui prioratus esse dominum dictarum vallium lacus et Campimuniti et ipsam totam vallem unacum omnibus hominibus dicte vallis scilicet ab aqua vocata Dyosa et a ruppe vocata Saxus albus usque ad Balmas esse ligias dicti prioratus et ad ipsum priorem pertinere cum plenitudine juris, possessionis proprietatis dominii et juridicionis omnimode, merique et mixti imperii in et super omnibus et singulis hominibus et personis quibuscumque in ipsis vallibus lacus et Campimuniti commorantibus et habitantibus; constat eciam ex eisdem litteris documentis et informacionibus de aliis expositis prepositis et contentis in dicta supplicacione ipsius domini prioris et de approbacionibus confessionibus et confirmacionibus. Recolende memorie dominorum patrie Foucigniaci qui fuerunt pro tempore et ab antiquissimo sic quod non est novum dictum priorem et prioratum ejusdem in dictos homines quoscumque dictarum vallium juridicionem omnimodam habere et habuisse per modum in supplicacione expositum et juxta tenorem dictarum informacionum quibus non obstantibus dicti commissarius et Humbertus de Chissiaco castellanus tam conjuctim quam divisim dictos homines in dictis vallibus commorantes seu nonnullos eorumdem compellunt seu compellere nituntur ad recognoscendum quasdam pretensas taillias et nonnullas gardas seu salvas gardias emolumenta annua occasione illarum gardarum pretensarum quasdamque pretensas prestatas seu soluciones annuales censuum reddituumque et alias contra tenorem et formam dictorum jurium et informacionum dicti prioratus cum non constet nec appareat dictas taillias gardas census et emolumenta pretensa deberi nec unquam fuerint solute neque solvi solite, ymo semper fuerunt atque steterunt et sunt dicti prioratus homines quicumque dictarum vallium securi et immunes atque liberi a pretensis gardis tailliis censibus et emolumentis cuicumque persone preterquam dicto prioratui persolvendis, compellunt eciam seu compellere nictuntur dicti commissarius et castellanus seu alter ipsorum nonnullos homines dictarum vallium et in eisdem commorantes ad recognoscendum eisdem seu alteri ipsorum nomine dicti domini nostri ducis juridicionem et esse de ipsius domini nostri juridicione que tamen juridicio in dictos homines spectat ad dictum priorem et ejus prioratum ut supradictum est et constat per jura informaciones et titulos ut supradicitur productos nec apparet quo jure ipsam juridicionem alteri quam dicto priori et ejus prioratui debeant recognoscere seu actribuere et ideo reproducit prefatus dns prior dictos suos titulos, informaciones et documenta petens propterea dictis commissario et castellano silencium de et super premissis imponi, eisque et cuilibet ipsorum inhiberi ne dictum priorem nec ejus prioratum predictum in suis juribus turbent aut molestent et ne dictos homines vallium predictorum quoscumque occasione dictarum gardarum censuum emolumentorum et prestacionum juridicionisque predicte quovismodo molestent aut inquietent seu eciam ad dictas recogniciones petitas faciendas compellant. Et quia dictus commissarius ab aliquibus dictorum hominum ipsas recogniciones de facto fecit seu fieri fecit et recepit, petit et postulat dictus dns prior illas recogniciones sic illiciter factas revocari, cassari, aboliri et pro nullis haberi verum tamen jam per vos fuit declaratum et ordinatum solvi dicto priori et prioratui unum modium cum dimidio frumenti per dictum castellanum de quo super sunt arreragia duodecim annorum proxime preteritorum salvo pluri. Postulat igitur idem dnus prior sibi super hoc provideri et dicto castellano injungi ut dicta arreragia debite persolvat dicto priori et satisfaciat vestrum venerabile officium in et super premissis humiliter implorando ut jura ecclesie illesa conserventur et Deus optimus prefati domini nostri augeat vitam prosperam et dominaciones vestras reverencias conservare dignetur F. De Aurillaco. Q. Visa insuper rescripcione dicto dno nostro duci per Jacobum de Rida commissarium extentarum transmissa super hujusmodi cause materia in actis producta et inserta, unacum injonctione dicto nobili Humberto De Chissiaco per nos judicialiter, die decima nona proxime preteriti mensis augusti facta de solvendo dicto domino priori modium cum dimidio frumenti in retroactis mencionatum. Visaque cedula dicti nobilis Humberti De Chissiaco parte die vicesima quarta proxime preteriti mensis januarii producta qua finaliter inter cetera peciit supranarratam injonctionem de solvendo dictum frumenti modium cum dimidio revocari, unacum instrumentis et informacionibus aliis in hujusmodi causa coram nobis pro parte dicti nobilis Humberti productis. Necnon et visis eciam licteris informacionibus et aliis instrumentis pro parte dicti domini prioris in causa coram nobis productis et in actis cause designatis unacum omnibus aliis hinc et inde per utramque partem productis summarie prout extitit petitum procedendo consideratisque considerandis et actenta cause materia. Quoniam consideratis productis et exhibitis pro dicti domini prioris Campimuniti parte non obstantibusque dictis et productis in adversum nil justum invenimus ex quo prementionata injunctio per nos dicto Humberto facta de solvendo predicto domino priori modium cum dimidio frumenti annuale de quo in retroactis agitur debeat revocari. Propterea declaramus injunctionem ipsam non esse revocandam. Sed considerata justifficacione pro ipsius domini prioris parte facta pronunciamus condempnando dictum nobilem Humbertum teneri ad arreragia seu retentas dicti modii cum dimidio frumenti annui solvendas dicto domino priori pro duodecim annis retrofluxis prout petitum extitit. Ceterum considerata probacione justifficacioneque facta coram nobis ex productis pro ejusdem domini prioris parte super juridictione pertinenciisque gardis et aliis infra predesignatos limites vallis Campimuniti. Ordinamus non esse compellendos homines aliquos per commissarium vel alium ad recognoscendum gardas aliquas juridicionem servicia vel alios redditus quosvis de et pro rebus et bonis infra dictos limites vallis Campimuniti existentibus donec et quousque judicialiter et debite vocatis vocandis fuerit cognitum. Neutram partium in expensis condempnantes certis ex causis. Mandantes dicto commissario Jacobo de Rida quatenus a dicta recognoscendi compulsione se desistat. Quamquidem sentenciam seu ordinacionem nostram dictus Bartholomeus Burgensis nomine quo supra in quantum pro dicto Humberto de Chissiaco ejus magistro facit, acceptat in quantum vero contra eum facere videtur viva voce supplicat ad dictum dnum nostrum ducem seu ad ejus generales audiencias de proximo tenendas quam supplicacionem non admictimus nisi si et in quantum de jure fuerit admictenda alias non. Data, lata et lecta fuit hec nostra presens sentencia seu ordinacio Thononii in auditorio causarum anno, mense et die primo suprascriptis.

Per consilium presentibus dominis :

Jo. DE BELLOFORTI, *cancellario ;*
Urbano CIRISERII.

REDDANTUR LITTERE PORTITORI,

Contresigné : GUIGONARDI.

Au bas de l'acte qui précède pend sur cire rouge le sceau d'Amédée, duc de Savoie, autour duquel on lit :

Sigillum ✤ AMEDEI ✤ ✤ *ducis* ✤ Sabaudie.

128

Sentence de contumace rendue par spectable Urbain Cirisier, docteur en droit, juge de Chamonix, contre Pierre Giraudeuz, de Montjoie.

(1431.)

25 Octobre.

(Tiré des Archives de l'église de Sallanches, non coté. Titres de la justice civile et criminelle de Chamonix.)

In nomine Domini, Amen. Anno Domini millesimo quatercentesimo trigesimo primo et die vicesima quinta mensis octobris citacionis vigore voce preconia secundum morem et stilum patrie Campimuniti de assisiis tenendis facte comparuit judicialiter coram nobis Urbano Ciriserii legum doctore judice terre et juridicionis viri venerabili religiosi domini Jacobi De Crescherello prioris prioratus ac domini temporalis Campimuniti, Jacobus De Remondeis curie clericus et procurator procuratorioque nomine dicti domini prioris. Exhibens et producens quendam processum formatum contra Petrum Giraudeuz de monte gaudio per curiam Campimuniti seu ex officio dicte curie die vicesima secunda mensis decembris anno dni millesimo quatercentesimo trigesimo, formatum accusansque contumaciam dicti Petri Giraudeis hodie ut supra coram nobis comparere citat per se vel alium minime comparentis liceret debite proclamati et sufficienter expectati petensque dicti Petri absencia non obstante de et super dicto processu jus dici et finaliter diffiniri. Quo audito nos memoratus judex contra dictum Petrum per se vel alium minime comparentem contumacem reputamus et nichillominus sui absencia non obstante que Dei presencia repleatur. Viso dicto processu contra ipsum Petrum Giraudeis per curiam predictam Campimuniti seu ex ejus officio dicta die vicesima secunda mensis decembris formato pro tribunali more majorum sedentes, Deum et Sacras Scripturas pre oculis habentes nichilque de contingentibus in eisdem obmictendo sed salvatis sollempnitatibus in talibus opportunis signumque venerande crucis faciendo dicentes in nomine Patris et Filii et Spiritus Sancti, Amen. Quoniam per tenorem dicti processus sufficienter probatum comperimus dictum Petrum arrestum ex debita causa per vice castellanum Campimuniti seu ejus mandato per familliares curie dicti loci sibi factum sub pena quinquaginta librarum forcium fregisse penam ipsam quinquaginta librarum commictendo. Necnon contumaciter vocatum preconia voce secundum morem et stilum patrie compariturum et intitulatum in eum super commissis per eundem responsurum sub pena quinquaginta librarum monete currentis non comparuisse pariter et inobedienciam commisisse penam dictarum quinquaginta librarum incurrendo propterea et aliis racionibus justis. Declaramus dictas penas seu multas per dictum Petrum fuisse commissas et easdem contumaciter incurrisse, quas misericorditer agendo juxta stilum curie et assisiarum mitigamus ad viginti quinque librarum forcium dicto domino priori seu ejus exactori dandas et solvendas. Data, lata et lecta hec nostra presens sentencia apud Campummunitum in assisiis publicis. Anno et die premissis.

Per prefatum dnum judicem.

Ber[dus] DE SOLERIO.

129

Reconnaissance passée et hommage rendu par Hugue, fils de Vuillelme Gaudin Onsey, d'Argentière, mandement de Chamonix, habitant à Fully, en Valais, d'être toujours homme lige et censat de révérend Jacques De Crescherel, prieur de Chamonix, quoique habitant hors des terres de ce dernier.

(1434.)

9 Février.

(Tiré des Archives de l'église de Sallanches, non inventorié. Copié d'après l'original écrit sur parchemin.)

Anno a nativitate Domini millesimo quatercentesimo trigesimo quarto indicione duodecima cum eodem anno sumpta die nona mensis februarii coram me notario publico et testibus subscriptis personaliter constitutus Hugo filius quondam Vuillelmi Gaudini Onseys de Argenteria mandamenti Campimuniti habitator Fulliaci qui sciens prudens gratis et sponte non vi, non dolo, non metu nec fraude ad hec inductus ymo de juribus et factis suis ad plenum ut asserit certifficatus et informatus pro se et suis liberis natis et nascituris ac posteritatibus quibuscumque ejusdem confitetur et in veritate tanquam si esset in judicio coram suo judice ordinario personaliter evocatus publice et manifeste recognoscit se ipsum Hugonem et suos predictos esse velle esse et esse debere ac se et suos esse constituit pro persona et rebus suis quibuscumque hominem ligium, censatum venerabilis et religiosi viri fratris Jacobi de Crescherello prioris prioratus sancti Michaelis de Campomunito dnique temporalis Vallium Campimuniti Lacus et Ursine presentis stipulantis et recipientis ad opus sui et dicti sui prioratus et

successorum suorum in eodem prioratu eidemque dno et
suo prioratui et suis predictis teneri ad homagium ligium
censatum sive sit et residenciam trahat in villa francha vel
non francha castro burgo civitate opidio regione ipsumque
dnm priorem predictum et suos predictos in dicto prioratu
habere, debere in et super bonis ipsius confitentis quibuscumque omnimodam successionem et excheutam prout et
quemadmodum in bonis aliorum hominum predicti loci
Campimuniti si quando et quocienscumque in ipsis bonis
eidem contingerit evenire. Quodquidem homagium ligium
censatum predictus Hugo Onseys pro se et suis predictis
presencialiter predicto dno priori presenti et ut supra recipienti fecit et reddidit genibus flexis zona remota et oraculo
obsculo eidem dno priori prestito in signum vere obediencie
et fidelitatis ut moris est in talibus promictendo ambabus
manibus super Evangeliis Dei sanctis corporaliter tactis se
et suos predictis esse bonos et fideles esse. Renuncians, etc.
Acta fuerunt hec publice in Campomunito in stupha domus
prioratus dicti loci presentibus testibus ad premissa vocatis
et rogatis videlicet dno Reymondo De Duyno alias de castro
nobili, Johanne Dementhone, de Passier, viris discretis Petro
quinerid Richardo Decoudreto et Ansermeto Rubini, clericis. Et me Petro Danielis, de Passier, gebenn., diocesis
clerico auctoritate imperiali notario publico qui in premissis
omnibus interfui et hoc publicum instrumentum rogatus
recepi et in hanc publicam formam redegi, scripsi et subscripsi manu mea propria signoque meo michi solito signavi
fideliter in testimonium veritatis omnium premissorum.

N. O. M. E. N.

129

Transaction passée par-devant le Conseil ducal de Savoie, terminant le différend existant entre révérend Jacques de Crescherel, prieur de Chamonix et N. Humbert de Chissé, châtelain perpétuel de Servoz.

Par laquelle :

1° Ledit prieur donne quittance audit châtelain du muid et demi de froment que ce dernier lui devait annuellement sur les revenus de la châtellenie de Servoz, ainsi que des arrérages de cette rente ; 2° ledit châtelain donne quittance audit prieur du denier d'or qu'il lui devait aussi annuellement pour la garde du prieuré de Chamonix, laquelle est donnée au duc de Savoie. De plus, il rétrocède audit prieur la tour, soit château de Saint-Michel du Lac, ainsi que les hommes, hommages, servis et autres droits et devoirs seigneuriaux que ledit châtelain avait dans les limites de la juridiction de Chamonix, moyennant 260 fl. pp. Ledit prieur acquiert le droit de faire faire ses publications dans l'église de Sainte-Marie du Lac, sans que, par cette faculté, il puisse s'attribuer aucune juridiction.

(1435.)

2 Mai.

(Archives de l'église de Sallanches, B, n° 12. — D'après l'original écrit sur parchemin.)

Consilium illustrissimi principis Domini nostri Domini Amedei, ducis Sabaudie, Chablaysii et Auguste, principis, marchionis in Italia, comitis Pedemontium et Gebennensis, Valentiniensis et Dyensis, cum illustri ejus primogenito et locumtenente generali domino Ludovico de Sabaudia, principe Pedemoncium residens. Universis serie presencium fiat manifestum. Quod cum pridem causa coram nobis orta fuerit et diucius ventilata. Inter venerabilem religiosum fratrem Jacobum de Crescherello, priorem Campimuniti, suo ejusque prioratus nominibus, ex una. Et nobilem Humbertum de Chissiaco, velut castellanum perpetuum de Sielvoz, partibus ex altera. Super eo quod ipse prior petebat per dictum Humbertum sibi solvi unum modium cum dimidio frumenti, sibi et dicto prioratui annuatim debitum super redditibus mandamenti de Sielvoz, et per castellanum ipsius mandamenti, ut in licteris pro parte dicti prioris judicialiter productis lacius deducitur solvi consuetum. Ad que dictus castellanus se opponebat, asserendo se ad solucionem hujusmodi non teneri maxime quia propter perhempcionem magne partis dicti mandamenti ex aque impetu in ruynam collapsi non reperiebatur, unde ipse annuus census posset persolvi, eciam aliis causis in actis super hoc habitis seriosius deductis. Super quaquidem causa per nos due late fuerint diffinitive sentencie, per quas effectualiter ipse castellanus ad solvendum dictum annuum censum cum retentis ac expensis ipsius cause fuerit condempnatus. Quequidem retente et expense ad magnas bladi et pecunie quantitates ascendere videbantur. Pro quibus omnibus sopiendis coram memorato Domino nostro duce pridem inhitus fuerit amicabilis tractatus, in scriptis redactus, nundum tamen consensu utriusque ipsarum parcium firmatus. Ecceque dicte partes affectantes majores litium anffractus vitare et ipsum tractatum uti memorato Domino nostro duci acceptum insequi ad persuasionem eciam nostram et per medium nonnullorum advocatorum ac amicorum ipsarum parcium. Ipse partes propterea coram nobis constitute videlicet dictus frater Jacobus De Crescherello, prior, pro se et dicto ejus prioratu, hinc. Et dictus Humbertus De Chissiaco pro se, ac tanquam castellanus de Sielvoz, inde; sciente, prudente et spontanee, nulloque errore aut alia metus causa lapse, pro se et suis in dictis prioratu et castellania successoribus quibuscumque. De et super premissis omnibus et singulis unanimiter ad invicem convenerunt et transigerunt, conveniuntque et transigunt in hunc qui sequitur modum.

In primis. Quod dictus prior Campimuniti pro se, dictoque prioratu et suis in illo perpetuis successoribus ex nunc, penitusque et perpetue remictit, quictat, cedit et concedit dicto Humberto De Chissiaco tanquam domino seu castellano perpetuo dicti mandamenti de Sielvoz pro se et suis ibidem heredibus et successoribus universis, dictum annuum censum unius modii cum dimidio frumenti, unacum illius retentis seu erreragiis, ac expensis tam adjudicatis quam adjudicandis, taxatisque et taxandis; sic quod a modo in antea dictus prior et ejus in dicto prioratu successores ad causam ipsorum annui census erreragiorumque et expensarum ab eodem Humberto et suis eciam in et super ipsa castellania de Sielvoz nil ulterius petere, habere aut alias querere possint, non obstantibus premissis licteris et informacionibus dicti prioratus. Quas licteras, informaciones, acta et sentencias ipse prior in signum hujusmodi remissionis libere et sine costu, tradere et expedire teneatur dicto Humberto dum et quando ipse Humbertus vice versa sibi remictet munimenta, regichias et alias informaciones de quibus infra transigitur.

Item. Quod in premissorum recompensacionem, dictus nobilis Humbertus, suo nomine et eciam tanquam castellanus vel aliter proprietarius de Sielvoz, ac pro se et suis heredibus et eciam successoribus quibuscumque in dicto loco, castellania et mandamento de Sielvoz dat, donat, tradit, ex nunc pariter et imperpetuum concedit, quictat et remictit libere sine onere homagii ac sine retencione feudi et cujusvis directi dominii dicto priori presenti stipulanti et recipienti, ejusque in dicto prioratu successoribus. Videlicet redditus, servicia, usagia, juridicionem omnimodam, merumque et mixtum imperium, homines, feuda, gardas, territorium, emphiteoses homagia, juraque et alia quecumque, que dictus Humbertus habet, habereque potest aut alias habere reperietur ab inde, ad causam dicte castellanie de Sielvoz vel alias, in valle et limitibus ac infra terminos veros et consuetos Campimuniti, videlicet ab aqua de Diosaz et ponte aque areris citra, videlicet a parte vallium Campimuniti, interque sunt specialiter, ultra cetera, homines et homagia sequencia videlicet Girardus Gravaz, Nycodus et Hugo Decombis fratres, Stephanus Burut, Girodus Finesii, Aymo Masuel et Petrus Finesii alias Borseis, cum eorum liberis et posteritatibus quibuscumque presentibus et futuris; necnon et turris seu castrum Sancti Michaelis de Lacu, cum molari quo situatum est et aliis pertinenciis universis; ita quod idem prior et ejus in dicto prioratu successores nullathenus teneantur vel aliter obligentur pro dicta turri seu castro ad unum denarium auri annuatim, ad quem antiquitus priore Campimuniti tenebantur de garda pro dicta turri seu castro Sancti Michaelis, nec eciam ad aliquod feudum vel aliud onus homagii, ut prefertur; sed ab inde dictus prior et ejus successores, de dicto denario auri annuo liberati sint penitus et perpetuo quieti; ita tamen quod casu quo pro aliqua guerreria si contingeret, quod Deus advertat. Illustrissimus dominus noster dux vel ejus successores indigerent dicto castro seu turri sancti Michaelis, tunc durante dicta indigencia, idem dominus noster dux vel ejus successores habere possint dictam turrim et castrum ad manus suas et inde necessitate seu guerra predictis cessantibus libere remictantur pariter et relapxentur dicto priori et ejus qui pro tempore fuerint successoribus; ita similiter quod dictus prior et ejus successores teneant et habeant castellanos in dicto castro seu turri Sancti Michaelis qui non sint inacceptabiles et ingrati dicto domino nostro et ejus successoribus hiisque mediantibus. Idem dominus noster, pro se et suis, hujusmodi transactionem seu pronunciacionem in quantum eum tangere potest, ratifficet et gratam habeat, necnon et libertates acque privilegia dicti prioratus confirmet in sufficienti forma absque tamen derogacione aliorum jurium dicti domini nostri.

Item. Ulterius pro premissis dictus dominus prior det et solvat dicto Humberto huic ad proximum festum Beati Michaelis ducentum et sexaginta florenos p. p. pure et precise ac sine excepcione quacumque.

Item. Quod dictus prior et ejus in dicto prioratu successores pro debitis serviciis et aliis juribus suis fieri facere possint consuetas cridas in ecclesia Sancte Marie dicte de Lacu seu de Sielvoz, absque contradicione seu impedimento quibuscumque citra tamen prejudicium aliquod juridicionis et aliorum jurium dicti Humberti et suorum successorum ; ita similiter quod ex dictis cridis dicto priori non acquiratur aliqua juridicio in dicto loco de Sielvoz.

Item. Quod dictus Humbertus teneatur, libere et sine costu expedire dicto domino priori recogniciones, munimenta et alias informaciones quas et que predictus Humbertus habet et habere posset pro premencionatis hominibus, serviciis et juribus aliis dicto priori, prout supra remissis bona fide pure, precise et sine excepcione quacumque quam primum pro parte dicti prioris fuerit requisitus.

Quas siquidem composicionem et transactionem ac omnia in eis contenta, promiserunt ipse partes et earum quelibet prout eam tangit, pro se et suis predictis heredibus et successoribus universis, mutuis et sollempnibus stipulacionibus hinc inde intervenientibus, videlicet dictus prior juramento suo, manum ad pectus, more religiosorum apponendo et sub suorum et dicti ejus prioratus omnium et singulorum obligacione bonorum mobilium et immobilium, ecclesiasticorumque et mundanorum prescncium et futurorum. Dictus vero Humbertus, juramento suo, tactis evangeliis sacrosanctis et sub obligacione et ypotheca omnium et singulorum bonorum suorum mobilium et immobilium presencium et futurorum ubilibet consistencium, una ipsarum partium alteri et econtra, tenere, actendere et effectualiter adimplere. Illaque in omnibus et per omnia perpetuo rata habere et nunquam contra facere quomodolibet vel venire, clam vel palam, tacite vel expresse quovis exquisito colore. Renunciando in hoc facto sub vi dictorum suorum jam prestitorum juramentorum omnibus excepcionibus beneficiis et indultis patrie et locorum consuetudinibus, juribusque canonicis, civilibus municipalibus et aliis quibus ad veniendum contra premissa seu ipsorum aliqua se juvare possent quomodolibet vel tuheri; signanter juridicenti generalem renunciacionem non valere nisi precesserit specialis. De quibus omnibus, cuilibet ipsarum parcium postulanti, has licteras nostras per secretarium subscriptum confectas duximus concedendas.

Datas Chamberiaci die secunda maii anno Domini millesimo quatercentesimo trigesimo quinto. B.

Per Consilium presentibus Dominis :

MANFREDO, *ex marchionibus Saluciarum*, *marescalo;*	Johanne DE FONTE, *advocato fiscali;*
Johanne domino BARJACTI;	Urbano CIRISERII;
Roberto DE MONTEVUAGNIARDO, *presidenti computorum;*	Johanne LYOBARDI;
	Johanne VIRARDI, *ex magistris computorum.*

Signé : A. BOLOMIER, *not.*

131

Lettres-patentes de confirmation de la transaction qui précède par Louis de Savoie, prince de Piémont, lieutenant général d'Amédée VIII, duc de Savoie, son père, attachées à ladite transaction.

(1435.)

3 Mai.

(Archives de l'église de Sallanches, B, n° 12. — D'après l'original écrit sur parchemin.)

Ludovicus de Sabaudia, princeps Pedemoncium, primogenitus locumtenensque generalis illustrissimi domini genitoris mei domini Amedei ducis Sabaudie, Chablaysii et Auguste principis, marchionis in Italia, comitis Pedemoncium et Gebennesii, Valentinensis et Dyensis. Universis serie presencium fiat manifestum, quod nos visis licteris nobiscum residentis consilii, presentibus annexis, transactionis externa die ignite, inter venerabilem oratorem nostrum dilectum fratrem Jacobum de Crescherello, priorem Campimuniti ex una, et dilectum fidelem nostrum Humbertum de Chissiaco, partibus ex altera; informatique ipsius consilii relacione quod in ipsa transactione contenta de mente ipsius domini mei jamdiu fuerunt praticata. Supplicacioni eciam ipsarum parcium super hiis nobis facte favore benivolo inclinati, ex nostra certa sciencia pro ipso domino meo nobisque et nostrorum heredibus et successoribus universis, ipsam transactionem et contenta in eadem. Laudamus, ratifficamus et confirmamus, eciam quantum dicta transactio concernere posset nunc et in futurum ipsum dominum meum ejusque successores. Ballivo, judici et procuratori

Fucigniaci et ceteris officiariis ipsius domini mei et nostris presentibus et futuris, ipsorumque locatenentibus et cuilibet eorumdem districte precipiendo mandantes quatinus ipsam pronunciacionem unacum hujusmodi confirmacione nostra eisdem partibus et suis, ut convenit, observent, per ipsasque partes et alios ad quos spectaverit inconcusse faciant observari. Quibuscumque frivolis opposicionibus rejectis et non obstantibus; nulloque alio super hoc expectato mandato.

Datum Chamberiaci die tercia maii anno Domini millesimo quatercentesimo trigesimo quinto. B.

Per Dnm principem presentibus Dnis :

>Johanne domino BELLIFORTIS, *cancellario Sabaudie;*
>MANFREDO, *ex marchionibus Saluciarum marescalo;*
>Johanne domino BARJACTI;
>Jacobo domino MONTISMAJORIS;
>Lanceloto domino LUYRIACI;
>Roleto domino COUDREE;
>Roberto DE MONTEVUAGNIARDO, *presidenti computorum;*
>Urbano CIRISERII;
>Guillelmo BOLOMERII.

RED. LICT. PORT.

Contresigné : A. BOLOMERII, *not.*

Un sceau liait autrefois les deux documents qui précèdent, il ne reste qu'un cordon en soie rouge.

Par lettres-patentes du même jour, présents les mêmes seigneurs, le prince Louis, en sa susdite qualité, érigea la terre et chatellenie de Servoz, en fief noble et lige, et l'inféoda audit N.-Humbert de Chissé, qui prit dès lors, ainsi que ses descendants, le titre de seigneur de Servoz, sous réserve d'hommage à la Maison de Savoie.

132

Publication du règlement de police de la juridiction de Chamonix, faite de la part du prieur du lieu par le vice-métral.

(1435.)

29 Septembre.

(Archives de l'église de Sallanches. — D'après son imbréviature originale écrite sur papier.)

Notifficatur vobis ex parte dni prioris Campimuniti Domini temporalis Vallium Compimuniti, lacus et ursine, deque precepto ejus castellani.

1° Quod nulla personna cujusque sexus, gradus vel condicionis existat, audeat vel presumat facere seu commovere rumores, rixas seu litem quovismodo; et hoc sub pena pro nobili X marcharum argenti et pro agricollis X librarum forcium per quemlibet contra facientem ammittenda et prelibato dno priori irremissibiliter applicanda.

2° Item, quod nulla personna cujusque condicionis existat, audeat vel presumat portare per plateas glaudiculum seu arvesia ultra mensuram sub pena LX solidorum et perdicionem arvesii.

3° Item, quod nulla persona cujusque condicionis existat, audeat vel presumat portare plombata sub pena XXV librarum et perdicionem pugni.

4° Item, quod nulla personna cujusque condicionis existat, audeat vel presumat vendere seu hemere in tota juridicione prefati dni prioris aliquas terras, res seu possessiones pro quibus tercium pertineat dno, quin notifficent prefato dno, sub pena X librarum et perdicionem feudi.

5º Item, quod nulla personna cujusque condicionis existat, audeat vel presumat vendere seu hemere muthonos, bucinum suppum donec prius presentaverit dno pro ejus provisione sub pena LX solidorum.

6º Item, quod nulla persona cujuscumque condicionis existat, audeat vel presumat sibi appropriare communia seu alienam possessionem, nec claudere seu occupare itinera publica seu cursus aquarum sub pena X librarum.

7º Item, quod nulla persona cujusque condicionis existat, audeat vel presumat ludere cum talis, quartis, buricis nec alio quovismodo cum auro seu pecuniis nec carnibus sub pena LX solidorum.

8º Item, quod quelibet persona reparet itinera publica e contra possessiones suas et alibi ubi tenetur reparare infra decem dies proximos sub pena X librarum.

9º Item, quod nulla persona audeat vendere in patria Campimuniti panem nec vinum, aut alia vitualia in taberna, nisi manuteneat per totum annum sub pena X librarum.

10 Item quod omnes tabernarii vendent ad justis mensuris justifficatis per officiarios dni et sigillatis, sub pena predicta et perdicionem denariatarum.

Datum et actum in Campomunito ante fores ecclesie parrochialis dicti loci, loco et hora ibidem cridari solitis, voce preconia Petri Bochardi vice mistralis dicti loci, populo ibidem ad divina congregato, in exitu magne misse, die penultima mensis septembris, anno Dni MIIII° xxx quinto presentibus testibus ad premissa vocatis et rogatis, videlicet : Aymone Mocterii, Johanne Luys, Girodo Prays, Johanne Depratis alias Bollion, Francisco Gabet et pluribus aliis.

Signé : P. D$_A$^{lis}, *not* (Pierre DANIEL.)

133

Sentence prononcée par spectable Pierre Fontaine, docteur en droit, juge de la terre et juridiction de Chamonix, contre divers particuliers, lesquels sans titre s'étaient permis de conduire leurs bestiaux et de faucher sur la montagne de Fer, appartenant au prieuré de Chamonix.

(1437.)

11 Décembre.

(Archives de l'église de Sallanches, A, n° 36. — D'après l'original écrit sur papier.)

Nos Petrus Defonte legum doctor, judex juridicionis et terre Vallium Campimuniti, Lacus, Ursine et castri Sancti Michaelis de Lacu, pro viro venerabili et religioso dno Jacobo de Crecherello, priore prioratus Campimuniti. Notum facimus universis nos reperisse per informacionem factam die ultima mensis septembris anno Dni m° iiii° trigesimo quarto per clericum curie dicti loci cum Girardo et Johanne Blonda, fratribus, Petro More [1], de Monte de Siervuz, Melioreto Depratis, Gabriele et Aymoneto Decosta, fratribus, Girardo filio Vulliermi Tissocti et Johanneto Blonda ipsos tunc detinere et occupare sine titulo et sine causa, montem dicti domini prioris et sui prioratus, vocatum de Ferro, cum non constaret vel eciam constet de aliquo titulo dictorum inquisitorum ipsum montem tenendi vel possidendi licet pluries fuerint assignati edocturi de titulis si quos haberent, ut patet de predictis per dictam informacionem in libris dicte curie

---

[1] Pour Moret, famille encore existante à Servoz.

descriptam. Idcirco, pro tribunali sedentes, sacris scripturis prepositis coram nobis, Dei nomine invocato, dicentes : In nomine Patris et Filii et Spiritus Sancti, Amen. Per hanc nostram sentenciam in hiis scriptis, ordinamus quod ipsi supra nominati titulati et eciam alii qui aliquid de ipso monte detinent et occupant sine titulo, ipsum montem vacuent et illum dicto domino priori dimitant et in illum ulterius non vadant ad depascendum animalia sua et falcandum vel alias et ad hoc ipsos condempnamus, Data, lata et lecta fuit hec nostra sentencia in dicto loco Campimuniti in publicis assisiis per nos tenutis loco assueto, die undecima decembris anno Domini m° iiii° xxxvii°.

Per dictum dnm judicem.

Signé : DE PLASTRO,
Avec paraphe.

134

Hommage lige et noble prêté par noble François, fils de noble Jean de Lucinge, de la paroisse de Passy, au nom de son père, au prieur de Chamonix, pour les terres, hommes, servis et autres revenus que sondit père possédait dans les territoires de Vaudagne et du Lac, dans la juridiction de Chamonix, tant de son chef que du chef de son frère Jacquemet, de Lucinge, et ratification de cet hommage, faite par ledit noble Jean de Lucinge.

(1439.)

24 Janvier.

(Tiré des Archives de l'église de Sallanches, D, n° 16. Copié d'après l'original écrit sur parchemin.)

In nomine Domini nostri Jhu, Amen. Anno a nativitate

ejusdem dni millesimo quatercentesimo trigesimo nono indicione secunda cum eodem anno sumpta et die vicesima quarta mensis januarii coram me notario publico et testibus subscriptis. Cum ita sit quod nobilis Franciscus filius nobilis Johannis de Lucingio de Passier procurator et procuratorio nomine ut asserit dicti nobilis Johannis ejus patris. Confessus fuerit dictum nobilem Johannem ejus patrem esse et esse debere hominem ligium et nobilem dni prioris moderni prioratus Campimuniti et suorum successorum in dicto prioratu Campimuniti eidemque dicto dno priori et suo prioratui debere homagium ligium et nobilem ad causam et racionem terrarum hominum reddituum serviciorum et tributorum existencium et debitorum eidem nobili Johanni in loco vocato de Voudagnia et de Lacu mandamenti et ressorti prioratus et juridicionis Campimuniti tanquam proprietarium pro medietate ipsorum terrarum hominum reddituum et usagiorum et ususfructuarium pro alia medietate vigore cujusdam asserti asseptuamenti per nobilem Jaquemetum de Lucingio fratrem dicti nobilis quondam facti ut dicitur contineri in quibusdam publicis instrumentis. Quod quidem homagium ut supra per prefatum dnm priorem quo supra nomine petitum dictus nobilis Franciscus de Lucingio procuratorio nomine quo supra fecit reddidit et prestitit prefato dno priori moderno prout predicta plura alia longius deducuntur in quodam publico instrumento per voutherium Roleti habitator confleti et nycodum de via notarios recepto anno et indicione quibus supra die decima nona mensis januarii. Que omnia et singula in ipso instrumento contenta descripta dictus nobilis Franciscus promisit et juravit procurare cum omni effectu quod dictus ejus pater laudabit, ratifficabit et confirmabit tociens quociens fuerit requisitus pro parte prefati dni prioris vel suorum predictorum. Hinc est quod ad instanciam et requisicionem mis notarii publici subscripti stipulantis et recipientis more publice persone vice nomine et ad opus dicti dni prioris Campimuniti et omnium singulorum quorum interest et in futurum quomodolibet poterit interesse personaliter constitutus prenominatus nobilis Johannes de Lucingio qui sciens prudens gratis et sponte non vi non dolo nec metu nec fraude ad hec inductus ymo de juribus et factis suis ad plenum ut asserit certificatus volens et cupiens promissa per dictum nobilem Franciscum ejus filium prosequi et adimplere sibi prius lectis et datis intelligi omnibus superius enarratis per me notarium subscriptum pro se et suis heredibus et successoribus quibuscumque laudat, approbat, ratifficat et confirmat in omnibus et per omnia acta gesta, recognita et reddita, prestita et promissa per dictum nobilem Franciscum ejus filium in quantum ipsum tangit et tangere potest. Promictens itaque dictus nobilis Johannes de Lucingio pro se et suis predictis, etc... Renuncians. Acta fuerunt hec publice apud Passier superius cimisterium ecclesie dicti loci subtus quodam ulmo presentibus testibus ad premissa vocatis et rogatis. Videlicet venerabili viro dno Johanne de *somervato* curato Syonzier, dogno Reymondo de Tagningio presbiteris et Petro Rosset alias Vallet de Mota. Et me Petro Danielis de Passiaco clerico auctoritate imperiali notario publico curieque illustrissimi principis dni nostri ducis et comitis Sabaudie jurato qui in premissis omnibus interfui et hoc publicum instrumentum rogatus recepi et in hanc formam publicam redegi, scripsi, subscripsi manu mea, signavique signeto minori mihi solito in testimonium omnium premissorum.

N.-O.-M.-E.-N.

135

Lettre de R^d Jean Seyturier, abbé de la Cluse, adressée à tous dignitaires ecclésiastiques requis, afin qu'ils employassent tous leurs pouvoirs pour contraindre les sujets de R^d Guillaume de La Ravoire, prieur de Chamonix, à lui rendre hommage et fidélité, et à lui payer les dîmes et revenus de toute nature à lui dus.

(1439.)

57 Mai.

(Tiré des Archives du ci-devant chapitre de Sallanches, non coté.—D'après l'original écrit sur parchemin.)

Johannes Seyturerii decretorum doctor, miseratione divina, humilis abbas monasterii Sancti Michaelis de Clusa, ordinis Sancti Benedicti, diocesis Taurinensis, ecclesie romane immediate subjecti. Universis et singulis prioribus, prepositis, curatis et aliis quibuscumque viris tam clericis quam laicis quacumque fulgeant dignitate nobis et dicto nostro monasterio tam mediate quam immediate subjectis, salutem in domino. Exposito nobis parte venerabilis fratris nostri in Christo Guillermi de Ravoyria prioris prioratus nostri Sancti Michaelis de Campomunito, diocesis Gebennensis, quod nonnulli subditi et alii debitores dicti nostri prioratus sibi in solutionem et perceptionem reddituum, jurium, emolumentorumque et fructuum ejusdem prioratus; nec non decimas, homagia et fidelitates eidem debitas prestare et facere recusant contra juris debitum, opponunt, recusant et contradicunt in non suum modicum prejudicium atque dampnum, propter quod a nobis postulavit sibi de remedio super hoc provideri opportuno. Igitur, nos abbas predictus, sue annuendo super hoc supplicationi nobis facte, vobis omnibus et singulis supradictis, harum serie, precipiendo committimus et mandamus ac sub pena excommunicationis quam in non parentes ex nunc prout, ex tunc in hiis scriptis et sedentes tulimus et donamus; districte precipimus quathenus ipsi fratri Guillermo seu ejus legiptimo procuratori de juribus, fructibus, obvencionibus, decimis, fidelitatibus, homagiis et aliis quibuscumque honoribus et oneribus suis predecessoribus prioribus exhiberi et fieri solitis et consuetis, debitis et emolumentisque ipsius prioratus respondeatis et responderi ab aliis faciatis absque alterius super hoc a nobis expectatione mandati. In quorum omnium robur et testimonium presentes litteras nostro sigillo impendenti roboratas eidem priori fieri jubsimus. Datas Pignoroli die vicesima septima mensis maii anno Domini millesimo quatercentesimo trigesimo nono.

RED. LICT. PORT. EX.

Signé : J^{es} DE BLANCHOTO.

Le sceau de l'abbé, qui pendait au bas, est emporté.

136

Serment prêté par R^d Guillaume de La Ravoire, prieur de Chamonix, d'observer les libertés et franchises que ses prédécesseurs avaient accordées à ses sujets.

(1439.)

28 Septembre.

(Tiré des Archives du ci-devant chapitre de Sallanches, non coté. — D'après l'original écrit sur parchemin.)

In nomine Domini nostri Jhesu xpi, Amen. Quoniam

memorie noverca oblivio actus humanos cum tempore labentes tenebris ignorancie sepellire consuevit, necesse est ipsos litterarum testimonio confirmari, eciam ut rerum memoria quibus debetur perpetuitas oblivioni non tradatur solet ipsarum serie litteri annotari. Noscant igitur presentes et futuri tenore presentis publici instrumenti. Quod anno a nativitate ejusdem dni nostri Jhu xpi millesimo quatercentesimo trigesimo nono indicione secunda cum eodem anno sumpta, die vero vicesima octava mensis septembris. In nostrorum notariorum publicorum et testium subscriptorum presencia fuerunt propter infra scripta peragenda specialiter et personaliter constituti reverendus pater et dns Dominus Guillelmus de Ravoria prior prioratus beati Michaelis de Campomunito, Gebennen., diocesis, ordinis Sancti Benedicti a venerabili atque devoto monasterio Sancti Michaelis de Clusa immediate sommo pontifici subjecto dependentis, parte una. Et Michaudus Gaudini, Michael Tyessey alias Praeys, Michael escofferii alias vuelliet, Michaudus Berthodi et Vuillelmetus gabeti sindici et procuratores sindicarioque et procuratorio nominibus tocius communitatis et mandamenti Campimuniti fidem de eorum mandato facientes quodam publico instrumento manu Roleti Regis de Sallion, Sedunen, diocesis, notarii publici recepto et signato sub anno dni millesimo quatercentesimo trigesimo septimo die secunda mensis aprilis, parte ex alia. Cum idem reverendus pater et dns Dominus Guillelmus de Ravoria possessionem vel quasi predicti prioratus acceperit corporalem nequaquam fidelitates, homagia et servitutes dicti prioratus exigere, consequi et recipere absque tamen prout dicet violencia et opere facti antecessorum suorum morem ritum et consuetudinem servando et insequendo. Hinc est quod ipse nullis vi dolo metu inductus, sed ejus libera et spontanea voluntate motus, de juribusque et factis suis et dicti sui prioratus plenarie in hac parte ut asscrit informatus ad instanciam postulacionem requestam et interpellacionem predictorum sindicorum et procuratorum ibidem presencium, nostrumque notariorum subscriptorum more personarum publicarum stipulancium et recipiencium vice nomine et ad opus dicte communitatis omniumque et singulorum quorum interest, intererit et interesse poterit quomodolibet in futurum receptis prius a majori parte hominum dicte communitatis homagiis. Promisit juramento suo manum suam ad pectus suum ponendo more religiosorum omnes universas et singulas libertates, franchesias immunitates et capitula dicte communitatis et mandamenti descriptas et contentas in quodam Rotulo pergameneo manu Raymondi Curt Johannis Belli Roleti Regis et Ludovici de Brevra (ou Brena) notariorum publicorum signato et subscripto ac sigillo viri venerabilis dni Bartholomei Burgon jurisperitissimi cera viridi impendenti sigillato dato die quinta mensis februarii proxime fluxi sumpto per eundem dnm Bartholomeum ab originalibus franchesiarum immunitatum et capitulorum dicte communitatis ibidem presencialiter, prefato dno Guillelmo priori presentato et apperto, omnesque et singulos bonos usus et consuetudines libertates et franchesias acque pacta in scriptis redactos et redacta sive non, ex laudabili consuetudine approbatos et hactenus per predecessores ejusdem dni Guillelmi de jure seu de usu vel consuetudine observari, servari, custodiri, actendi pariter et teneri consuetos, conventos et promissos. Tenere, attendere et inviolabiliter clam et palam tacite et expresse observare et per quoscumque suos officiarios presentes et futuri observari inviolabiliter et teneri inconcusse cum effectu facere et non contra facere vel venire necquaquam contra juris formam aut patrie seu mandamenti Campimuniti capitula et libertate acque usu et consuetudine quoscumque vexare, fatigare et molestare suo scitu per se nec alium, sed se habere erga homines suos dicte communitutis presentes et futuri prout dns naturalis erga suos homines habere debet et tenetur secundum juris formam. Hoc autem per prelibatum reverendum patrem dnm priorem suo et dicti sui prioratus nominibus reservato et protestato, in principio medio fine et quacumque parte hujus presentis publici instrumenti quod ipse reverendus pater dns prior non teneatur neque debeat prestare consilium in judicando malefactores per modum in dicto rotulo pergameneo supra designato aut in aliqua ipsius rotuli parte descriptum, si in contrarium sentencialiter vel alias fuerit ordinatum, si fuerit juris nisi duntaxat per modum sentenciatum seu ordinatum, si autem sentenciatum aut ordinatum non fuerit super dicto consilio prestando. Idem reverendus pater dns prior teneatur et debeat consilium prestare prout et quemadmodum in premencionato rotulo aut in aliqua sui parte annotatur seu describitur. Quibus sic ut premictitur peractis dicti sindici et procuratores volentes se obedientes erga eorum dnm naturalem reddere ecclesie debitum persolvere ne imposterum redargui possint gratis et sponte ad instanciam prefati reverendi patris dni prioris eorum dni naturalis, ibidem presentis nostrorumque notariorum subscriptorum stipulancium et recipiencium vice nomine et ad opus ipsius dni prioris et ejus prioratus ac omnium et singulorum quorum interest, intererit et interesse poterit in futurum quomodolibet, promiserunt, juraverunt ad Sancta Dei Evangelia corporaliter prestita in manibus nostrorum notariorum subscriptorum et sub obligacione omnium et singulorum bonorum suorum et dicte communitatis quorumcumque eidem reverendo patri dno Guillelmo priori eorum domino naturali, homagia et fidelitates prehabentes mansionem atque moram in mandamento Campimuniti trahentes eidem dno priori debitas et prestandas antecessoribus ejusdem reverendi patris dni prioris solitas facere et prestare per illos qui ipsa homagia non reddiderunt necnon quod eque et racionabiliter videbitur faciendum facere et prestare ad ipsius reverendi patris dni prioris primam requestam et tociens quociens fuerit necesse et fuerint requisiti. Et hoc cum renunciacionibus et aliis solempnitatibus in talibus opportunis et de jure exquisitis. De quibus premissis omnibus et singulis dicte partes nominibus quibus supra preceperunt fieri per nos notarios subscriptos duo publica instrumenta ejusdem tenoris et substancie videlicet ad opus cujuslibet partis unum dictanda, corrigenda, refficienda et emendanda semel aut pluries quocienscumque necesse erit postquam fuerint seu ipsorum alterum fuerit in judicio vel extra producta, vel ostensa seu productum aut ostensum peritorum tamen dictamine facti autem substancia in aliquo non mutata. Actum hoc in Campomunito videlicet in choro ecclesie ipsius loci prope magnum altare presentibus viris venerabilibus domino Raymondo Solliardi curato ejusdem loci Campimuniti magistro, André Pusseti rectore scolarum sancti Mauricii Agonensis, Dogno Nycodo de Cheneto capelano parochie Domenciaci, Ansermodo Quarterii clerico et notario jam dicti loci sancti Mauricii burgense et Jacobo Bornendi barbitonsore sepedicti loci Campimuniti habitatore, testibus ad premissa vocatis specialiter et rogatis.

Et me Raymondo Curt Gebenn. diocesis imperiali auctoritate notario.

H. T. H.

Ego cciam Roletus hospitis de champelleto clericus auctoritate domini nostri ducis Sabaudie imperialis vicarii notarius.

Et me Johanne Solliardi.

Chaque notaire a apposé son signet tabellionique.

Par acte du même jour, les habitants de la vallée de Chamonix passèrent reconnaissance d'être hommes liges et taillables de leur nouveau prieur, devant le maître-autel de l'église de Chamonix, acte reçu par M⁰ Rolet-Hoste, notaire, en présence de spectable Jean Forrerii de Tournon; Reymond Solliard, curé du lieu; Jean Solliard, notaire et autres.

137

Règlement particulier de la juridiction de Chamonix, publié par ordre du châtelain du lieu et de la part de R^d Guillaume de La Ravoire, prieur et seigneur temporel dudit lieu, savoir : à Chamonix, aux portes de l'église, les 24 juin 1440, 1441 et 1442, et à Vallorcine, aux portes de l'église, les 15 août 1440 et 1441.

(1440)

24 Juin.

(Archives de l'église de Sallanches, non coté. — D'après son original écrit sur une feuille de parchemin.)

Anno Domini millesimo quatercentesimo quadragesimo et die vicesima quarta mensis junii. De speciali mandato nobilis Nycodi de Monteforti vice castellani Campimuniti pro venerabili et religioso Domino Guillelmo de Ravoria, priore et Domino temporali Campimuniti ac vallium Lacus et Ursine fuerunt facte cride et publice publicate in Campomunito in valvis ecclesie ipsius loci, in exitu magne misse, populo cum multitudine ibidem aggregato per Johannem Depratis alias Bollion vice mistralem ipsius loci, prout sequitur, ex parte ejusdem dni prioris.

1° Et primo, quod omnes juridiciarii et subditi prefati dni prioris et alii existentes penes juridicionem ejusdem, pareant et obediant officiariis ejusdem dni prioris, quilibet prout suo incombit officio et sub pena, pro quolibet contra faciente et qualibet vice, scilicet pro nobili decem marcharum argenti, et pro aliis viginti quinque librarum monete commictenda et prefato dno priori applicanda.

2° Item, quod omnes et singuli predicti teneant et observant Seysinas et manus missas, banna, cridas et alias penas per dictos officiarios impositas sub pena, pro quolibet contrarium faciente, a jure statuta.

3º Item, quod nulla persona cujuscumque status, gradus vel condicionis existat, audeat infra juridicionem prefati dni prioris facere vim viollenciam vel opus facti, sub pena viginti quinque librarum, monete pro quolibet et qualibet vice commictenda et prefato dno priori applicanda.

4º Item, quod nulla persona audeat in tota dicta juridicione portare nec implicare falsum aurum, nec falsam monetam, sub pena a jure statuta, ut supra commictenda.

5º Item, quod omnes vendentes infra predictam juridicionem dicti dni prioris aliquas denariatas quod illi vendant bonas et licitas sub pena admissionis ipsarum denariatarum et ulterius pena decem librarum monete commictenda et eidem dno priori applicanda.

6º Item, quod nullus ex laycis audeat intrare chorum ecclesie ipsius loci Campimuniti, sub pena pro quolibet quinque solidorum ut supra commictenda et applicanda.

7º Item, quod omnes tenentes mensuras in dicta juridicione cum quibus res venales venduntur quod illas teneant bonas et licitas, signatas de signo prefati dni prioris, sub pena viginti quinque librarum monete per contra facientem commictenda et prefato dno priori applicanda.

8º Item, quod omnes vendentes infra dictam juridicionem aliquas denariatas cum mensuris, quod illas vendant cum mensuris signatis signo prefati dni prioris, sub pena admissionis earumdem.

9º Item, quod omnes incipientes vendere tabernam in dicto loco Campimuniti, quod illam vendant per unum annum integrum et teneant denariatas licitas, sub pena sexaginta solidorum ut supra commictenda et applicanda.

10º Item, quod nulla personna audeat in tota dicta juriditione facere seu exercere officium magistratus, nisi officiarii ejusdem dni prioris, ab eodem vel ejus castellano deputati et publicati, sub pena a jure statuta.

11° Item, quod nulla persona faciat vel commoveat aut commovere faciat rumorem, rixam vel debatum, nec faciat scandallum infra dictam juridicionem, sub pena decem librarum ut supra commictenda et applicanda.

12° Item, quod nulla personna appropriet ad se rem alienam palam vel occulte, sub pena a jure statuta.

13° Item, quod nulla persona facere audeat contractus illicitos nec recipere drollias de matrimoniis conficiendis, sub pena decem librarum et a jure statuta.

14° Item, quod nulla persona introducat vel seducat familiam alterius in prejudicium cujusquam, sub pena decem librarum, ut supra commictenda et applicanda.

15° Item, quod nulla persona claudat nec occupet communia nec itinera publica sub pena sexaginta solidorum, ut supra commictenda et applicanda.

16° Item, quod omnes tenentes ad manutenentiam poncium et itinerum publicorum, quod illos et illa manuteneant et reparent modo condecenti infra tempus inde opportunum, sub pena consueta opponi.

17° Item, quod nulla persona stando assidue infra dictam juridicionem portet arma offensibillia sicuti venabulos, enses, genellinas, lanceas, cutellos pendentes, bacullos ferratos ultra mensuram unius pedis cum dymidio hominis, nisi dumtaxat transeundo de loco ad locum, sub pena decem librarum et admissionis armorum.

18° Item, quod nulla persona audeat per dictam juridicionem portare palam vel occulte plombatas alicujus speciei metalli, nec de illis aliquem offendere sub pena pugni et viginti quinque librarum monete.

19° Item, quod nulla persona se intromictat de bonis pupillorum sine licencia prefati dni prioris, vel ejus judicis aut castellani, sub pena sexaginta solidorum ut supra commictenda et applicanda.

20° Item, quod nulla persona ex subdictis prefati dni prioris extrahat alterum ex dictis suis subdictis per alienam curiam, sub pena decem librarum commictenda et prefato dno priori applicanda.

21° Item, quod nulla persona vendat aliquas denariatas de quibus prefatus Dns prior habere voluerit pro sua provisione sicuti vachas pingues, mutones, butiros, pelles camellorum vel suppum, donec ipse Dns prior, seu alter ejus nomine fecerit suam provisionem, sub pena decem librarum, ut supra, commictenda.

22° Item, quod omnes ementes et excambiantes aliquas res, seu illi quibus donate fuerint alique res super quibus prefatus dns habet laudes seu vendas, quod illas revelent prefato Dno priori seu ejus deputato infra unum mensem post confectionem contractus seu mercandiarum, sub pena decem librarum et admissionis rerum.

23° Item, quod omnes ementes aliquas res in quibus prefatus dns prior debet habere suum tercium denarium, quod non expediant precium illarum rerum, venditoribus ipsarum, donec concordaverint cum prefato dno priore, de dicto tercio denario juxta tenorem franchesiarum Campimuniti, sub pena decem librarum pro contra faciente commictenda et eidem dno priori applicanda.

24° Item, quod omnes habentes de bonis mobilibus, et debitis, creditis, juribus et accionibus personarum sine liberis defunctarum et divisis a suis propinquioribus, quod illa bona, debita et credita relevent, manifestent, deliberent et expediant prefato dno priori seu ejus deputato infra decem dies proximos post decessum tallium personarum, sub pena pro quolibet contrafaciente et qualibet vice viginti quinque librarum monete ut supra commictenda et applicanda prefato dno priori.

25° Item, quod nulla persona audeat facere aliquod pactum in fraudem et detrimentum jurium prefati dni prioris et ejus prioratus, sub pena pro quolibet contra faciente et qualibet vice decem librarum, ut supra commictenda et applicanda.

26° Item, quod nullus notarius qui non fuerit natus ex hominibus dicti prioratus audeat recipere aliqua instrumenta infra dictam juridicionem nec eciam judiciarii ejusdem prioratus facient fieri infra ipsam juridicionem, aliqua instrumenta per alium notarium extraneum quam per curialem ejusdem dni prioris juxta formam Franchesiarum, sub pena decem librarum ut supra commictenda et applicanda.

Acta cridata et publicata fuerunt hec omnia publice die et anno superius primo descriptis in magna porta ecclesie Campimuniti, populo cum multitudine in exitu magne misse, loco et more cridari solitis, existente, per dictum Johannem Depratis alias Bollion, vice mistralem ipsius loci Campimuniti. Quiquidem vice mistralis de premissis omnibus et singulis sibi ad opus et pro interesse prefati dni prioris per me subscriptum notarium, curie predicte vice scribam petiit et requisivit fieri litteras testimoniales sive publicum instrumentum; presentibus ibidem testibus ad hec vocatis et rogatis, videlicet Petro Plat, Michaudo Escoferii, Michaudo Berthodi, Michaudo Gaudini, Johanne Bossoneys, Petro Sertour et pluribus aliis testibus. Ita fuit coram me Roleto Hospitis notario.

Subsequenter vero, anno quo supra, et die quindecima mensis augusti.... cridate et publicate fuerunt dicte cride.... per Michallerium Pachys, vice mistralem vallis Ursine in valvis ecclesie Beate Marie vallis Ursine..... testibus ad hec vocatis, videlicet Perreto Vouterii, Michaudo de ochiis, Girodo Praeys, Petro Plat et pluribus aliis.

Item, anno Dni millesimo quatercentesimo quadragesimo primo et die vicesima quarta mensis junii. In valvis ecclesie Campimuniti..... fuerunt..... publicate omnes cride.... presentibus ibidem Michaudo Gaudini, Francisco Malleni, Johanne Felisaz, Girodo Praeys et Michaudo Escoferii et pluribus, aliis testibus ad hec vocatis..... Item anno predicto et die quindecima mensis augusti..... in valvis ecclesie vallis

Ursine..... fuerunt facte cride..... presentibus Perreto Vauterio, Michaudo de ochiis, Girodo Praeys et Aymone Pecluz, Johanneto Lechyaz, testibus ad hec vocatis..... Item anno dni 1442 et die 24ᵃ mensis junii, in valvis ecclesie sancti Michaelis Campimuniti..... fuerunt facte et publicate predicte cride..... presentibus Michaudo Vullieti alias Escoferii, Petro Bossoncy seniore, Petro de Combis, Johanne Marguella, testibus ad hec vocatis..... Et Ego autem Roletus hospitis, de Champelleto.....

138

(B.) *Plainte portée au comte de Genevois, baron de Faucigny, par divers particuliers du mandement de Saint-Michel du Lac (partie du territoire de la commune des Houches, annexée à la paroisse de Servoz), sur ce que le prieur de Chamonix exigeait d'eux qu'ils lui prêtassent hommage et fidélité, en vertu d'une concession qui lui aurait été faite; ce à quoi lesdits particuliers se refusaient, se disant hommes liges dudit comte.*

(A, C.) *Sentence rendue par le magnifique conseil du Genevois, résidant près la personne dudit comte, laquelle condamne les plaignants à rendre les devoirs seigneuriaux au prieur de Chamonix.*

(D.) *Décret de Philippe, comte de Genevois, baron de Faucigny, qui rend exécutoire cette sentence, en confiant cette exécution aux châtelains de Sallanches, de Flumet et de Montjoie.*

(1440.)

20 Septembre.

(Tiré des Archives de l'église de Sallanches, B, n° 17. Copié sur l'original écrit sur parchemin.)

(A.) In nomine Domini, Amen. Anno a nativitate ejusdem domini sumpto millesimo quatercentesimo quadragesimo,

die vicesima septembris. Assignata per nos consilium illustrissimi principis domini nostri domini Philippi de Sabaudia comitis Gebennesii, baronisque Foucigniaci ac Bellifortis Ugineque et de Gordanis, etc., domini cum eo residens. In quadam supplicationis causa coram nobis vertente et certo tempore ventilata. Inter procuratorem fiscalem prefati domini nostri comitis hinc. Et venerabilem virum dominum Guilliermum de Ravoyria priorem campi muniti supplicatum inde. Videlicet ad comparendum coram nobis jusque et diffinitivam sententiam in et super ipsa causa per nos ferri videndum et audiendum perhemptorie et precise, ut ex ultimo memoriali actorum ipsius cause dato Gebennis die ultima proxime fluxi mensis augusti lacius potest apparere. Ipsa enim die jamdicte assignacionis vigore. Comparuerunt judicialiter coram nobis, Johannes de Clauso, secretarius et procurator fiscalis prefati domini nostri comitis pro jure et interesse fiscalibus ex una. Et Aymo Rigardi notarius procurator ut in actis ipsius cause constat et procuratorio nomine venerabilis domini Guillermi de Ravoyria prioris Campi muniti supplicati secum venerabili domino Jacobo de Crescherello huc propterea accesso, partibus ex altera. Petentes et instantes requirentes ipse ambe partes hinc inde in et super ipsa causa secundum hodierne assignacionis formam per nos jus dici et sentenciam diffinitivam ferri. Quibus partibus auditis, visisque primo supplicacione parte Hugoneti de Combis, Vuilliermi de Combis, Johannes Blonda Stephani Bouruz, Girardi Bouruz, Jacobi Bouruz et Petri de Sernyour[1], mandamenti sancti Michaelis de lacu supplicancium illustrissimo principi domino nostro Sabaudie duci anno domini millesimo quatercentesimo trigesimo nono, die quarta mensis augusti contra venerabilem dominum priorem Campimuniti porrecta, cujusquidem supplicacionis tenor se-

---

[1] Les familles Descombes, Blondaz existent encore; les Buruz sont représentés aujourd'hui par Borrel, les Serniour n'existent plus ou ont changé de noms.

quitur in hec verba. (B.) Vobis illustrissimo principi domino nostro metuendissimo domino Amedeo duci Sabaudie, humillime supplicatur pro parte pauperimorum hominum et subditorum vestrorum inferius nominatorum mandamenti sancti Michaelis de lacu quod cum alias vestre dominacioni supplicaverint super eo videlicet quod prior de champmonis eosdem compulit et compellit ad sibi homagiandum et recognoscendum virtute cujusdam alienacionis sibi ut asseritur facte quod tamen non credunt et nequerunt ipsi supplicantes sibi recognoscere et homagiare tanquam vobis fideles homines et subditi ignorantes predictam alienacionem. Et fuerunt per eundem priorem quam plurima bona ipsorum penes ejus juridicionem existentia ad ipsius manus reducta et reposita donec recognoverint, fuit que per dominacionem vestram eidem priori per litteras vestras dominicales clausas scriptum super eadem supplicatione tamen nesciunt hiidem supplicantes quid et quam supplicacionem cum vestris dominicalibus litteris eidem priori presentaverunt. Qui prior ipsam supplicacionem cum dominicalibus vestris litteris recepit et retinuit nil aliud eisdem dicendo vel respondendo, nec eisdem de suis rebus et bonis manum levare voluit in ipsorum maximum prejudicium et tocius preysie perdicionem que jam pro majori parte perdita est, unde proh dolor! Et sic, princeps metuendissime, ipsi pauperimi supplicantes qui a manibus vestris nullo modo recedere volunt pro ipsorum cordiali firmitate sunt per ipsum priorem exheredati. Quare ad vos recurrunt humillime supplicando quatenus eisdem placeat de aliquo bono et salubri remedio providere. Videlicet tali quod a manibus vestris non recedant, cum ab ignata natura fuerint vobis et vestris successoribus fideles. Et quod manus apposicio et alia impedimenta in ipsorum bonis apposita tollantur et admoveantur, alioquin ipsos necesse erit depatriari et locum absentare quod non credunt vestre intencionis legitime. Et super hoc vestras legitimas dominicales litteras concedere, dominacionem vestram super premissis humillime implorando, nomina supplicancium primo Hugonetus de Combis, item Vuilliermus de Combis, item Johannes Blonda, item Stephanus Buruz, item Girardus Buruz, item Jacobus Buruz, item Petrus Cernyour. *(C.)*.... Nos memoratum consilium more majorum pro tribunali sedentes Deum et sacras scripturas occulis prehabentes, sed servatis servandis sollempnitatibus opportunis; Deique nomine invocato et signum venerande crucis sancte faciendo, dicentes in nomine patris et filii et spiritus sancti, Amen. Quoniam ex actorum discursu acque in hujusmodi causa deductis et probatis nullam justam causam sufficienter justificatam comperimus cur transactio predicta et littere dominicales subsequentes de quibus in actis fit mencio observari non debeant, propterea et aliis justis de causis consideratis considerandis per hanc nostram sentenciam quam in hiis scriptis profferimus, pronunciamus dictam transactionem litterasque dominicales confirmacionis predicte, fore juxta illarum formam et tenorem per partes ibidem nominatas tenendas et observandas, dictosque homines et ceteros qui reperirentur infra limites in dicta transactione descriptos non obstantibus in adversum dictis et oppositis fore cogendos ad recognoscendum dicto priori ac homagiandum et reliqua faciendum prout et sicut in dicta transactione continetur, neutram parcium presertim quia procurator fiscalis fecit partem et aliis justis de causis in expensis condempnantes. Data, lata et lecta fuit hec nostra presens sentencia Gebennis, anno die et loco superius primo descriptis.

Per consilium presentibus Domino :

A. DE DRACONIBUS, *presidenti*.

Johanne VETERIS, *thesaurario Geben.*

Contresigné : J^{nes} FABRI.

Plus bas : MERCERII. Recepta est, III, duc. auri.

Au bas pend un sceau en cire rouge.

(Copié sur l'original écrit sur parchemin.)

(D.) Philippus de Sabaudia, comes Gebenn, baroque

Faucigniaci etc. Dilectis castellanis Salanchie Flumeti et Montisgaudii ac ceteris officiariis nostris ad quos spectat et presentes pervenerint seu ipsorum locatenentibus, salutem. Visa sententia presentibus annexa per nostrum nobiscum residens consilium in favorem venerabilis oratoris nostri prioris Campimuniti in eadem nominati lata. Et quia parum prodesset, sententias ferre, nisi condigne mandarentur exequcioni. Propterea certisque aliis justis moti racionibus et causis, instante eciam dicto priore, vobis et vestrum cuilibet insolidum, districte commictimus et mandamus sub pena centum librarum Gebenn. per vestrum quenlibet qui non paruerit commictanda et nobis irremissibiliter applicanda quatenus visis presentibus sententiam ipsam juxta ipsius continenciam formam tenorem et effectum, Nichil de contingentibus in eadem obmictendo exequamini diligenter, et ad plenum debitumque exequcionis effectum de mandetis, sicque prior ipse effectum rei obtinere valeat judicate, quibuscumque frivolis opposicionibus superfluisque dilacionibus rejectis et non obstantibus. Eciam absque alterius expectacione mandati in quantum dicta pena, vos formidatis affligi. Datum Gebennis die decima quarta jullii anno Domino millesimo quatercentesimo quadragesimo primo. D. C.

Per Dominum comitem presentibus Dominis :
Guillelmo dno MENTHONIS.
Anthonio DE DRACONIBUS, *presidenti Gebennesii.*
Rod. DE FEISIGNIACO, *judice Gebennesii.*
Guillelmo DE FORESTA, *baillivo Foucigniaci.*
Hugone BERTRANDI, *magistro hospicii.*
Johanne DE CHISSIACO, *advocato fiscali.*
Jacobo DE MOLARIO, *judice Foucigniaci.*

R. L. PORT.

Contresigné : DE CLAUSO.

Au bas pend le sceau du prince, en cire rouge.
Les deux actes qui précèdent sont liés par leurs sceaux.

139

Procès-verbal de la remise pour vingt-quatre heures par noble Nicod de Montfort, vice-châtelain de Chamonix, aux mains de Jean Despraz, vice-métral du lieu, de Jeannette, veuve de Peronet-Decupelin, accusée de délits par elle commis dans la vallée.

(1441.)

6 Septembre.

(Archives de l'église de Sallanches. — Titre de la mestralie de Chamonix. — Liasse de la mestralie.

Anno Domini millesimo quatercentesimo quadragesimo primo die sexta mensis septembris. Cum nobilis Nicodus De Monteforti, vice castellanus Campimuniti pro domino priore ejusdem loci quandam Johannetam relictam Peroneti Decupelino in curia Campimuniti intitulatam et de quodam delicto ibidem in Campomunito perpetrato inculpatam penes se haberet captam et detentam, ipseque vice castellanus, ut asserit, relatu nonnullorum de dicto loco Campimuniti sindicorum et procuratorum audierit et intellexerit esse in usu ipsorum hominum Campimuniti cum aliquis forefactor detinetur personaliter et incarceretur quod ante incarcerationem ipse sic malefactor debet remicti mistrali dicti loci Campimuniti seu ejus locum tenenti per dictum castellanum seu vice castellanum ipsius loci, quicquidem mistralis seu ejus locum tenente ipsum malefactorem debet custodire penes se per unam diem naturalem sub ejus custodia et periculo, deinde ipsum malefactorem remittere et reducere predicto castellano seu ejus locum tenenti. Hinc est quod virtute predicte relationis nolens in aliquo usus et consuetudines patrie Campimuniti veros et usitatos infringere, ipse vice castellanus sub protestationibus et reservationibus inferius descriptis et mentionatis per ipsum vice castellanum protestatum et reservatum et dictum in principio, medio et quacumque parte presentis remissionis, prenominatam Johannetam captam et intitulatam, ut prefertur, tradidit et remisit circa horam vesperam ad custodiendam per unam diem naturalem Johanni Depræetis vice gerenti mistralis dicti loci Campimuniti presenti et ipsam Johannetam recipienti sub ejus garda et fuit injuncta pena per dictum vice castellanum dicto vice gerenti mistralie ducentum librarum et privationis sui officii ac confiscationis omnium suorum bonorum ut ipse vice gerens mistralis dictam Johannetam tute et secure custodire, ipsamque die crastina in consimili hora presentis hore ipsam Johannetam eidem vice castellano reducere et remittere. Et fuit protestatum, reservatum, dictum et loquutum per dictum vice castellanum in principio, medio, fine et quacunque parte presentis remissionis et omnium in eodem gestorum, videlicet quod presens remissio vel traditio dicte Johannete non noceat nec prejudicet seu dampnum inficerit aut infingere possit quomodolibet nunc et in futurum predicto domino priori Campimuniti nec ejus prioratui; et quod ipsa remissio nec aliqua contenta in eadem non actribuant, nec acquirant aliquos usum et consuetudinem, nec possessionem hominibus communitati, nec sindicis priore dicti loci Campimuniti nisi aliis in premissis, ipsos usum, consuetudinem et possessionem de jure aut alias approbatos haberent in quibus nunc essent et esse deberent. De quibus omnibus et singulis premissis, prenominatus vice castellanus nomine et ad opus prefati domini prioris et quorum interest et in futurum intererit sibi per me notarium publicum et curie predicte vice curialem subscriptum, petiit et requisivit ex officio meo dari et fieri presentem litteram, seu presens instrumentum; dicta, remissa, recepta, protestata, reservata, dicta, loquuta et petita ac requisita fuere hec premisssa in bancha Campimuniti ante grangiam domini prioris ejusdem loci, presentibus Johanneto Hospitis clerico, Johanne Lueys, Rodulpho Carerii, Aymoneto notario de ducibus...... Johanne Felisaz, Michaele...... Michaudo Berthodi, Michaudo Escoferii, Johanne...... Guigone Meizat et pluribus aliis testibus ad predicta per me notarium et vice clericum predictum, petitum et vocatum, ita fuit coram me Roleto Hospitis. De Champeleto, clerico et notario publico ac dicte curie vice clerico qui predicta requisitus, recepi, scripsi et signavi, signeto meo manuali in testimonium omnium premissorum.

Idem Hospitis.

D'après une mauvaise copie du xvie siècle, collationnée et signée : Pelard.

140

Procès-verbal de la remise faite au banc du droit à Chamonix, par le vice-métral du lieu à noble Nicod de Montfort, vice-châtelain, de Jeannette, veuve de Peronet Decupellin, accusée de délits par elle commis dans la vallée de Chamonix, après que ledit vice-métral l'a eue en garde pendant vingt-quatre heures, suivant la coutume observée dans ladite vallée.

(1441.)

7 Septembre.

(Archives de l'église de Sallanches, sans marques. — Liasse de la justice civile et criminelle de Chamonix. — D'après l'original écrit sur parchemin.)

Anno Domini millesimo quatercentesimo quadragesimo

primo, indicione quarta, die vero septima mensis septembris, in Campomunito, ante grangiam dni prioris ejusdem loci. Cum die externa hora vesperorum nobilis Nycodus de Monteforti vice castellanus dicti loci Campimuniti pro dno priore ejusdem loci quandam Johannetam relictam Peroneti Decupillino in dicto loco Campimuniti et curia ejusdem intitulatam et inculpatam de quodam delicto in dicto loco Campimuniti perpetrato velut detentam et incarceratam remisit et tradidit Johanni Depratis alias Bollion vice gerenti mistralis dicti loci Campi (muniti) ad ipsam Johannetam per spacium unius diei custodiendam et per ipsum vice gerentem mistralis, ipseque Johannes Depratis vice gerens mistralis in consimili hora qua dicta Johanneta sibi Johanni die externa fuit tradita et comandata, presenti die remiserit et redduxerit predicto vice castellano ibidem presenti ante bancham curie dicti (loci) prenominatam Johannetam captam, detentam et ferris in manibus ligatam, predictusque vice castellanus ipsam Johannetam detentam, inculpatam et inferratam manibus ab ipso mistrali recepit; sic est quod de ipsis remissione, custodiaque et recepcione dicte Johannete, sic per dictos vice castellanum et vice gerentem mistralis, factis, Girodus Praeys et Johannes Plat, procuratores patrie et communitatis hominum Campimuniti ut sunt asserentes illud esse et debere esse de bonis usibus dictorum hominum et communitatis Campimuniti, sic est quod ipsi Girodus Praeys et Johannes Plat procuratores pre(dicti) et procuratorio nomine quo supra sibi per me notarium et vice clericum curie pred(icte Campimuni)ti subscriptum ex officio meo sibi pecierunt dari et fieri presentem literam testimonial(em super dictis) usu et possessione in quibus sunt ad opus dicte communitatis, et pari(ter predic)tus vice castellanus pro jure et interesse d(icti) prioratus ac dictus mistralis pro no...... pus sic sibi pecierunt similiter dari litteram testimonialem. Acta fuerunt hec....... Campomunito ante bancham curie dicti loci; presentibus ibidem ad hec vo(catis) videlicet Aymone Bruneti, Vullielmo Masuel, Jacobo Ganaz, Aymoneto Matelli, Johanne Fyvey et Nycoleto Ganaz de Lacu, testibus ad hec vocatis. Ego autem Roletus Hospitis imperiali auctoritate notarius publicus qui in premissis presens fui et hunc testimonialem literam rogatus recepi et ven[li] dno Guillelmo de Ravoria priori et dno temporali Campimuniti ac ejus vice castellano tradidi requisitus, signavi fideliter et tradidi.

Signé : Roletus Hospitis.

Nota. — L'acte qui précède étant en partie rongé par les rats, les mots renfermés dans des accolades ont été remplacés d'après le sens, d'autres n'ont pu l'être et sont restés pointés.

141

Sentence arbitrale prononcée par spectable Jean de Chissé, chevalier, docteur en droit canonique, licencié en droit civil et juge de la terre de Chamonix, arbitre élu d'un commun accord par frère Jacques de Crecherelle, ancien prieur de Chamonix, agissant comme administrateur et gouverneur dudit prieuré, au nom de R[d] Guillaume de la Ravoire, prieur moderne, d'une part, et par les syndics, conseillers et procureurs de Chamonix, du Lac et de Vallorcine, d'autre part, pour terminer les différends qui les divisaient.

(1441.)

28 Octobre.

(Archives de l'église de Sallanches. L'original qui figurait à l'inventaire de 1679, sous la lettre B, n° 15, n'a pas été retrouvé. — D'après la copie faite en 1548 par Guillaume Bouteiller, châtelain de Chamonix, collationnée avec deux autres copies faites de l'original par deux personnes différentes vers la fin du xviie, ou au commencement du xviiie siècle.)

In nomine Domini, amen. Anno a nativitate ejusdem Dni currente millesimo quatercentesimo quadragesimo primo, indicione quarta cum eodem anno sumpta, die vero vicesima octava mensis octobris. Per hoc presens publicum instrumentum omnibus et singulis presentibus et posteris pendeat liquide magnifestum, quod coram me notario publico et testibus infrascriptis, constituti personaliter ven^{lis} et religiosus frater dns Jacobus de Crecherello, administrator et gubernator prioratus sancti Michaelis Campimuniti, dyoces. Geben. nec non tanquam procurator et procuratorio nomine ac gestor ven^{lis} et religiosi viri dni Guillelmi de Ravoria, prioris moderni dicti prioratus Campimuniti, dominique temporalis ipsius loci Campimuniti, Lacus et Vallis ursine ex una parte. Et Michaudus Gaudini, Michaudus Berthodi, Michaudus Excofferi alias Velliet, Michael Prayes, Guigo Meczat, Johannes Felisaz et Johannes Claret, tanquam scindici et scindicario nomine, ut asserunt, tocius communitatis hominum predictorum locorum Campimuniti, Lacus et Vallis ursine, nec non Petrus Plat, Ansermus Bollet, Johannes Plat, Girodus Prayes, Petrus Bessoneys senior, Franciscus Gabet, Aymon Huguet, Johannes Maruellat et Michaudus Frasserans, tanquam consiliarii et procuratores hominum tocius predicte communitatis, facientes in hoc facto nominibus suis et tocius ipsius communitatis, ac eciam Johannes Cortesii, Peronetus Jacodi, Johannes Charlet et Petrus Michallaz, nominibus suis propriis, omnes de Campomunito, ex parte altera.

Cum lis, questio et controversia esset et major verti speraretur inter predictas partes quibus supra nominibus de et super pluribus et diversis objectis per ipsas partes hinc et inde dictis et propositis ; quequidem questio et controversia sub diversis articulis sequentibus comprehenditur et continetur.

In primo articulo, predicti scindici, procuratores et consiliarii ac ceteri homines supra scripti, quibus supra nominibus, asserebant et dicebant quod defunctis sine liberis, facto testamento vel non facto, prefatus dns prior, nec ejus in dicto prioratu locum tenens, procuratores et successores non debent habere nisi terciam partem rerum seu bonorum mobilium illius sic defuncti. Quod dictus dns Jacobus de Crecherello negabat, quo supra nomine, ymo asserebat omnia bona mobilia illius sic defuncti sine testamento condito, prefato dno priori et ejus prioratui pertinere de consuetudine diucius in dicto loco observata.

In secundo vero articulo, dicebant dicti scindici, procuratores et consiliarii ac alii supra scripti quibus supra nominibus quod omnes lavanchie que eveniunt in dicto loco Campimuniti eisdem hominibus insolidum pertinent; et quod dictus dns prior nichil debet habere in eisdem ; dicto dno Jacobo de Crecherello quo supra nomine contrarium asserente.

In tercio vero articulo, dicebant et asserebant predicti scindici, procuratores et consiliarii ac alii supra scripti quibus supra nominibus, quod venda bladorum debet poni quolibet anno, prout in franchesia dicte communitatis continetur, ad quam prefatus dns Jacobus quo supra nomine dicebat se dicte franchesie vigore nunc constringi debere, neque vendam predictam minime apponi debere in bladis prefati dni prioris.

Super vero quarto articulo, dicebant dicti scindici, procuratores et consiliarii ac ceteri homines supra scripti, quod sanctus Michael debet poni, aut ejus statua debet depingi et affigi, supra portam introitus ecclesie prioratus predicti, quod dictus dns Jacobus quo supra nomine asserebat fieri non debere.

Super quinto vero articulo, asserebant et dicebant predicti scindici, procuratores et consiliarii ac ceteri suprascripti quod dictus dns prior debet manutenere a festo sancti Michaelis Archangeli usque ad primum bampnum post festum pasche duas dorassias [1] in introitu clausi dicti prioratus in itineribus venientibus versus predictam ecclesiam Campimuniti, scilicet unam a parte boree et aliam a parte venti dicte ecclesie.

Super sexto vero articulo, dicebant et asserebant predicti scindici, procuratores, consiliarii et alii suprascripti, quibus supra nominibus, predictum dnm priorem non posse, nec debere impedire aliquem ex hominibus seu personis dicti loci et mandamenti cujus vel quorum bona debent devenire ipsi dno priori et ejus prioratui post decessum ipsius hominis vel persone quin de suis bonis det, vendat vel alienet ad sue libitum voluntatis, dicto dno Jacobo, quo supra nomine, contrarium asserente, cum premissa forent in detrimentum, gravamen et prejudicium ipsius ecclesie et dicti prioratus.

Super septimo vero articulo, asserebant et dicebant dicti scindici, procuratores, et consiliarii et ceteri suprascripti, prefatum Dominum priorem non debere habere nec recipere sigillum nisi de rebus de quibus ipse dns prior percipit vendas et percipere debet ; dicto dno Jacobo, quo supra nomine, contrarium asserente.

Super octavo vero articulo, sumpto a quodam decimo articulo cujusdam transactionis facte inter venerabilem et religiosum virum dnm Johannem Bochardi, olim priorem dicti prioratus Campimuniti ex una, et homines dicti loci

---

[1] *Dorassiœ, daresiœ, dareysiœ*, daraises, barrières en bois destinées à empêcher les gens, se rendant aux offices à l'église du prieuré, de pénétrer dans le cloître et d'y causer des dommages. Voir le glossaire des mots de basse latinité. *Chartes du diocèse de Maurienne*, par Mgr A. BILLIET et l'abbé ALBRIEUX, documents publiés par l'Académie de Savoie, tom. II, pag. 412.

Campimuniti, partibus ex altera, predicti scindici, procuratores, consiliarii et alii suprascripti, asserebant quod si quis et quocienscumque aliquis, aliquid de bonis suis vendiderit, dictus dns prior quicquam petere non possit ab emptore ad causam ipsius vendicionis ; dicto dno Jacobo, quo supra nomine, contrarium asserente.

Super nono vero articulo, asserebant et dicebant predicti scindici, procuratores, et consiliarii et alii suprascripti quibus supra nominibus, ipsos posse et debere, facere, eligere et ordinare scindicos et procuratores in dicta communitate ad eorum libitum volumptatis; dicto dno Jacobo, quo supra nomine, contrarium asserente.

Super vero decimo articulo, dicebant predicti scindici, procuratores, consiliarii et alii suprascripti, quibus supra nominibus, quod ipsi homines et communitas poterant et valebant facere et ordinare egancias et tallias inter ipsos sine licencia alicujus persone ; dicto dno Jacobo de Crecherello, quo supra nomine, contrarium asserente.

Hinc est quod predicte partes, nullis vi, dolo, metu vel fraude inducte, ut asserunt, ymo scientes et spontanee de juribus suis et quorum supra nominibus agentes ad plenum, ut asserunt, informate, suis et quibus supra nominibus, litum materiam et anfractus evitare cupientes, de omnibus et singulis questionibus supra contemptis, omnibus ex eisdem dependentibus, emergentibus et connexis, se compromittunt et compromissum validum faciunt in circumspectum et venerabilem virum dominum Johannem de Chissiaco, decretorum doctorem et militem, licenciatumque in legibus, judicem prefati prioratus Campimuniti, tanquam in arbitrum, arbitratorem et amicabilem compositorem ipsarum partium, presentem et onus hujusmodi in se suscipientem. Quequidem partes.... promiserunt, juramentis suis, se ratum, gratum et firmum perpetuo habiturum, omne id et quicquid per dictum arbitrium.... Renunciantes....

Acta fuerunt hec omnia publice in ecclesia dicti loci Campimuniti, presentibus testibus ad hec vocatis, videlicet. Venerabili viro dno Raymondo de Duyno monacho dicti loci Campimuniti, nobilibus Nycodo de Monteforti, Petro de Crescherello et Girardo Realis, de ponte Bellivicini.

Subsequenter vero illico incontinenti et eodem instanti, predictis partibus superius descriptis presentibus et audientibus, prelibatus dns Johannes de Chissiaco judex et arbiter superius per ipsas partes electus et nominatus, de et super omnibus et singulis premissis questionibus, querelis et objectis superius expressis onere hujus precedentis compromissi in se suscepto, auditis rationibus utriusque partis, et que dicte partes dicere et opponere voluerunt pro bono pacis et concordie, Dei nomine invocato, dixit, pronunciavit et declaravit, pronunciatque et ordinat prout infra.

Et primo, pronunciat et ordinat super primo articulo ipsius questionis, quod quando pupillum aut infantem a septimo seu septem annis infra mori contingerit et bona mobilia ipsius sic decedentis devenire deberent ad prefatum dnm priorem, quod eo casu tercia pars ipsorum bonorum mobilium duntaxat ad ipsum dnm priorem et ejus successores in dicto prioratu pertineat et pertinere debeat; si vero aliquem ultra septem annos, sive sit masculus sive femella, mori contingat morte subitanea, puta[1], derochiacione, submercione, aut gladio et bona mobilia illius sic decedentis deberent pertinere ad prefatum dnm priorem, quod eo casu contingente medietas omnium bonorum mobilium dicti sic decedentis dumtaxat ad ipsum dnm priorem et ejus in dicto prioratu successores pertinere et spectare debeat; in ceteris autem facientibus testamentum et dicto dno priori terciam partem bonorum mobilium legantibus, dictus dns prior nichil ulterius petere vel habere possit preter dictam terciam partem sibi legatam; ubi vero non legaverint seu testamentum non fecerint eo tunc omnia bona mobilia dicto dno

---

[1] *Puta*, par exemple.

priori et suis successoribus predictis insolidum pertineant et spectent.

Super secundo articulo pronunciat et ordinat idem dominus arbiter quod omnes lavanchie venientes et promoventes de bougeriis communibus patrie Campimuniti et remanentes in bougeriis communibus ipsius mandamenti, sint et esse debeant prefato dno priori et ejus in dicto prioratu successoribus. Si vero contingat quod dicte lavanchie provenerint de dictis bougeriis communibus et in locis propriis alicujus persone seu aliquarum personarum particulariter distinctarum a tota dicta communitate remanserunt seu evenerunt, quod eo casu medietas dictarum lavanchiarum sit et remaneat prefato dno priori et ejus in dicto prioratu successoribus, alia vero medietas sit et remaneat persone seu personis cui vel quibus pertinebit fundus proprietatis vel possessionis in quibus remanere ipsas lavanchias contingerit. Si autem dicte lavanchie orte fuerint de loco proprio aliquorum hominum vel alicujus persone et in bougeriis communibus remanserint, eo casu eciam dividantur per medium inter prefatum dnm priorem et suos predictos, et illum seu illos de quorum seu cujus fondo ortum dicte lavanchie traxerint vel habuerint.

Super tercio articulo, pronunciat et ordinat dictus dus arbiter quod dicta venda bladorum minime extendatur neque referri debeat ad dictum dnm priorem, neque ejus in dicto prioratu successores, neque ea dictus dns prior aut ejus successores in dicto prioratu astringantur.

Super quarto articulo, pronunciat et ordinat dictus dns arbiter quod sanctus Michael debeat poni et reduci, seu ejus statua ponatur et affigatur supra portam introïtus chori ecclesie prioratus ipsius loci Campimuniti, prout in ipso quarto articulo fuit per dictos scindicos, procuratores et consiliarios ac alios suprascriptos petitum.

Super quinto articulo, pronunciat et ordinat idem dns arbiter quod prefatus dns prior et ejus in dicto prioratu successores debeant manu tenere et manuteneant a festo Beati Michaelis archangeli ex nunc singulis annis, usque [ad primum bampnum post festum Pasche, duas doracias in clauso dicti prioratus in itineribus per que itur ad dictam ecclesiam Campimuniti, scilicet unam doraciam a parte venti dicte ecclesie et aliam a parte boree ejusdem ecclesie; quasquidem doracias predicti homines et cetere persone communitatis predicti Campimuniti claudere debeant et teneantur quando transibunt per ipsas doracias, ad hoc quod dampnum, et gravamen non eveniat prefato dno priori nec ejus successoribus in dicto prioratu, in clauso ejusdem prioratus.

Super sexto articulo, pronunciat et ordinat idem dns arbiter quod casu in ipso articulo posito et declarato adveniente, dictus homo seu dicta persona vendere volens de dictis suis bonis, aut alias alienare, jurare debeat sub periculo anime sue, et super Sanctis Dei Evangeliis in manibus castellani, seu clerici curie predicti loci Campimuniti pro tunc existentium, ipsam vendicionem seu alienationem bonorum suorum, seu partis corumdem facere velle sine fraude et dolo quibuscumque, sed dumtaxat ipsam talem venditionem seu alienationem facit pro sustentatione vite sue.

Super septimo articulo, pronunciat et ordinat idem dns arbiter quod quocienscumque prefati homines Campimuniti aliquem contractum de quo vende debebuntur prefato dno priori et suis predictis successoribus celebrabunt inter se, tunc sigillum prefato dno priori et suis in dicto prioratu successoribus debeatur et solvatur prout acthenus de ipsis contractibus solvi extitit consuetum, non propterea derogando consuetudini exigendi per dictum dnm priorem et suos successores predictos, sigillum testamentorum nec etiam donationum, de quibus donationibus vende non debentur actenus in dicto prioratu Campimuniti observate; et pro tanto ipse septimus articulus sit decisus.

Super octavo articulo, pronunciat et ordinat idem dns

arbiter quod ubicumque et quocienscumque tales contractus in ipso octavo articulo descriptos fieri contingerit, quod dictus dns prior et sui predicti successores in dicto prioratu possint et valeant pecunias debitas per emptorem venditori detineri et sequestrari facere pro juribus suis et dicte sue ecclesie conservandis et consequendis, et alias prout utilius poterit jura sue ecclesie prosequi.

Super nono articulo, pronunciat et ordinat idem dns arbiter quod quocienscumque contingerit in posterum prefatos homines communitatis Campimuniti facere seu eligere aliquos sindicos et procuratores, quod ipsos scindicos et procuratores facere et eligere possint prout acthenus soliti sunt, vocatis prius prefato dno priori seu ejus castellano, de quorum prefati dni prioris seu ejus castellani consensu premissa facere teneantur si venire et interesse voluerint.

Super decimo articulo, pronunciat et ordinat idem dns arbiter quod quocienscumque per prefatos homines communitatis Campimuniti facere contingerit aliquas egancias seu tallias inter ipsos, quod ipsas egancias seu tallias faciant et facere possint prout temporibus retrofluxis facere soliti sunt et fuerunt.

Item, pronunciat et ordinat idem dns arbiter quod bona pax, verus amor et pacificatio sint ex nunc ut antea et remaneant perpetuis temporibus inter dictas partes et illos quorum nominibus hic agunt, et quod omnes ire, malevolentie, malencolie et inquietates ac omnes expense, missiones et dispendia de parte ad partem, sint quiete, casse et remisse penitus et vane.

Item, pronunciat et ordinat idem dns arbiter quod omnes processus in curia prefati dni prioris Campimuniti formati occasione et pretextu premissorum seu formandi pro offensis factis a toto tempore preterito usque nunc, ex causa et pretextu premissorum superius narratorum contra prefatos homines vel ipsorum alterum sint et esse debeant penitus cancellati et annullati, sumptibus prefati dni Jacobi de Crecherello, seu dicti dni prioris, sine alio quocumque costu dictorum hominum.

Item, protestatum fuit, retinuit et reservavit idem dns arbiter quod premissa omnia et singula per ipsum superius dicta, pronunciata et ordinata, nec aliqua ex eisdem non prejudicent nec prejudicium, dampnum, nec detrimentum vel gravamen dent, faciant, nec inferant quibuscumque aliis privilegiis, libertatibus et juribus alterius partis predictarum partium, nec suorum predictorum, per que supra, per ipsum dnm arbitrum pronunciata et ordinata non intendit derogare ipsis privilegiis prementionatis ipsarum partium, nec alterius earumdem preter quam de illis de quibus hic transigitur et declaratur.

Quas siquidem pronunciationem, ordinationem, declarationem et cognitionem prefati dni Johannis de Chissiaco arbitri predicti.... predicte partes laudaverunt, approbaverunt, ratificaverunt et confirmaverunt ibidem incontinenti facta ista pronunciatione prout et quemadmodum per ipsum dnm arbitrum pronunciatum et ordinatum fuit.

Promittentes....

Renunciantes enim in hoc facto predicte partes et earum quelibet....

Volentes dicte partes quibus supra nominibus, de premissis omnibus per me notarium publicum subscriptum sibi fieri duo publica instrumenta...

Acta fuerunt hec omnia ubi supra in compromisso predicto, testibus ad hec vocatis et rogatis.

Et me Roleto Hospitis....

In quorum omnium premissorum robur et testimonium prefatus dns Johannes de Chissiaco, judex et arbiter superius nominatus sigillum suum proprium presentibus apponit et apposuit ad perpetuam rei geste memoriam.

142

Guillaume de la Ravoire, prieur de Chamonix, à la requête des syndics et procureurs de la vallée de Chamonix, confirme et homologue la sentence arbitrale qui précède, rendue par spectable Jean de Chissé, juge du lieu, arbitre choisi par les parties.

(1441.)

4 Décembre.

(Archives de l'église de Sallanches, titres des franchises de la vallée de Chamonix. — D'après deux copies du XVIIe siècle, faite sur l'original par deux personnes différentes.)

Anno Domini millesimo quatercentesimo quadragesimo primo, indictione quarta cum eodem anno sumpta, die vero quarta mensis decembris. Per hoc publicum instrumentum omnibus et singulis presentibus et futuris appareat evidenter manifestum. Quod in mei notarii publici et testium subscriptorum presentia propter infra scripta peragenda, personaliter constituti venerabilis et religiosus vir Dominus Guillelmus de Ravoria, prior prioratus sancti Michaelis Campimuniti, nomine suo et dicti sui prioratus et successorum suorum in eodem, ex una parte. Et Michaudus Gaudini, Michaudus Berthodi, Johannes Felisaz et Guigo Meczat de dicto loco Campimuniti tanquam sindici et sindicario nomine totius communitatis et hominum dicti loci Campimuniti, et Petrus Bossoneys senior et Aymonetus Mocterii, de ducibus, tanquam procuratores et procuratorio nomine totius communitatis et hominum dicti loci Campimuniti, ex altera parte. Prenominatus vero dns Guillelmus prior predictus sciens, prudens et spontaneus et nullis vi, dolo, metu vel fraude inductus, sed de suis juribus et dicti sui prioratus, ad plenum, ut asserit, informatus, pro se et ejus successoribus in dicto suo prioratu, laudat, approbat, rectificat, emologat, gratat et confirmat predictis Michaudo Gaudini, Michaudo Berthodi, Johanni Felisaz et Guigoni Meczat, sindicis et sindicario nomine quo supra facientibus, necnon predictis Petro Bossoneys seniori et Aymoneto Mocterii tanquam procuratoribus et procuratorio nomine totius dicte communitatis presentibus, stipulantibus et recipientibus nomine totius ejusdem communitatis, mihique notario publico infrascripto, more persone publice stipulanti et recipienti vice, nomine et ad opus omnium hominum et personarum totius dicte communitatis Campimuniti ac omnium et singulorum quorum interest, intererit et interesse poterit quomodolibet in futurum, videlicet : quamdam concordiam factam de quibusdam debatis, questionibus, demandis, controversiis et querelis inter venerabilem et religiosum virum fratrem Jacobum de Crecherello, administratorem et gubernatorem dicti prioratus Campimuniti, pro ipso dno Guillelmo priore predicto et procuratore ipsius dni Guillemi, ex una parte, et predictos sindicos et procuratores ipsius communitatis, nomine ejusdem communitatis, necnon quosdam alios homines ejusdem communitatis ex parte altera, arbitrio, cognitione, pronunciatione et ordinatione venerabilis et egregii viri domini Johannis de Chissiaco, decretorum doctoris et militis, licenciatique in legibus, judicis dicti loci Campimuniti, arbitri et arbitratoris ipsarum partium, per ipsas partes quibus supra nominibus electi, prout de ipsis concordia, pronunciatione, ordinatione, cognitione, objectis questionibus et controvertiis plenius continetur in quodam publico instrumento ipsarum concordie et pronunciationis manu mei notarii publici subscripti recepto sub anno dni millesimo quatercentesimo quadragesimo primo, indictione quarta et die vigesima octava mensis octobris, prout in eodem instrumento legitur, quodquidem instru-

mentum concordie cum questionibus, demandis et controversiis predictis, unacum etiam pronunciatione, declaratione, cognitione et ordinatione dicti dni judicis arbitri
super eisdem factis, unacum ratificatione ipsarum partium
in pede dicte pronunciationis descripta, eidem dno Guillelmo priori predicto, fuerunt de verbo ad verbum lingua romana et in presentia testium subscriptorum per me notarium subscriptum prelecte : nihil idem dns Guillelmus prior
predictus de contentis, nec contingentibus in dictis instrumento concordie, pronunciatione, ordinatione, declaratione
et ratificatione obmittendo. Promittens idem dns Guillelmus.....

Acta fuerunt hec omnia publice in Campomunito in stupha
prioratus ipsius loci, presentibus venerabili viro dno Raymondo de Duyno monacho Campimuniti, nobilibus viris
Johanne Forrerii, Nycodo de Monteforti et Aymone Bottol-
lerii, de Servoz, testibus ad predicta vocatis.

Et me Rolleto Hospitis....

143

*Sentence arbitrale sur procès, acceptée par R^d Guillaume de
La Ravoire, prieur de Chamonix, d'une part ; et par les
frères Jean, Aimon et Guillaume, fils de noble François
Botollier, de Servoz, et leurs consorts, de la paroisse du
Lac, soit des lieux de Vaudagne, du Lac, de Montvautier
et du Songy, d'autre part, relative aux montagnes de
Chullioud et d'Arlevé ; par laquelle, 1º il fut reconnu que
ces montagnes étaient du domaine direct du prieuré de
Chamonix ; 2º ledit prieur s'engage à n'y faire inalper
que les bestiaux appartenant aux paroissiens du Lac ;
3º ceux-ci furent tenus de répartir leurs bestiaux dans les*

deux chalets y existant, soit dans celui dit des Botolliers, appartenant aux nobles de ce nom, soit dans celui appelé des Bouchards appartenant audit prieur; 4° il fut reconnu que les nobles Botolliers avaient droit de recevoir, à titre d'hautsiège, dans le chalet de leur nom, un serac et deux fromages. Les frais de procédure furent annulés.

(1443.)

6 Novembre.

(Archives de l'église de Sallanches, non inventorié.—D'après l'original écrit sur parchemin.)

In nomine Dni nostri J. C., Amen. Anno a nativitate ejusdem dni millesimo quatercentesimo quadragesimo tercio, indicione sexta, cum eodem anno sumpta, die sexta mensis novembris. Per hujus publici instrumenti tenorem cunctis presentibus et futuris fiat manifestum quod in nostrum Stephani Rochete, Burgensis Boneville et Petri Danielis, de Passiaco, notariorum publicorum, testiumque subscriptorum presencia; quod cum questio, litigium, dissensio, debatum et questionis materia sit et pendeat indecisa coram venerabili consilio illustrissimi principi dni nostri comitis Gebennesii, Annesiaci residenti, inter virum nobilem et venerabilem dnm Guillelmum de Ravoyria, priorem et dnm temporalem prioratus et vallis Campimuniti ex una parte, Et nobiles Johannem, Aymonem et Guillelmum filios quondam nobilis Francisci Botollierii, de Servuz, nominibus suis propriis et aliorum hominum de Servuz, suorum consorcium, de et super eo videlicet; quod ipsi nobiles fratres dicebant et proponebant quod ipsi et sui predecessores habebant et habuerunt in monte et pasqueragiis de Challioz et de Arliver, unam cabanam seu challechium vocatum des Bochars, cum quadam alia cabana vocata des Botolliers in quibus cabanis consueverunt, ut asserunt ipsi fratres et sui

predicti, levare et percipere in qualibet cabana auchegium
absque eo quod ipse dns prior nec sui in ipsis cabanis aliquid levaret, nec preter unam diem fructus, videlicet tres
pecias, scilicet duo fromagia et unum sirum [1] in qualibet
cabana, quolibet anno, pro dominio directo et Pasqueragiis
dicti montis de Challioz et de Arlyveron, eisdem nobilibus
fratribus et suis consortibus insolidum pertinentis. Item
dicebant et proponebant ipsi nobiles, nominibus suis et quibus supra, quod in dicto monte de Challion et de Arleveron,
nulli alii homines possunt nec debent investire nec inalpare
sua animalia in dictis montibus de Challioz et de Arleveron
nisi tantummodo ipsi nobiles fratres et sui consortes et eciam
homines prefati dni prioris existentes et focum facientes et
residenciam in parrochia Beate Marie de Lacu, scilicet illi
de Lacu, de Voudagnia et de Monte Valterio et dou Songier;
ad que predicta omnia dicebat, respondebat et replicabat
prefatus dns prior, nomine suo et dicti sui prioratus, in op-
positum premissorum, quod ipse dns prior, et sui predecessores in dicto prioratu, habebant in dicto monte de Challioz
predictam cabanam quam tenet idem dns prior ex causa
vendicionis sibi facte per Nycodum Bochardi, ut asserit
idem dns prior, et sibi pertinebat dicta cabana insolidum et
quod ipse et sui predicti levant et levare consueverunt insolidum auchegium in eadem et quod racione dicte cabane
des Bochards, ipse dns prior et sui potest investire et inalpare in dicto monte animalia suorum hominum quorumcumque, ita bene de parrochianis Campimuniti sicut de illis de
Lacu, tantum quod cabana sua des Bochards sit conjuncta,
quolibet anno, animalibus latifferis ad faciendum fructum
condecenter in eadem, suo velle, et quod dicti nobiles fratres
in eadem nichil percipiunt nec percipere consueverunt; multaque alia dicebant, proponebant et replicabant ipse partes,
unius alteri que nimia prolixa essent hic particulariter ena-

Sirum, serac (fromage maigre).

rare. Super quibus omnibus hinc et inde petitis, propositis, responsis et replicatis, ipse partes et ipsarum quelibet, nominibus suis et quibus supra cupientes sumptus, litigia, questiones et inimicicias evictare se compromictunt et compromissum firmum et vallidum faciunt in arbitros, amicos et medios subscriptos per ipsas ambas partes, suis et quibus supra nominibus, electos et positos. Videlicet : in virum venerabilem et egregium Johannem de Chissiaco, legum doctorem et militem, judicem Campimuniti et de Servuz, pro dominis ipsorum locorum ; et nobilem Scutifferum Franciscum de Monteforti, de Passiaco ; quibus amicis, arbitris et mediis, ut supra, electis et positis, et eorum cuilibet insolidum, ipsis amicis concordantibus, ipse partes, nominibus suis et quibus supra, quelibet quantum sua interest, dederunt et concesserunt plenam, generalem et liberam ac omnimodam potestatem ac mandatum speciale super premissis litigio, questionibus, peticionibus, responsionibus et replicacionibus hinc et inde factis, propositis et habitis, pronunciandi, ordinandi, concludendi, concordandi, decidendi et declarandi. Quequidem partes promiserunt et juraverunt videlicet dictus dns prior sub voto sue religionis, ponendo manum suam ad suum pectus, more religiosorum, et dictus Johannes Botollier et Aymo ejus frater, quibus supra nominibus, per juramenta sua super Sancta Dei Evangelia corporaliter prestita, ab eisdem suum, id et quicquid, per dictos arbitros, amicos et medios, ut supra electos, uti supra ordinatum, pronunciatum, declaratum et decisum fuerit ratum, gratum, firmum et vallidum perpetuo habiturum super premissis. *(D'après une copie du XVe siècle, il y a encore)* : Et dicti Aymo et Joannes ipsa omnia ratifficari facere per dictos suos consortes quam primum fuerint requisiti parte dicti dni prioris. Quiquidem amici, arbitri et medii electi et positi ut supra, prius habito et participato consilio, unus cum altero, vigore prescriti compromissi et potestatis eisdem per ipsas ambas partes actribute, uno et eodem consensu et eadem voluntate. Pronunciaverunt, declaraverunt, ordinaverunt et deciserunt super premissis omnibus emergentibusque et connexis ex eisdem in hunc qui sequitur modum : In primis quod inter ipsas partes et earum heredes et successores a modo imperpetuum sit bona pax, amor, tranquilitas et concordia perpetuo duratura. Item, pronunciaverunt, declaraverunt et ordinaverunt quod ipse dns prior a modo in antea, habeat, teneat et possideat dictam cabanam de Challiou, vocatam des Bochars cum pascuis et pasqueragiis eidem pertinentibus, totaliter et insolidum. Item, pronunciaverunt, declaraverunt et ordinaverunt quod ipse dns prior ; nec sui successores non possint nec debeant investiri facere nec investire, ponere seu inalpare, seu inalpari facere in dicto monte de Challioz et de Arleveron nisi de animalibus hominum dicti dni prioris, existentium et facientium focum assiduum in parrochia Beate Marie de Lacu, sicut illi de Lacu, de Voudagnia, de Monte Valterio et dou Songier, et non alii de mandamento Campimuniti. Item, pronunciaverunt, declaraverunt et ordinaverunt quod ipsi homines, et partes superius nominate, teneantur, quolibet anno, dicta duo Challechia de Challioz equaliter aut saltim vachis dictorum hominum parrochie de Lacu ; si essent XII vel XV vache in una cabana, recompensaretur in altera de vachis alterius cabane. Item, ulterius magis pronunciaverunt, declaraverunt quod ipsi nobiles fratres et sui successores a modo imperpetuum, habeant et percipiant, haberaque et percipere debeant in tribus peciis, quas idem dns prior percipit in cabana dictorum nobilium fratrum pro directo dominio, videlicet : unum sirum, et duo fromagia remaneant dno priori et suis predictis. Demum pronunciatum et declaratum extitit quod expense in predictis litigiis, hinc et inde facte sint quiete, cassate et vane de una parte ad alteram. Quasquidem pronunciationem, ordinacionem, declarationem, decissionem, predictaque omnia supra et infrascripta, superius nominati dns prior pro se et suis predictis heredibus et successoribus in dicto prioratu, et dicti nobiles Johannetus et Aymon Botollier fratres, necnon cciam Jacobus Burut alias Ganaz, Vuillelmus Masuel alias Challent, Peronetus Henrici, Vuillelmus Gabollet, Aymon Vachy, Ricardus Quey, Gabriel Decosta, Girardus Blondaz, et Jacobus filius quondam Perrissodi Decosta, nominibus suis propriis et aliorum hominum parrochie de Servuz, suorum consorcium et secum adherere volencium ibidem scientium, prudencium, gratis et sponte non vi, non dolo, nec metu ad hec inducti, ymo de juribus et factis suis ad plenum, ut asserunt, certificati, pro se et suis heredibus et successoribus universis, ratifficant, approbant et confirmant per presentes, prout et quemadmodum supra pronunciatum, declaratum et ordinatum extitit et promictunt cciam ipsi agricolle, nominibus suis et consortium suorum premissa omnia et singula rata et firma habere et tenere perpetue et inviolabiliter et contra non facere vel venire, ymo ea omnia actendere, complere et inviolabiliter penitus observare; omnibus et singulis utriusque juris et facti excepcionibus et renunciacionibus et aliis clausulis in tallibus opportunis omnes superius nominati ex corum certa sciencia et sub vinculo suorum jam prefatorum juramentorum in hoc facto omnino renunciant. Datum, acta fuerunt publice in Bocheto de Servuz ante domum Gabrielis Decosta, presentibus testibus ad premissa vocatis et rogatis videlicet dno Reymondo Soliardi, curato ecclesie Beati Michaelis Campimuniti, nobili de Cresco sancti Pauli, discreto viro Johanne Puenset, clerico, Aymone Decosta, Aymone Mocterii, de ducibus, Nycodo Decastro et Girodo Mola.

Et me Petro Danielis, de Passiaco, clerico, auctoritate imperiali, notario publico, curieque dni nostri ducis Sabaudie jurato qui in premissis omnibus interfui et hoc publicum instrumentum cum notario supra nominato recepi et in hanc formam publicam redegi, scripsi et subscripsi manu mea propria signoque meo minori signavi in testimonium premissorum.

N.-O.-M.-E.-N.

144

Autorisation accordée par Guillaume de la Ravoire, prieur de Chamonix, aux syndics et habitants de ce dernier lieu, de placer, dans le chœur de l'église du prieuré, un tabernacle.

(1444.)

10 Mai.

(Tiré des Archives de l'église de Sallanches, A, n° 38. D'après l'original écrit sur parchemin.)

Anno Domini millesimo quatercentesimo quadragesimo quarto, indicione septima, die vero decima mensis maii, in Campomunito, in ecclesia ejusdem loci ante magnam portam chori dicte ecclesie Johannes Felisaz, Michael Tycceys alias Praeys, Michaudus Escoferii et Michaudus Berthodi tanquam conscindici et sindicario nomine tocius communitatis hominum parochie sancti Michaelis Campimuniti et Johannes Plat et Aymon Moterii tanquam procuratores hominum predicte parochie secum existentibus multis aliis parochianis predicte parochie supplicaverunt et requisierunt humiliter venerabilem virum dominum Guillermum de Ravoria priorem prioratus ecclesie predicte Campimuniti et dominum temporalem ejusdem loci presentem et audientem quatenus sibi domino priori placeret predictis hominibus dicte parochie dare et concedere ut ipsi homines possent et valerent facere et construere infra chorum dicte ecclesie unum armatrium pro tenendo corpus Christi prope magnum altare dicte ecclesie. Quiquidem venerabilis dominus Guillermus prior predictus requisicioni dictorum suorum hominum inclinare volens, pro se et suis in dicto prioratu successoribus de gracia speciali predictis suis hominibus sindicis, procuratoribus et aliis predictis dedit, donavit et concessit plenam et liberam potestatem et licenciam predictum armatrium pro reposicione corporis Christi conficiendi et faciendi infra dictum chorum ecclesie predicte ut supra petitum et requisitum extitit. De quibusquidem omnibus premissis dictus dominus prior nomine suo et dicti sui prioratus sibi peciit per me notarium publicum subscriptum ex officio meo fieri et dari presentem litteram seu presens instrumentum Acta requisita et concessa fuerunt hec omnia ante portam chori dicte ecclesie presentibus nobili Guigone de Ravoria, Raymondo Charlet de Campomunito et Johanne Depratis alias Bollion, testibus ad hec vocatis. Et me Roleto Hospitis, clerico et notario publico auctoritate domini nostri ducis Sabaudie imperialis vicarii, qui in premissis omnibus cum dictis testibus presens fui et hoc presens publicum instrumentum requisitus ex officio meo recepi, scripsique et signavi signo meo minori fideliter et tradidi requisitus in testimonium omnium premissorum.

145

Demande d'extradition adressée à Louis, duc de Savoie, par le procureur fiscal de la juridiction de Chamonix, de Pierre d'Orsin[1], de Montjoie, sujet du duc, qui avait commis plusieurs délits et vols dans ladite juridiction et qui s'était enfui sur les terres de Savoie.

Ordre donné par le duc à tous ses officiers ministériels de faire la recherche du prévenu dans leur ressort, et de le remettre audit procureur fiscal de Chamonix.

[1] Orsin, hameau de la commune de Saint-Gervais.

*Exécution de cet ordre, saisie de Pierre d'Orsin par le vice-
châtelain de Flumet, qui le retient pendant trois jours, et
sa remise au vice-châtelain de Chamonix.*

(1446.)

Liasse des titres de la justice civile et criminelle de Chamonix. — Archives de l'église de Sallanches. — D'après
les originaux écrits sur papier.)

Humiliter exponendo supplicat procurator humilis orato-
toris vestri domini Guillermi de Ravoria prioris prioratus
sancti Michaelis Campimuniti quod quidem Petrus de Orsino
filius Petri de Orsino penes juridicionem prefati dni prioris
certa delicta et certas offensas perpetraverit, et ipsis perpetratis extra juridicionem predicti dni prioris et sui prioratus se
retraxerit penes districtum vestre excellencie dominacionis,
sic quod justicia de ipso quomodolibet fieri non potest ; ea
propter ad vos humiliter recurrit quatenus vestre prefate
dominacionis placere dignetur mandare vestris benignis litteris Ballivis Gebennesii, Foucigniaci, Chablaisii, Vaudi et
Contegii, Castellanisque seu vicecastellanis Contegii, Saxo-
nis, S^{ti}-Branchesii, Chillonis, Martigniaci, Castillonis, Clusarum, Salenchie, Charossie, Montis Gaudii, Flumeti et ceteris
officiariis vestris ubilibet constitutis ut in jurissussidium
prefatum Petrum de Orsino capiant et dicto procuratori dni
prioris ejusque officiariis penes juridicionem ejusdem dni
prioris, captum tradant et remictant pro justicia ministranda
super delictis et offensis per ipsum Petrum penes juridicionem predicti dni prioris perpetratis, de cujus juridicione et
plena eadem exercendi potestate prompta sit fides, instrumentis et titulis super hoc confectis que eciam exhibunt,
prefatam vestram excelsam magistratoriam humiliter implorando.
(9 Mars.)

Ludovicus dux Sabaudie, dilectis universis et singulis

Baillivis, vicariis, judicibus, potestatibus, procuratoribus, castellanis, mistralibus servientibusque generalibus ac ceteris nobis tam mediate quam immediate submissis officiariis ad quos presentes pervenerint seu ipsorum locatenentibus, salutem. Visis supplicacione presentibus annexa, nec non inquisicionali processu adversus delatum in supplicacione nominatum per officiarios supplicantis formato, unacum titulo juridicionis ejusdem supplicantis in eadem supplicacione mentionato per nobiscum residens consilium diligenter visitatis, per quemquidem processum detegitur ipsum delatum penes ejusdem supplicantis juridicionem delinquisse. Volentes itaque unicuique quod suum est tribuere, vobis et vestrum cuilibet insolidum districte mandamus quatenus visis presentibus ipsum delatum si et ubilibet extra tamen loca sacra apprehendi poterit personaliter capiatis, captumque officiariis dicti supplicantis illico remictatis pro condigna justicia de eodem ministranda; nullo alio a nobis super hoc expectato mandato. Datum Gebennis die nona marcii anno Domini millesimo quatercentesimo quadragesimo sexto, sub signeto nostro cancelario absente.

Per dominum, etc.

Reddantur Littere portitori. *(Signé)* : L. DE CLAUSO.

(18 Mars.)

Anno quo retro, die decima octava mensis marcii, presentibus dominicalibus litteris per nobilem virum Johannem Biolli, vice castellanum Flumeti, reverendissime receptis, volens sicut licet mandatis in eisdem comprehensis humiliter obbedire, ipsarum litterarum vigore, Petrum de Orsino delatum retroscriptum personaliter cepit ipsumque infra tres dies remisit nobili Petro Danielis vice-gerenti nobilis castellani Campimuniti pro de ipso debitam justiciam ministrando juxta ipsarum litterarum formam. Qui nobilis Petrus Danielis ipsum Petrum delatum habuit et recepit, ac dictum vice castellanum Flumeti de dicta remissione erga quoscumque promictit per juramentum suum, etc., et sub suorum omnium obligacione et ypotheca bonorum, servare imdempnem ac eidem vice castellano et provido viro Roleto de castellario clerico curie ipsius loci Flumeti de eorum expensis, pena, juribus et labore ad causam dicti delati substantis ad suam requestam plenarie satisfacere in nostra notarii et testium subscriptorum presencia. Actum Flumeti ante Bancham curie dicti loci, presentibus nobili Petro Deponte, Johanne Barri notario. Rod. Juni [1] et Johanne Moret alias Sardet, testibus ad hec vocatis et rogatis.

Signé : Roletus de Castellario.

Ita est per me Aymonem Barri notarium.

146

A. *Noble François de Lucinge, lieutenant de noble Guigon de la Ravoire, châtelain de Chamonix, fait la remise de Pierre d'Orsin, du mandement de Montjoie (vallée de Saint-Gervais), saisi comme prisonnier, à Reymond Charlet, vice-métral de Chamonix, pour le garder pendant vingt-quatre heures suivant l'usage du lieu.*
B. *Le lendemain, le vice-métral rend le prisonnier au lieutenant châtelain.*
C. *Le même jour, le lieutenant châtelain, enferme le prisonnier, chargé de fers, dans le cachot situé au fond de la Tour, dite le Ratier.*
D. *Le duc de Savoie écrit au prieur de Chamonix, pour l'inviter, ainsi que ses officiers, à traiter avec indulgence*

---

[1] *Juni*, soit Jon, famille encore existante.

ce prisonnier qui se trouve être son homme taillable, lui promettant réciprocité pour les hommes dudit prieuré.

(1446.)

20 Mars.

(Archives de l'église de Sallanches. — Liasse des titres de la justice civile et criminelle de Chamonix.)

A

Remissio facta per nobilem Franciscum de Lucingio vice castellanum Campimuniti de Petro de Orsino, honesto viro Reymondo Charlet, locumtenenti mistralis Campimuniti.

Anno Dni M. IIII^c XL secto, die vicesima mensis marcii, personaliter constitutus nobilis Franciscus de Lucingio, locumtenens nobilis Guigonis de Ravoyria, castellani Campimuniti pro dno priore dicti loci. Volens uti et complacere consuetudinibus patrie Campimuniti, tradidit et remisit Reymondo Charlet, tanquam locum tenenti mistralis Campimuniti, presenti et recipienti, Petrum filium Petri de Orsino, de mandamento Montis Gaudii, captum in captivum, custodiendum sub pena, per eundem nobilem eidem Reymondo, imposita ducentum librarum prout acthenus usitatum fuit mistralibus Campimuniti, ipsumque restituere eidem vice castellano prout alias assuetum est eundem extrahi. De quaquidem remissione sic, ut prefertur, facta, idem nobilis vice castellanus peciit sibi fieri per me notarium subscriptum licteram testimonialem in testimonium veritatis omnium premissorum. Presentibus Johanneto Corteys, Francisco Bertodi alias Boveti, Rod. Charlet, Johanne Barmat, Johanne Jacodi, pluribus aliis. Et me notario subscripto.

Signé : P. Da^{lis}, *not.* (Petrus Danielis.)

(1446.)

21 Mars.

(Même source. — Ce document est écrit à la suite
du précédent.)

B

Anno et indicione quibus supra, die xx prima mensis marcii, vigore remissionis supra scripte, Reymondus Charlet, vice mistralis Campimuniti remisit nobili Francisco de Lucingio locum tenenti castellani Campimuniti Petrum de Orsino superius nominatum captivum, sibi tradendum in custodiam per eum; qui nobilis vice castellanus eundem Petrum ab eodem Reymondo habuisse confitetur. De quibus idem Reymondus protestando de juribus mistralis Campimuniti percipiendis super eodem Petro captivo, peciit a me notario subsignato sibi fieri licteras testimoniales. Datum et actum ubi supra in bancha curie castellani Campimuniti, presentibus Francisco Berthodi alias Bovet, Petro Quarrerii, Jacobo filio Vuillelmi Bollet, Johanne Ros alias Billian, Michaele Perriardi, Anthonio Doufollier et pluribus aliis testibus, et me.

Signé : P. DA^{lis}, *not.*

(1446.)

21 Mars.

(Même source.)

C

Anno Dni millesimo quatercentesimo quadragesimo sexto, indicione nona cum eodem anno sumpta, die vicesima prima mensis marcii. Coram me notario publico et testibus subscriptis, personaliter constitutus nobilis Franciscus de Lucingio, de Passiaco, locumtenens castellani Campimuniti, posuit et dimisit Petrum filium Petri de Orsino captum et ferris mancipatum in carceribus dicti prioratus, in quadam camera obscura existente juxta turrim Racterii sano corpore, sibi injungendo penam centum librarum et furcharum quod non exiret ab ipso loco absque licencia dicti locum tenentis castellani, nec aliquid ibidem novi faceret sub pena predicta per dictum Petrum si non paruerit commictenda et prefato dno priori irremissibiliter applicanda. Datum et actum ubi supra, presentibus Francisco Bertodi alias Bovet, Petro Quarrerii, Jacobo filio Vuillelmi Bollet, Johanne Ros alias Billian, Michaudo Perriardi, Michaelle dou Follier et pluribus aliis.

Et me Petro Danielis.

N.-O.-M.-E.-N.

(1446.)

14 Mai.

(Même source.)

D

Venerabilis consiliarie dilecte, prout relatum est nobis, Petrus de Orsino, mandamenti Montis Gaudii, homo noster, certis suis exigentibus demeritis penes juridicionis vestre cohercionem in presenciarum carceribus detinetur. Nos igitur illi suisque parentibus compacientes, vos hortamur et requirimus affective quathenus ipsum Petrum hominem nostrum misericorditer pertractetis, et per officiarios vestros benigne tractari faciatis, quemadmodum pro hominibus vestris in casu simili nos velletis peracturos, nobisque in hoc complacendo. Omnipotens vos conservet. Scriptum Gebennis die decima quarta maii M° IIII° XLVI°.

Dux Sabaudie, etc.

Contresigné : LESTELLEY.

Au dos est écrit : *Venerabili consiliario nostro dilecto priori Campimuniti.*

147

Composition entre le prieur de Chamonix et Pierre d'Orsin, qui avait commis divers crimes et avait notamment volé l'argent des troncs dans l'église du lieu. Ce dernier s'engage à payer en plusieurs termes la somme de 180 florins.

- (1446.)

16 Mai.

(Même source.)

Anno Domini millesimo quatercentesimo quadragesimo sexto, indicione nona cum eodem anno sumpta, die vero sexdecima mensis maii, hujus publici instrumenti tenore cunctis fiat manifestum. Quod cum ita sit quod anno presenti die sexdecima mensis februarii formatus fuerit processus in curia venerabilis et egregii viri domini Guillelmi de Ravoyria prioris et Domini temporalis Campimuniti seu ejus castellani ex mero officio ipsius curie contra Petrum filium Petri de Orsino juniorem, super eo quod nocte diei lune quatuordecime mensis februarii proxime fluxi de anno presenti, hora tarda et suspecta, ipse Petrus junior filius dicti Petri de Orsino intravit chorum ecclesie Beati Michaelis de Campomunito et ibidem fregit unam archam in qua cepit et furatus fuit circa quinque florenos. Item visus fuit frangere quandam aliam archam in ipso choro. Item in quodam alerio existente prope dictum chorum fregit unum armarium et in eodem cepit circa ducentum et quinquaginta aleta[1] et certa alia delicta commisit et perpetravit que in eodem processu plenius continentur. Que omnia et singula confitetur sua spontanea voluntate et in presencia dicti ejus patris perpetrasse coram venerabili viro dno Johanne de Chissiaco,

---

[1] Aletus vel alletus, *ablettes, hareng.*

judice Campimuniti et testibus subscriptis, postque formacionem dicti processus per curiales dicti Domini prioris Campimuniti requisitus fuerit in juris subsidium. Illustrissimus princeps et dns dns noster Sabaudie dux quathenus eisdem curialibus concedere dignaretur suas licteras dirrigendas omnibus officiariis suis ubilibet constitutis ut dictum Petrum de Orsino inquisitum caperent personaliter, ipsumque captum remicterent officiariis prefati dni prioris et vigore ipsarum licterarum captus fuerit per nobilem Johannem Biolli, vice castellanum Flumeti; deinde remissus fuerit officiariis prefati dni prioris; postque ad supplicacionem dicti Petri de Orsino patris dicti inquisiti et parentum suorum, illustrissimus princeps dns noster, dux Sabaudie suis graciosis et benivolis licteris, datis Gebennis die quatuordecima mensis maii ejusdem anni, sigillo ipsius dni nostri ducis Sabaudie sigillatis signatisque per Johannem de Lestelley secretarium prefati dni nostri, requisierit et exhortatus fuerit eundem dnm priorem Campimuniti quathenus graciose tractare dignaretur aut tractari faceret per ejus officiarios dictum Petrum juniorem filium Petri de Orsino.

Hinc est quod omnibus premissis consideratis et actentis precipue ob contemptacionem et reverenciam prefati dni nostri ducis, omniumque predictorum, prefatus dns judex secum nobili viro Guigone de Ravoyria castellano dicti loci Campimuniti, eidem Petro de Orsino inquisito, nomine prefati dni prioris remiserunt et remictunt omnes injurias, inquisiciones, penas et offensas expensas mijallias[1], custodias, ac alia per ipsum Petrum penes juridicionem prefati dni prioris factas et perpetratas, pro et mediantibus novies viginti florenis parvi ponderis semel ad quos causantibus omnibus premissis ipsi pater et filius et ipsorum quilibet insolidum et ipse filius de consensu, jussu et auctoritate ejus patris componunt et composicionem faciunt cum supra

---

[1] Mengeailles, nourriture.

dictis, pro omnibus que tam ad ipsos dnm priorem, judicem, castellanum, clericum curie, mistralem, servientes spectant et spectare debent, quosquidem novies viginti florenos dare, solvere, tradere et realiter expedire promictunt jam dicti Petrus et Petrus de Orsino, pater et filius quilibet ipsorum insolidum et maxime dictus filius de auctoritate ejus patris, juramentis suis corporalibus, tactis Sanctis Dei Evangeliis, subque expressa obligacione omnium et singulorum bonorum suorum presencium et futurorum quorumcumque prefato nobili Guigoni de Ravoyria castellano vel suis aut ejus vel eorum certo nuncio presens instrumentum deferenti videlicet terminis et solucionibus subscriptis, primo, hinc ad proximum futurum festum Beati Michaelis Archangeli sexaginta florenos, et ab eodem termino festi Beati Michaelis in unum annum sexaginta florenos, et ab eodem ultimo termino festi Beati Michaelis in unum alium annum, alios sexaginta florenos usque ad plenam solucionem dictorum novies viginti florenorum parvi ponderis, unacum omnibus et singulis dampnis, missionibus, interesse et expensis inde legitime occasione et pretextu dictorum novies viginti florenorum ut supra in toto vel in parte non solutorum fiendis et sustinendis, premissaque omnia et singula cavere et fidejubere infra quatuor dies proxime immediate futuros per bonos, sufficientes et ydoneos fidejussores, necnon omnia et singula in presenti publico instrumento contenta, rata, grata, valida et firma habere perpetuo et tenere, ac inviolabiliter penitus observare; omnibus et singulis juribus canonicis et civilibus, exceptionibus, decepcionibus, cauthelis, lesionibus, privilegiis, legibus et auxiliis quibus mediantibus contra premissa venire possent aut in aliquo se thueri ipsi pater et filius, et maxime dictus filius de auctoritate patris per se et suis in hoc facto renunciando.

Actum in Campomunito, in bancha curie ejusdem loci, presentibus testibus ad premissa vocatis et rogatis, videlicet: nobili Francisco de Lucingio, de Passiaco, Johanne

Jay, clerico, Raymondo Charlet, Vullelmeto Gabet, Girodo Tieceys alias Praeys, Francisco Berthodi, alias Bovet, Aymoneto Brunet et pluribus aliis.

Ego autem Petrus Danielis.

148

Protestation des syndics de la vallée de Chamonix, adressée à Guillaume de La Ravoire, leur prieur et seigneur temporel, au sujet de la sentence en matière criminelle rendue (le 16 mai 1446) par le juge du lieu au mépris des us, coutumes, libertés et privilèges appartenant, ab antiquo, aux prudhommes de ladite vallée de juger seuls les criminels, et appel de cette sentence à l'abbé de Saint-Michel de l'Étoile.

Le prieur leur répond que cette sentence n'est point définitive, mais une composition faite par le châtelain du lieu en la présence du juge avec Pierre d'Orsin de Saint-Gervais, accusé de vols et de sacrilèges dans l'église de Chamonix; laquelle, dit-il, ne blesse en aucune manière les droits de la communauté; il confirme ces droits et annulle cette composition, si elle porte atteinte à l'exercice de leurs droits.

(1446.)

13 Juin.

(Archives de la commune de Chamonix, où se trouve l'original en très mauvais état, complété par une copie *in antiquo* des Archives de l'église de Sallanches.)

In Dei nomine, Amen. Notum sit omnibus Christi fidelibus presentibus et futuris quod anno Domini millesimo quatercentesimo quadragesimo sexto, indicione nona et die tercia decima mensis junii. In nostrum notariorum publicorum et testiumque subscriptorum presencia apud Campummunitum, ante grangiam reverendi patris dni prioris dni domini dicti loci, loco jus reddi solito, accesserunt personaliter Vullermetus Gabet, Michael Praeys, Michaudus Berthodi sindici et procuratores hominum Campimuniti, sindicario et procuratorio nominibus eorumdem unacum ceteris pluribus hominibus ad presenciam reverendi patris domini Guillermi de Ravoria, prioris et dni dicti loci existentis ante grangiam in loco pro tribunali jus reddi solito, reverenter eidem narrentes et exponentes quod ex usu, vetustate, privilegio et libertatibus, ipsi probi homines sunt et fuerunt in possessione seu quasi sentenciandi facinorosos et delinquentes infra districtum jurisdicionis Campimuniti et eisdem jus sentenciandi et processus criminales diffiniendi contra delinquentes de quibus justicia veniret publice fienda, et in possessione seu quasi fuisse per tanti temporis spacium quod hominum memoria non existit in contrarium, et nuper quendam Petrum de Orsino fuisse propter plura delicta furtorum et sacrilegiorum infra districtum Campimuniti fere personaliter detentum, de qua justicia publica veniebat fienda, sentencia precedente per probos homines ex usu, vetustate, consuetudine, libertate ferenda; qui Petrus dicebatur fuisse ad locum pro tribunali coram spectabili domino Johanne de Chissiaco, decretorum doctore et milite in armis exhibitus et demum sentenciatus, ipsis probis hominibus non vocatis nec presentibus sed absentibus, unde ipsi homines dubitantes gravari et quatenus sentencia fuisset lata diffinitiva per dictum dnm judicem Campimuniti contra dictum Petrum, cum cognicio et diffinicio processus, processus et sentencie prolacio non spectat nec competit dicto dno judici sed ipsis probis hominibus sic segregatis, asserebant dictos homines unde supplicacionem prelibato dno priori porrexerunt, tenoris immediate subscripti :

« Vobis reverendo patri et Domino dno priori Campimuniti, dno dicti loci pro parte hominum vestrorum dicti loci exponitur humilime quod cum nuper vobis fuerit expositum probos homines vestros dicti loci Campimuniti habere, habuisse et habere debere ex usu, consuetudine seu vetustate, privilegio arresto inter predecessores dnos priores, dnos dicti loci vestros cognicionem causarum criminalium omnium delinquencium infra vallem Campimuniti quorum justicia delinquencium publice ex parte procuratorum vestrorum dni prioris, erat est et fuit ministranda, et in possessione seu quasi sentenciendi ipsos malefactores et facinorosos fuerunt per tanti temporis spacium quod hominum memoria non extitit in contrarium prout et probi homines plurium locorum, eciam ut Martigniaci, sancti Mauricii et aliorum plurium locorum tam juris quam consuetudinis sunt et fuerunt in usu et possessione seu quasi eciam facinorosos sentenciendi ; cujus prætextu cum nuper quidam facinorosus vocatus Petrus d'Orsin. »

Igitur ipsi homines quatenus sentencia fuerit lata diffinitiva contra dictum facinorosum sencientes, etc.... Appellant ex nunc ad reverendum in xpo patrem et dnm Dominum Abbatem sancti Michaelis de Stella, seu ad alium et ad illos ad quem vel ad quos appellatio devolvi debet. Petentes ut populos primo, secundo, tercio et quarto sepe sepius et cum majori instancia qua possunt nec non licteras testimoniales sibi dari, et requirentes eisdem provideri de remedio justa supplicata, et dictos homines in eorum bonis usibus, juribus, consuetudinibus et libertatibus sentenciændi facinorosos conservari tuheri et deffendere et per dictum dnm priorem eorum Dominum naturalem ejus dominacionem humiliter implorando.

Quibus auditis per dictum dnm priorem, visis expositis et supplicatis parte ipsorum hominum, ex ejus certa sciencia, animo deliberato, dictis suis probis hominibus respondit, dixit, declaravit nullam sentenciam diffinitivam fuisse latam per ejus judicem prenominatum contra dictum Petrum de Orsino racione per eorum perpectratorum, sed tantum quandam composicionem privatam factam cum nobili Guigone de Ravoyria castellano dicti loci seu ejus locum tenente in presencia tamen dicti dni judicis, et quod per dictam composicionem idem dns prior, nec sui officiarii intendunt aliqualem sentenciam datam contra usus, libertates, consuetudines, pacciones ipsorum proborum hominum quomodolibet, jura eciam usus possessionis seu quasi sentenciandi facinorosos in loco Campimuniti, et si que verba in dicta composicione quomodolibet per dictum dnm judicem prolata contra dictum Petrum vel extra dictam composicionem habuerit per que appareret sentencia lata diffinitiva quod non credit non esse, dicit eo casu illa verba et illam sentenciam revocavit et adnullavit tenore presencium, dictus dns prior et nullius roboris vel momenti per se et suis successoribus in prioratu predicto Campimuniti esse et fuisse vocatis. Renuncians per se et suis ut supra eidem si que sit vel esse appareat, nolens uti eadem et renuncians nunc et in posterum nec intendens per aliqua facta tam per dnm judicem quam ejus officiarios derogare quomodolibet juribus, usibus, consuetudinibus, libertatibus, paccionibus quibus mediantibus prout jus sentenciandi facinorosos et delinquentes infra districtum jurisdicionis Campimuniti, sed eos prout decens est in eorum juribus, consuetudinibus, usibus et libertatibus sentenciandi conservari, tuheri et manutenere, tenorem libertatum eorum insequendo et conservando. Promictens, Renuncians. Actum in Campomunito infra domum cure ipsius loci, presentibus nobili Aymoneto Botollerii de Servuz, Johanne Jay de Passiaco, clerico, Michalleto Chappot, de joris, parrochie Martigniaci. Et Nycodo de Crosa de Voudagnia, testibus ad premissa vocatis et rogatis. Et me Reymondo Solliardi, de Salanchia. Et me Petro Danielis, etc.

149

Sentence prononcée par N. Jean de Chissé, docteur en droit canon, licencié en droit civil, chevalier, juge de la terre de Chamonix, contre divers particuliers du lieu qui, au mépris des transactions et des règlements de la vallée, s'étaient permis d'inalper sur la montagne de Challiou, appartenant au prieuré, et condamnation des inculpés.

(1447.)

28 Novembre.

(Archives de l'église de Sallanches. — Liasse des titres de la justice civile et criminelle de Chamonix. — D'après l'original écrit sur parchemin.)

In nomine Domini, Amen. Anno a nativitate ejusdem millesimo quatercentesimo quadragesimo septimo, die vicesima octava mensis novembris, ad quam diem citati erant coram nobis Johanne de Chissiaco, decretorum doctore et milite, licenciatoque in legibus, judice Campimuniti pro venerabili et religioso viro dno Guillelmo de Ravoyria priore et dno temporali Vallium Campimuniti, Lacus et Vallis Ursine, apud Campummunitum, in nostris assisiis, Petrus Jorandi, Johannetus Jorandi, Michaudus Albi, Melleretus Giraudaz, Petrus Bossoney et Petrus Creteys alias Jaquier visuri et audituri, per nos jus dici et diffinitivam sentenciam, in, de et super quodam inquisicionali processu in dicta curia Campimuniti formato ex officio curie dicti dni prioris Campimuniti per Petrum Danielis notarium et dicti loci clericum, de anno Dni M° IIII° XL septimo, die quinta mensis septembris, contra et adversus predictos Petrum Jorandi, Johannetum Jorandi, Michaudum Albi, Melleretum Giraudaz,

Petrum Bossoney et Petrum Creteys alias Jaquier inquisitos, per quem processum ipsi inquisiti inculpantur quibusdam diebus tunc preteritis facta de alpacione animalium Calleti[1] de Challiou animalia sua duxisse ad dictum montem et herbam et pasqueragium dicti montis dicto dno priori pertinentis cum eorum animalibus comedisse et vastasse et pena viginti quinque librarum super hoc cridatam commississe, necnon contra transactionem jam dudum inter religiosum virum fratrem Richardum pro tunc priorem dicti prioratus Campimuniti et sindicos communitatis dictarum vallium factam de anno Dni m° ducentessimo nonagesimo secundo, venisse, que coram nobis exhibita et producta parte dicti dni prioris extitit, cujus processus articuli sequuntur et sunt tales. In primis super eo quod vir venerabilis dns Guillelmus de Ravoyria est prior prioratus Campimuniti et Dominus temporalis ipsius loci. Et ita est verum? Item, super eo quod ipse dns prior habet merum et mixtum imperium et juridicionem omnimodam in valle predicta super omnibus delinquentibus in ipso loco. Et ita est verum? Item, super eo quod ex parte prefati dni prioris publice proclamatum extitit quod nulla persona audeat vel presumat sibi appropriare rem alienam sub pena viginti quinque librarum. Et ita est verum? Item, super eo quod virtute transactionis et libertatum in patria Campimuniti inter prefatum dnm priorem et ejus antecessores et ejus homines et jurisdiciarios dicti loci, diucius observatarum sint quod omnes herbe et pascua remanentes in montibus seu alpibus quando animalia sint de alpata a dictis alpibus, insolidum pertineant eidem dno priori videlicet residuum dictorum pascuorum. Et ita est verum? Item, super eo quod omnes superius nominati inquisiti postquam eorum animalia fuerunt de alpata, ipsa animalia duxerunt et pasqueraverunt seu pasquerari fecerunt eorum nominibus in monte seu alpe de Challioz.

---

[1] Pour *Chaleti* (chalet).

Et ita est verum? Item, super eo quod omnes predicti commisserunt dictam penam sprete et inobedienter. Comparuerunt coram nobis dicto judice nobilis Franciscus de Lucingio velut procurator et procuratorio nomine prefati domini prioris Campimuniti existens et requirens in et super predicto processu diffiniri et jus dici, ex una parte. — Et prefati inquisiti petentes itaque de et super ipso processu jus dici, ex parte altera. Et nos judex prefatus hiis auditis et actentis, viso dicto processu et mature inspectis articulis ejusdem superius insertis. Visisque responsionibus dictorum inquisitorum super dictis articulis factis. Visa clausula libertatum super dictis pasqueragiis inter prenominatum dnm priorem et dictos sindicos dicte communitatis factarum cujus tenor sequitur in hec verba : « Item, quod dicti homines non possint secare residuum pascuorum in alpibus, nec ibi fenum facere sine mandato dicti dni prioris et quod animalibus existentibus in pascuis dictus dns prior non possit herbam pascuorum vendere vel donare vel aliter capere ; dictis vero bestiis remotis, dictus dns prior possit suam facere voluntatem de residuo herbarum dictorum pascuorum. » Pro tribunali sedentes, more majorum, Deum et sacras scripturas pro occulis habentes, xpique nomine invocato, dicentes : In nomine Patris, et Filii et Spiritus Sancti, Amen. Ad nostram diffinitivam sentenciam pervenimus in hunc qui sequitur modum.

Quoniam (ou quum) per tenorem dicti processus comperimus dictos inquisitos commississe penam, quemlibet, viginti quinque librarum super hoc cridatam et intencionem dicti procuratoris predicti domini prioris sufficienter probatam, idcirco ipsos inquisitos et ipsorum quemlibet condempnamus in quadragintis solidis monete cursalis pro bannis dicti processus, predicto dno priori solvendis ; a quaquidem nostra hujusmodi sentencia, predicti inquisiti, viva voce appellaverunt, quam appellacionem non admictimus nisi si et in quantum de jure est admictenda et recipienda et non alias neque ultra; prefingentes eisdem inquisitis terminum juris ad dictam appellacionem prosequendam. Data et lecta fuit hec nostra presens sentencia apud Campummunitum in Bancha curie dicti loci, loco ibidem, jura reddi solito, die et anno premissis, sub sigillo nostro, sigillo dicte judicature absenti, in testimonium premissorum.

Per dnm judicem.

Scellé et signé : F^{cus}, *not.*

150

Vente de l'office de Métral de Chamonix, passé par noble Petremand de Chivron, Vidame de Sion, Jean Métral de Martigny, Jean Métral d'Olon, agissant au nom de Jeannette de Marigny, sa femme, et François Bosset, notaire, agissant au nom de Pierre de Marigny et de Bone, femme de M. Jean Bel, secrétaire ducal, à noble Guigon, fils de noble Guigon de la Ravoire dit Banderet, seigneur de la Croix et conseigneur de la terre et juridiction de Saint-Alban, près Chambéry; prix : 150 florins. Confirmation de cette vente par R^d Guillaume de la Ravoire, prieur de Chamonix (frère de l'acquéreur).

(1456.)

16 Août.

(Archives de l'église de Sallanches. — D'après deux copies, l'une non signée du xve siècle et l'autre du xvie siècle, collationnée à l'original et signée : PELARD.)

Anno Dni m° iiii° quinquagesimo sexto, indicione quinta die decima sexta mensis augusti. Hujusmodi veri et publici instrumenti series recitatus universis et singulis presentibus et posteris veram et indubitatam prebeat noticiam. Quod in mei notarii publici ac testium inferius nominatorum presencia, constituti personaliter nobilis et potens vir Petremandus de Chivrone, vice dompnus sedunensis, ac Johannes filius Hugonis Mistralis de Martigniaco, agentes in hoc actu suis, suorumque heredum et successorum universorum nominibus; necnon Johannes filius quondam Aymonodi Mistralis de Olono, agens nomine Johanneto ejus uxoris filie quondam Petri de Marigniaco; et providus vir Franciscus Bosseti, notarii, agens in hoc facto, nominibus Petri filii dicti quondam Petri de Marigniaco et nobilis Bone uxoris honorabilis viri Johannis Belli, ducalis Sabaudie secretarii, pro quibus se fortes faciunt et promittunt se ratum habendo hunc actum, suorumque heredum et successorum universorum. Quiquidem nobilis Petremandus de Chivrone, Johannes Mistralis de Martigniaco ac Johannes Mistralis de Olono et Franciscus Bosseti gratis ac suis voluntatibus spontaneis, ut referunt nominibus premissis, omnes simul et ipsorum quilibet, ut sua interest, vendunt perpetuo, tituloque pure, perpetue, simplicis et irrevocabilis vendicionis, dant, donant, tradunt et perpetuo concedunt, nobili Guigoni filio quondam nobilis Guigonis de Ravoyria, dicti Banderet, domini Crucis, condomnique terre et juridicionis Sancti Albani prope Chamberiacum, presenti, ementi, stipulanti solemniter et recipienti cuncta et singula in presenti instrumento publico contenta, ad sui, suorumque heredum et successorum quorumcumque opus; videlicet, res subscriptas, declaratas et mencionatas : Primo Mistraliam et Mistralie officium tocius mandamenti et juridicionis Campimuniti, unacum omnibus et singulis juribus, actionibus, racionibus, censis, serviciis, usagiis, auchegiis, retrobannis, retrodecimis ac aliis quibuscumque emolumentis, pertinenciis et appendenciis ad ipsus mistralie officium pertinentibus et spectantibus quoquomodo; que et qua nobilis Symondus

Mistralis, tempore ejus vite ad causam dicte Mistralie percipiebat et percipere consueverat. Item quicquid juris, actionis et racionis ipsi nobilis Petremandus, ac Johannes et Johannes Mistralis, necnon nobilis Petrus de Marigniaco et nobilis Bona, uxor Johannis Belli habent, habereque possunt et debent et que sibi competunt et competere possunt qualitercumque in toto mandamento et juridicione predictis Campimuniti, sive terre, prata, domus, grangie, mollie, montes, nemora, cabane, jorie, pascua communia, sive alia quecumque bona mobilia et immobilia. Et hoc precio et nomine precii centum et quinquaginta florenorum parvi ponderis, singulo floreno computato pro duodecim grossis, bone monete nunc currentis, habitorum et receptorum per dictos venditores, ut asserunt, a predicto emptore, et de quibus centum et quinquaginta florenis hiidem venditores, quibus supra nominibus se tenent pro solutis et contentis ac jandictum emptorem et suos predictos, inde de eisdem solvunt et perpetuo quictant cum pacto expresso de non ulterius, aliquid occasione predictorum centum et quinquaginta florenorum ab eodem emptore, nec suis predictis, petendo, exigendo sive remperando acquilliana stipulacione annuo debito renovandi, interveniente et acceptacione inde legitime subsequuta. Et si....

Quinymo predictas res venditas jandicto emptori et suis predictis perpetuo manutenere, defendere, debrigare et legitime garentire ab omnibus et contra omnes in judicio et extra, ac de omni evictione universali et particulari, eidem emptori et suis semper teneri ; necnon omnia et singula in instrumento publico contenta laudari, ratificari et confirmari facere per dictos nobiles Petrum de Marrigniaco, bonam uxorem Johannis Belli et Johannetam uxorem Johannis Mistralis, quam primum super hoc, parte jandicti emptóris vel suorum fuerint requisiti. Renunciantes.....

Presente, laudante, confirmante, approbante pariter et ratificante predictam vendicionem, ac omnia et singula in presenti vendicionis instrumento contenta, descripta et declarata acque emologante videlicet venerabili et egregio viro domino Guillermo de Ravoyria, priore prioratus dicti loci Campimuniti, dnoque temporali ejusdem loci, in vallium Ursine et Lacus.

Actum Martigniaci in Stupha domus abbergarie nobilis Anthonii de Castellario, presentibus venerabilibus viris dnis Guillermo de Aulanova, curato Alii et Andrea de Cresco, curato Fuliaci, nobili Petro Gilliquini, providisque viris Vincensio Pellicerii, notario et Jacobo Michaudi, de sancto Paulo, clerico, testibus ad premissa vocatis et rogatis.

Meque Johanne Defago, mandamenti Montisgaudii, Gebennen., dioces. clerico.

151

(A, F.) *Georges de Cons, abbé de Tamié, ensuite de la commission reçue d'Alanus, cardinal prêtre, du titre de Sainte-Praxède, légat, accepte la démission de R^d François Buthod, en sa qualité de curé, soit vicaire perpétuel de Chamonix, et confère ladite cure à Hugues de la Ravoire, clerc du diocèse de Grenoble, sous la réserve de payer en deux termes à son prédécesseur une pension annuelle de 7 écus au coin de France, sur les revenus et produits de la cure.*

(1456.)

22 Décembre.

(Archives de l'église de Sallanches, non coté. — Copié d'après son original écrit sur une seule feuille de parchemin.)

(*A.*) Reverendo in xpo Patri et Domino dno Dei et sedis

appostolice gracia Gebennensi episcopo, ejusque in spiritualibus vicario seu officiali, ceterisque viris venerabilibus ad quem vel ad quos ecclesie parrochialis de Campomunito, diocesis predicte, collacio, provisio, presentacio seu quevis alia disposicio communiter vel divisim pertinet, omnibusque aliis et singulis quorum interest, quosque infrascriptum tangit negocium seu tangere poterit communiter vel divisim quomodolibet in futurum, quibuscumque nominibus censeantur, aut quacumque prefulgeant dignitate. Nos G^{us} humilis abbas monasterii Stamedei, Tarentasiensis diocesis, judex et executor unicus ad infra scripta a R. in xpo patre et dno Domino Alano, miseracione divina, tituli Ste Praxedis, Sacro Sancte Romane ecclesie presbitero cardinali Avinionensi vulgariter nuncupato in regno Francie, ceterisque Galliarum ac illis adjacentibus partibus usque ad Rehenum inclusive, apostolice sedis legato, specialiter deputatus, salutem in dno. Et nostris hujusmodi ymoverius appostolicis firmiter obedire mandatis; licteras prefati domini legati cum bullis appostolicis eidem introclusis cum cordula rubea impendenti, sigillatis, sanas et integras non viciatas non cancellatas nec in aliqua eorum parte suspectas, sed omni prorsus vicio et suspicione carentes, ut in eis prima facie apparebat nobis per nobilem Johannem de Ravoyria alias Banderet procuratorem ac procuratorio nomine viri venerabilis Dompni Francisci Butodi, presbiteri curati seu vicarii perpetui parrochialis ecclesie de Campomunito, predicte Gebenn. diocesis; et Hugonem de Ravoeria in ipsis licteris nominatum seu nobilem Anthonium Forrerii, de Turnone, ejus procuratorem legitimum, coram notario publico et testibus infra scriptis, presentatas. Nos enim cum ea qua decuit reverencia noveritis recepisse sub hujusmodi tenore.

Tenores vero dictarum licterarum. Forma juramenti per abbates prestari soliti in altera illarum inserta duntaxat omissa, de verbo ad verbum successive sequuntur et sunt tales :

(F.) Post quarumquidem licterarum apostolicarum presentacionem et recepcionem nobis per nos ut premictitur factas, constitutus personaliter coram nobis prefatus nobilis Johannes procurator ac procuratorio nomine antefati dompni Francisci ex causis et racionibus et tam in ipsis licteris apostolicis quam in procuratorio ejusdem descriptis, confecto acque recepto inde publico instrumento per Petrum Pignati, clericum, Lugdunensis diocesis, notarium publicum, auctoritate apostolica, sub anno currente Domini millesimo quatercentesimo quinquagesimo quinto, indicione tercia cum eodem anno sumpta, die vero undecima mensis januarii ac aliis ipsum Dompnum Franciscum ad hec moventibus ut asserebat hujusmodi curatum beneficium quod obtinebat melioribus modo et forma quibus scivit, potuit et debuit sponte et libere in manibus nostris cessit et resignavit, ac resignacionem et cessionem hujusmodi per nos recepi et admicti ipseque procurator necnon et memoratus Hugo ad preinsertarum licterarum apostolicarum et contentorum in eisdem exequucionem procedi per nos instanter postulaverunt. Nos igitur Georgius de Cons, humilis abbas, predictus, judex et exequutor prefatus, volentes mandatum apostolicum nobis in hac parte directum reverenter exequi, ut tenemur, cessionem et resignacionem hujusmodi auctoritate apostolica qua fungimur, in hac parte nobis commissa, recepta, primitus ab eodem Johanne veluti procuratore et procuratorio nomine prefati Dompni Francisci et Hugone seu dicto ejus legitimo procuratore, quod in hujusmodi resignacione non intervenit fraus, dolus, symonie labe sive coruptela aut aliqua alia illicita pactio ad Sancta Dei Evangelia, tactis per eosdem in manibus nostris sacro sanctis scripturis juramento. Recepimus et admissimus et recipimus et admictimus, et in super prefatum curatum beneficium cum suis juribus et pertinenciis sic ut premictitur per hujusmodi resignacionem eciamsi actu, alias aut per aliquem ex contentis in preinsertis licteris apostolicis modis

vacans eciam et tanto tempore vacaverit quod ejus collacio juxta Lateranensis statuta consilii ad sedem apostolicam legitime devolutum ipsumque beneficium disposicioni apostolice quomodolibet reservatum existat, dummodo tempore date eorumdem Licterarum apostolicarum non fuerit in ipso beneficio alicui specialiter, jus, quisitum, cum omnibus juribus emolumentis et pertinenciis suis eidem Hugoni aut dicto ejus procuratori id humiliter postulenti auctoritate prefata contulimus et assignavimus, conferimusque et assignamus et nichilominus prefato Francisco ne ex resignacione hujusmodi nimium detrimentum paciatur super fructibus, redditibus et proventibus, juribusque et obvencionibus universis dicti beneficii annuam pensionem septem scutorum auri regni regis Franciæ in duobus terminis persolvendorum primo incipiente in proximo festo nativitatis dni medietatem, et altero in festo Beati Johannis Baptiste inde proxime sequenti, residuum dictorum septem scutorum postquam possessionem ipsius beneficii pacifficam fuerit assequutus, suosque in dicto beneficio successores pro tempore existentes et ita deinceps, annis singulis prefato Francisco quoad vixerit vel procuratori suo legitimo ad hoc speciale mandatum habenti, efficaciter et integre persolvendum terminis prestatutis pro ipsius Francisci substentacione pauciori ac aliis suis necessitatibus, auctoritate predicta apostolica, reservavimus, constituimus et assignavimus; ac eciam reservamus et constituimus. Decernentes, etc....

Vobis vero dno episcopo Gebennensi prefato cui, ob reverenciam vestre Pontifficatus dignitatis, deferimus in hac parte si contra premissa vel aliquod premissorum feceritis per vos vel submissam personam predictarum sex dierum canonica monicione premissa ingressum ecclesie interdicimus in hiis scriptis; si vero hujusmodi interdictum per alios sex dies prefatos sex immediate sequentes substinueritis, vos eadem canonica monicione premissa suspendimus a divinis; verum si prefatas interdicti et suspensionis sentencias per alios sex dies prefatos duodecim immediate sequente, animo, quod absit substinueritis indurato vos in hiis scriptis simili canonica monicione premissa excommunicacionis sentenciam innodamus. Ceterum cum ad exequcionem premissorum ulterius faciendam nequeamus quoad presens personaliter interesse pluribus aliis legitime prepediti negociis, etc....

In quorum omnium et singulorum fidem et testimonium premissorum presentes nostras licteras, seu presens publicum instrumentum processum nostrum hujusmodi in se continentes seu continens ex inde fieri et per notarium publicum infrascriptum subscribi et publicari mandamus, nostrique sigilli jussimus ei fecimus apposicione muniri.

Datum et actum Turnone in scturno domus nostre dicte Grangia Stamedei, sub anno a nativitate Domini millesimo quadringentesimo quinquagesimo sexto, indicione quarta, die vero vicesima secunda mensis decembris. Pontificatus sanctissimi in xpo patris et dni nostri domini Calisti, divina Providencia pape tercii, anno secundo : presentibus ibidem nobili Claudio Forrerii, de Turnone, venerabili et religioso viro dompno Johanne Perisodi monacho, Jacobo Palliodi renduto dicte abbacie Stamedei ; et Johanne Burbandi parrochie Cleriaci, testibus ad premissa vocatis et rogatis.

Et me Guillelmo Balistre capp[no] de Mota, sancti Flori diocesis, nunc habitatore Turnone....

Au bas pend le sceau sur cire blanche de l'abbé de Tamié.

152

Conventions passées entre R^d Jacques de Crescherel, ancien prieur de Chamonix et R^d Guillaume de la Ravoire, prieur moderne dudit lieu, d'une part; — et maître Étienne Duruyquin, agissant tant en son nom qu'en celui de maître Marc Biagnie, d'autre part; pour l'exploitation des mines d'or, d'argent, plomb, cuivre et autres métaux, existantes dans la juridiction de Chamonix.

(1458.)

25 Septembre.
(Archives de l'église de Sallanches. — D'après l'imbréviature originale du notaire.)

(Ad opus) Venerabilium virorum dominorum Jacobi de Crecherello et Guillelmi de Ravoyria prioris Campimuniti, hinc et magistri Stephani Duruyquim (inde).

Anno dni millesimo iiii° quinquagesimo octavo, indicione sexta, die vicesima quinta mensis septembris. Per hoc, etc... coram me notario publico et testibus infrascriptis. Constituti personaliter prefati domini, hinc; et magister Stephanus Duruyquin, suo et magistri Marci Biaynie, de Valle de Ryn, inde; ipse siquidem partes gratis et sponte pro se et suis faciunt pacta et convenciones subscriptas :

Primo : dicti dni tradunt minas omnes hujus juridicionis Campimuniti ad extrahendum de ruppis et ipsis extractis, aurum, argentum, cuprum, plombum ac omnia alia metalla que ab eisdem minis extrahi poterunt, et ipsa metalla actenda et affinenda, et hoc spacio duodecim annorum ; sub pacto tamen quod dicti magistri teneantur et debeant socios hujus patrie docere, per unum mensem, ad extrahendum minam de ruppis; quo mense durante, dicti magistri Stephano et Marco, seu alteri loco ipsorum qui experti sint ad hoc, operari teneantur et debeant, sumptibus tamen dictorum dominorum eisdem magistrum ministrandorum, ipso mense durante. Quia ita fuit actum, dictum et in pactum solempniter conventum inter dictas partes unanimiter concordes.

Item, magis fuit actum quod ipsi magistri teneantur et debeant dictas minas actare, aurumque, argentum, plombum, cuprum et alia quecumque metalla que ab eisdem minis extrahi poterunt, extrahere et illis extractis eadem affinare ut decet, dictis duodecim annis durantibus, suis ipsorum magistrorum sumptibus; et quod ipsis mina et metallis ut supra actatis, quod ipsi domini habere debeant medietatem dictorum metallorum, et dicti magistri aliam medietatem, quia ita fuit actum.

Item, magis fuit actum quod dicti dni dictam minam extrahi facere debeant de ruppis, ac dictis magistris ipsam minam reddere in loco ubi ipsa mina fondetur et actabitur, ac eciam nemus ad dictam minam necessarium et carbones eisdem magistris ministrare debeant et teneantur, suis ipsorum dominorum propriis sumptibus et expensis.

Item, magis fuit actum quod si dicte partes, seu altera ipsarum viderent quod in premissis non esset lucrum, quod ipse seu altera ipsarum premissa demictere possent; et casu quo predicte parte de dicta dimissione non essent concordes, quod ipsi stare debeant ordinacioni et cognicioni virorum proborum ad hoc expertorum communiter eligendorum.

Item, magis fuit actum inter dictos dnos quod ipsi, sumptus predictos per eosdem faciendos communiter facere debeant et quod ipsi medietatem in eorum partem evenire debentur equaliter dividere debeant; quia ita fuit actum inter prefatos dnos et in pactum solemniter conventum.

Promictentes hinc inde, etc. Renunciantes hinc inde, etc.

Actum in Campomunito ante magnam portam prioratus, presentibus dno Raymondo de Duyno, monacho, Dompnis

Francisco Butodi, de Passiaco, et Aymone Lavuet, de Salanchia, capellanis; nobili Francisco de Lucingio de Passiaco et Petro Soliardi, clerico, de Campomunito, testibus.

(Signé) Idem Soliardi, *not.*

153

Sentence rendue par les prud'hommes de la vallée de Chamonix, représentés par Jacques Bollet, un d'eux, contre Guiga, veuve de Millieret-Balmat dit Monard, de Chamonix, et Rolette, veuve de Jean Duc, de Vallorcine, accusées du crime d'hérésie, après qu'elles eurent été examinées par R^d Pierre Girod, de l'ordre des frères prêcheurs et professeur de théologie, lieutenant de l'inquisiteur général et apostolique dans les diocèses de Lausanne, de Genève et de Lyon; et exécution de la sentence par le feu.

(1458.)

20 Novembre.

(Tiré des Archives de la commune de Chamonix.)

In nomine Domini, amen. Magistra rerum experientia decrevit peracta acque hominum gesta solemni et authentice scripture reddigi memorie ut quod hominis memoria labilis implere nequit auctentiarum et solempnium scripturarum suffragio suppleatur. Igitur anno salutisfere nativitatis Domini nostri Jesus Christi millesimo quatercentesimo quinquagesimo octavo, indictione sexta, die vicesima mensis novembris. Per publici instrumenti seriem et tenorem universis et singulis presentibus et posteris liquide fiat manifestum pariter et sit notum quod in mei notarii publici ac testium inferius nominatorum presentia, personaliter constitutus venerabilis et egregius vir dominus Stephanus de Sys in legibus licenciatus, judex terre et juridictionis Campimuniti pro domino ejusdem loci. Quiquidem Stephanus gratis et sponte, de voluntate reverendi in Christo patris domini Guillermi de Ravoyria, prioris moderni prioratus ejusdem loci Campimuniti ac domini temporalis ejusdem loci. Ipse siquidem dominus Stephanus officio dicte ejus judicature Campimuniti deponit totaliter et devertit, ipsumque officium ejusdem judicature eisdem probis hominibus investit et remittit pro hodierna die cum solempnitatibus et aliis clausulis in talibus opportunis per dictum.... De quibus premissis omnibus et singulis honesti viri Rodulphus Charleti, Peronetus Coteti, Petrus Depratis et Michaudus Gillier, sindici et sindicario nomine dicti loci Campimuniti, sindicarioque nomine ejusdem communitatis per me notarium subscriptum sibi petierunt et requisierunt fieri litteras testimoniales, quod eisdem ex meo incombenti officio duxi concedendum. Datum et actum in dicto prioratu Campimuniti in camera domini prioris, presentibus providis viris Ludovico de Raymondeys de Passiaco, Petro Girardi de Camberiaco notariis et Claudio Mugnerii de Bonavilla testibus ad premissa vocatis et rogatis. Post hec anno, indictione et die suprascriptis, cum communitas proborum virorum vallis et totius mandamenti et juridictionis Campimuniti.... prioratus Campimuniti et ipsius communitatis predecessores habuerint et habeant possessionem seu quasi et jus etiam per.... usumque et consuetudinem dudum ibidem observatos et non denegatos per tanti temporis spatium quod hominum memoria de contrario non habetur nec habere potest.... probi homines de et super delinquentibus et committentibus casus criminales tanquam et cognitores ejusdem domini prioris dicti loci Campimuniti, sententiandi, pronunciandi, judicandi, condempnandi, absolvendi et omnino cognoscendi secundum casus exigentiam, facto prius, formato et completo processu per clericum curie predicti domini prioris et ejus prioratus, aut alterum potestatem habentem; dictusque dominus in predictis casibus et quolibet ipsorum teneatur et debeat omni excusatione remota secundum tenorem franchesie et libertatis ipsius communitatis dictis probis hominibus ipsius communitatis tanquam judicibus et cognitoribus predictis ministrare, ac suis ipsius propriis dicti domini prioris sumptibus et expensis tradere, deliberare et expedire aliquem bonum virum sufficientem et ydoneum consiliarium pro ipsis probis hominibus in predictis casibus consulendis, et eisdem consilium sufficiens et ydoneum dandis et prestandis, virque venerabilis et egregius supra nominatus dominus Guillelmus de Ravoyria prior prioratus Campimuniti velit et cupiat dictis suis probis hominibus dicte communitatis et juridictionis Campimuniti suas franchesias usus, libertates.... benigniter et graciose observare pariterque et omnino suo posse custodire. Hinc est et fuit quod in mei notarii publici et testium inferius nominatorum presentia propter infra scripta que sequuntur peragenda supra nominati honesti viri Rodulphus Charleti, Peronetus Coteti, Petrus Depratis et Michaudus Gillier sindici et sindicario nomine dicte totius communitatis et juridictionis Campimuniti juxta tenorem et continentiam ac formam ipsius communitatis franchesie et libert...., quam franchesiam exhibuerunt et produxerunt, exhibentque et producunt, requisierunt et requirunt supra nominatum dominum.... virum Guigonem de Ravoyria fratrem et castellanum dicti domini prioris et ejus predicti prioratus quathenus ipse eisdem sindicis traderet et ministraret aliquem bonum virum sufficientem et ydoneum ad ipsos sindicos, sindicario nomine predicto bene sufficienter et ydonee consulendum consiliumque bonum, sufficiens et ydoneum eisdem dandum et prestandum pro justicia ministranda in casibus opportunis commissis in et penes juridictionem supra nominati domini prioris dicti loci Campimuniti. Quiquidem nobilis Guigo de Ravoyria castellano dicti loci Campimuniti et procurator, ut asserit dicti domini prioris ibidem.... ac sindicario nomine predicte totius communitatis stipulantibus solempniter et recipientibus pro consiliario tradidit et ministravit venerabilem et egregium virum dominum Stephanum de Sys, in legibus licenciatum ibidem presentem; quemquidem dominum Stephanum supra nominati sindici sindicario nomine receperunt et acceptaverunt, recipiuntque et acceptant in bonum sufficientem et ydoneum consiliarium. De quibus premissis sicut stabuntur actis et gestis, dicti sindici sindicario nomine petierunt et requisierunt sibi per me notarium subscriptum fieri et confici publicum instrumentum, quod eisdem ex meo incombenti officio duxi largiendum. Datum et actum in dicto prioratu Campimuniti et in camera dicti domini prioris, presentibus providis viris Ludovico de Raymondeys, de Passiaco, Petro Girardi de Camberiaco, notariis, Glaudio Mugnerii, de Bonavilla et Michalleto Cheppot de Joriis, parrochie Martigniaci testibus ad premissa vocatis et rogatis. Item, anno, indictione et die suprascriptis, Guiga relicta Milliereti Balmat alias Monardi, de Campomunito predicto et Roleta relicta Johannis ducis de Valle Ursina pro crimine heresis detente et incarcerate in carceribus et confinibus dicti domini prioris et ejus prioratus, fuerunt in ecclesia Sancti Michaelis dicti loci Campimuniti generaliter et publice per reverendum in Christo Patrem Petrum Ginodi sacre theologie professorem, ordinis fratrum predicatorum, vicarium generalem et locum tenentem reverendi Patris Victoris Demonte in civitatibus et dyocesibus Lausannensi, Gebennensi et Sedunensi inquisitoris heretice pravitatis auctoritate apostolica specialiter deputati; deinde per eumdem dominum vicarium vice inquisitorem supra nominato nobili viro Guigoni de Ravoyria castellano dicti loci Campimuniti tanquam brachio seculari remisse, tradite et... appostates, ac impenitentes vel saltim, tempore debito, non penitentes. De quaquidem remissione per dictum dominum vice-inquisitorem de omnibus suprascriptis, dictus nobilis Guigo de Ravoyria castellanus predictus ad opus sui dictorumque sindicorum, sindicario nomine dicte totius communitatis Campimuniti nec non omnium aliorum et singulorum quorum interest et interesse poterit quomodolibet in futurum fieri petiit et requisiit per me notarium subscriptum fieri publicum instrumentum, quod eisdem ex meo incombenti officio duxi largiendum. Datum et actum in ecclesia Sancti Michaelis dicti loci, ubi providi et discreti viri Ludovicus de Raymondeys de Passiaco, Petrus Girardi, de Chamberiaco, Johannes Defago, parrochie Sancti Gervasii in Montegaudio notarii.... villa, testes ad premissa vocati fuere pariter et rogati. Tandem anno, indictione et die suprascriptis, supra nominate Guiga relicta Milliereti Balmat et Roleta relicta Johannis ducis, heretices ut supra predicate et remisse fuerunt per dictum nobilem Guigonem de Ravoyria castellanum predicti loci recepte ac per eundem castellanum et ejus familiares ducte ante arream seu grangiam, supra nominati domini prioris et ad bancham curie dicti loci Campimuniti ubi jura temporalia reddi sunt solita. Quibus Guiga et Roleta ac magna multitudine populi ibidem congregati existentibus...., procurator fiscalis supra nominati domini prioris, attenta remissione de dictis Guiga et Roleta facta per dictum dominum vicarium.... exhibetque et producit, requisiit et requirit per supra nominatos Rodulphum Charleti, Peronetum Coleti, Petrum Depratis et Michaudum Gillier sindicos et sindicario nomine dicte totius communitatis Campimuniti ibidem presentes tanquam judices et cognitores in hoc facto dicti domini prioris Campimuniti sibi justiciam de eisdem Guiga et Roleta hereticis predictis ministrari. Cum ipse heretice nichil justi in contrarium allegent nec dicunt, Providus vir Jacobus Bolleti alter proborum hominum dicte totius communitatis Campimuniti, nomine dictorum sindicorum ac de voluntate et consensu majoris partis proborum hominum nomine dicte totius communitatis Campimuniti; habito prius consilio a supra nominato domino Stephano de Sys ibidem presente ut su.... communitatis pro consiliario tradito expedito et ministrato dictas Guigam relictam Melliereti Balmat et Roletam relictam Johannis ducis.... procuratorem fiscalem exhibita et producta, attentis etiam petitis et suis requisitis per eundem procuratorem fiscalem, habitaque.... locum tenentis prout asserit, dictus Jacobus Bolleti, judex et cognitor predictus, sententiavit, judicavit, pronunciavit et condempnavit.... et ibidem combustas in uno grosso et terribili foco, ita et taliter quod ibidem dies suos claudant extremos et quod corpora ipsarum combusta.... ad finem quod hujusmodi punitio dictarum duarum hereticarum ut supra condempnatarum et judicatarum det et obstendat metum m.... ceteris talia facere presumentibus, sic et esse debeat in terribile exemplum. Quibus premissis sic actis et gestis, dictus Jacobus Bolleti, cognitor predictus nominibus quibus supra dictas Guigam et Roletam ut supra judicatas et condempnatas remisit supra nominato nobili Guigoni de Ravoyria castellano predicti loci Campimuniti. De quibus premissis omnibus et singulis sic ut premittitur actis et gestis, supra nominati Jacobus Bolleti cognitor predictus et Rodulphus Charlet, Peronetus Coteti, Petrus Depratis et Michaudus Gillier, sindici et sindicario nomine dicte totius communitatis requisierunt et petierunt per me notarium subscriptum sibi fieri publicum instrumentum, quod eisdem ex meo incombenti officio duxi largiendum; quod et omnia predicta dictari, corrigi, refici, meliorari, emendari possint et valeant dictamine et consilio peritorum unius et plurium levata aut non levata, in judicio producta aut non producta facti tamen substancia non mutata. Acta, lecta et promulgata fuerunt premissa et publice recitata in Campomunito ante arream prioratus ejusdem loci ubi jura temporalia partibus reddi sunt solita, ubi providi et discreti viri Ludovicus de Raymondeys, de Passiaco, Petrus Girardi, de Chamberiaco et Johannes Defago, parrochie Sancti Gervasii in Montegaudio, testes ad premissa vocati fuere pariter et rogati. Ego, inquam, Johannes Soliardi....

N. N.

154

Transport-cession, moyennant 15 florins, passée par R^d frère Pierre Girod, de l'ordre des Frères prêcheurs, professeur en théologie, vicaire général de frère Raymond de Rote, inquisiteur général de la foi dans les diocèses de Genève, de Lausanne et de Sion, en faveur de R^d Guillaume de la Ravoire, prieur de Chamonix, du tiers qui lui revenait des biens de toute nature, confisqués au préjudice de Guigua, veuve de Mellieret-Monard, dit Balmat, de Jeannette, femme d'Aymonet-Charrerat, de Françoise, veuve de François Paviot et de Rolette, veuve de Jean Duc, condamnées et exécutées à Chamonix, pour crime d'hérésie.

(1458.)

7 Décembre.

(Archives de l'église de Sallanches. — D'après l'imbréviature du notaire Jean Soliard.)

(Ad opus.) Venerabilis dni Guillelmi de Ravoyria prioris Campimuniti. Anno Domini millesimo iiii° L octavo, indicione sexta, die septima mensis decembris. Per hoc, etc.... constitutus personaliter reverendus Pater, Frater Petrus Ginodi, sacre theologie professor, ordinis Fratrum Predicatorum, vicarius generalis et locum tenens reverendi Patris Fratris Raymondi de Rota ejusdem ordinis in dioceseos Gebenn. Lausan. et Sedun. inquisitoris heretice pravitatis, auctoritate apostolica specialiter deputati. Qui gratis, etc..., cedit, quietat, transfert et remictit dicto dno Guillelmo de Ravoyria priori, presenti, etc.... Videlicet terciam partem sibi pertinentem omnium et singulorum bonorum mobilium, immobilium, dotalium, pæraffernalium et adventicionum que fuerunt Guigue relicte Melliereti Monardi alias Balmat, Johannete uxoris Aymoneti Charrerat et Francesie relicte Francisci Paviocti, de Campomunito et Rolete relicte Johannis ducis de Valle Ursina, pro crimine heresis in Campomunito conjunctarum, cum suis juribus, etc.... Et hoc pro et mediantibus quindecim florenis, parvi ponderis, etc..... Habitis, etc.... Ad habendum et tenendum, etc.... Devestiens, etc.... Investiens, etc.... Donans, etc.... Nichil juris, etc.... Promictens more religiosorum manum ad pectus ponendo, etc.... Et manutenere, etc.... Et de eisdem quindecim florenis ipsum indenpnem, servare erga quoscumque. Renuncians....

Actum in Campomunito ante furnum prioratus Campimuniti predicti, presentibus nobili Francisco de Lucingio, de Passiaco, Rodulpho Charleti et Petro Depratis, de Campomunito, testibus ad premissa vocatis et rogatis.

SOLIARDI, *not*.

155

Vente passée par noble Louis, fils de noble Louis Botollier, de Nyon, en faveur de dom Jean et noble Aimon Botollier, frères, des rentes féodales, en cens, servis, tailles, hommages, etc., qu'il possédait dans le mandement de Chamonix; prix 200 florins, bon or, petit poids, un cheval poil gris, et un livre intitulé Cadiouz; confirmée par R^d Guillaume de la Ravoire, prieur et seigneur temporel de la vallée de Chamonix.

(1458.)

15 Décembre.

(Archives de l'église de Sallanches. — Non inventorié. — D'après son original écrit sur parchemin.)

Anno Domini millesimo quatercentesimo quinquagesimo octavo, inditione sexta, die vero decima tertia mensis decembris. Per hoc presens publicum instrumentum omnibus et singulis fiat notum quod in mis notarii publici, testiumque subscriptorum presencia personaliter constitutus nobilis Ludovicus Botollicri, de Nyvydono, filius quondam nobilis Ludovici Botolieri qui sciens et spontaneus de juribusque suis ad plenum, ut asserit, informatus, pro se et suis heredibus et successoribus universis vendit perpetue, tituloque pure, perfecte, perpetue, simplicis et irrevocabilis vendicionis tradit et concedit nobilibus domino Johanni et Aymoni Botolierii, fratribus presentibus, stipulantibus et recipientibus ad opus ipsorum et suorum heredum et successorum quorumcumque. Videlicet : omnia et singula homagia, servitutes, tallias, censas, servicia et tributa annuales et annualia que et quas ipse Ludovicus habet, tenet et possidet, habereque potest et debet in toto mandamento Campimuniti et que dictus Ludovicus pater ipsius Ludovici, tempore ejus vite habebat in dicto mandamento, omneque dominium directum et pensiones sibi Ludovico pertinentes in dicto mandamento et super quibus dicta tributa annualia debentur, et specialiter omnia et singula que in dicto mandamento, manu mis notarii subscripti fuerunt recognita dicto Ludovico, et specialiter decem novem solidos et sex denarios Gebennenses sibi debitos per Jaquemetum filium quondam Nicoleti Devilla cum tercia parte fructus Alpium, unacum eciam homagio talliabili sibi debito per dictum Jaquemetum. Item tres solidos et quinque denarios cum obolo Geben. tam tallic quam cense et servicii annualiter sibi debitos per Petrum Decombis. Item, duos solidos annuales et novem denarios Geben. sibi debitos per Vuillelmum Decombis. Item, duodecim solidos sex denarios tributi annualis sibi debitos per Johannem et Petrum Gay, de Lacu. Item, duodecim solidos et tres denarios annuales sibi debitos per Anthonium Gay. Item, viginti denarios cum obolo Geben. sibi annualiter debitos per Johannem Decombis. Item, tres decim solidos et unum denarium Geben. eidem debitos per Johannem Doel. Item, septem solidos et unum denarium Geben. sibi debitos per Vullelmum Sougeri. Item, quinque solidos cum obolo Gebenn. annualiter sibi debitos per Peronetum et Johannem Perini. Item, tres denarios Geben. annualiter sibi debitos per Johannem Felisaz. Item, duos solidos et quinque denarios Geben. annualiter sibi debitos per Johannem Johanodi. Item, tres denarios cum obolo sibi debitos per Hanrietam uxorem Petri Unseys. Item, tres solidos et octo denarios cum obolo Geben. sibi debitos annualiter per Aymonem Decombis. Item, sex quartos avene rasos, duos solidos et decem denarios cum obolo annualiter sibi debitos per Ramusium Devilla. Item, duodecim denarios annuales sibi debitos per Gabrielem de Costa. Item, quinque denarios Geben. sibi debitos annualiter per Richardum Blondaz. Item, quatuor denarios cum obolo Geben. sibi debitos annualiter per Richardum Sougerii. Item, duos solidos et duos denarios et medietatem unius oboli Geben. sibi annualiter debitos per Girardum Tissot. Item, sex denarios Geben. annualiter sibi debitos per Johannem Regis de Passier et Vullelmetam ejus uxorem. Item, duos denarios Geben. sibi annualiter debitos per Aymonetum de Costa. Item, quindecim denarios Geben. sibi debitos annualiter per liberos Aymoneti Magnini. Item, quindecim denarios cum obolo sibi debitos per liberos Nycodi Pascalis, de monte Voutier unacum homagio sibi debito per dictos liberos. Item, decem denarios sibi per Johannem Molyn, annualiter debitos. Item, tres denarios Geben. eidem annualiter debitos per Nycolletum Sougerii. Item, novem denarios eidem annualiter debitos per Aymonetam relictam Hugonis Regis. Item unum obolum per Petrum Vuychardi, sibi annualiter debitum. Item, undecim denarios eidem annualiter debitos per Johannetum Carrerii. Item, Homagium sibi debitum per liberos Peroneti Paschalis, junioris cum tallia eidem nobili per ipsos debita et cum omnibus redditibus eidem per ipsos liberos debitis, et omnia feuda que ab eodem nobili tenent, unacum omnibus et singulis bonis, redditibus, tributis annualibus et homagiis acque talliis sibi debitis in mandamento Campimuniti acque eidem pertinentibus in dicto mandamento et que dictus Ludovicus pater dicti Ludovici habebat in eodem mandamento, unacum juribus, pertinenciis, appendenciis dictorum bonorum superius venditorum. Ad habendum, tenendum et perpetue possidendum per dictos nobiles dnm Johannem et Aymonem Botolieri fratres et suos, et quidquid sibi et suis placuerit faciendum. Precio ducentum florenorum auri boni parvi ponderis, unius equi pili grisi, cujusdam libri vocati Cadiouz et omnium aliorum librorum existencium, per dictum venditorem Taurini habitorum. Quos ducentum florenos, equum et libros ipse venditor a dictis emptoribus habuisse et realiter recepisse confitetur. Devestiens se dictus venditor et sub speciali obligacione cujusdam pecie vinee ipsius Ludovici, site in territorio dou Trenbley in mandamento de Nyvydono, continentis circa quinque posas : superius tenet nobilis Aymonetus Botollierii, inferius juxta iter publicum, etc., a parte boree. Item super quadam magna domo ipsius Ludovici, sita in villa de Nyvidono in ripa, unacum vinea sita retro domum predictam existente juxta iter publicum a parte lacus, a parte venti tenent fratres dicti Ludovici. Ita, quod generalitas obligacionis specialitati non deroget et e contra. Renuncians.... Actum es Raymondeys [1], in domo mis notarii subscripti, presentibus viro discreto Jacobo de Balmis, clerico, Ludovico de Raymondeys et Petro Beguyn, testibus ad premissa vocatis. Et me Jacobo de Raymondeys....

(Lod de la vente qui précède mis à la suite sur la même feuille.)

Nos frater Guillelmus de Ravoyria, prior prioratus Campimuniti, pro nobis et nostris, predictam vendicionem et omnia in eodem vendicionis instrumento contenta nobilibus emptoribus in ibi nominatis et suis quibuscumque heredibus et successoribus, laudamus et confirmamus, salvo jure nostro et cujuslibet alterius racione semper salvis. Datum die duodecima mensis aprilis, anno Dni millesimo IIII° sexagesimo quarto, indicione duodecima.

De mandato prefati dni prioris.

Signé : J^{es} SOLIARDI, *not.*

Pend le sceau dudit prieur.

Autour on lit : S. GUILLMI DE RAVORIA.

[1] Aux Reymondins, localité de Passy.

156

Documents relatifs à la détention, à la mise en accusation, à la défense et à l'élargissement de Jean Corteys, dit Martin, de Chamonix, prévenu du crime d'hérésie, lequel avait été incarcéré dans les prisons dudit lieu le 20 novembre 1458.

(A.) *Sa procuration générale pour former sa défense.* (B.) *Demande à lui faite du paiement de la somme de 40 florins par le vice-inquisiteur apostolique.* (C.) *Les syndics de Chamonix promettent de le défendre conformément aux libertés et franchises de la vallée.* (D.) *Il passe une nouvelle procuration à son fils et à plusieurs autres personnes pour vendre ses biens.* (E.) *Il fait la cession de ses biens au prieur de Chamonix.* (F.) *Le vice-châtelain de Chamonix le remet à Genève, entre les mains du vice-inquisiteur.* (G.) *Son élargissement des prisons de Chamonix.*

(1458.)

21 Décembre.

(Archives de l'église de Sallanches. — Le tout d'après les imbréviatures du notaire J. Soliard.)

(A.) Procuratorium Johanneti Cortesii.

Anno Dni millesimo IIII° L. octavo, indicione sexta, die vicesima prima mensis decembris. Per hujusmodi veri et publici instrumenti seriem pariter et tenorem, universis et singulis presentibus et posteris fiat manifestum quod coram me notario publico et sub nominatis testibus. Personaliter constitutus Johannetus Cortesii alias Martini, de Campomunito, qui gratis et sua voluntate spontanea de suisque juribus et factis plenarie ut asserit informatus et advisus, facit, constituit, creat solempniter et ordinat suum verum, certum et indubitatum procuratorem, nunciumque specialem et generalem, sic quod specialitas generalitati non deroget, nec e contra videlicet : Discretos viros Gaudium Vachonis, de Salanchia, notarium presentem et onus subscriptum in se sponte succipientem et acceptantem; nec non Johannem Rougeti, habitatorem Gebennis, licet absentem tanquam presentem, in omnibus suis causis motis et movendis a se et contra se coram quibuscumque judicibus et personis ecclesiasticis et secularibus et specialiter ad prosequendum et diffiniri petendum et faciendum deffensiones suas ad quas admissus est et fuit contra procuratorem fidei per reverendum Patrem Fratrem Petrum Ginod, sacre theologie professorem vicarium generalem et locum tenentem reverendi Patris, Fratris Raymondi de Rota, ejusdem ordinis, inquisitorie heretice pravitatis in diocesibus Lausan. Geben. et Sedunen. auctoritate appostolica specialiter deputati. Dans et concedens dictus Johannetus Cortesii constituens dictis ejus procuratoribus plenam et omnimodam potestatem pro ipso constituenti in judicio standi, comparendi et agendi, ipsumque deffendendi libellum seu libellos, articulumque et articulos et alias quasvis peticiones simplices, et in scriptis petendi, dandi et recipiendi libello seu libellis, articuloque et articulis et aliis quibuscumque peticionibus, responsionibus; litem seu lites contestandi, peticionibus et articulis respondendi, ponendi, articulandi, replicandi, duplicandi et triplicandi; testes, licteras, instrumenta et alia quevis legitima documenta producendi, et contra producta ex adverso instandi, de facto allegandi in causa seu causis concludendi et renunciandi; interloquutorias et diffinitivas sentencias unam et plures audiendi; ab eis et quolibet alio gravamine illato et inferendo appellandi, appellacionem prosequendi; judicem seu judices impetrandi et recusandi; articulos et licteras dimissorias petendi et recipiendi; beneficium absolucionis si necesse fuerit petendi et obtinendi;

et generaliter omnia alia faciendi que ipse constituens facere et procurare posset si presens et personaliter interesset eciam si mandatum exigat (magis) speciale et generale et que causarum merita et juris ordo postulent et requirunt. Promictens dictus Johannetus constituens per juramentum suum ad Sancta Dei Evangelia prestitum et sub obligacione omnium et singulorum mobilium, immobilium, presencium et futurorum quorumcumque se ratum, gratum et firmum perpetuo habiturum, ac quicquid per dictos ejus procuratores gestum ve procuratum fuerit in premissis et circa premissa in judicioque fisci et judicatum solvi, cum suis clausulis universis et singulis. Relevans et relevatum esse volens dictus constituens dictos ejus procuratores ab omni satisfactionis onere; constituens se dictus Johannetus Cortesii constituens se esse fidejussorem pro dictis ejus procuratoribus ut supra relevandis sub juramento et obligacione suis predictis, cum clausulis et renunciacionibus in talibus opportunis per dictum constituentem huic actui sponte prestitis. Actum in Campomunito et in prioratu ejusdem loci presentibus, Johanne filio quondam Peroneti Lechiaz alias Jacodi, Aymoneto Viviandi, Johanne filio quondam Aymoneti Bruneti, Johanne Depratis, omnibus de Campomunito, testibus ad hec vocatis et rogatis. Et me Johanne Soliardi notario.

(Signé:) *Idem* SOLIARDI, *not.*

(1459.)

26 Février.

(Mêmes Archives.)

(B.) Ad opus Reverendi Patris Fratris Petri Ginodi, ordinis Fratrum Predicatorum de conventu Geben vice inquisitoris.

Anno Domini millesimo quatercentesimo quinquagesimo nono, indicione septima, die vicesima sexta mensis februarii. Supra nominatus frater Petrus Ginodi requisit Johannetum Cortesii alias martini pro crimine heresis detentum ut sibi solvere vellet quadraginta florenos in quibus sibi tenetur causa composicionis per ipsum Johannetum facte pro certis expensis per dictum fratrem Petrum Ginodi pro dicto Johanneto sustentis prout asserunt dicti dns vice inquisitor et Johannetus ; et dictus Johannetus respondit se non habere pecunias pro dictis quadraginta florenis solvendis, sed paratum se offert tradere et deliberare de bonis suis pro ipsis quadraginta florenis persolvendis ; ipsaque sua bona remictit et abbadat in manibus nobilis Francisci de Lucingio, vice castellani loci predicti Campimuniti, ibidem presenti. Quiquidem vice castellanus paratum se obstulit bonam justiciam dicto dno vice inquisitori, presenti, juxta tenorem franchesiarum et libertatum predicti loci Campimuniti. De quibus premissis, predictus dns vice inquisitor a me notario subsignato peciit et requisiit sibi dari publicum instrumentum. Actum in privatu Campimuniti in camera in qua dormire solet predictus dns vice inquisitor. Presentibus Johanne filio dicti Johanneti Cortesii, Jacobo Bocardi. Aymoneto Deplanis alias Chaudet, Michardo dou Crot, et Aymoneto Viviandi, ex parentibus et amicis dicti Johanneti Cortesii, Rodulpho Charleti, Hugone Frasserens alias Folliguet et Peroneto Coteti, omnibus de Campomunito testibus.

(*C.*) Ibidem, dictus Johannetus Cortesii requisiit supra nominatos Rodulphum Charleti et Peronetum Coteti consindicos et consindicario nomine tocius communitatis Campimuniti, presentes, ut ipsum deffenderent et casum suum prosequerentur juxta tenorem franchesie et libertatum Campimuniti, suis ipsius Johanneti expensis et sumptibus. Qui responderunt et se obtulerunt ipsum deffendere et casum suum consulere et prosequere juxta tenorem dicte franchesie et libertatum dicti loci Campimuniti, suis ipsius Johanneti Cortesii sumptibus et expensis. De quibus premissis, dictus Johannetus Cortesii peciit sibi dari litteram testimonialem. Actum ubi supra, presentibus nobili Francisco de Lucingio, de Passiaco, Dompno Aymone Lavneti, capellano, de Salanchia, Melliereto Comberens et Hugone Frasserens alias Folliguet, de Campomunito, testibus. Et me Johanne Soliardi, not.

(Signé :) Idem SOLIARDI, not.

26 Février.

(D.) Procuratorium dicti Johanneti Cortesii alias Martini,

Anno Domni millesimo IIII° L nono, indicione septima, die vicesima sexta mensis februarii. Per hoc, etc.... constitutus personaliter dictus Johannetus Cortesii alias Martini, qui gratis, etc.... facit et constituit suos procuratores, nunciosque speciales et generales. Videlicet Johannem ejus filium, Jacobum Bocardi, Aymonetum Viviandi, Aymonetum Deplanis alias Chaudeti, Michardum dou Crot, presentes et Raymondum Charleti, licet absentem, ad vendendum de bonis suis mobilibus et immobilibus pro deffensionibus suis, ad quas admissus est per supra nominatum vice inquisitorem, prosequendis et pro debitis suis persolvendis et eciam ad exigendum et recuperandum omnia et singula ipsius constituentis, debita et credita; de exactisque et recuperatis quictancionem unam vel plures si necesse fuerit dandas; cum clausulis fidejussionis premissis, relevacionibus et aliis solempnitatibus in talibus opportunis per dictum constituentem huic actui ultra prestitis. Actum ubi supra, presentibus quibus supra. Et me Johanne Soliardi, notario.

(Signé :) Idem SOLIARDI, not.

1er Mars.

(E.) Ad opus Dni Guillermi de Ravoyria prioris Campimuniti.

Anno Domini millesimo IIII° L nono, indicione septima, die prima mensis marcii. Per hoc, etc.... coram me notario, etc... constitutus personaliter Johannetus Cortesii alias Martini qui gratis, etc.... pro se et suis, cedit, quietat, transfert et perpetuo remictit supra nominato dno Guillermo presenti, etc.... ac pro illo vel illis, cui seu quibus dare alias quovismodo alienare voluerit, stipulanti; videlicet : quicquid juris, actionis, racionis, querelle, successionis et alterius reclamacionis habet, habereque potest et debet in terra des Planars, tam in plano quam in monte, sive sint terre, prata, domus, grangia, mollie, montes, nemora, pascua communia, usus, consuetudines, domus utensilia, sive alia quecumque bona mobilia et immobilia. Et hoc pro et in recompensacionem expensium custodie per dictum dnm priorem substentarum et supportatarum pro dicto Johanneto qui retentus fuit et extitit in carceribus dicti dni prioris et ejus prioratus a die vicesima mensis novembris, proxime fluxi usque ad diem presentem, sub pacto tamen et condicione quod dictus dns prior teneatur et debeat indempnem servare et totaliter custodire dictum Johannetum et suos ac ejus fidejussores et suos erga venerabilem capitulum Salanchie de quadraginta florenis pro semel, seu duobus florenis annualibus. Quia ita fuit actum, etc... ad habendum, etc.... et pro censis debitis, etc.... devestiens, investiens, etc.... nichil juris, etc.... promictens, etc..,. Renuncians, etc.... Actum in prioratu et in camera in qua dormire solet dictus dns prior. Presentibus provido viro Johanne Defago, parrochie Sancti Gervasii, notario; Ansermo Albi, servienti generali dni ducis Sabaudie et Nycodo Rosseti, de Passiaco. Et me Johanne Soliardi, notario.

(Signé :) Idem SOLIARDI, not.

5 Mars.

(F.) Ad opus Nobilis Francisci de Lucingio.

Anno Domini millesimo iiii° quinquagesimo nono, indicione septima, die quinta mensis marcii. Nobilis Franciscus de Lucingio, vice castellanus Campimuniti, de mandato reverendi Patris, Fratris Petri Ginodi, vice inquisitoris et dni Johannis Brochuti, officialis Gebenn. a dno legato Avignon. in hac parte sub delegati, remisit Johannetum Cortesii alias Martini, per dictum vice castellanum pro crimine heresis detentum, Girardo Monachi, clerico dicti dni vicarii ac Johanni de Lant et Glaudio Perrete, servientibus dni Episcopi Gebenn. presentibus, etc.... Quem Johannetum receperunt, etc.... De quibus premissis, dictus vice castellanus peciit per me notarium subsignatum sibi fieri litteram testimonialem seu publicum instrumentum quod eidem duxi concedendum. Datum et actum in Suburbio Gebenn. ante domum.... copeti, presentibus Ansermo Albi de Sancto Brancherio in Intermontibus, servienti generali, Melliereto Comberens, de Campomunito et Nycodo Rosseti de Passiaco, testibus ad hec vocatis. Et me Johanne Soliardi notario.

(Signé :) Idem SOLIARDI, *not.*

16 Avril.

(G.) Ad opus nobilis Francisci de Lucingio.

Anno et indicione predictis, die sexdecima mensis aprilis. Dictus nobilis Franciscus de Lucingio tradidit et expedivit Johanni filio Johanneti Cortesii, Clavidem ejusdem Johanneti; quem Clavidem idem Johannes recepit. De quibus dictus nobilis Franciscus peciit sibi licteram testimonialem. Actum in Campomunito in domo mis notarii subscripti, presentibus Ansermo Albi, servienti generali, Aymoneto de Plano alias Chaudeti et Johanne filio quondam Peroneti Lechie alias Jacodi, testibus. Et me Johanne Soliardi, notario subsignato.

(Signé :) Idem SOLIARDI, *not.*

157

(A.) *Lettres testimoniales constatant la rémission faite par R^d Pierre Ginod, vicaire général de l'inquisiteur apostolique dans les diocèses de Genève, Lausanne et Sion, en présence de Me Jean du Foug, notaire, à ce député par le chapitre de Genève, le siège vacant, au bras séculier, en la personne de noble François de Lucinge, vice-châtelain de Chamonix, de Henriette, femme de Pierre Oncey, dudit lieu, accusée du crime d'hérésie et d'idolâtrie.*

(B.) *Et, sur la demande des syndics de Chamonix, et en exécution de leurs franchises, R^d Guillaume de la Ravoire, leur prieur et seigneur temporel, leur adjoint pour conseil dans les sentences qu'ils avaient à prononcer en matière criminelle, spectable Étienne de Sys, juge du lieu, qui, le jour des jugements à prononcer, devait donner sa démission de juge de Chamonix.*

(1459.)

1er Mars.

(Archives de l'église de Sallanches. — D'après l'imbréviature originale du notaire.)

(A.) Ad opus nobilis Francisci de Lucingio.

Anno dni millesimo IIII° L nono, indicione septima, die prima mensis marcii. In stupha prioratus Campimuniti, Henrietta uxor Petri Onceys de Campomunito pro crimine heresis detenta et incarcerata fuit per reverendum patrem, fratrem Petrum Ginodi, ordinis fratrum predicatorum, sacre theologie professorem, vicarium generalem et locum tenentem reverendi patris, fratris Raymondi de Rota, ejusdem ordinis in diocesibus Gebenn., Lausanen. et Sedunen., auctoritate appostolica specialiter deputati; presente provido viro Johanne de Fago notario, a ven[li] capitulo ecclesie cathedralis S[ti] Petri Gebenn. ad hoc, sede vacante, deputato, sentenciata; et per ejusdem dni vicarii sentenciam diffinitivam, pronunciata, determinata et declarata heretica fuisse et esse obstinata heretica, ydolatria et a fide appostata impenitens, vel saltim tempore debito non penitens; et tanquam talem brachio seculari relinquenda. Quam tenore dicte sue sentencie diffinitive relinquit et remisit debite puniendam. De quaquidem remissione, ut supra per dictum vicarium facta ac omnibus aliis suprascriptis nobilis Franciscus de Lucingio vice-castellanus dicti loci Campimuniti ad opus sui, necnon omnium aliorum et singulorum quorum interest et interesse poterit quomodolibet in futurum fieri peciit per me notarium subsignatum publicum instrumentum, quod eidem ex meo incombenti officio duxi concedendum. Datum et actum in stupha prioratus Campimuniti ubi Ansermus Albi, serviens generalis illustrissimi principis domini nostri ducis Sabaudie, de S[to] Brancherio, in intermontibus; Nycodus Rosseti, de Passiaco, et Anthonius Giberti de Roumon, in Vaudo, testes ad hec vocati fuere pariter et rogati. Et ego Johannes Soliardi, not. subsignatus.

(*Signé:*) *Idem* SOLIARDI, *not.*

(B.) Ad opus sindicorum et tocius communitatis Campimuniti.

Anno, indicione et die supra proxime, Rodulphus Chàrleti, Peronetus Coteti, Petrus de Pratis et Michaudus Gillier, sindici et sindicario nomine tocius communitatis, juridicionis et mandamenti Campimuniti, juxta tenorem et continenciam franchesie et libertatis, usumque et consuetudinem ipsius communitatis. Quamquidem franchesiam exhibuerunt et exhibent, requisierunt et requirunt venerabilem virum dominum Guillermum de Ravoyria, priorem modernum dicti loci Campimuniti ac dnm temporalem ejusdem loci, valliumque Lacus et Ursine, ibidem presentem. Quathenus ipse eisdem sindicis, sindicario nomine predicto, traderet et ministraret aliquem bonum virum sufficientem et ydoneum ad ipsos sindicos, sindicario nomine predicto bene consulendum, pro justicia ministranda in omnibus casibus opportunis, commissis et commictendis in et penes juridicionem dicti tocius mandamenti Campimuniti. Quiquidem dns Guillermus de Ravoyria, prior et dns predictus, dictis sindicis presentibus ac sindicario nomine dicte tocius communitatis stipulantibus ; pro consiliario tradidit et ministravit videlicet venerabilem et egregium virum dnm Stephanum de Sys, in legibus licenciatum, judicem dicti loci Campimuniti. Quemquidem dominum Stephanum, supra nominati sindici, sindicario predicto receperunt et acceptaverunt in bonum sufficientem et ydoneum consiliarium ; dummodo prius de officio dicte sue judicature Campimuniti pro die qua dictis sindicis consilium dederit et prestiterit, se deposuerit totaliter et devestiverit ipsumque officium dicte judicature Campimuniti, dicto domino priori relinquerit et remiserit pro dicta die qua consilium prestiterit. De quibus premissis, sepe nominati sindici, sindicario nomine prædicto pecierunt et requisierunt sibi per me notarium subscriptum fieri et confici publicum instrumentum, quod eisdem ex meo incombenti officio duxi largiendum. Datum et actum in Campomunito ante arream prioratus ipsius loci. Presentibus Ansermo Albi, servienti generali illustrissimi principis dni nostri ducis Sabaudie, de Sancto Brancherio in Intermontibus, Nycodo Rosseti, de Passiaco, et Anthonio Giberti de Roumon, condurerio, testibus. Et me Johanne Soliardi, not.

(Signé :) Idem SOLIARDI, *not.*

158

Sentence rendue par les prudhommes de la vallée de Chamonix, représentés par Jacques Bollet, l'un d'eux, contre Henriette femme de Pierre Oncey, de Chamonix, accusée du crime d'hérésie obstinée, d'idolâtrie et d'apostasie, après l'examen que lui fit subir R^d Pierre Ginod, de l'ordre des frères prêcheurs et professeur de théologie, lieutenant dans les diocèses de Lausanne, Genève et Syon, de R^d Raymond de Rote, du même ordre, inquisiteur apostolique.

(1459.)

2 Avril.

(Tiré des Archives de la commune de Chamonix. — Copié d'après l'original sur parchemin, dont la moitié inférieure a été coupée.)

In nomine Sancte Trinitatis et individue unitatis patris et filii et pneumactis almi, Amen. Provido consilio magistra rerum experiencia decrevit peracta acque hominum gesta sollempni et auctentice scripture reddigi memorie ut quod hominis memoria labilis adimplere nequivit solempnium et authenticarum scripturarum suffragio suppleatur ; idcirco anno salutisfere Nativitatis Domini Nostri Jesu - Christi sumpto millesimo quatercentesimo quinquagesimo nono, indicione septima cum eodem anno sumpta, die vero secunda mensis aprilis ; per publica instrumenta inferius descripta ac omnia contenta et declarata in eisdem universis et singulis presentibus et posteris liquide fiat manifestum et sit notum quod cum communitas proborum virorum vallis et tocius mandamenti et juridicionis Campimuniti ac ipsius communitatis predecessores habuerint et habeant possessionem seu quasi et jus, usumque et consuetudinem dudum ibidem observatos et non denegatos per tanti temporis spacium quod hominum memoria de contrario non habetur nec haberi posset prout asserunt dicti probi homines, ut eciam constat per tenorem libertatum franchesiarum ipsorum proborum hominum et communitatis eisdem probis hominibus concessarum et actributarum per virum venerabilem Dominum Eynardum de Monte Bello quondam priorem prioratus dicti loci Campimuniti ut de hujusmodi libertatibus et franchesiis constare legitur quodam transcripto seu vidimus per venerabilem et egregium virum Bartholomeum Burgondi, jurisperitum, judicem terrarum et juridicionum venerabilis monasterii Sancti Mauricii Agaunensis concesso, sigilloque ejusdem domini judicis cera viridi sigillato ac per Johannem Belli, Raymondum Curt, Roletum Regis et Ludovicum de Brena notarios publicos subscripto et signato, dato in Sancto Mauricio Agaunensi die quinta mensis februarii anno Domini millesimo quatercentesimo trigesimo nono, de et super delinquentibus et commictentibus casus criminales tanquam judices et cognitores domini prioris Campimuniti domini temporalis ejusdem loci valliumque Lacus et Ursine sentenciandi, pronunciandi, judicandi, condempnandi et absolvendi ac omnino cognoscendi secundum casus exigenciam, facto prius formato et completo processu per clericum curie dicti domini prioris et ejus prioratus aut alterum sufficientem potestatem ad hoc habentem. Dictusque dominus prior predictis casibus vel altera ipsorum advenientibus teneatur et debeat omni excusatione semota juxta et secundum tenorem dictarum franchesiarum et libertatum dictis suis probis hominibus dicte communitatis Campimuniti tanquam judicibus et cognitoribus predictis ministrare, deliberare, ac suis ipsius domini prioris propriis sumptibus et expensis tradere et expedire aliquem bonum virum sufficientem et ydoneum consiliarium pro ipsis probis hominibus in predictis casibus consulendis et eisdem consilium sufficiens et ydoneum dandis et prestandis; et ita sit quod quadam die de mense decembris proxime fluxo Peronetus Coteti, Rodulphus Charleti, Petrus de Pratis et Michaudus Gillier sindici et sindicario nomine tocius communitatis dicti loci Campimuniti requisierunt venerabilem et religiosum virum dominum Guillermum de Ravoyria priorem modernum dicti prioratus Campimuniti, dominum temporalem ejusdem loci valliumque Lacus et Ursine ut ipse dominus prior eisdem sindicis sindicario nomine dicte tocius communitatis dare et ministrare vellet aliquem bonum sufficientem et ydoneum virum pro ipsis sindicis sindicario nomine predicto consulendis, ad eisdem sindicis dicto nomine consilium bonum sufficiens et ydoneum dandis et prestandis pro justicia ministranda in omnibus casibus opportunis tam commissis quam in futurum commictendis in et penes juridicionem dicti domini prioris et ejus predicti prioratus Campimuniti, et hoc juxta et secundum tenorem franchesiarum et libertatum supra designatarum et mencionatarum. Idemque dominus Guillermus de Ravoyria prior predictis dictis syndicis, sindicario nomine dicte tocius communitatis dederit et ministraverit pro consiliario eisdem ipsis sindicis, sindicario nomine predicto consulendis videlicet venerabilem et egregium virum dominum Anthonium Sostionis legum doctorem habitatorem Sancti Mauricii agaunensis, quemquidem dominum Anthonium Sostionis hiidem sindici, sindicario nomine jandicto receperint et acceptaverint in bonum, sufficientem et ydoneum consiliarium; et de quibus premissis ut supra scriptis hiidem sindici nullum habuerent per quod receptum fuerit instrumentum ob deffectum et propter absenciam notarii prout hiidem dominus prior, Peronetus Coteti, Rodulphus Charleti, Petrus de Pratis et Michaudus Gillier sindici predicti premissa asserunt esse vera. Q. Hinc est quod in mei notarii publici subnominatorumque testium presencia dicti sindici sindicario nomine dicte tocius communitatis requisierunt et iterum requirunt dictum dominum Guillermum de Ravoyria priorem predictum, ut ipse eisdem ministraret et ministrare vellet dictum dominum Anthonium Sostionis pro ipsis sindicis, sindicario nomine predicto ut supra consulendum. Quiquidem dominus Guillermus prior predictus eisdem sindicis presentibus et sindicario nomine dicte tocius communitatis stipulantibus et recipientibus pro consiliario tradidit et ministravit, traditque et a modo in antea ministrat pro ipsis sindicis sindicario nomine jandicto ut supra consulendis, videlicet : supranominatum dominum Anthonium Sostionis et quemquidem dominum Anthonium hiidem sindici et sindicario nomine predicto acceptaverunt et a modo in antea acceptant in bonum sufficientem et ydoneum consiliarium. De quibus premissis omnibus et singulis supranominati Rodulphus Charleti, Peronetus Coteti, Petrus de Pratis et Michaudus Gillier sindici et sindicario nomine dicte tocius communitatis pecierunt et requisierunt sibi per me notarium subscriptum fieri et confici publicum instrumentum quod eisdem ex meo incombenti officio duxi largiendum. Datum et actum in Campomunito subtus furnum dicti prioratus Campimuniti, presentibus nobili Johanne filio nobilis Francisci de Lucingio, Nicodo Rosseti de Passiaco, diocesis Gebennensis et Anthonio Giberti, de Romont, diocesis Lausanensis condurerio nunc habitatore dicti loci Campimuniti, testibus ad premissa vocatis et rogatis. Q. Ceterum, anno Domini millesimo quatercentesimo quinquagesimo nono, indicione septima, die secunda mensis aprilis. Cum Henrieta uxor Petri Onsesii, de Campomunito pro crimine heresis detenta et incarcerata in confinibus et carceribus dicti domini prioris et ejus predicti prioratus sentenciata fuerit per Reverendum Patrem fratrem Petrum Ginodi, ordinis fratrum predicatorum generalemque vicarium et locum tenentem, Reverendi Patris fratris Raymondi de Rota, ejusdem ordinis, auctoritate apostolica inquisitoris heretice pravitatis, in diocesibus Gebennensi, Lausanensi et Sedunensi specialiter deputatum, necnon providum virum Johannem Defago notarium a venerabile capitulo ecclesie cathedralis Sancti Petri Gebennensis, sede episcopali vaccante, deputatum, et per eorundem Domini vice inquisitoris et deputati sentenciam diffinitivam pronunciata et declarata fuerit, hereticam fuisse obstinatam, ydolatriam et a fide appostatam et tanquam talem remiserint et relinquerint brachio seculari debite puniendam, de quaquidem remissione constare legitur quadam littera testimoniali inferius copiata per me notarium subscriptum, recepta et signata sub indicione et die in eodem contentis. Q. Hinc est quod anno, indicione et die supra proxime descriptis, supradicta Henrieta uxor Petri Onsesii ut supra remissa fuit per nobilem Guigonem de Ravoyria castellanum dicti loci Campimuniti et per ejusdem castellani familliares ducta ante arream supra nominati domini prioris et ad bancham curie dicti loci Campimuniti ubi jura temporalia reddi sunt solita; quaquidem Henrieta ac magna multitudine populi ibidem existentibus, nobilis Aymo Botollierii procurator fiscalis dicti domini prioris actentis remissione de dicta Henrieta ut supra facta necnon sentencia dicti domini vice inquisitoris et a venerabili capitulo deputati quas exhibuit et produxit, requisiit supra nominatos Rodulphum Charleti, Peronetum Coteti, Petrum de Pratis et Michaudum Gillier sindicos et sindicario nomine dicte tocius communitatis Campimuniti ibidem presentes tanquam judices et cognitores dicti domini prioris et ejus prioratus sibi justiciam de dicta Henrieta heretica predicta ministrari et impartiri; cum ipsa Henrieta nichil justi in contrarium alleget nec dicat, exhibens eisdem sindicis consilium per dictum dominum Anthonium Sostionis datum, scriptum et signatum, quibus per dictum procuratorem fiscalem fieri petitis et requisitis; auditis et actentis Jacobus Bolleti alter proborum hominum dicte communitatis Campimuniti nomine dictorum sindicorum ac dicte tocius communitatis ibidem presencium; lecto sibi prius coram dictis sindicis et communitate per me dictum notarium subscriptum et ad intelligenciam lingua layca dato, consilio dicti domini Anthonii Sostionis ut supra per dictum procuratorem fiscalem exhibito; visis cciam et actentis pronunciacione sue sentencie lata et promulgata per supra nominatos Dominum vice inquisitorem et providum virum Johannem Defago notarium ut supra deputatum contra dictam Henrietam necnon et littera testimoniali remissionis premencionate dictam Henrietam uxorem Petri Onsesii, sentenciavit, judicavit, pronunciavit et condempnavit in hunc qui sequitur modum; quia per supramencionatas sentenciam, pronunciacionem et remissionem constat et apparet predictos Dominum vice inquisitorem et deputatum a venerabili capitulo Gebennensi per suam diffinitivam sentenciam declarasse et pronunciasse dictam Henrietam uxorem Petri Onsesii hereticam esse et fuisse ipsamque velud hereticam et obstinatam, brachio seculari debito modo puniendam remississe. Ea propter hiis et aliis justis causis ex eisdem pronunciacione, sentencia et declaratione ac remissione et contentis in eisdem resultantibus, dictus Jacobus Bolleti nominibus premissis sedens pro tribunali more majorum, etc., per hanc sentenciam diffinitivam que in hiis scriptis fertur dictam Henrietam inquisitam condempnavit ad ignem et combustionem....

(Le reste manque.)

159

Accord entre Révérend Guillaume de La Ravoire, prieur de Chamonix et les syndics du lieu, pour traiter ensemble d'un subside demandé par le duc de Savoie, pour cette fois seulement, et sans préjudice du droit des parties pour l'avenir.

(1459.)

20 Août.

(Archives de l'église de Sallanches. — D'après l'imbréviature du notaire Jean Soliard.)

(Ad opus.) Dni Guillelmi de Ravoyria prioris Campimuniti et sindicorum ejusdem loci.

Anno Domini millesimo iiii° l nono, indicione septima, die vicesima mensis augusti. Per hoc, etc.... cum lis et questio foret majorque verti speraretur inter dictos dnm priorem, hinc, et sindicos, inde; videlicet de et super eo quod dictus dns prior dicebat sibi pertinere ire compositum subsidium seu equanciam factam per illustrissimum principem dominum nostrum Sabaudie ducem si et quando fieri contingit in patria Campimuniti. Dictis vero sindicis in contrarium dicentibus quod ad eos pertinet ire compositum dictum subsidium per se sine dicto dno seu alia persona pro ipso. Q. Hinc est quod in mei notarii publici, sub nominatorum testium presencia constituti personaliter prefatus dns prior, ex una parte, ac Rodulphus Charleti, Michaudus Gillier et Petrus de Lavancherio, consindici moderni dicti loci et tocius communitatis Campimuniti, ex alia parte. Quequidem partes gratis et suis voluntatibus spontaneis pro se et suis, etc.... faciunt pacta et conveniones subscriptas et declaratas. Videlicet quod dicti dns prior et sindici Campimuniti vadent compositum subsidium novissime per prelibatum dnm nostrum Dmem factum invicem et insimul. Et hoc pro hac vice tantum. Protestantes dicte partes quod non prejudicet eis in tempore futuro, quod si una dictarum partium debent ire sine altera quod possit ire. Promictentes hinc inde, etc. Renunciantes hinc inde, etc. Actum in Campomunito in domo mis notarii subscripti, presentibus Guillelmo de Planis. Aymoneto de ducibus, et Melliereto Comberens, testibus. Et me Johanne Soliardi.

(*Signé:*) *Idem* Soliardi, *not.*

160

Prestation de serment par les syndics modernes de la vallée de Chamonix, entre les mains du châtelain du lieu, avec indication de la manière dont leur élection avait eu lieu et formule de leur serment.

(1461.)

3 Juillet.

(Archives de l'église de Sallanches.)

Ex prothocollis notarum Johannis Soliardi notarii. Juramentum sindicorum Campimuniti.

Anno Dni millesimo iiii° lx primo, ind. nona, die tercia mensis jullii. Cum Petrus Carrerii et Johannetus Symondi alias Frasserens vocati et appellati fuerint sindici per Petrum de Lavancherio et Petrum Gaudini olim sindicos communitatis Campimuniti, more solito, in eodem loco in presencia

quam plurimorum dicte communitatis proborum hominum;
et deinde hiidem Joannetus Symondi et Petrus Carrerii, ut
supra electi, more jandicto appellaverint et vocaverint eciam
in presencia quam plurimorum ejusdem communitatis proborum hominum videlicet Hugonem Frasserens alias Folliguet, Johannem Felisaz et Vuillelmum Mocterii juniorem
consindicos ut supra cum eisdem Petro Carrerii et Johanneto
Symondi. Hinc est quod in mei notarii et testium subnominatorum presencia predicti Johannetus Symondi, Petrus
Carrerii, Vuillelmus Mocterii, Hugo Frasserens alias Folli-
gnet et Johannes Felisaz, ut supra consindici electi, promiserunt in manibus nobilis Guigonis de Ravoyria, castellani
ejusdem loci, dictum officium sindicatus bene, fideliter et
probe exercere et regere. De quibus hiidem sindici sibi pecierunt dari litteram testimonialem. Datum et actum in
ecclesia ejusdem loci, presentibus nobili Francisco de Lucingio, de Passiaco, Johanne Semblanet, Petro Jordanesii
et Raymondo Charleti, testibus. Et me Johanne Soliardi
notario.

(Signé :) Idem SOLIARDI, *not.*

161

Promesse faite par les syndics et les procureurs de la communauté de Chamonix, de sauvegarder Jacques Bollet, au sujet des condamnations qu'au nom de toute la communauté, il devait prononcer contre ceux qui avaient commis des crimes.

(1462.)

29 Avril.

(Archives de l'église de Sallanches. — D'après l'imbréviature originale du notaire.)

(Ad opus). Jacobi Bolleti.

Anno Dni millesimo IIII° LX secundo, indicione decima, die penultima mensis aprilis, Petrus Carrerii, Hugo Frasserens alias Folliguet, Johannetus Frasserens alias Symondi, et Johannes Felisaz, consindici [1] et consindicario nomine Campimuniti ; necnon Rodulphus Charleti, Petrus Velet, Michael Cochat, colletus de Allioux et Johannes Bossy alias Bontemps, procuratores dicte communitatis Campimuniti, promiserunt indempnem servare Jacobum Bolleti, presentem, etc.... De sentenciis per ipsum ferendis, nomine dicte communitatis contra delinquentes casus criminales in juridicione Campimuniti. Promictentes, etc.... Renunciantes, etc.... De quibus idem Jacobus Bolleti peciit sibi dari licteram testimonialem. Actum ante ecclesiam Campimuniti, presentibus Petro de Hugueti alias de nantis. Vuillelmo Fabri alias Aymoneti, ac Berthodo Onceys, testibus. Et me Johanne Soliardi.

(Signé :) Idem SOLIARDI, *not.*

---

[1] Ces quatre syndics étaient entrés en charge le 3 juillet 1461, acte Soliard, notaire.

Immédiatement après se trouve l'acte suivant :

Nomination faite par R^d Guillaume de la Ravoire, prieur de Chamonix, d'un procureur fiscal, en la personne d'Aimon Mottier dit Favret.

(1462.)

29 Avril.

(D'après l'imbréviature originale du notaire.)

Constitucio procuratoris fiscalis Domini Campimuniti.

Anno, indicione et die predictis. Dominus Guillelmus de Ravoyria, prior Campimuniti constituit procuratorem suum fiscalem Aymonem Mocterii alias Favreti, presentem, etc... Presentibus nobilibus Francisco Porterii et Petro de Lucingio et Jacobo de Ponte alias Monachon. Actum in Campomunito subtus furnum prioratus, presentibus quibus supra. Et me Johanne Soliardi notario.

(*Signé :*) *Idem* Soliardi, *not.*

Sentence de mort prononcée par les prudhommes de la vallée de Chamonix, représentés par Jacques Bollet, l'un d'eux, contre Jean Effrancey le Jeune, Jean Dumolard dit Pesant, Pierre Dunant, Michelle, femme de Ramus de la ville, Jeannette, femme de Michaud Gillier, Pernette, femme de Martin Du Bectex, Pernette, veuve de Michel des Ouches, et Jean Greland, convaincus du crime d'hérésie, après qu'ils eurent été examinés par vénérable Claude Rup, de l'ordre des Frères prêcheurs, vice-inquisiteur, et exécution de ladite sentence.

(1462.)

(29 Avril.)

(Tiré des Archives de la commune de Chamonix.)

In nomine Domini Amen. Anno a nativitate ejusdem

Domini Nostri Jesu-Christi sumpto millesimo quatercentesimo sexagesimo secundo, indictione decima, die vero penultima mensis aprilis. Universis et singulis presentibus et posteris liquide fiat manifestum acque sit notum quod cum communitas proborum hominum vallis ac totius mandamenti et juridictionis Campimuniti et ipsius communitatis predecessores habuerint et habeant possessionem seu quasi et jus usumque et consuetudinem dudum ibidem observatos et non denegatos per tanti temporis spatium quod hominum memoria de contrario non habetur nec habere posset de et super delinquentibus et committentibus casus criminales tanquam judices et cognitores Domini prioris Campimuniti, Domini temporalis ejusdem loci, valliumque lacus et ursine sententiandi, pronuntiandi, judicandi, condempnandi et absolvendi ac omnino cognoscendi secundum casus exigentiam, facto prius formato et completo processu per clericum curie predicti Domini prioris et ejus prioratus aut alterum sufficientem, potestatem ad hoc habentem; dictusque Dominus prior predictis casibus vel altero ipsorum advenientibus teneatur et debeat omni excusatione semota dictis suis probis hominibus dicte communitatis Campimuniti tanquam judicibus et cognitoribus predictis ministrare, deliberare ac suis ipsius domini prioris propriis sumptibus et expensis tradere et expedire aliquem bonum virum sufficientem et ydoneum consiliarium ad ipsos probos homines in predictis casibus consulendum et eisdem consilium sufficiens et ydoneum dandum et prestandum. Hinc est quod anno, indictione, et die predictis, Peroneta relicta Michaelis de Ochiis, Johannes Grelant, Peroneta uxor Martini Dou Bectex, Johannes Francisci junior, Johannes de Molario alias Pesandi, Petrus de Nanto parrochie Vallis Ursine, Michalla uxor Ramusii de Villa, parrochie Beate Marie de Siervuz et Johanneta uxor Michaudi Gillier, parrochie Sancti Michaelis de Campomunito; omnes predicti mandamenti Campimuniti pro crimine heresis detenti et incarcerati infra confines et carceres dicti domini prioris et ejus predicti prioratus predicati fuerint ante magnam portam ecclesie predicti loci Campimuniti generaliter et publice per Reverendum in Christo Patrem, fratrem Glaudium Rup, ordinis predicatorum in sacra pagina magistrum Reverendi fratris Victoris de Monte ejusdem ordinis sacre theologie professoris heretice pravitatis in Gebennensi, Lausannensi et Sedunensi civitatibus et dyocesibus inquisitoris appostolica auctoritate deputati, vicegerentem et vicarium generalem; et tandem per suam ipsius Domini vicarii sententiam diffinitivam sententiati et pronunciati heretici fuisse et esse et ipsorum quilibet acque ut tales singulares arbitrio judicis relicti et remissi fuerunt per eundem dominum vicarium post quamquidem sententiam et remissionem ut supra factas ipsi Peroneta relicta Michaelis de Ochiis, Johannes Grelant, Peroneta uxor Martini Dou Bectex, Johannes Francisci junior, Johannes de Molario alias Pesandi, Petrus de Nanto, Michalla uxor Ramusii de Villa et Johanneta uxor Michaudi Gillier recepti et capti fuerunt vigore predictarum sententie et remissionis ut supra latarum per nobilem Petrum de Lucingio, locumtenentem nobilis Guigonis de Ravoyria castellani predicti loci Campimuniti, et inde per eumdem vice-castellanum et familiares curie predicti loci Campimuniti ducti ante arcam supranominati domini prioris et ad bancham curie ejusdem loci ubi jura temporalia partibus reddi sunt solita; quibusquidem Peroneta relicta Michaelis de Ochiis et suis complicibus supranominatis ac magna multitudine populi ibidem congregati existentibus, providus vir Aymo Mocterii, clericus, procurator fiscalis dicti domini prioris, attentis sententia et remissione predicti domini vicarii; attentis etiam propriis confessionibus per predictos hereticos ut supra remissos in sermone predicti domini vicarii coram toto populo factis, requisiit Jacobum Bolleti alterum proborum hominum predicte communitatis Campimuniti ibidem in bancha predicta sedentem uti judicem electum per dictam communitatem pro dictis hereticis sententiando sibi justiciam de eisdem hereticis ministrari; cum ipsi heretici nichil justi in contrarium dicant, exhibens consilium in quodam folio papiri descriptum per venerabilem et egregium virum dominum Martinum Sostionis jurisperitum datum et manu ejusdem domini Martini signatum. Quibus auditis et attentis, supra nominatus Jacobus Bolleti judex predicti domini prioris per dictam communitatem electus, nomine et de voluntate predicte totius communitatis vel saltim majoris partis ibidem existentis, lecto sibi prius coram predicta communitate per me notarium subscriptum et ad intelligendum lingua layca, dato consilio per dictum dominum Martinum Sostionis signato ut supra per dictum procuratorem fiscalem exibito; attentis etiam pronunciatione sive sententia lata et promulgata per supranominatum dominum vice inquisitorem contra predictos delinquentes; attentis etiam eorum ipsorum delinquentium propriis confessionibus per quemlibet singulariter in sermone prefati domini vice inquisitoris, coram toto populo ibidem ad divina audienda congregato factis, sententiavit, judicavit, pronuntiavit et condempnavit nomine predicte totius communitatis in hunc qui sequitur modum. Et primo, quia igitur ex premissis sufficienter et legitime constat et apparet ipsos supra nominatos Johannem Francisci juniorem, Johannem de Molario alias Pesandi, Petrum de Nanto, Michallam uxorem Ramusii Devilla, Johannetam uxorem Michaudi Gillier, Peronetam uxorem Martini Dou Bectex ipsorumque quemlibet per dictum crimen heresis seu appostasie per expressum incurrisse et in illud incidisse et hoc potissime tam per abnegationem divine et eterne majestatis omnipotentis Dei totiusque curie celestis quam etiam per redditionem homagii, flexis genibus, diabolo infernali sub fictis speciebus de quibus in processibus contra ipsos reos delinquentes formatis et per dictum dominum vice inquisitorem in sermone suo generali declaratis et publicatis fit mentio, etiamque per annualem prestationem animalium de quibus ibidem fit mentio dicto diabolo per ipsos reos conjunctos et probatos hereticos prestitas acque factas, ea propter sententiavit, pronuntiavit et ordinavit per hanc diffinivam sententiam predictus Jacobus Bolleti judex nomine predicte totius communitatis ipsos supra nominatos Johannem Francisci, Johannem de Molario alias Pesandi, Petrum de Nanto, Michallam uxorem Ramusii de Villa, Johannetam uxorem Michaudi Gillier et Peronetam uxorem Martini Dou Bectex vivos igni fore personaliter concremandos, ita quod ex ipsis anima cujuslibet a suo corpore separetur, ossaque suorum cadaverum in pulverem redigantur sicque ex eis nichil remaneat igni concremandum, et hoc palam et publice coram omni populo qui ibidem videlicet dicte concremationi adesse voluerit etiamque in alto et visibili loco, sic ut pena ipsorum terror sit multorum; bona vero ipsorum quecumque, illa fuerint et sint, pronuntiavit et declaravit Reverendo Domino priori Campimuniti velud domino temporali ipsius loci jure superioritatis debere confiscari et applicari. Quantum vero ad supra nominatam Peronetam relictam Michaelis de Ochiis que ultra predictum heresis crimen reperitur alia nephandissima commississe tam per suppositionem persone sue proprie sepe et pluries cum diabolo infernali factam quam etiam per abominabile peccatum contra naturam cum nonnullis hominibus quam finaliter per comestionem puerorum in synagogis per alia plura non dicenda, pronunciavit, sententiavit et declaravit ad finem quod ipsa Peroneta, digna factis recipiat ad colonam justicie nemorcam altam et visibilem tute et firme ligari, et illic ligata super candenti et ardenti ferro nude supersedi per vigesimam partem unius hore, qua transsacta, ponatur ignis in congerie sive masso lignorum superposito sic et taliter quod persona ipsius Pernete in totum concremetur, anima ejus a corpore separetur et ossa cadaveris illius in cinerem redigantur, bona vero ejus prefato domino applicentur et confiscentur. Quantum vero ad supra nominatum Johannem Grelandi qui similiter contra et preter ipsum heresis crimen alia etiam inhumanissima ac nephandissima reperitur commississe et premaxime ad inhumanum et inauditum zelus de sacratissimo corpore Christi quod pedibus conculcavit ut digna saltim factis propinqua, quia debita affligi non possunt, recipiat, pronuntiavit, sententiavit et declaravit predictus Jacobus Bolleti judex quo supra nomine ipsum Johannem nudum penitus exui et sic ad locum perpetrationis sceleris conculcationis corporis Christi personaliter conduci vel saltim in loco justicie propinquo et illic pars ejus extrema pedis inferior abscindatur et amputetur et ipse illic terram tribus vicibus signaculo crucis preposito obsculetur et deinde finaliter ad supplicium ultimum vivus aut mortuus perducatur ad collonam ligatus unacum parte pedis abscissa igne concremetur; bona vero ipsius omnia quecumque fuerint predicto loci Domino applicentur. De quibus premissis omnibus et singulis supra nominatus Jacobus Bolleti judex predictus petiit et requisiit fieri et confici litteram testimonialem seu publicum instrumentum ad opus predicte totius communitatis Campimuniti per me notarium subscriptum sibique impartiri et dari copiam predicte sententie per prefatum Dominum vice inquisitorem late et consilii per dictum Dominum Martinum Sostionis jurisperitum. Acta et promulgata fuerunt premissa ante aream prioratus Campimuniti et in bancha curie ejusdem loci ubi jura temporalia partibus reddi sunt solita; presentibus nobili Francisco Porterii, de Passiaco; provido viro Richardo de Coudreto notario de Salanchia et Johanne Grumisseli Fabro etiam de Salanchia et pluribus aliis testibus ad premissa vocatis et rogatis. *D.* Tenor sentencie late per supranominatum Dominum vice inquisitorem est talis. Christi nomine invocato. Nos frater Glaudius Rup, ordinis predicatorum in sacra pagina humilis magister reverendi fratris Victoris de Monte ejusdem ordinis sacre theologic professoris, heretice pravitatis in Gebennensi, Lausannensi et Sedunensi civitatibus et dyocesibus inquisitoris, apostolica auctoritate deputati, vice gerens et vicarius generalis, judex et commissarius in hac parte. Quia per tenorem processuum nuper contra Peronetam relictam Michaelis de Ochiis, Johannem Grelant, Peronetam uxorem Martini Dou Bectex, Johannem Francisci juniorem, Johannem de Molario alias Pesandi, Petrum de Nanto, parrochie Vallis Ursine, Michallam uxorem Ramusii de Villa, de Voudagnia, parrochie Beate Marie de Siervuz et Johannetam uxorem Michaudi Gillier, mandamenti Campimuniti, Gebennensis dyocesis laycos, ex nostro sacre fidei inquisitionis officio formatorum, necnon per eorum singulorum singulas confessiones singulariter et in judicio coram nobis factas pluriesque repetitas et in singulis processibus hujusmodi per personam publicam seu personas publicas debite et fideliter redactas delucide comperimus dictos Peronetam relictam Michaelis de Ochiis, Johannem Grelant, Peronetam uxorem Martini Dou Bectex Johannem Francisci juniorem, Johannem de Molario alias Pesandi, Petrum de Nanto, Michallam uxorem Ramusii de Villa et Johannetam uxorem Michaudi Gillier, corumque singulos et particulariter ex ipsorum malicia et perverso proposito, Deum omnipotentem nostrum et eorum ac omnium creatorem ejusque genitricem dignissimam ac totam curiam celestem et omnia que ex Deo sunt infideliter abnegasse et ab eis penitus recessisse venerabile signum Crucis in terra figuratum per eos in despritu Dei pedibus calcasse, preterea Dei adversario et humani generis inimico dyabolo homagium fecisse, ipsumque in posterioribus et alibi in sui confecti corporis turpibus membris deosculatos fuisse in signum hujusmodi homagii ac ipsum dyabolum objecto et repulso Domino nostro Jesu Christo in suum verum Dominum et magistrum recepisse et recognovisse sibique certa tributa annualia et pro semel in dicti homagii expressius signum promisisse et exsolvisse et in eodem crimine permultorum annorum curricula unum plus alium minus continue et detestabiliter insorduisse diversas personas et bona temporalia inficiendo ac alia crimina que ex bonis respectibus silencio conteguntur inhumaniter et nephandissime perpetrasse. Quia etiam ipsi Peroneta relicta Michaelis de Ochiis, Johannes Grelant, Perneta uxor Martini Dou Bectex, Johannes Francisci junior, Johannes de Molario alias Pesandi, Petrus de Nanto, Michalla uxor Ramusii de Villa, Johanneta uxor Michaudi Gillier post eorumdem errorum deprehensionem et ipsorum propter hoc corporalem detentionem ad fidem orthodossam juxta, ecclesie catholice sacras super hiis constitutiones et juris tam divini quam canonici dispositionem recurrere ut se emendare non curaverunt; quinymo in carceribus detenti et super hiis interrogati errores suos etiam cuilibet ipsorum monitionibus canonice factis et precedentibus constantes tanquam impenitentes negare non erubuerunt licet tandem plus cohacte quam sponte ipsos errores etiam singuli singulariter confessi fuerunt et pluries in suis singulis confessionibus diversi modo variaverunt eorumque errores et crimina diversis tergiversationibus occultare et paliare voluerunt, ipsosque quoad principalia videlicet Dei et catholice fidei abnegationem homagii dyabolo exibitionem, post deprehentionem, erroris abnegationem et variationes similes in effectu comperimus, ex hiis et aliis rationabilibus causis que nostrum et cujuslibet fidelis recte sentientis animum movere debuerunt et potuerunt facto Sancte Crucis signaculo ut de vultu Dei nostrum prodeat judicium per hanc nostram diffinitivam sententiam quam in absentia potestatis ordinarie sedis episcopalis Gebennensis licet in personis vicariorum ejusdem juxta juris dispositionem nostris patentibus litteris vocate et requisite, de consilio tamen jurisperitorum, maturaque deliberatione cum libris et sacris scripturis prehabita more majorum sedentium ac Deum solum pre occulis habentes ferimus in hiis scriptis, dicimus, pronuntiamus, decernimus et diffinimus dictos Peronetam relictam Michaelis de Ochiis, Johannem Grelant, Peronetam uxorem Martini Dou Bectex, Johannem Francisci juniorem, Johannem de Molario alias Pesandi, Petrum de Nanto, Michallam uxorem Ramusii de Villa et Johannetam uxorem Michaudi Gillier et eorum quemlibet fuisse et esse perfidos hereticos acque ut tales singularis arbitrio judicis debitam pro qualitate facinoris ultionem recepturos relinquendos fore quos nos etiam auctoritate qua fungimur in hac parte ne impuniti si remanerent causa perditionis multorum esse possent relinquimus, ipsorum bona omnia et singula fuisse et esse confiscata pronuntiantes. Vos tamen Dominum judicem ceterosque officiarios et secularem potestatem affectuose deprecantes ut in penitentia infligenda citra mortis periculum et membrorum mutilationem erga eos sententiam vestram moderari eosque humaniter et benigne tractare velitis; lata et lecta existit nostra presens sententia in Campomunito ante magnam portam ecclesie ejusdem loci nobis pro tribunali sedentibus die penultima mensis aprilis anno Domini millesimo quatercentesimo sexagesimo secundo, presentibus venerabilibus ac nobilibus viris dominis Guillermo Botellierii, Beate Marie de Lacu, Francisco Buthodi Beate Marie de Valleursina ecclesiarum parrochialium curatis, Petro de Orsino, Petro Soliardi, Aymone Lavucti, Nycodo de Canali, capellanis, domino Johanne Botellicrii, Nycodo de Monteforti, Petro Danielis, Francisco de Lucingio, Petro ejus filio, Ludovico de Raymondeys, Vulliermo Mocterii, Johanne Plat, Jacobo Bolleti, Roleto Semblanet, testibus ad hec vocatis. Facta collatione cum originali reperitur invicem concordare, Johannes Aymonardi. *D.* Tenor consilii per dictum dominum Martinum Sostionis jurisperitum dati et imparati talis est ut sequitur. Ex serie nephandissimorum et immensium horribilium presuppositorum in crimine heresis sive appostasie casuum super quibus juris consilium postulatur impartiri qua juris sententia ferri seu condempnandi veniant quilibet delatorum in suo casu dato pro constanti et presupposito in facto pro vero quod ipsi omnes delati velut et tanquam legitime ac canonice de criminibus quibus inculpantur fuerint conjuncti spretis per eos trinis canonicis monitionibus et post debita precedentia judicia facto propinqua seu publica infamia precedente a non suspectis, etc., questionati aut per precedentem sive subsequentem spontaneam eorum confessionem vel alias quomodolibet juxta juris communis et canonici sanctionem tanquam de ipso heresis seu appostasie crimine veri conscii et culpabiles per heretice pravitatis inquisitorem aut alios ad quos spectat et hujusmodi criminis cognitio de jure pertinere dignoscitur traditi et remissi officiariis curie temporalis juxta premissas legitimas acque canonicas constitutiones pro modo culpe et juxta criminis reatum velut veri et probati heretici puniendi. Dum queritur que et qualis debeant esse partes dictorum temporalium officiariorum erga dictos delatos sibi remissos post remissionem sibi factam juxta demerita cujuslibet seu quibus modo et via se habere debeant ipsi temporales officiarii in pena judicenda sive imponenda talibus sibi remissis; obmisso pro nunc illo quesito an judex temporalis in sententia per cum ferenda contra tales hujusmodi sceleris perpetratores post remissionem sibi factam sequi teneatur processum inquisitoris vel alterius hujusmodi remittentis et ex illo sententiam ferre an vero possit de novo inquirere et novum processum formare quia hic non est casus de quo queritur est de jure clarissimum in principali quesito quod post factam talium delatorum remissionem canonicam secundum utramque communis juris dispositionem tales hujusmodi criminis perpetratores debere igneis, incendiis vivos aut mortuos publice concremari, sic et taliter quod moriantur spiritusque ipsorum a corporibus separentur ita quod ex eis nulle supersint reliquie sed penitus in cinerem redigantur; bona vero ipsorum quecumque illa fuerint suo temporali domino confiscentur et applicentur modo tamen et forma quoad criminis pugnitionem disparibus, et hoc causantibus et exigentibus diversitatibus et qualitatibus delictorum ut pretenditur per ipsos condelatos et aliquos ex ipsis nephandissime ac horrissime commissorum et perpetratorum ad finem quod pena sit delicto conformis et qui plus delinquit plus pugniatur secundum quod juria communia ita fieri jubent et observari precipiunt, forma igitur sententie et pronuntiationis ferende contra ipsos delatos videlicet contra Michallam uxorem Ramusii de Villa, Johannetam uxorem Michaudi Gillier, Peronetam uxorem Martini Dou Bectex sub hac forma verborum concipietur. Viso igitur toto processu confessionibus propriis dictorum condelatorum et signanter remissione facta de ipsis supra condelatis brachio seculari pro exequutione et justicia inde ministranda per Reverendum in Christo Patrem fratrem Glaudium Rup ordinis fratrum predicatorum in sacra pagina magistrum vicarium generalem et locum tenentem Reverendi in Christo Patris fratris Victoris de Monte, ejusdem ordinis, sacre theologie professoris, auctoritate appostolica circa hujusmodi criminis pugnitionem specialiter deputati in civitatibus et dyocesibus Gebennensi, Sedunensi et Lausanensi predicte curie facta, habito toto processu et criminibus de quibus in eo mentio habetur pro exploratis et probatis, quia nil aliud superest preterquam contra ipsos condelatos juxta ipsorum criminis exigentiam, suaque demerita ferre sententiam ut debitis penis et cohertionibus subjungentur, auxilio prius Dei invocato et signaculo sancte crucis nos muniendo dicentes : In nomine Patris, etc., ad hanc nostram diffinitivam sententiam contra predictos delatorum de quibus in processu complices acque reos et ipsorum quemlibet velut meros hereticos et aliorum scelerum innovinosos perpetratores per [hunc qui] sequitur modum devenimus et prout infra pronuntiamus ac quia igitur ex premissis nobis sufficienter et legitime constat ipsas prenominatas Michallam uxorem Ramusii de Villa, Johannetam uxorem Michaudi Gillier, Peronetam uxorem Martini Dou Bectex ipsarumque quamlibet per dictum crimen heresis seu appostasie per expressum incurrisse et in illud incidisse et hoc potissimum tam per abnegationem divine et eterne majestatis omnipotentis Dei totiusque curie celestis quam etiam per redditionem homagii, flexis genibus dyabolo infernali sub fictis speciebus de quibus in ipsis processibus apparenti redditionem, etiamque per annualem prestationem animalium de quibus ibidem fit mentio dicto dyabolo per ipsas reas conjuntas et probatas hereticos prestitos acque factas, eapropter pronuntiamus, sententiamus et ordinamus per hanc nostram diffinitivam sententiam ipsas supra nominatas Michallam, etc., vivas igni fore personaliter concremendas aut eorum corpora si vive concremari non possent, ita quod ex ipsis viventibus anima cujuslibet a suo proprio corpore separetur, ossaque suorum cadaverum in pulverem redigantur sicque ex eis nichil remaneat igni concremendum, et hoc palam et publice coram omni populo qui dicte concremationi presens adesse voluerit, etiamque in alto et visibili loco sic ut pena ipsarum terror sit multorum; bona vero ipsarum quecumque illa fuerint et sint pronuntiamus et declaramus Reverendo Domino priori velud domino temporali loci jure superioritatis debere confiscari et applicari. Quantum vero ad Peronetam relictam Michaelis de Ochiis que ultra predictum heresis crimen reperitur alia nephandissima commississe tam per suppositionem sue proprie persone sepe et pluries cum dyabolo infernali factam quam etiam per abominabile peccatum contra naturam cum nonnullis hominibus quam finaliter per comestionem puerorum in synagogis seu conventiculis per alia plura non dicenda, pronuntiamus, sententiamus, etc., ad finem quod ipsa eadem Peroneta digna factis recipiat ad collonam justicie nemoream altam et visibilem tute et firme ligetur et illic ligata super candenti et ardenti ferro nude persedeat per vigesimam partem unius hore, qua transacta ponatur congerie sive maxo lignorum superposito, sic et taliter quod persona ipsius Pernete in totum concremetur anima ejus a corpore separetur et ossa cadaveris illius in cinerem redigantur; bona vero ejus prefato domino confiscentur et applicentur. Quantum vero ad Johannem Grelant qui similiter contra et preter ipsum heresis crimen alia etiam inhumanissima et nephandissima reperitur commisisse et premaxime ad inhumanum et inauditum zelus de sacratissimo corpore Christi quod pedibus conculcavit ut digna saltim factis propinqua quia debita affligi non possunt recipiat, pronuntiamus, sententiamus et ipsum Johannem nudum penitus exui et sic ad locum perpetrationis sceleris conculcationis corporis Christi personaliter conduci vel saltim in loco justicie propinquo et illic pars ejus extrema pedis inferior abseratur et amputetur et ipse illic terram tribus vicibus signaculo crucis preposito obsculetur et deinde finaliter ad supplicium ultimum vivus aut mortuus perducatur ad collonam ligatus unacum parte pedis abscissa igne concremetur, bona vero ipsius omnia quecumque fuerint predicto loci domino applicentur; lata et data fuit per nos, etc., anno, etc. Et idem prout de jure dicendum et pronunciandum de aliis consimilibus casibus si quando et quociens ipsos accidere contingerit quia de similibus ad similia idem est judicium et pariter delicti similitudinem suppleri desciderat et sic ut supra dicerem de jure esse fiendum et pronunciandum, salvo semper judicio saniori et cujuslibet melius sentientis. Ego M. Sostionis. Ego autem Johannes Soliardi clericus auctoritateque imperiali ac illustrissimi principis domini nostri Sabaudie ducis notarius publicus in premissis omnibus et singulis dum sic agerentur et fierent presens fui, presensque publicum instrumentum rogatus recepi, indeque premissa omnia scripsi, subscripsi et meo tabellionatus signeto signavi. Deque premissis copiis sententie et consilii cum suis originalibus quas reperi concordare, collationem feci in robur et testimonium premissorum omnium et singulorum ad opus et pro interesse predicte communitatis Campimuniti.

163

Accord entre Aimon Mottier, notaire, et Jean Bossonney dit Bontemps, d'une part, et François Balmat dit Monard, d'autre part, par lequel les deux premiers s'engagèrent à donner au dernier trois florins petit poids à la Saint-Michel 1463, si dès le 31 janvier au 29 septembre de ladite année, ledit Balmat dit Monard s'abstenait de tous jeux, notamment de celui des dés et des cartes, avec enjeux d'argent, d'or, de comestibles ou d'autres valeurs métalliques, tant à Chamonix qu'ailleurs, et par lequel le dernier s'engagea à son tour à leur relâcher un quarteron de terre à prélever sur ses propriétés, dans le cas où il y contreviendrait.

(1463.)

31 Janvier.

(Ex prothocollis notarum Johannis Soliardi notarii.)

(Ad opus.) Aymonis Mocterii, clerici et Johannis Bossoneys alias Bontemps.

Anno dni millesimo IIII° LX tercio, indicione undecima, die ultima januarii. Per hoc, etc...., dictus Aymo Mocterii et Johannes Bossoneys ex una, et Franciscus Balmat alias Monardi ex altera partibus. Quequidem partes gratis pro se et suis faciunt pacta, convenciones et donaciones subscriptas. Primo dicti Aymo Mocterii et Johannes Bontemps dant dicto Francisco Monardi presenti, etc., videlicet dictus Johannes Bossoneys duos florenos et dictus Aymo Mocterii unum florenum parvi ponderis, solvendos hinc ad festum Sancti Michaelis; ita et taliter quod dictus Franciscus se astinere debeat a modo in antea de ludendo quibuscumqueludis sive dasillis, cartis, etc..., argento nec auro, alecibus, carnibus nec aliqua metalla ferrea et alia quecumque in loco Campimuniti nec alibi. Et casu quo ipse luderet ludis premissis, eo casu adveniente, dictus Franciscus Monardi dat perpetuo predictis Johanni Bossoneys et Aymoni Mocterii, presentibus, donacione perpetua inter vivos dicta, videlicet unum quarteronum terre, levandum per dictos Aymonem Mocterii et Johannem Bontemps, in terra predicti Francisci ubi eorum Aymonis et Francisci fuerit voluntatis in tota terra predicti Francisci, etc.... Promictentes hinc et inde, etc.... Renunciantes hinc et inde, etc.... Actum in Campomunito in domo habitacionis suæ notarii subscripti, presentibus Johanne filio quondam Peroneti Lechie alias Jacodi, Jacobo filio Johannis Charleti, des Peclos et Johanne filio Johanneti cortesii testibus. Et me Johanne Soliardi notario.

(Signé :) Idem SOLIARDI, *not.*

164

Convention entre R^d Guillaume de La Ravoire, prieur de Chamonix, et Guillaume Bottollier, curé de Notre-Dame du Lac, par laquelle ce dernier s'oblige à établir un chemin bien convenable et suffisant depuis le village du Lac jusqu'au Plan des Montées, moyennant 60 florins.

(1458.)

21 Septembre.

(Protocole de Jean Soliard. — Extraits... Archives de l'église de Sallanches.)

Guillaume Bottollier, curé de Notre-Dame du Lac, s'oblige :

Ad faciendum iter bonum condecens et sufficiens a domo

Nycollete relicte Girardi Ganaz, de Lacu [1], usque ad arream Michaudi Berthodi existentem supra planum de Montatis [2], ita et taliter quod per ipsum iter posset duci superius et inferius unus currus oneratus trium sumatarum vini cum duobus equis quorum una sufficeret ad trahendum unum currum oneratum unius Bossocti vini a Salanchia, Clusis. Et fuit actum et in pactum solempniter conventum inter dictas partes quod dictum iter sit tante latitudinis quod a parte superiori remaneat ultra latitudinem curri spacium unius pedis et a parte inferiori spacium unius pedis cum dimidio. Item magis fuit actum quod in locis periculosis ; et ubi bestie seu currus deviarent aut deviare possent aut per que loca ipse currus et bestie sine quacunque difficultate transire non possent, quod dictus dns curatus in eisdem locis facere debeat expondas de muro a parte superiori et inferiori altitudinis unius pedis cum dimidio. Item magis fuit actum et in pactum solempniter conventum quod post aliquem ascensum in dicto itinere sit certa planitudo quod bestie et currus possint per planum ambulare et se reposare possint et valeant ; qui dictus assensus non sit ita difficilis quod due eque supradicte ducere non possent unum currum ut supra oneratum ; et si quamvis questionem inter predictas partes de dicta difficultate predicti ascensus vel descensus quod ipse partes stare debeant cognicioni et ordinacioni quatuor aut sex virorum currum ducere usitatorum ad hoc per dictas partes eligendorum. Item magis fuit inter dictas partes quod dictus dns curatus teneatur et debeat facere in dicto itinere ac in locis magis necessariis quatuor loca in quibus, si contingerat duos curros sibi oviare quod ipsi curri possint transire absque alteri alterum impedimento. Item magis fuit actum quod dictus curatus dictum iter facere debeat sine nemora, et ipsum iter finitum reddere

---

[1] Le Lac, hameau du...

[2] Les Montées.

debeat dictus dns curatus de proxime venturo festo nativitatis dni in unum annum proxime futurum suis ipsius dni curati propriis sumptibus et expensis nisi mortalitatem in parrochiis Campimuniti et dne nostre Lacus, quod 'absit evenire contingerit ob quod ipsum iter facere non posset, quo casu adveniente ipsum iter finitum reddere debeat de proximo festo nativitatis dni in tres annos tunc proxime futuros, et ipso itinere finito ipsum iter manutenere debeat ipse curatus bonum condecens et sufficiens ad ejusdem curati vitam humanam duntaxat. Quia ita fuit actum et in pactum solempniter conventum inter dictas partes unanimiter concordes. Premissa facit ipse curatus pro et mediantibus sexaginta florenis parvi ponderis; quos solvere promictit dictus dns prior dicto curato terminis subscriptis, primo dicto itinere medio facto videlicet viginti florenos. Item et ipso itinere finito et ut supra reddito etiam viginti florenos et alios viginti florenos ipso itinere ut supra reddito in unum annum tunc proxime futurum. Et pro ipsis sexaginta florenis dicto dno curato per dictum dnm priorem tucius fore salvis, solvendis, ipse dns prior pro se et suis predictis dicto dno curato presenti et ut supra stipulanti, obligat et hypothecat videlicet: decimam suam agnorum sibi annualiter debitam in Campomunito per dictum dnm curatum in deffectu dictarum solucionum seu alterius earumdem vel saltim unum mensem post dictorum terminorum ut supra statutorum colligendorum et percipiendorum. Et casu quo dictus dnus curatus in premissis defficeret se in aliquo premissorum, in ipso casu ipse dns curatus ex nunc prout et ex tunc dat, donat liberaliter et concedit dicto dno priori presenti et stipulanti ut supra, donacione perpetua inter vivos dicta, qua ita facere vult ex sua liberalitate vera, videlicet sex octanas frumenti eidem dno curato annualiter debitas per personas subnominatas, primo per Reymondum Gay de Passiaco tres octanas; item per Johannem Chivilliardi unam octanam; item per Petrum Biolley de Passiaco unam octanam; item per Johannem Guyer de Passiaco unam octanam, cum juribus, actionibus et racionibus quas habet et habere potest contra dictas personas et eorum bona, occasione dictarum sex octanarum frumenti annualitim, promictentes hinc inde.... Renunciantes hinc inde, etc.... Et reddere instrumenta de dictis sex octanis.... Actum in Campomunito ante arream prioratus, presentibus Dompnis Fran. Buthodi de Passiaco et Aymone Lavueti de Salanchia, Capellanis, Aymone Mocterii alias Favret, Aymoneto Bossoneys, Reymondo Meczat et Mellieret Comberens, testibus.

165

Donation faite par Jean Louis de Savoie, administrateur de l'évêché de Genève, à Hugue de la Ravoire, curé de Chamonix, du tiers des biens des condamnés dès environ six ans, pour crime d'hérésie, dans la vallée de Chamonix.

(1464.)

4 Juin.

(Tiré des Archives de l'église de Sallanches. — D'après l'original écrit sur parchemin.)

Johannes Ludovicus de Sabaudia Sancte Sedis apostolice prothonotarius, ecclesie ac episcopatus Gebennensis in spiritualibus et temporalibus administrator perpetuus ipsius sedis auctoritate specialiter deputatus. Universis presentium serie fiat manifestum quod nos ad multum longeva obsequia per venerabilem benedilectum servitorem nostrum continuum dominum Hugonem de Ravorea curatum Campimuniti tam illustri fratri meo domino Petro de Sabaudia quondam prothonotario apostolico ei a cunabulis diligentissime nobisque impensa et que dietim impendere non sunt animadvertentes, volumus ut merito tenemur ei aliqualem facere recompensam unde cum a sex annis citra nonnulli homines prioratus et prioris loci predicti Campimuniti de heresis crimine fuerint condempnati, indeque supplicio expositi, quorum tertia pars omnium bonorum ipsorum condempnatorum mobilium et immobilium debitorumque ad nos ratione dicti nostri episcopatus Gebennensis pertinere dignoscitur. Quam tertiam partem que soluta nostris non comperiretur officiariis, premissorum intuitu serviciorum eidem domino Hugoni liberaliter donamus, remictimus, cedimus, transferimus et quittamus per presentes, et eum quoad hec in locum nostrum ponentes, nichil juris, actionis vel rationis in eisdem bonis retinentes, salvis tantum homagio directoque dominio, serviciis, censibus et aliis annualibus prestationibus nobis vel alteri competentibus. Mandantes hoc ideo vicariis, officiali, procuratori, receptorique et ceteris officiariis nostris Gebennensibus quibuscumque super hoc requirendis, priorique et castellano dicti loci Campimuniti seu eorum loca tenentibus sub pena excommunicationis quinquagintaque librarum fortium per quemlibet qui non paruerit committenda et fisco nostre ecclesie irremissibiliter applicanda. Quatenus hujusmodi donationem, remissionem et litteras nostras dicto Hugoni et suis teneant, attendant et inviolabiliter observent in nulloque contrafaciant quomodolibet vel opponant; verum, ipsa bona ut premittitur, donata, cessa et remissa eidem Hugoni seu ejus legitimo procuratori, visis presentibus, relaxent ac ipsum in realem et corporalem possessionem eorumdem ponant et inducant, positumque manuteneant, tuheantur et deffendant adversus quoscumque ab omnibus vi, violentia et facti operibus illicitis sibi per quemque inferendis quibuscumque oppositionibus et contradictionibus ac dictis litteris commissionibus, manus appositione et aliis in contrarium facientibus et concessis non obstantibus et absque cujusvis alterius expectatione mandati, has in testimonium concedendas, datas Parisiis die quarta mensis junii anno Domini millesimo quatercentesimo sexagesimo quarto, sub sigillo nostro rotondo.

Per prefatum Dominum prothonotarium et administratorem.

Signé : Chivallier.

Le sceau en cire d'Espagne rouge qui pend au bas représente la croix de Savoie, surmontée d'un chapeau de prélat ; il est en partie rompu, on n'a pu lire la légende.

166

Promesses faites par Révérend Guillaume de La Ravoire, prieur de Chamonix, d'observer les libertés, franchises, us et coutumes de la communauté de Chamonix, en tant qu'il peut y être astreint par droit et par raison, à la demande des syndics qui s'engagent, au nom de ladite communauté, d'être loyaux et féaux envers ledit prieur, leur seigneur temporel.

(1467.)

9 Mars.

(Archives de l'église de Sallanches. — Ex prothocollis notarum Johannis Soliardi notarii.)

(Ad opus.) Domini Campimuniti et sindicorum ac communitatis ejusdem loci.

Anno Domini millesimo quatercentesimo sexagesimo sep-

timo, indicione quindecima, die nona mensis marcii. Hujus instrumenti publici series recitatus, universis et singulis presentibus et posteris veram et indubitatam probeat noticiam. Quod Johannes Plat, senior, de Campomunito, accessit et transtulit ad ven^{lem} et egregium virum dominum Guillelmum de Ravoyria, priorem prioratus dicti loci Campimuniti, Dominumque temporalem ejusdem loci, sibique dno priori dixit et proposuit nomine sindicorum et tocius communitatis loci predicti Campimuniti, ac requisiit quatenus ipse dns prior vellet et sibi placeret observare franchesias, libertates, bonos usus et bonas consuetudines patrie et communitatis Campimuniti predicti et quod ipsi volebant facere sicut boni probi homines dno suo facere debent et tenentur. Qui quidem dns Guillelmus, prior predictus, respondit quod ipse erat paratus et volebat ipsas franchesias, libertates, bonos usus et bonas consuetudines observare, videlicet, illos et illas, quos et quas de jure et racione observare deberet et teneretur. De quibus premissis jam dictus dns prior, ex una; Michaudus Frasserens alias Albi, Johannetus Jorandi, Johannes Pecluz, junior, et Johannes Perini, sindici et sindicario nomine tocius predicte communitatis Campimuniti, partibus ex altera, pecierunt et requisierunt per me notarium subscriptum fieri et confici videlicet quelibet ipsarum parcium litteram testimonialem seu publicum instrumentum, quod et que cuilibet ipsarum parcium, ex meo incombenti officio, duxi concedendum. Actum in Campomunito ante grangiam prefati dni prioris. Presentibus venerabilibus fratribus Raymondo de Duyno, monacho claustrali dicti prioratus Campimuniti, Petro Cadrati conventus Seyselli, Dompno Aymone Lavueti, de Salanchia, capellano, et nobili Guigone de Ravoyria, castellano Campimuniti, testibus. Et me Johanne Soliardi, notario.

(Signé :) Idem SOLIARDI, *not.*

167

Concession pendant vingt-six ans, accordée par R^d Guillaume de la Ravoire, prieur de Chamonix, à Antoine, de la vallée de Sésiaz in Berguero, diocèse de Novare, d'exploiter les mines d'alun, existantes dans sa juridiction, sous la redevance annuelle de douze ducats d'or.

(1467.)

24 Mars.

(Archives de l'église de Sallanches, non coté, liasse des mines de Servoz. — D'après le double original écrit sur papier.)

Nos Guillelmus de Ravoyria, prior prioratus Campimuniti ac dns temporalis ejusdem loci, valliumque Lacus et Ursine. Notum serie presencium fieri volumus universis. Quod nos pro nobis et nostris in dicto nostro prioratu successoribus, Abbergamus ac titulo abbergamenti tradimus honesto viro Anthonio de valle de Sesaz in Berguero, dyocesis Novaren, ibidem presenti et postulanti. Videlicet quicquid juris, actionis et racionis habemus et habere possumus in omnibus et singulis minis alluminis que in et penes juridicionem nostram et nostri predicti prioratus Campimuniti reperiri et comperiri possent; et hoc spacio et per tempus viginti sex annorum die presenti subscripta inchohandorum et pari die finiendorum, ipsis viginti sex annis prius lapsis sub firma seu censa pro quolibet anno viginti quinque ultimorum annorum, videlicet duodecim ducatorum auri et ponderis bonorum dumtaxat solvendorum per dictum Anthonium abbergatarium nobis jam dicto priori, videlicet in principio cujuslibet anni dictorum viginti quinque ultimorum annorum, salvis et mediantibus capitulis, pactis et condicionibus inferius descriptis.

Primo, quod casu quo dictus Anthonius non posset habere et reperire nemus sibi necessarium ad predictas minas aptandum et conficiendum allumen ex eisdem, quod in eodem casu hujusmodi abbergamentum non haberet locum.

Item, quod ubicumque expedierit et utile fuerit, ipse Anthonius abbergatarius possit et valeat capere infra juridicionem nostram predictam plateas, loca et aquagia ad premissa necessaria eo.... tamen sine costu et propria privatarum personarum eisdem satisfaciendo.

Item, quod si dicte mine non reperirentur bone et utiles, quod in ipso casu, presens abbergamentum non haberet locum, sed esset nullius valoris.

Item, quod si dictus Anthonius abbergatarius dictas minas dimicteret et in eisdem continue non operaretur, quod eo tunc easdem minas alteri persone abbergare possemus, et de eisdem ad nostram voluntatem facere.

Item, quod nemo predictum Anthonium a predictis minis expellere possit. Et si a casu vi expelleretur, quod in eodem casu expellentes hujusmodi eidem Anthonio satisfacere debeant de hiis que in edifficiis ad premissa necessariis exposuerit.

Item, quod si dictus Anthonius abbergatarius, finitis dictis viginti sex annis, vellet habere et tenere predictas minas, quod eo tunc non possemus sibi movere, dummodo nobis tantum dare voluerit quantum a quavis alia persona reperiremus.

Item, quod dictus Anthonius abbergatarius nobis super premissis fidejussionem prestare debeat ydoneum antequam de ipsis minis et allumine ex ipsis conficiendo, extra nostram predictam juridicionem, quicquam portare seu portari facere possit.

Item, quod dictus abbergatarius nullas gabellas, nec pedagia in et penes nostram juridicionem predictam solvere debeat.

Item, quod dictus Anthonius abbergatarius et ejus tota familia teneatur obedire et parere nobis et nostris quibuscumque officiariis.

Quodquidem abbergamentum, omniaque et singula superius et inferius descripta promictimus, nostro mediante juramento, manum ad pectus nostrum, more religiosorum, ponendo, subque nostre religionis voto, ratum, rata gratum grata, firmum pariter et firma habere perpetuo et tenere, ac ipsa omnia laudari et confirmari facere per venerabilem capitulum incliti monasterii Sancti Michaelis de Clusa, cumque juris et facti renunciacione et aliis solempnitatibus ad premissa necessariis et opportunis.

Datum in Campomunito die vicesima quarta mensis marcii, anno Dni millesimo quatercentesimo sexagesimo septimo, cum apposicione sigilli et signeti scribe nostrorum, in testimonium premissorum. Per dictum dnm priorem.

Signé : J. Soliardi, *not.*

168

Lettres testimoniales portant protestation de la part de Jean Bossonney dit Bontemps, co-syndic de Chamonix, contre une assignation donnée par le vice-métral à un nommé Raymond Messat, au banc de la Cour, au lieu de l'avoir été à la porte de l'église, et refus dudit co-syndic de légaliser cette assignation.

(1467.)

20 Mai.

(Ex prothocollis notarium Johannis Soliardi notarii.)

(Ad opus.) Johannis Bossoney alias Bontemps, consindici Campimuniti.

Anno Dni millesimo IIII° LX septimo, ind. quindecima,

die vicesima mensis maii. Per hoc, etc. Cum ad instanciam et requisicionem Raymondi Meczat, Michaudus Perrialis vice mistralis Campimuniti assignaret in bancha curie Campimuniti, voce cride, Peronetum Michallie ad comparendum in bancha curie predicte ad certam diem. Q. Hinc est quod Johannes Bossoneys alias Bontemps consindicus et consindicario nomine communitatis Campimuniti dicit quod predicta assignacio non erat fienda in bancha predicta, sed in janua ecclesie loci predicti Campimuniti; protestans nomine predicto quod predicta assignacio non possit inferre aliquod prejudicium predicte communitati pro tempore futuro, dicens se non consentire ipsi assignacioni. De quibus premissis dictus Johannes Bossonneys, nomine predicte tocius communitatis sibi fieri peciit licteram testimonialem per me notarium subsignatum. Actum in bancha curie Campimuniti, presentibus Petro Velet, Johanne Venuz, Colleto de Allioux et Raymondo Meczat, testibus, ad premissa vocatis et rogatis. Et me Johanne Soliardi notario.

(Signé :) Idem SOLIARDI, *not.*

169

Charte dite des Femmes.

R^d Guillaume de la Ravoire, prieur de Chamonix, casse et annulle une transaction passée le 28 octobre 1441 entre R^d Jacques de Crescherelles, ancien prieur, alors gouverneur et administrateur du prieuré de Chamonix et les syndics du lieu, et règle la succession des femmes décédant sans postérité, en ce qui concerne la part mobilière *revenant au prieuré, et confirme les anciennes franchises de la vallée.*

(1468.)

12 Septembre.

(Archives de l'église de Sallanches. — Liasse des franchises de Chamonix [1].)

Nos frater Guillelmus de Ravoyria prior prioratus Campimuniti, ordinis Sancti Benedicti, Gebenn. diocesis; notum tenore presencium, etc... Quod pridem de anno currente millesimo quatercentesimo quadragesimo primo, indicione quarta, die vigesima octava mensis octobris, inter venerabilem et religiosum fratrem dominum Jacobum de Crecherello velut procuratorem pro tunc nostrum ac nostro et ejusdem prioratus nominibus ex una parte. — Et Michaudum Gaudini, Michaudum Berthodi, Michaudum Excofferii alias Vullieti, Michaelem Praeys, Guigonem Meczat, Johannem Felizaz et Johannem Claret, tanquam assertos procuratores hominum ac communitatis predictorum locorum Campimuniti, Ursine et Lacus, ex altera. — Orte fuissent questiones et differencie de et super decem articulis comprehensis in instrumento transaccionis de super confecto et rogato per Roletum Hospitis notarium, anno, indicione et die premissis. *(Acte reproduit sous le n° 141, page 129.)*

Qui hujusmodi articuli certis modis pretextu certe pronunciationis tunc facte Egregium dnm Johannem de Chissiaco, decretorum doctorem et militem inter partes productas decisi et declarati per ejus pronunciationem vigore asserte potestatis per partes easdem uti pretendebat nominibus predictis, hinc inde sibi concesse; et quas hujusmodi

---

[1] Texte concordé avec deux copies, l'une émanée du notaire même et l'autre faite par Guillaume Bouteiller, châtelain de Chamonix, en 1548. Cette dernière copie était à l'usage de la châtellenie.

dictorum articulorum decisiones et declaraciones dixerunt et nobis dicto priori exposuerunt fuisse et esse nullas nulliusque valoris et momenti ac eisdem hominibus et subdictis nostris ad causam dicti prioratus multum prejudiciabiles et dampnosas veluti deviantes, contrariantes et exorbitantes a suis eorumdem hominum et subdictorum antiquissimis libertatibus, franchesiis, capitulis, usibus, consuetudinibus et observanciis tam scriptis quam non scriptis per et inter ipsos ab antiquissimo tempore de cujus initio memoria non extat observatis, scientibus, videntibus, ac scire et videre volentibus eorum dominis prioribus qui pro dicto tempore, ordine successivo, extiterunt ac eciam nobis dicto priore et dno eorumdem ad causam dicti prioratus et presertim contentis in quodam instrumento transactionis confecto de anno millesimo ducentesimo nonagesimo secundo inter venerabilem fratrem Richardum tunc priorem dicti prioratus ex una parte, et certos ex dictis hominibus ex altera; ac eciam in aliis certis litteris emanatis a venerabili et religioso fratre Aynardo de Montebello tunc priore dicti prioratus de anno millesimo tercentesimo trigesimo, die vicesima mensis januarii, nec non in quodam alio instrumento transactionis inter religiosum et fratrem Johannem Bochardi, tunc priorem dicti prioratus, ex una parte. Et Michaelem Delormey, Aymonem Lavancherii, et Girardum Falconeti veluti sindicos predicte communitatis inserte in quodam rotulo pergameneo nobis dicto priori per eosdem homines et communitatem, die presenti exhibito, ad quem et contenta in eisdem transactionibus litteris et rotulo relacio habeatur ac si presentibus inserta fuissent, dicendo franchesias, capitula, libertates, usus consuetudines et observancias hujusmodi per nos et predictos predecessores nostros fuisse juratas et jurata, observatasque, et observata, ac observari debuisse et debere decisionibus, declaracionibus et aliis per dictum dnm Johannem de Chissiaco factis et in dicto transactionis instrumento per dictum Roletum Hospitis rogato non obstante;

quam transactionem dixerunt et dicunt predicti homines et subdicti nostri nunquam fieri mandasse nec factam ratam habuisse nec habere, nichilque fecisse vel facere velle in prejudicium predictarum suarum libertatum, franchesiarum, capitulorum, usuum, consuetudinum et observanciarum tam scriptarum quam non scriptarum, proponendo eciam eandem transactionem per ipsum Roletum Hospitis factam nostro nomine non esse verissimile de mente nostra processisse, actento juramento per nos prestito super observacione dictarum libertatum, franchesiarum et aliorum precedencium eandem transcutionem; de quibus in transcutionibus et litteris ac rotulo predictis et quod talis ultima transactio per non habentes potestatem, vim respectu facta fuerat, supplicantes propterea eandem transactionem et pronunciacionem per ipsum dnm Johannem de Chissiaco factam per nos cassari, annullari et aboleri perinde ac si nunquam facte fuissent; ulterius dicebant et proponebant in eadem supplicatione quod nos prior predictus, nostro et dicti prioratus nominibus in successionibus probarum ac subdictarum mulierum dicti nostri prioratus sine liberis decedencium succedere non debemus nec debuimus in debitis juribusque et nominibus debitorum sive ex testamento sive ab intestato pro eo quia et si tam hominibus masculis quam femellis succedere in mobilibus consueverimus ab antiquo secundum formam certorum ex capitulis in eadem transactione supranarrata confecta de anno millesimo ducentesimo nonagesimo secundo, actamen cum de jure appellacione mobilium debita jura et nomina debitorum non comprehendantur nec comprehendi debeant nec extenso de eis ad mobilia fieri et hiis non obstantibus quod ab eisdem subdictis nostris tam masculis quam femelis succedendo exigere volueramus et volumus ad causam dictarum successionum nedum mobilia prout successio hujusmodi in dictis capitulis declaratur ex testamento vel ab intestato sed eciam debita jura et nomina debitorum, et propterea primo loco alterum ex dictis hominibus videlicet Johannem Bruneti veluti heredem Guillermete ejus sororis ad causam sue dotis in debitis et juribus ac nomine debiti constantibus coram judice nostro ordinario dicti prioratus evocari fecimus, coram quo inter nos ex una parte, dictumque Johannem Bruneti ac sindicos et procuratores locorum predictorum diucius litigatum extitit et altercatum tam super principali quam alias, et successive ea occasione ac vigore certarum supplicacionum oblatarum Reverendo dno Vincencio de sancto Amore tamquam vicario Reverendi in Christo patris et dni Johanni de Varax, Dei et apostolice sedis gracia, administratoris Episcopatus Bellicensis, commendatariique perpetui incliti monasterii Sancti Michaelis de Clusa, ordinis Sancti Benedicti, Thaurinensis diocesis, ecclesie romane immediate subjecti, quam certarum interloquutarum per eundem dnm Vincencium vicarium predictum de super prolatarum, ultima in favorem eorundem hominum et communitatis, a qua per nos dictum priorem ad sanctam sedem appostolicam appellatum extitit, et ea auctoritate, causa dicte appellacionis commissa ven^{li} dno officiali curie Gebennensis cum certis ejus in rescripto appostolico nominatis, etc....

Ea propter.... Processimus in hunc qui sequitur modum :

In primis, quoniam et si pronunciacio, ordinacio et declaracio facte inter dictum venerabilem et religiosum fratrem dnm Jacobum de Crescherello, dicti prioratus et nostri ac nostrorum successorum nominibus cum ceteris in dicto instrumento pronunciacionis et transactionis per dictum Roletum Hospitis confecto, subscripto et signato ac per prefatum dnm Johannem de Chissiaco, promulgate forte non habens memoriam de precedentibus antiquis transactionibus et composicionibus inter supra mencionatos predecessores nostros cum dictis hominibus et communitate, in eisdem mencionatis ; et quod nos ipse prior in apprehensione dicti prioratus juramentum prestiterimus de observandis dictis franchesiis, libertatibus, capitulis, usibus et consuetudinibus ac observanciis dictorum hominum et subdictorum nostrorum, scriptis et non scriptis, ceterisque bonis, justis et racionabilibus moti respectibus. Volumus, consentimus, disponimus et ordinamus nostro dictique prioratus et successorum nostrorum, in eo mencionatis, dictum instrumentum pronunciationis, declaracionis et ordinacionis factarum per prefatum dnm Johannem de Chissiaco ac transactionis de quibus in dicto instrumento per dictum Roletum Hospitis rogato, salvis semper et in sua roboris firmitate remanentibus precedentibus transactionibus, litteris, confirmacionibus, franchesiis, libertatibus, capitulis, usibus, consuetudinibus et observanciis scriptis et non scriptis dictorum hominum et subdictorum ejusdem prioratus et nostrorum, cassans, irritans, nullans, cassumque irritum et nullum, nulliusque roboris et momenti perinde ac si nunquam facte et perfecte fuissent; dictasque precedentes franchesias, libertates, capitula, usus, consuetudines, observancias scriptas et non scriptas eisdem hominibus et communitati presentibus, acceptantibus, stipulantibus et recipientibus, confirmando et approbando per presentes.

Item, uterius quia inter mobilia, immobilia, jura, debita et credita ac nomina debitorum de jure diverse species assignantur et pro diversis communiter habentur et de eis ut diversis distinguitur ut eciam a modo in posterum. Nos dictus prior et nostri in dicto prioratu futuri successores clarius in materia causisque et casibus successionum predictorum docium et augmentorum mulierum dicte patrie ac vallium Campimuniti, Lacus et Ursine sine liberis decedencium sive ex testamento sive ab intestato secundum tamen formam predictorum capitulorum in dicta transactione confecta de anno millesimo ducentesimo nonagesimo secundo de dictis successionibus mencionem faciente, comprehensorum, certisque aliis bonis moti respectibus dicta capitula successionum inquantum concernunt dotes et augmenta mulierum predictarum sic intelligenda fore et esse a modo in antea ad supplicationem et requisicionem quorum supra, ac de ipsorum voluntate et consensu. Declaramus quod nos et dicti successores nostri in dicto prioratu succedamus et succedere debeamus in dictis dotibus, respectu mobilium vel se movencium, ac eciam in debitis, creditis et nominibus debitorum provenientibus in casibus dictarum successionum evenientibus ex rebus mobilibus vel se moventibus, provenientibus et dependenciam habentibus secundum formam capitulorum dictarum successionum, non autem nos dictique successores nostri succedamus nec succedere possimus in pecuniis, debitisque, creditis, juribus et nominibus debitorum, ex et de quibus dotes et augmenta hujusmodi fuerint et apparebunt date et constitute, dataque et constituta sive pecunie hujusmodi sint imbursite, vel alias quomodolibet recondite sive non que ex mobilibus vel se moventibus non provenerint predictis capitulis successionum, salva hujusmodi declaracione in sui roboris firmitate perpetuo valituris. Et premissa sint dicta citra prejudicium successionis talliabilitatis aut manus mortue nobis et dicto nostro prioratui in bonis talliabilium aut manus mortue si que sit et fuerit imposterum competens, salvis juribus, franchesiis et consuetudinibus dictis nostris hominibus et communitati Campimuniti ac usagiis competentibus et competituris.

Promittentes.... Premissa omnia et singula rata, grata, vallida et firma habere perpetuo et tenere, et nunquam contra facere, dicere, opponere vel venire, neque alicui contravenire volenti in aliquo de cetero consentire, sed ipsa omnia et singula dictis nostris hominibus et suis successoribus actendere et inviolabiliter observare ac efficaciter adimplere in judicio et extra.

Renunciantes.... Supplicantes Reverendum in xpo Patrem et Dominum dnm Abbatem et conventum dicti monasterii de Clusa quatenus premissa approbenti, ratificant, emologent pariter et confirment eisdemque auctoritates suas interponant pariter et decreta.

Data, lecta ac per notarium nostrum subscriptum, lingua romana, promulgata fuerunt premissa in Campomunito ante magnam portam ecclesie ejusdem loci, presentibus nobili Guigone de Ravoyria alias Banderet, de Chamberiaco, ven[i] viro dno Petro de Ravoyria, priore Altivillaris, Dompnisque Petro Solliardi, curato Beate Marie de Aquabella, ac Johanne Gay alias Pontinerii, capellanis, discretoque viro Johanne Bionnasset, de Monte-Gaudio clerico, necnon Petro de Costa, parochie Beate Marie Lacus et Petro Grassy, de Passiaco, laycis, testibus ad premissa vocatis pariter et rogatis. Anno Dni millesimo quatercentesimo sexagesimo octavo, indicione prima et die duodecima mensis septembris.

Et ego, inquam, Johannes Soliardi....

L'acte qui précède a été entériné au Sénat de Savoie le 11 février 1634.

Signé : Vibert.

170

Démission donnée par Jean Bossonney dit Bontemps, de ses fonctions de co-syndic de la communauté de Chamonix, vu que sa nomination n'avait pas convenu à un petit nombre de ses administrés.

(1468.)

29 Mars.

(Archives de l'église de Sallanches.)

Ex prothocollis notarum Johannis Soliardi notarii.
Lictera testimonialis Johannis Bossonneys alias Bontemps.

Anno Dni millesimo IIII° **sexagesimo octavo, indicione**

prima die vicesima nona mensis marcii. Cum Johannes Bossonneys alias Bontemps senior, de Campomunito, fuerit constitutus et ordinatus consindicus tocius communitatis Campimuniti per probos homines ipsius communitatis, prout premissa asserit fore vera ipse Johannes Bossonneys. Hinc est quod convocatis ad sonum campane et evocatis ac congregatis pluribus et magna multitudine ex dictis probis hominibus dicte communitatis sub urmo existente ante ecclesiam dicti loci Campimuniti, coram quibusdam probis hominibus ut supra congregatis, supra nominatus Johannes Bossonneys dixit et proposuit quod nonnulli ex dicta communitate, saltim Hugo Frasserens alias Folliguet et Johannes Plat senior sibi Johanni Bossonneys deffendiderunt ne se de dicto sindicatu ex inde et quovismodo intromicteret. Quaquidem deffensione causante dictus Johannes Bossonneys nollens in officio dicti sindicatus manere invicto et ultra voluntatem minoris dicte communitatis. Igitur dicto sindicatui renunciavit dicendo et proponendo jandictis probis hominibus utsupra congregatis quod in ipso de dicto sindicatus officio a modo in antea non confidantur, sed sibi provideant prout ipsis expediens videbitur. De quibus premissis jandictus Johannes Bossonneys sibi fieri peciit per me notarium subscriptum licteram testimonialem seu publicum instrumentum. Actum ubi supra videlicet, sub urmo predicto; presentibus Vulliermo Mocterii seniore, Michaudo Berthodi et Johanne Felisaz seniore, testibus ad premissa vocatis et rogatis. Et me Johanne Soliardi, not.

(*Signé:*) *Idem* Soliardi, *not.*

171

Déclaration faite par Pierre Viollat, tuteur des enfants de Martin Cuinat, de la vallée de Montjoie, exécuté pour crime d'hérésie, d'avoir reçu de divers particuliers de la vallée de Chamonix, les douze brebis que ledit Martin avait mises en hivernage chez eux, l'évêque de Genève, le comte de Genève et l'inquisiteur ayant renoncé, en faveur des enfants dudit Martin, à la confiscation des biens de ce dernier.

(1468.)

13 Mai.

(Archives de l'église de Sallanches.)

Ex prothocollis notarum Johannis Soliardi notarii.
(Ad opus.) Domini Guillelmi de Ravoyria prioris Campimuniti.

Anno Dni millesimo IIII° LX octavo, indicione prima, die tresdecima mensis maii. Per hoc, etc.... constitutus personaliter Petrus Viollat, gubernator liberorum Martini Cuynat, de Monte Gaudio, qui Martinus pugnitus extitit pro crimine heresis. Qui Petrus gubernator asserens bona predicti quondam Martini fuisse remissa premencionatis liberis per dnm episcopum Gebenn. dnm comitem Gebenn. et dnm inquisitorem, habuisse confitetur duodecim oves quas dictus quondam Martinus tradiderat in custodiam et yemacionem nonnullis ex hominibus et juridiciariis prefati dni prioris; et que oves erant et sunt penes juridicionem prefati dni prioris. Et de quibus omnibus dictus Petrus Viollat prefatum dnm priorem et quascumque alias personas indempnes servare promictit et canet per Vuillermum Baptenderii quem promictit indempnem servare et qui promictit, etc.... cum promissionibus et renunciacionibus opportunis. Actum in Campomunito, in rota furnorum et ante domum Aymonis Bochardi, presentibus Dompno Francisco Buthodi, curato Vallisursine, Petro Bruneti et dicto Aymone Bochardi, testibus. Et me Johanne Soliardi notario.

(Signé:) Idem SOLIARDI, *not.*

172

(A.) *Invitation faite au prieur de Chamonix par les syndics sortants, d'assister à l'élection de nouveaux syndics.*
(B.) *Et serment prêté par les nouveaux syndics d'exercer fidèlement leur charge.*

(1468.)

7 Juin.

(Archives de l'église de Sallanches. — D'après l'imbréviature de Me Jean Soliard, notaire.)

(A.) Littera testimonialis *(ad opus)* Domini Guillelmi de Ravoyria, prioris Campimuniti.

Anno Dni millesimo IIII° LX octavo, ind. prima, die septima mensis junii. Johannetus Jorandi et Johannes Marguent, consindici communitatis Campimuniti, requisierunt prefatum Dominum Campimuniti ut ipse interesset, sibique placueret interesse in electione sindicorum per dictum Johannem Marguent fienda de sindicis eligendis pro dicta communitate. De quaquidem requisicione prefatus dns prior Campimuniti sibi fieri peciit et requisiit Litteram testimonialem. Actum in Campomunito ante grangiam prefati dni prioris, presentibus Michaudo Berthodi, Johanne Venuz seniore, de Campomunito et Nycodo filio Johannodi Ponseys de Passiaco, testibus. Et me Johanne Soliardi notario.

(Signé :) *Idem* SOLIARDI, *not.*

(B.) Juramentum prestitum per sindicos communitatis Campimuniti.

Anno Dni millesimo IIII⁰ LX octavo, ind. prima, die septima mensis junii. Peronetus Fabri, Rod. de Cupellino, Petrus de Lavancherio, Mich. Bocardi et Aymon Gay, alias Pontinerii juraverunt super sancto canone tanquam electi pro consindicis, et vocati more solito, exercere officium dicti sindicatus bene et fideliter prout ad ipsum officium incombit, procurareque commodum patrie, incomodumque ejusdem patrie et communitatis Campimuniti evictare juxta suum posse. Actum infra ecclesiam Sancti Michaelis, super presentes, presentibus Vuillelmo Mocterii seniore, Aymone Mocterii ejus nepote clerico, Colleto de Allioux et Raymondo Meczat testibus. Et me Johanne Soliardi notario.

(Signé :) *Idem* SOLIARDI, *not.*

173

Concession faite par R^d Guillaume de la Ravoire, prieur de Chamonix, à Aymonet Bard, du Lac, d'une prise d'eau sur le torrent de la Diosaz, dès la porte de Bocher, jusqu'à la prise d'eau inférieure appartenante au prieuré de Chamonix, pour y construire tous artifices quelconques se mouvant à eau. Le concessionnaire, au cas où il s'établi-

rait un étang, pourra seul y pêcher ; le prieur se réserve
la reconnaissance que cette concession est un fief du prieuré
et tout droit de lod en cas de vente, échange, donation ou
aliénation quelconque, ainsi que toutes commises et échute,
comme il est de droit et d'usage dans le pays. Cette concession a été faite sous l'introge de 40 gros, moyennant le
servis annuel d'un denier, payable à la Saint-Michel
archange.

(1468.)

3 Novembre.

(Protocole de Jean Soliard. — Archives de l'église de Sallanches. — D'après l'imbréviature originale du notaire.)

(Ad opus.) Dni Guillelmi de Ravoyria prioris Campimuniti
et Aymoneti Bardi, parrochie Lacus.

Anno Dni millesimo IIII° LX octavo, indicione prima, die
tercia mensis novembris, per hoc, etc.... Constitutus personaliter jandictus dns prior Campimuniti qui gratis et sponte
pro se et suis, albergat perpetuo jandicto Aymoneto Bardi
presenti, etc.... Videlicet : Aquagium exeens a porta de Bochers exclusive usque ad aquagium sibi dno priori pertinens
in aqua de Diousaz inclusive, ad faciendum molendinum,
baptitorium, reysiam, et alia quecumque edifficia aque, sub
introgio quadraginta grossorum habitorum, etc.... Et pro
uno denario Gebenn. annualiter persolvendo in quolibet
festo Michaelis, archangeli. Et fuit actum quod, casu quo
dictus Aymonetus abbergatarius infra dictos confines faceret
aliquem stangnum in quo congregare posset pisces, quod
nemo piscare possit ultra ejusdem Aymoneti voluntatem.
Item magis fuit actum quod dictus Aymonetus abbergatarius teneatur et debeat predictum aquagium recognoscere
de feudo prefati dni prioris et ejus prioratus, tociens quociens fuerit requisitus. Retinens prefatus dns prior in pre-

dictis rebus abbergatis, videlicet laudes et vendas, si et quando easdem vendere, permutare, donare, aut alias quovismodo alienare contingerit, commissionesque, echeutas si et quando evenire contingerit prout dns ipsius Aymoneti in aliis bonis accipere consuevit de jure et patrie consuetudine. Devestiens et investiens, etc.... Promictentes hinc et inde ; fiat duo instrumenta. Actum in Campomunito in coquina predicti prioratus, presentibus Dompno Johanne Gay alias Pontinerii, capellano. Nobili Amedeo de Ravoyria et Aymone de Combis, testibus. Et me Johanne Soliardi notario subsignato....

(Signé :) Idem SOLIARDI, not.

174

Nomination de R^d Jean Dufoug, en qualité de recteur et chapelain de la chapelle de Saint-Jean-Baptiste, érigée et fondée en l'église de Chamonix par les prieurs du lieu, par R^d Guillaume de la Ravoire, prieur moderne de Chamonix,

Et mise en possession de ladite chapelle, dudit R^d Dufoug, par R^d Pierre Solliard, chapelain domestique dudit prieur.

(1469.)

31 Décembre.

(Archives de l'église de Sallanches. — S. n° 20. — D'après son original écrit sur parchemin.)

Guillermus de Ravoyria, prior Campimuniti, ipsiusque loci ac vallium Lacus et Ursine, necnon castri Sancti Michaelis de Lacu Dominus temporalis. Dilecto nobis in xpo

Dompno Johanni Defago, parrochie Sancti Gervasii de Montegaudio, Gebenn. Diocesis, capellano, Salutem in Dno. Justa petencium desideria favore graciose prosequentes, votis eorumque a rationis tramite non discordant nos libenter exhibemus propicium. Cum itaque perpetua capellania sive capella sub vocabulo et in honorem Sancti Johannis-Baptiste in ecclesia dicti loci Campimuniti fundata et dotata vacaverit et ad presens vacet per obitum domini Raymondi de Duyno, ultimi rectoris ejusdem, cujusquidem capellanie seu capelle collacio, provisio, institutio et omnimoda disposicio, ratione jam dicti nostri prioratus Campimuniti, nullo medio, nobis ab antiquo pertinent et jure ordinario noscuntur pertinere. Tuis ea propter exigentibus virtutum meritis quibus apud nos fideli commendaris testimonio, eandem capellaniam seu capellam sancti Johannis Baptiste ob mortem predicti ultimi rectoris ejusdem ut supra vacantem seu alias quomodolibet ad presens vacet, cum ipsius omnibus et singulis juribus et solitis pertinenciis universis. Tibi jandicto Dompno Johanni Defago, presenti et humiliter cum graciarum actione acceptanti qui nobis jurasti quod jura ejusdem capellanie seu capelle pro posse manutenebis nobisque et dicto prioratui nostro ac nostris in eodem successoribus, canonice intrantibus obediens eris perpetuo et fidelis, ceteraque in talibus necessaria et opportuna, nostris in manibus prestitisti juramenta, conferimus, assignamus et de eadem presencium per tenorem providemus. Instituentes te in eadem perpetuum et verum rectorem ac per unius birreti tradicionem, assueto more investientes, regimen et administrasionem ejusdem tibi plenarie commictendo. Universis et singulis capellanis, presbiteris, religiosisque nostris, clericis quoque notariis et tabellionibus publicis nobis et dicto prioratui nostro submissis, harum serie propterea commictentes et mandantes quathenus te vel procuratorem tuum in realem, actualem et corporalem possessionem dicte capellanie seu capelle, juriumque et pertinenciarum suarum ponant et inducant, requisitis adhibitis solempnitatibus in talibus apponi consuetis. Has nostras collationis, provisionis, institutionis et investitionis licteras, sigilli nostri appensione, notariique publici ac nostri in hac parte scribe subnominati signeti manualis appositione roboratas tibi dicto Dompno Johanni Defago, rectori deposcenti in testimonium concedentes. Datas et actas in Campomunito in stupha nostri predicti prioratus, die ultima mensis decembris, anno a nativitate Domini sumpto millesimo quadringentesimo septuagesimo. Presentibus venerabili et religioso viro dno Petro de Ravoyria, priore prioratus Altivillarii in predictis ecclesia et prioratu Campimuniti, loco religiosi ejusdem loci Deo famulante; necnon nobilibus Nycodo et Berardo de Monteforti, Francisco de Lucingio, mandamenti Charrosie, et discreto viro Johanne Soliardi, notario, scriba curie dicti loci Campimuniti, testibus ad premissa astantibus et vocatis. Et me Johanne Aymonardi.

(*Signé avec paraphe :*) AYMONARDI, *not*.

Pend à l'original le sceau sur cire verte du prieur de Chamonix. Autour de l'écusson représentant les armes de la maison de la Ravoire, on lit : S. FRATRIS GUILLERMI DE RAVORIA.

Au dos de l'acte ci-dessus se trouve le verbal de mise en possession.

Anno Domini millesimo quadringentesimo septuagesimo a nativitate Dni sumpto et die ultima mensis decembris; in mis notarii publici et testium subnominatorum prescencia venerabilis vir Dompnus Petrus Soliardi, capellanus ex servitoribus egregii et ven^{li} viri dni prioris Campimuniti retro nominati presentium retro scriptarum licterarum vigore ac eciam de expresso mandato prelibati dni prioris Campimuniti, honorabilem virum Dompnum Johannem Defago, capellanum institutum rectorem retro principaliter nominatum ibidem presentem et instanter requirentem, in realem, actualem et corporalem capelle seu capellanie sancti Joannis Baptiste retro mentionate, juriumque et solitarum pertinenciarum ejusdem possessionem per altaris amplexum, calicisque, libri missalis, tabule pacis, corde campane, ydriarum, casule et aliorum vestimentorum sacerdotalium ipsius capelle traditionem ac alias, ut moris est, posuit, misit et induxit, nemine contradicente, et sic positum et inductum paciffice et quiete possidendum reliquit in eadem. Hanc testimonialem licteram eidem Dompno Johanni deposcenti concedendo et per me subsignatum notarium sibi de premissis fieri precipiendo. Datam et actam in dicta capella ante altare ejusdem; presentibus Johanne Lueys seniore, Francisco filio quondam Francisci comitis et Johanne filio Petri Pigna, omnibus parrochie Campimuniti testibus. Et me Johanne Aymonardi, de Montegaudio notario.

Signé : Aymonardi, *not.*

175

JHS MARIA XPS

PROCESSUS

Contra et adversus Johannem filium quondam Hugonis Pecluz et Mathiam filiam quondam Johannis Vouterii, de Campomunito.

(1469.)

10 Avril.

(Archives de l'église de Sallanches.)

Anno Domini millesimo iiii° sexagesimo nono die decima mensis aprilis. Sequens inquisicio inquisicionalis ve processus fuit et est incohatus intitulatus et formatus in presenti curia Campimuniti de mandato nostris Ludovicis de Reymondeys vice castellani Campimuniti per me Johannem Soliardi notarium publicum, curieque predicte scribam ex puro, mero et incombenti ejusdem curie officio secuta de et super delictis et criminibus infrascriptis, informacione debite sumpta et in forma precedentibus contra et adversus Johannem filium quondam Hugonis Pecluz et Mathiam filiam quondam Johannis Vouterii de dicto loco Campimuniti, fama publica refferente et clamore valido in eos insurgentibus [1].

Ideo petit Egregius procurator monasterii et temporalitatis insignis Prioratus Campimuniti de et super premissis contra dictos inquisitos et eorum quemlibet ut sua interest inquiri ac jus et justiciam ministrari ipsos que juridice plecti penis juris dicens ita esse fiendum et super hiis ordinari.

176

Lettre testimoniale faite à la requête des syndics de Chamonix pour constater qu'ils ont demandé au vice-châtelain les causes de la détention de Jean Pecluz, et protesté, afin que sa détention ne préjudicia pas à l'avenir aux franchises de la communauté.

Ledit Pecluz arrêté à Conteys avait été, sur lettres dominicales obtenues du duc de Savoie, remis au vice-châtelain de Chamonix qui, conformément à l'usage, l'avait, pendant un jour plein, laissé à la garde du vice-métral.

Interrogatoire dudit Pecluz.

---

[1] Nous n'imprimons pas les articles que comprend ce réquisitoire. parce que les premiers sont reproduits dans des actes précédents et les derniers dans l'interrogatoire de l'accusé.

(1470.)

28 Mai.

(Archives de l'église de Sallanches.)

(*Ad opus.*) Sindicorum et communitatis Campimuniti
Ex prothocollis notarum Johannis Soliardi notarii.

Anno domini millesimo iiii° septuagesimo, indicione tercia, die vicesima octava mensis maii. Per hoc, etc., cum Johannes Pecluz pro nonnullis hiis demeritis captus et certo tempore firmis carceribus detentus fuerit in et penes juridicionem et mandamentum Conteysii [1] per officiarios ejusdem loci. Deinde vigore et pretextu licterarum dominicalium ab illustrissimo principe dno nostro Sabaudie duce obtentarum, ipse Johannes Pecluz remissus extiterit nobili Ludovico de Raymondeys vice castellano Campimuniti pro justicia ministranda juxta ejusdem Johannis demerita; post cujusquidem remissionem ipse Johannes Pecluz adductus fuerit in bancham curie Campimuniti die veneris proxime preterita que fuit vicesima quinta mensis hujus maii et ibidem remissus Johanni Bruneti vice mistrali ejusdem loci per dictum vice castellanum per dictum vice mistralem tute custodiendum per tempus et spacio unius diei naturalis prout solitum est in eodem loco. Et postmodum die crastina que fuit vicesima sexta hujus (mensis) dictus Johannes Pecluz redditus et remissus fuit per dictum vice mistralem prefato vice castellano in dicta bancha, in quo loco accesserunt ad predictum vice castellanum Johannes Gaudini et Petrus Depratis consindici tocius communitatis Campimuniti, requirentes et dicentes predicto vice castellano quatenus ipse ostenderet, diceret et demonstraret causam, causas et motus quare ipse vice castellanus predictum Johannem Pecluz detinebat.

[1] Contey, en Vallais.

Protestantes ipsi consindici quod hujusmodi detentio in futurum prejudicare non posset seu prejudicium aliquod generare communitati, franchesiis, libertatibus ac bonis usibus et consuetudinibus Campimuniti. De quibus ipsi consindici dicta die vicesima sexta mensis hujus maii sibi fieri pecierunt licteram testimonialem, et quam habere non potuerunt deffectu notarii. Q. Hinc est quod ad instanciam et requisicionem jam dicti Johannis Gaudini et Petri Delavancherio consindicorum predicte communitatis presencium, constitutus supranominatus vice castellanus qui gratis et sponte, ut inquit, dicit ut asserit premissa fore et esse vera. Et de quibus michi notario subsignato ipse vice castellanus ad opus dicte communitatis et consindicorum fieri precepit licteram testimonialem seu publicum instrumentum. Actum in bancha predicta die et anno superius primo descriptis, presentibus Johanne Perrini, Petro Girodi, Raymondo Meczat et Johanne et Petro Sapientis, testibus. Et me Johanne Soliardi not.

(Signé :) Idem Soliardi, *not.*

(1470.)

1ᵉʳ Juin.

Responsio jamdicti Johannis Pecluz co-inquisiti.

Super quibus premissis, anno domini millesimo iiii⁰ septuagesimo, die prima mensis junii. Dictus Johannes Pecluz, ab omni carceris vinculo liberatus, juratus super Sanctis Dei Evangeliis in manibus nobilis Ludovici de Raymondeys vice castellani Campimuniti corporaliter tactis, interrogatus et examinatus per eundem vice castellanum dicere et confiteri omnem, puram, meram et omnimodam quam de et super premissis processu et articulis ejusdem sciverit et noverit veritatem, imposita sibi pena viginti quinque librarum per ipsum commictenda, et dno predicto Campimuniti irremissibiliter applicanda et ulterius de habendo casus et delicta de quibus intitulatur pro confessatis, casu quo veritatem in aliquo sue responsionis celaverit.

Et primo super primo dicti processus articulo, interrogatus, confitetur contenta in eodem esse vera. Super secundo ejusdem processus articulo, interrogatus confitetur eundem fore verum, excepto quod ad dictum dnm Campimuniti non pertinet condemnare malefactores. Super tercio ejusdem processus articulo, interrogatus, confitetur contenta in eodem esse vera. Super quarto dicti processus articulo, confitetur contenta in ipso esse totaliter vera. Super quinto articulo dicti processus, interrogatus, dicit et respondet super eodem quinto articulo verum esse quod semel anno in eodem articulo descripto inter festum nativitatis dni et creoborum (sic), hora noctis dum ipse respondens ab extra venisset ad domum sue habitacionis de Tresluchant pro nocte quiescendo, non reperta ejus uxore, neque suo lecto strato reperto, se ipsum Johannem inquisitum cum Mathia ejus sororia in ipso articulo nominata in quodam lecto ibidem strato, sola jacente, posuit et cubavit; qui inquisitus dum fuit in lecto cum dicta Mathia incontinenti ipsam amplexus est, ipsumque Mathiam ejus sororiam utrumque conjunctam in hujusmodi amplexione carnaliter cognovit ac carnalem copulam cum eadem commisit, semel duntaxat, ut dicit. Super sexto articulo predicti processus interrogatus, respondet super contentis in eodum verum esse, quod ipse Francesiam ejus uxorem in ipso articulo nominatam affirmavit ad serviendum cum Johanne Mugnerii, retinendo predictam Mathiam ejus sororiam; interrogatus si ipse jacebat cum dicta Mathia, solus cum sola et nudus cum nuda? Qui respondet quod sic, sed non pro malum faciendo, ut dicit. Super septimo dicti processus articulo, interrogatus, confitetur et dicit predictam Mathiam ejus sororiam ingravidasse dicta nocte qua eum superius carnaliter cognovisse confessus est. Super octavo articulo dicti processus interrogatus, confitetur contenta in eodem fore vera. Super nono predicti processus articulo interrogatus, dicit et confitetur induxisse Petrum Pecluz ejus nepotem in ipso articulo nominatum prout in eodem articulo continetur, sed non dictam Mathiam, dicens tamen quod ipse introduxit dictum Petrum ad instruendum predictam Mathiam, quod diceret Mathia, prout in eodem articulo continetur. Super decimo ejusdem inquisicionis articulo interrogatus, dicit et confitetur contenta in eodem esse vera quoad dictum Petrum Pecluz ejus nepotem, sed quoad dictam Mathiam dicit se nichil scire quia perjuraverit se de premissis. Super undecimo predicte inquisicionis seu processus predicti articulo interrogatus, dicit et confitetur contenta in eodem fore vera. Super duodecimo predicti processus articulo interrogatus, dicit et confitetur super eodem esse verum quod ipse aggressus fuit Vuillelmum Gabeti, prout in eodem articulo continetur, ipsum Vuillelmum percussit de uno palonjono [1] seu baculo in brachio prout in dicto articulo describitur, dicens tamen quod non recordatur si ipsum verberaverit pugnis nec pedibus. Super tresdecimo dicti processus articulo interrogatus, confitetur contenta in eodem esse vera, excepto quod non habebat intencionem dictum mistralem et officiarium tradendi ad mortem. Super decimo quarto ejusdem processus articulo interrogatus, dicit et confitetur quod ipse bene habuit quedam verba rigorosa cum Aymoneto Morterii in ipso articulo nominato, in itinere publico, sed tamen non habebat animum injuriam sibi faciendi, cetera in eodem articulo contenta fore vera; negat ipse respondens. Super quindecimo dicti processus articulo, interrogatus, dicit et confitetur de contentis in eodem verum esse quod ipse aggressus fuit et per chiviciam [2] arripuit curatum Vallis-Ursine in eodem articulo nominatum, prout in eodem articulo continetur,

---

[1] Pelle en bois à fumier.
[2] Probablement *chevelure*.

sed non animo ipsum offendendi et ipsum curatum negat ipse respondens, prostrasse, cassasse et verberasse; interrogatusque si verba habuit cum predicto curato, dicit quod non recordatur. Super sex decimo dicti processus articulo interrogatus, respondet quod bene habuit quedam verba cum vice mistrali in eodem articulo nominato, de quibus non recordatur; cetera in eodem articulo mencionata negat fore vera. Super decimo septimo dicti processus articulo interrogatus, confitetur contenta in eodem esse vera. Super decimo octavo dicti processus articulo interrogatus, respondet super contentis in eodem verum esse quod ipse post promissiones, pacta et communicaciones in ipso articulo mencionatos commisit adulterium et incestum cum dicta Mathia ejus sororia dicta nocte qua superius confessus est commisisse carnalem copulam cum eadem Mathia duntaxat ut dicit, et ulterius confitetur se transtulisse ad locum Martigniaci, sed hoc cum intencione revertendi ad locum Campimuniti. Super decimo nono ejusdem processus articulo interrogatus, dicit et respondet quod ipse bene captus et incarceratus fuit in loco Martigniaci per officiarios ejusdem loci et confitetur carceres fregisse et ab eisdem auffugisse; interrogatus qua de causa captus fuit, dicit quod tenet ex eo quod carnaliter cognovit predictam Mathiam ejus sororiam et pro peccato cum eodem Mathia commisso. Super vicesimo ipsius processus articulo, interrogatus, dicit et respondet se obviasse vice castellano in eodem articulo nominato, qui inquisitus cum vidit dictum vice castellanum, a via auffugit timensque ne ipse vice castellanus ipsum inquisitum caperet et detineret contra eundem vice castellanum multos lapides projecit, ac de uno lapide ipsum vice castellanum atrociter percussit, sicque a manibus ejusdem vice castellani evasit. Super vicesimo primo dicti processus articulo interrogatus negat ipsum totaliter fore verum. Super vicesimo secundo dicti processus articulo interrogatus, respondet et confitetur incidisse in penas Dei et de aliis nescit ut dicit. Super vicesimo tercio et ultimo dicti processus articulo interrogatus, confitetur confessa et negata negat fore vera; interrogatus de voce et fama, respondet quod bene potest esse quod vox et fama laboraverint contra eum, tamen nescit. Datum et actum in prioratu Campimuniti, infra magnam aulam ejusdem prioratus, presentibus. Discreto viro Aymone Mocterii notario, Johanne Bruneti, Petro de Crosa juniore, Anthonio de Basqueria, Vullelmeto Bollet et Johanne Rosseti, testibus.

Alia Responcio dicti Johannis Pecluz facta in presencia judicis.

Anno et die supra proxime dictis, dictus Johannes Pecluz, intitulatus ut supra, omni viculo (sic) carceris liberatus, juratus ut supra in presencia tamen venerabilis et egregii viri dni Stephani de Six, in legibus licenciati, judicis terre et juridicionis Campimuniti pro dno priore ejusdem loci, impositis sibi penis ducentum librarum et de habendo casus et delicta de quibus intitulatur pro confessis per dictum vice castellanum, interrogatus et examinatus, etc., etc....

(1470.)

2 Juin.

Repeticio dicti Johannis Pecluz.

Anno supra proxime dicto, et die secunda mensis junii, dictus Johannes Pecluz intitulatus fuit perdictum vice castellanum in presencia dicti dni judicis repetitus et examinatus, juratus prius super Sanctis Dei Evangeliis per eum tactis, impositaque sibi pena ducentum librarum ut supra commictenda et applicanda, et ulterius de habendo contenta in dictis articulis dicti processus per eum negata pro confessis, casu quo veritatem in toto vel in parte celaverit. Qui quidem Johannes intitulatus respondet et dicit quod per eum confessata in sua responsione superius ultimo in presencia dni judicis facta prout superius describuntur, sunt totaliter et integre vera. Deinde interrogatus si aliqua obmiserit in dicta sui confessione seu responsione, qui dicit quod sic de dicta Mathia ejusdem respondentis sororia. Interrogatus si ipsam Mathiam cognovit carnaliter nisi illa nocte qua confessus est eam cognovisse carnaliter, respondet quod sic pluribus vicibus. Interrogatus ubi, dicit et respondet quod in pluribus locis uti in dicto domo ejus habitacionis de Tresluchant, in lecto jacendo cum ipsa, solus cum sola et alibi in eadem domo, ac eciam in Lavancherio, necnon in pluribus aliis et diversis locis continuendo a creoboro currente anno millesimo quatercentesimo sexagesimo octavo usque ad festum assumpcionis Beate Marie Virginis ejusdem anni. Interrogatus in quo loco carnalem copulam cum eadem Mathia commisit prima vice post dictam noctem superius primo confessatam, respondet quod in medio bastaris [1] vacharum dicte domus sue habitacionis de Tresluchant. Interrogatus si ipse inquisitus predictam Mathiam deffenderit et perturbaberit de viro nubendo, respondet quod ita perturbavit a Johanne Abbet, qui Johannes Abbet asserebat ipsam Mathiam in ejus uxorem jurasse. Datum et actum ubi supra proxime presentibus providis viris Jacobo Samoen, Aymone Mocterii notariis ac Vullielmeto Bollet, Petro Decrosa juniore et Johanne Bruneti, testibus.

4 Juin.

Alia repeticio jamdicti Johannis Pecluz.

Anno premisso, et die quarta mensis junii, dictus Johannes Pecluz intitulatus fuit iterum per dictum vice castellanum interrogatus, petitus et examinatus in presencia dicti dni judicis, juratus prius juramento suo corporali super Sanctis Dei Evangeliis et sub pena ducentum librarum, sibi

---

[1] Probablement crèche ou bovée.

ut supra imposita, et ulterius de habendo contenta in dicto processu per eum negata pro confessatis casu quo veritatem in toto vel in parte celaverit, si omnia per ipsum Johannem intitulatum superius in suis confessionibus et repeticionibus factis in presencia dicti dni judicis confessata sint vera et illa in rei veritate confessus fuerit, qui respondet quod ita sunt integre vera prout supra sunt scripta. Interrogatus si in aliquibus conspiracionibus, monopoliis et consiliis secretis contra dictum dominum Campimuniti tentis; qui respondet quod sic in multis consiliis, durante litigio olim existente inter ipsum dnm et communitatem Campimuniti. Interrogatus qui erant, respondet quod multi ex hominibus dicte communitatis de quibus non recordatur. Interrogatus quot homines erant tenente ipsa consilia, respondet quod aliquando viginti, aliquando plus, et aliquando minus. Interrogatus si recordetur de aliquo dictorum consiliorum ut supra tentorum, respondet quod non, nisi de uno quod fecerunt et tenuerunt in stabulo Peroneti Fabri. Interrogatus qui erant presentes et tenentes ipsum consilium, respondet quod ipsemet ac dictus Peronetus Fabri, Johannes Marguent de Exerto, Johannes Venuz alias Brochet, Johannes Delavancherio dictus Abbes et Johannes Bruneti et suo videre erant eciam Johannetus Jorandi, Petrus Aymonis et Johannes Gaudini, tamen nesciret dicere vero de ipsis tribus superius proxime nominatis. Interrogatus qua de causa ipsum consilium fecerunt et tenuerunt, respondet, quia pro mictendo dictum Johannem Delavancherio ad dnm Abbatem Sancti Michaelis de Clusa. Interrogatus quare ipsum mictere volebant, respondet quod pro adducendo unum commissarium ad examinandum contra dictum dnm Campimuniti. Interrogatus quare examinare volebant contra ipsum dominum, respondet quod ex eo quod ipse dns litigabat contra ipsos. Interrogatus si dictum consilium tenebant nomine communitatis Campimuniti, respondet quod non, sed nomine dicti Johannis Delavancherio. Interrogatus quare ipse percussit predictum vice castellanum Campimuniti cum lapidibus ut supra confessus est, respondet quia ipse vice castellanus bene meruerat et plus si ipse respondens plus potuisset. Interrogatus, ulterius post modicum tempus seu intervalli spacium, si ipse inquisitus predictam Mathiam ejus sororiam defloravit, dicit et respondet quod ita defloravit quoniam ipsam tenebat et putabat fore virginem. Deinde iterum interrogatus si omnia superius per eum in omnibus suis confessionibus superius descriptis, factis in presencia dicti dni judicis confessata sint vera, respondet quod ita sunt integre vera. Datum et actum ubi supra proxime, presentibus nobili Aymone Mercerii, providisque viris Jacobo Samoen et Aymone Mocterii notariis, Petro Decrosa juniore et Johanne Bruneti, testibus. Et me Johanne Soliardi notario et curie predicte scriba.

(*Signé :*) Idem SOLIARDI, *not.*

Réquisition d'un des syndics de Chamonix au vice-châtelain de leur fournir un conseil comme le prieur y est tenu. Nomination dudit conseil.

(1470.)

14 Juin.

Anno Dni millesimo $IIII^c LXX^o$ ind. tercia, die XIII junii. Petrus Delavancherio, etc.... Requisiit vice castellanum quod eis traderet consilium sufficiens prout Dominus tenetur, etc.... Qui vice castellanus tradit dnm Martinum Sostionis presentem et acceptantem, cui dno Martino requisierunt quod eis traderet, etc.... Qui eisdem manualiter in papiro scripto et manu ejus signato tradidit. Et qui protestantur, etc.... Et Aymo Mocterii pro juribus dni procurator eciam protestatur, etc.... Actum in bancha curie Campimuniti, presentibus nobilibus Henrico Tromberti vice castellano Charrosie, Berardo de Monteforti, Johanne Delucingio juniore et Philiberto de Ravoyria, testibus.

(Sans signature.)

177

Condamnation de Jean Pecluz, à avoir la main droite et la tête coupées, prononcée par Pierre du Lavanchier, cosyndic, juge élu par les bonshommes, suivie de la teneur du conseil donné par Martin Sortion.

(1470.)

14 Juin.

(Archives de la commune de Chamonix.)

J. Deinde, anno, indicione et die premissis, supra nominatus Johannes Pecluz adductus fuit per supra nominatum nobilem Ludovicum de Raymondeys vice castellanum predictum in bancha curie dicti loci Campimuniti ubi jura temporalia partibus reddi sunt solita; quoquidem Johanne Pecluz ibidem in dicta bancha existente coram prenominatis probis hominibus, videlicet majori parte proborum hominum dicte communitatis Campimuniti, providus vir Aymo Mocterii notarius, procurator jurium domini prioris et ejus prioratus requisiit sibi per supra nominatum Petrum Delavancherio consindicum dicte communitatis ibidem in predicta bancha existentem, (in) judicem et cognitorem electum per dictam communitatem et probos homines ejusdem communitatis, justiciam de dicto Johanne Pecluz ministrare juxta ejusdem Johannis demeritis et secundum tenorem consilii per supra nominatum dominum Martinum Sostionis legum doctorem traditi. Quo audito, lecto prius per me notarium subscriptum lingua romana processu contra dictum Johannem Pecluz formato in quo et per quem constat predictum Johannem Pecluz incidisse et commisisse adulterium, incestum et stuprum simul cum Mathia filia quondam Johannis Vouterii sororem Francesie ipsius quondam Johannis Vouterie filie, uxorisque dicti Johannis Pecluz, percussisseque, agressum fuisse et verberasse officiarios prefati domini prioris, ejusdem Johannis Pecluz domini naturalis et temporalis. Quoquidem processu ut supra lingua layca lecto, supra nominatus Petrus Delavancherio, consindicus, judexque et cognitor ut supra deputatus, interrogavit predictum Johannem Pecluz si contenta in dicto processu sint vera, et si ipse Johannes Pecluz defloraverit predictam Mathiam sororem predicte Francesie post cognitam Francesiam ejusdem Johannis uxorem, stuprumque et adulterium cum incestu simul commictendo sepe et pluries ac continuando cum ipsa Mathia, et si officiarios prefati domini sui agressus fuit et verberavit? Qui Johannes Pecluz respondit quod ita. Qua confessione per dictum Johannem Pecluz sponte facta coram populo ibidem existente, habitoque prius consilio maturo super dicto processu cum supra nominato dno Martino Sostionis jurisperito, ipsoque audito in sermone vulgari per me notarium subscriptum ut supra de verbo ad verbum exposito, unacum repetitis confessionibus ipsius Johannis Pecluz delati. Insequendo tenorem et formam consilii per supra nominatum dominum Martinum Sostionis dati et traditi, cujus series inferius describitur, supra nominatus Petrus Delavancherio consindicus, judex et cognitor ut supra per dictam communitatem et probos homines ejusdem communitatis electus, deputatus, constitutus et ordinatus, in ipsorum presencia ac de eorum consensu et voluntate, pronunciavit, judicavit, cognovit et ordinavit predictum Johannem Pecluz delatum ultimo capitali supplicio tradendum et exequendum, amputata prius sibi manu dextra cum qua percussiones in officiarios temporales prefati domini Campimuniti fecit et patravit, ac manu et capite detruncatis, illa cum cadavere in furchis debere publice suspendi, ut ceteris talia facere presumentibus terreat acque cedat in exemplum. Quibus premissis sic actis et gestis, supra nominatus Petrus Delavancherio, judex et cognitor predictus, nominibus predictis jandictum Johannem Pecluz delatum, remisit nobili Ludovico de Raymondeys vice castellano predicto, sibi mandando et precipiendo quatenus predictam sentenciam, ut supra latam ad debitum exequucionis effectum deducat seu deduci faciat. De quibus premissis, ut premictitur, actis et gestis, jandictus Petrus Delavancherio judex et cognitor predictus sibi fieri peciit et requisiit per me notarium subscriptum ad opus dicte communitatis publicum instrumentum quod eidem ex meo incombenti officio duxi largiendum, et quod ac omnia suprascripta dictari, corrigi, reffici, meliorari et emendari possint et valeant dictamine et consilio peritorum unius et plurium, facti tamen substancia in aliquo non mutata. Acta, lecta ac promulgata fuerunt premissa et publice recitata in Campomunito, ante grangiam prioratus ejusdem loci, supra nominato dno Martino Sostionis ambulante per ante ipsam grangiam, coram prefato Petro Delavancherio, judice et cognitore predicto, in bancha curie ejusdem loci ubi jura temporalia partibus reddi sunt solita, ubi nobiles viri Henricus Tromberti, vice castellanus Charrossie, Johannes filius nobilis Francisci de Lucingio et Philibertus filius quondam nobilis Johannis de Ravoyria alias Banderet de Chamberiaco, testes ad premissa vocati fuere pariter et rogati. *Q.* Tenor consilii per supra nominatum dominum Martinum Sostionis dati talis est. In consultacione processus contra delatum Johannem filium Hugonis Pecluz quondam ex curie mero officio

Campimuniti secreta et alias debita precedenti informacione formati dum queriturque et talis (sic et) quanta pena veniat de jure sibi delato imponenda super confessatis per ipsum capitulis in ipso processu contentis datoque sua confessio fuerit spontanea et non meticulose exhorta sive alias de jure non improbata prout ita in facto esse presupponitur; sunt primo actendenda diversa crimina satis enormia de quibus dictus Johannes est intitulatus que in effectu quinque, pluri salvo, comperiuntur : *primo* adulterium ; *secundo* incestus ; *tertio* virginis defloracio scilicet stuprum ; *quarto* viarum publicarum invasor ad homines aggrediendos et offendendos et maxime personam ecclesiasticam sacerdotalem dignitate constitutum ; *quinto* offensio et percussio actualis in officiarios temporales loci Campimuniti ; *sexto* carceres effrastio et fuga licet extra dominium Campimuniti ; *septimum* obmicto scilicet conspiraciones et monopolia contra dominum suum quia non sunt confessata, nec alias probata; cetera vero satis sunt probata per ipsius Johannis delati propriam et spontaneam et sepe iteratam et in judicis presencia confessionem. Quorum diversorum criminum respective pro quolibet ipsorum in majori sit equalis pena capitalis mortis. Pro aliquibus vero alie corporales pene non tamen mortis quas prolixius et inutile foret recitare actenta maxime illa juris communis disposicione quod semper majus delictum debet actendi ubi de punicione agitur plurium delictorum et sic non omnes pene sed duntaxat major imponi debet, resultat satis clara et apperta ipsius consultacionis decisio, videlicet quod dictus delatus Johannes Pecluz, actentis tot et tantis per ipsum dolose et appensate patratis gravibus delictis et criminibus sit et de jure veniat ultimo supplicio capitali mortis feriendus et sentenciandus et ita exequendus juxta predictam suam spontaneam et liberam acque superius repetitam confessionem de premissis sceleratis et satis enormibus delictis factam juxta L. I. Cum tota sua materia. C. de confes et ff. ex toto titulo L. proinde ff. ad L. acquil. num in confessum nulle sunt partes judicis propter, etc. Sua igitur confessio ipsum condempnat eciam in criminibus ut dicit glo, in dicta lege : proinde. Verumtamen quia multe sunt capitales pene per ipsum Johannem incurse pro diversis delictis, et tamen nisi unica potest dampnari quia nisi unicum caput habet que non censetur sufficiens juxta ipsius merita ad..... crassantibus, lotus sit exemplo, manum ipsius Johannis putarem prius debere amputari cum qua officiarios (temporales dni hic) percussit, et manu amputata decapitari et inde cadaver ejus cum capite furchis suspendi ut ceteros terreat demum alteriusque racione, vis et violencie per ipsum Johannem commisse in aggressura et percussione tam dictorum officiorum, quam personarum (ecclesiasticarum) de quibus in dicto suo processu confessus est, que violencia si non publica saltim privata dici potest, posse de jure..... fieri scilicet dno loci temporali dicti Johannis terciam partem bonorum suorum quoniam negari non potest quod saltim..... privatam ipse Johannes commisit cujus pena est tercia bonorum confiscacio ad fiscum eritque talis proborum hominum Campimuniti ad quos cognicio et sentencia dicti processus secundum eorum franchesias et libertates spectat per modum qui sequitur cognicio et sentencia ferenda, convocatis et constitutis more in talibus solito et in tali loco in quo sentencia criminales solite sunt ferri, videlicet talis et talis ac probi homines vallis Campimuniti in talibus deputati vel ordinati juxta usum et consuetudinem dicte vallis, qui omnes, maturo inter eos prius habito consilio super predicto processu ipso viso et audito in sermone vulgari, ipso de verbo ad verbum exposito per me notarium subscriptum unacum repetitis confessionibus ipsius Johannis delati et maxime coram ipsis pro sentenciando et cognoscendo congregatis spontanee facta unanimes et concordes, nemine discrepante pronunciaverunt, cognoverunt et ordinaverunt juxta et secundum peritorum et juristarum consilium inde super ipso processu datum, dictum Johannem ultimo capitali supplicio tradendum et exequendum, amputata prius sibi manu destra cum qua percussiones in officiarios temporales Campimuniti fecit et patravit, et manu et capite detruncatis, illa in furchis debere publice suspendi, ut ceteris talia facere presumentibus terreat acque cedat in exemplum. Item cognoverunt et sentenciaverunt ut supra dicti probi homines terciam partem bonorum ipsius Johannis propter vim privatam per ipsum commissam de qua in dicto processu dno suo temporali venerando patri dno priori Campimuniti fore confiscandam et adjudicandam, quam et per presentes sibi adjudicaverunt. De quibus omnibus et singulis pecierunt a me notario subscripto sibi dari Licteras testimoniales, etc. Et predicta dicta fuit salvo semper saniori judicio et maturiori deliberacione. M. Sostionis.

Ego inquam Johannes Soliardi.

178

Commission donnée par Jean de Varax, évêque de Belley, abbé commendataire du monastère de Saint-Michel de la Cluse, au prieur de Megève, pour admettre dans l'ordre de Saint-Benoît et conférer l'habit à Guillaume, le jeune, de la Ravoire, pourvu qu'il se trouve dans les conditions voulues.

(1472.)

13 Mars.

(Archives de l'église de Sallanches, non coté. — D'après l'original écrit sur parchemin.)

Johannes de Varax, episcopus Bellicensis, sanctissimi domini nostri pape referendarius, commendatariusque perpetuus monasterii Sancti Michaelis de Clusa, ordinis Sancti Benedicti, Taurinensis diocesis, romane ecclesie immediate subjecti. Venerabili et carissimo fratri nostro priori Megeve, Gebennensis diocesis, salutem in domino sempiternam. Tenore presentium vobis committimus et mandamus quatenus Guillermo de Ravoyria juniori, si eum de legitimo matrimonio, aut ad hoc legitime dispensatum, ydoneumque et sufficientem reppereritis et in eo aliqualis difformitas non fuerit, habitum religionis nostre secundum statuta ejusdem monasterii imponatis, ipsiusque Guillermi professionem in manibus vestris recipiatis, observatis prius omnibus solemnitatibus in talibus observandis, si tamen legitime etatis fuerit ad dictam professionem emittendam, super quibus omnibus, conscienciam vestram oneramus. Quibus peractis claustrariam in prioratu Campimuniti, ejusdem diocesis eidem Guillermo assignetis. Mandantes priori Campimuniti quatenus eidem Guillermo prebendam et alia necessaria, secundum quod claustralibus monachis qui pro tempore fuerunt consuetum est ministret, in premissis enim et circa premissa omnia et singula pro hac vice tantum vobis committimus vices nostras. Datum Rome, in domo nostre residencie sub anno a nativitate Domini millesimo quadringentesimo septuagesimo secundo, indictione quinta, die vero tertia decima mensis marcii, pontificatus sanctissimi in Christo patris et domini nostri domini Sexti, divina providentia pape quarti, anno primo. Sub sigillo nostro parvo, presentibus venerabilibus viris, dominis Antonio de Bernecio Pidenciario Clusino et Antonio Pollieni, Taurinensis et Lugdunensis dioces.... testibus ad premissa voc.....at.....is et r.....og.....at.....is.

Signé au bas :

JACOBUS CROTTUS,

Suscripsit secretarius de mandato.

179

Quittance passée par révérend Guillaume de la Ravoire, prieur de Chamonix, à Michel Landriuz dit Bellin, dudit lieu : 1° d'une somme de 70 florins que celui-ci avait promis lui payer à titre de composition au sujet du suicide par strangulation, d'Aymonet Landriuz, son fils; 2° et de divers autres sommes au montant de 146 florins pour composition sur autres délits commis par ledit Michel Landriuz.

(1473.)

8 Février.

(Tiré des Archives de l'église de Sallanches, non coté. Copié d'après l'original écrit sur parchemin.)

Anno Domini millesimo quatercentesimo septuagesimo tercio, indicione sexta, die octava mensis februarii. Presentis publici instrumenti serie fiat manifestum unicuique quod coram me notario publico et testibus subnominatis constitutus personaliter venerabilis et egregius vir dominus Guillermus de Ravoyria, prior prioratus Campimuniti, dominusque temporalis ejusdem loci ac Vallium Lacus et Ursine, necnon castri Sancti Michaelis de Lacu, quiquidem dominus prior gratis et ex sui certa sciencia ac de suis juribus et factis plenarie ut asserit informatus et advisus pro se et suis heredibus et successoribus universis confitetur sollempniter et publice ac si propter hoc foret coram suo judice competente personaliter evocatus manifeste recognoscit habuisse et recepisse a Michaele Landriuz alias Bellini seniore, de dicto loco Campimuniti, presente, stipulante solemniter et recipiente omnia et singula in presenti instrumento publico contenta ad sui suorumque heredum et successorum universorum opus : videlicet plenam solucionem et integram satisfactionem de septuaginta florenis parvi ponderis; in quibus septuaginta florenis dictus Michael Landriuz predicto domino priori tenebatur ex causa compositionis per ipsum Michaelem facte cum prefato domino priore seu ejus castellano pro Aymoneto Landriuz ejus quondam filio ex eo et pro eo quod ipse quondam Aymonetus se laqueo suspenderat. Item plenam, realem et integram solucionem et satisfactionem de centum florenis parvi ponderis in quibus centum florenis dictus Michael Landriuz predicto domino priori seu ejus castellano vel ejusdem castellani locum tenenti tenebatur ex causa composicionis per ipsum Michaelem facte prout constat quodam publico instrumento per providum virum Aymonem Mocterii notarium recepto, sub anno indicione et die in eodem contentis, necnon plenam, realem et integram solucionem et satisfactionem de sex florenis parvi ponderis in quibus dictus Michael predicto domino priori tenebatur pro extra dicte ultime compositionis, ac eciam plenam et integram solucionem de decem florenis in quibus dictus Michael tenebatur pro retrobampno dicte ultime composicionis pertinente mistrali dicti loci Campimuniti seu ejus locum tenenti, dempto et reservato quarto denario dictorum septuaginta florenorum pro prima composicione, ac eciam quarto denario dictorum centum florenorum pro ultima composicione predicti pertinente castellano dicti loci Campimuniti seu ejus locum tenenti; de quibus quidem premissis ut supra per dictum dominum priorem habuisse confessatis ipse dominus prior se tenet pro soluto et contento. Promictens.... Renuncians.... Actum in Campomunito ante grangiam dicti domini prioris, presentibus venerabilibus viris dominis Petro Deorsino ac Johanne Bionnasset, de Montegaudio, capellanis, necnon Johanne Bruneti et Johanne filio Johannis Plat, ambobus de Campomunito, testibus ad premissa vocatis et rogatis. Et me Johanne Soliardi.

180

Compromis passé entre R^d Guillaume de la Ravoire, prieur de Chamonix et les Prudhommes du lieu, de soumettre à la décision d'arbitres, jurisconsultes et docteurs, le différend survenu entre eux, au sujet de Pierre Despraz, dit Bellin, qui avait été traduit en prison à cause de ses méfaits, contrairement aux libertés et franchises du pays, puis gracié par ledit prieur.

(1473.)

22 Février.

(Tiré des Archives de la commune de Chamonix.
D'après l'original écrit sur parchemin.)

In nomine Domini, Amen. Anno a nativitate ejusdem sumpto millesimo quatercentesimo septuagesimo tercio, indictione sexta cum eodem anno sumpta, die vero vicesimo secundo mensis februarii. Hujusmodi veri et indubitati instrumenti series recitatus cunctis et singulis presentibus et posteris veram et indubitatam prebeat noticiam. Quod cum nobilis Ludovicus de Raymondeys locum tenens nobilis Guigonis de Ravoyria castellani Campimuniti pro venerabili et egregio viro domino Guillermo de Ravoyria priore prioratus Sancti Michaelis de Campomunito, dominoque in temporalibus ipsius loci Campimuniti ac vallium Lacus et Ursine necnon et castri Saneti Michaelis de Lacu, ceperit et carceribus firmis mancipaverit Petrum Depratis alias Bellyen de dicto loco Campimuniti, pro et causantibus nonnullis sui ipsius Petri, ut fertur, demeritis; deinde prefatus dominus prior predictum Petrum Depratis a predictis carceribus liberaverit, sperareturque moveri lis et questio ac causa inter prefatum dominum priorem ex una, ac probos homines communitatis dicti loci Campimuniti, partibus ex reliqua, super eo quod ipsi prementionati probi homines dicebant et asserebant dictum Petrum Depratis fuisse minus juste captum et detentum, quinymo in prejudicium libertatum, franchesiarum et capitulorum predicte communitatis Campimuniti; dicto vero domino priore in contrarium opponente, dicente et asserente ipsum Petrum fuisse justis de causis captum et detentum et carceribus mancipatum. D. Hinc est quod in mei notarii publici ac testium subnominatorum presentia constituti personaliter prefatus dominus Guillermus de Ravoyria, prior predictus parte ex una, necnon Bonjornus Charlet et Johannes Combet consindici et consindicario nomine totius communitatis et proborum hominum Campimuniti ex parte altera. Quequidem partes cupientes premissa amicabili potius quam litigioso tractatu sedari, nominibus premissis, unanimiter et concorditer elegerunt. Videlicet prefatus dominus prior Petrum de Lavancherio, necnon prenominati consindici Hugonem Frasserens alias Folliguet; quibusquidem Petro Delavancherio et Hugoni Frasserens supradicte partes tradere et expedire teneantur et debeant videlicet dictus dominus prior informatione, expletaque et jura quecunque propter que prefatus vice castellanus ac ceteri quicumque predicti domini prioris officiarii ad captionem, detentionem et carcerum mancipationem predicti Petri Depratis processerunt; necnon dicti consindici jura predicti Petri Depratis de quibus ipse Petrus adversus prefatum dominum priorem et ejus quoscumque officiarios se juvare potuisset et posset. Quibusquidem informationibus, expletis et juribus per dictos Hugonem et Petrum ut supra electos ab utraque parte, habitis et receptis, ipsi electi jurare debeant et teneantur juramentis suis corporalibus, super sacro canone, per quemlibet ipsorum electorum prestandis, prementionata informatione jura et expleta cujuslibet dictarum partium portare, exibere et expedire bene fideliter et probe absque quavis partialitate tribus jurisperitis seu doctoribus non suspectis quos ipsi Petrus et Hugo decreverint eligere in arbitros et arbitratores, quoniam super hoc eisdem Hugoni et Petro jam dicte partes plenam conferunt et tribuunt potestatem. Quibusquidem tribus jurisperitis seu doctoribus, arbitris et arbitratoribus ut supra eligendis, jam dicte partes, quibus supra nominibus, per presentes, dant et concedunt plenam et omnimodam potestatem super premissis differentiis et omnibus ex eisdem dependentibus summarie, simpliciter et de plano sine strepitu et figura judicii, sed sola facti veritate inspecta, ordinandi, cognoscendi et declarandi secundum juri dispositionem. Quamquidem ordinationem et declarationem ipsi tres jurisperiti, arbitri et arbitratores, ut supra eligendi, tradere debeant et teneantur in scriptis clausam, debiteque signatam et sigillatam predictis Hugoni et Petro, ipsamque apportare sub clauso et sigillato debeant et teneantur ipsi Petrus et Hugo, ut supra electi, et partibus predictis exibere, tradere et expedire, et hoc hinc ad unum annum proxime et continue futurum, et quaquidem ordinatione, cognitione et declaratione ut supra dictis partibus exibita ac per ipsas partes de communi consensu apperta, visa et intellecta. Prelibatus dominus prior predicte communitatis et probis hominibus ejusdem teneatur et debeat satisfacere, via amicabili ac eis modo et forma quibus fieri poterit melioribus, honore prefati domini prioris ac juribus, libertatibus, franchesiis et capitulis predicte communitatis et proborum hominum ejusdem in omnibus semper salvis remanentibus de injuria si quam reperirentur habere ipsi probi homines et communitas erga prefatum dominum priorem seu ejus quoscumque officiarios pretextu et occasione captionis, detentionis et liberationis jam dicti Petri Depratis. Protestantes preterea jam dicte partes et earum quelibet quathenus hujusmodi captio, detentio, incarceratio et liberatio predicti Petri Depratis non possit nec debeat nunc sive in futurum jam dicte communitati sive probis hominibus ejusdem nec suis in futurum successoribus quodvis dampnum sive prejudicium generare vel inferre. Promittentes...

Acta fuerunt premissa et publice recitata in Campomunito ante magnam portam ecclesie ejusdem loci, presentibus nobili Francisco de Lucingio, de Passiaco, domino Johanne de Fago, de Montegaudio, capellano et Aymoneto Vuil alias Cochy, parrochie beate Marie Lacus, testibus ad premissa vocatis et rogatis. Et me Johanne Soliardi.

181

Déclaration de Janus de Savoie, comte de Genevois et baron du Faucigny, par laquelle, sur la demande de R^d Guillaume de la Ravoire, prieur de Chamonix, et ensuite des plaintes des Chamoniards, il dispense pendant quatre ans ces derniers de toutes levées pour le service militaire. Don gratuit offert, à ce sujet, au prince, de cent quarante florins, petit poids.

(1474.)

25 Novembre.

(Tiré des Archives de l'église de Sallanches. — Sans marque. D'après l'original écrit sur parchemin.)

Janus de Sabaudia, comes Gebennensis, baro Foucigniaci et Bellifortis, Ugineque Fabricarum et de Gordanis, etc., Dominus. Universis serie presencium fieri volumus manifestum. Quod ad nostram venit presenciam ven^{lis} orator noster dominus Guilliermus de Ravoeria prior prioratus Campimuniti qui nobis exposuit sicuti homines sui dicti prioratus inquietantur nostri parte ad se armis muniendum ad racionem decem focorum unum hominem et alias more ceterorum hominum nostrorum immediatorum, peterenturque ab ipsis hominibus nobis subveniri ad causam nonnullorum onerum per nos noviter supportatorum, nobis supplicavit ut a talibus molestiis supersederi facere vellemus, actento quod, prout asserit, homines ipsi ad ita se armandum et nobis subveniendum sint exempti penitus et liberi, cui supplicationi annuentes, Ballivo, judici et procuratori Foucigniaci, universisque et singulis officiariis nostris mediatis et immediatis ad quos spectat et presentes pervenerint ipsorumque locatenentibus et cuilibet eorumdem mandamus quathenus dictos homines ad se armis muniendum ab hinc ad quatuor annos proximos et ulterius quousque super premissis aliud per nos fuit appuntuatum vel mandatum in personis neque bonis nullimodo molestent eciam nec occasione penarum sibi propterea impositarum, et ipse dominus prior nobis graciose et liberaliter donavit septem viginti florenos parvi ponderis per nos ab eodem habitos manibus. Dilecti fidelis consiliarii thesaurariique nostri Humberti Grueti qui de illis nobis legitime tenebitur computare, has de premissis concedentes. Datas Annecii die vicesima quinta novembris, anno Domini millesimo quatercentesimo septuagesimo quarto.

Per dominum presentibus dominis.

Contresigné : Mignionis.

Quos septem viginti florenos vis dicti thesaurarii habui.

Signé : Lud. Grueti.

Au dos est écrit :

Anno quo retro et die vicesima octava novembris, presentate fuerunt presentes dominicales Littere Michi Anthonio Burdini vice ballivi terre Foucigniaci quascum omni honore et reverencia recepi et in vim exequucionis earumdem de puncto ad punctum paratum me offero toto posse mandato obedire.

Signé : Burdini.

Le sceau du prince sur cire rouge existe toujours.

182

Sauf-conduit accordé par l'évêque de Sion, préfet et comte du Vallais, à R^d Guillaume de la Ravoire, prieur de Chamonix, pour se rendre et séjourner en Vallais avec sa suite, pendant huit jours.

(1476.)

4 Juin.

(Archives de l'église de Sallanches. — Non inventorié.
D'après l'original écrit sur papier.)

Walterus, Dei et apostolice sedis gracia, episcopus sedunensis, prefectus et comes Vallesii, venerabili et religioso viro fratri Guillelmo de Ravorya, priori et dno Campimuniti, ut fratri in xpo dilecto, salutem et omne bonum. Vidimus ea que scripsistis fidelibus nostris castellano et ejus locumtenenti in Martigniaco et licet secure, juxta inter nos loquuta, cum comitiva vestra ad nos venire possetis, quia tamen salvum conductum postulatis, ipsum salvum conductum tutum et securum vobis et comitive vestre, in nostra patria veniendi et recedendi concedimus per octo dies a data presencium, inchvandos et continue finiendos, harum sub confidencia nostrarum litterarum, sigillo nostro ad hec solito sigillatarum, datarum Seduni in castro nostro majorie die martis ebdomade Pentecostes anno Dni M° IIII° LXXVI°.

Per eundem Dnm nostrum Episcopum.
Sedunensem, prefectum et comitem.

(Locum sigilli.)

Contresigné : Henricus Werza.

183

Protestation des syndic et procureur de la vallée de Chamonix, en leur qualité, contre la commission donnée par Janus de Savoie, duc de Genevois, au châtelain de Sallanches et à son greffier, pour informer sur la conduite de neuf Vallaisants, venus en armes dans leur vallée à l'appel d'Aymon Favret et de son frère, qui avaient eu des différents avec plusieurs individus du lieu, et avaient notamment frappé un nommé Challant; lesquels Vallaisants commirent plusieurs dégâts dans la vallée, la rançonnèrent, se promettant d'en faire davantage. Et recours desdits syndic et procureur au prieur, leur seigneur, le suppliant d'évoquer à lui la connaissance de ces faits, lui qui avait sur leur vallée le mère et mixte empire et l'omnimode juridiction, et de les dispenser de répondre auxdits commissaires, invoquant leurs libertés, franchises, us et coutumes. Enfin, protestation, de la part des mêmes, auxdits commissaires, contre l'exécution de leur commission, comme attentatoire à leurs privilèges.

(1479.)

29 Mars.

(Tiré des archives de la commune de Chamonix. — D'après l'original écrit sur parchemin.)

Anno Domini millesimo quatercentesimo septuagesimo nono, indictione duodecima, die vicesima nona mensis marcii, cum nobilis Johannes Petrus Beandoni vice castellanus Salanchie et providus vir Anthonius Fabri notarius clericus curie ejusdem loci se transtulerint ad locum et juridictionem Campimuniti pro nonnulla informatione per ipsos sumenda a probis hominibus et juridiciariis ipsius loci Campimuniti pretextu et vigore cujusdam comitatis commissionis eisdem vice castellano et clerico curie facte per illustrem principem Dominum nostrum Gebennensem comitem, prout de hujusmodi commissione constare legitur litteris patentibus ab eodem domino nostro comite emanatis cuidem supplicationi annexis quarumquidem supplicationis et litterarum tenor sequitur et est talis. *D.* Illustris princeps, vertente pridem debato inter Aymonem Fabvreti et ejus fratrem, et nonnullos alios de Campomunito, dicti fratres quemdam dictum Challant verberaverunt et ulterius de premissis non contenti, adduxerunt seu venire fecerunt ipsi fratres novem Vallesanos in armis ad dictum locum Campimuniti qui cohegerunt per eorum minas nonnullos de dicto loco Campimuniti ad componendum cum ipsis Vallesanis et de facto cum ipsis composuerunt ad certam magnam pecunie summam metu eorumdem ne deterius ipsis de Campomunito inde contingeret; dicebantque ipsi Vallesani, dicitur, quod ista patria est ita pauper ymo est dives quia sunt bona bostra vacharumque bonum faceret visitare, unde incolle dicti loci fuerunt multum scandalizati, et inde nonnulli ex dictis Vallesanis redierunt querere dictam compositionem. Que premissa facta fuerunt circa festum Epifanie Domini proxime preteritum et hiis diebus ea sic fuisse venit ad noticiam vestri egregii procuratoris fiscalis generalis et quia per tales conductores et retractores Vallesanorum predictorum, antiquorum hostium vestre inclite domus verissimiliter possunt insupportabilia dampna toti vestre patrie inferri quod advertet altissimus taliaque facti opera tollerari non debeant sed statim puniri, veritate tamen prius comperta ut ceteris cedat in exemplum. Quocirca supplicat vester egregius procurator fiscalis generalis mandari si placet sumi debitas informationes super premissis et veritate delictorum premissorum comperta, patratores et complices taliter puniri quod justicie locus esse valeat et ut pena ipsorum in posterum metus sit multorum et dominationem vestram humiliter implorando. *D.* Janus de Sabaudia, comes gebennensis, etc. Dilectis castellano et clerico curie nostris Salanchie seu ipsorum locatenentibus, salutem. Supplicationis his annexe attenta continentia vobis et vestrum cuilibet insolidum horum serie mandamus et committimus expresse quatenus ad loca propter hec opportuna personaliter accedetis de et super operibus facti et ceteris supplicatis ac ex eis dependentibus universis vos diligenter et veridice informetis ac veracem sumatis informationem, qua sumpta, omnes et singulos quos inde comperientur culpabiles si et ubi eosdem, foris tamen loca sacra, quovismodo apprehendere poteritis, personaliter capiatis et captos tute detineatis non relaxandos donec de eis debita ministrata justicia extiterit, et nichillominus processus et inquisitiones validos adversus eos formetis et compleatis et completos nostro consilio die..... mensis..... mittatis juridice terminandos, inquisitos citando ad ipsam diem nisi feriatum, etc. Annessiaci coram eodem nostro consilio comparaturos, jusque et sentenciam diffinitivam in et super ipsis processibus per ipsum consilium ferri visuros et audituros. Cuiquidem consilio committimus et mandamus quod de et super dictis processibus et supplicatis et ex eis dependentibus universis, vocatis evocandis, audiat, examinet, cognoscat et partibus debitum ministret justicie complementum, nos eisdem nostris commissariis et ipsorum cuilibet insolidum hujusmodi culpabile capiendi, detinendi et alia faciendi circa ea necessaria plenam presentibus impartimur potestatem ac per ceteros quoscumque officiarios fideles et subditos nostros pareri volumus et intendi cum et sine penis velud commissariis nostris etiam, manu militari, si opus sit. Datum Annessiaci die decima nona marcii anno Domini millesimo quatercentesimo septuagesimo nono. Per Dominum presentibus Dominis. B. Domino Menthonis ; B. de Dereya, presidente ; A. de Dugnio ; Johanne de Ossens, judice gebennesii ; Anthonio de Avisio advocato fiscali ; Eustachio de Crans ex magistris computorum et H. Grueti, thesaurario, R. Lict. portitori. Vaneus *D*. Hinc est quod Johannes Venuz senior consindicus et Hugo Frasserend alias Folliguet procurator proborum hominum totius communitatis et universitatis dicti loci Campimuniti et nomine ipsorum proborum et communitatis requisierunt et supplicaverunt, requirentque et supplicant humiliter venerabili et egregio viro domino Guillermo de Ravoyria priori et domino ipsius loci Campimuniti quatenus ipse dominus prior dignaretur et dignetur ac sibi placeat prementionatos probos homines dicte communitatis deffendere, custodire et preservare de non respondendo in manibus predictorum commissariorum nec alterius eorumdem, nec etiam alterius cujusvis persone preter in manibus officiariorum suorum ipsius domini prioris eorum domini naturalis et temporalis, attentoque ipse dominus prior in dicto loco Campimuniti omnimodam habere juridictionem ac merum et mixtum imperium, protestantes ipsi Johannes Venuz consindicus et Hugo Frasserens procurator, quo supra nomine, de juribus, interesse, privilegiis, franchesiis, capitulis et usibus predicte communitatis et proborum ejusdem. De quibus premissis ipsi Johannes Venuz et Hugo Frasserens nomine et ad opus predicte, communitatis sibi fieri petierunt et requisierunt per me notarium subscriptum litteram testimonialem acque publicum instrumentum. Actum in Campomunito in stupha prioratus, presentibus venerabili viro domino Johanne Defago, de Montegaudio, capellano, nobili Ansermodo filio quondam nobilis Aymonis Botollierii, de Siervuz et Johanne Pyon alias Prevodi, de Passiaco, testibus ad premissa vocatis et rogatis. *D*. Successive vero jam dicti Johannes Venuz consindicus et Hugo Frasserens procurator accesserunt ad prefatos nobilem Johannem Petrum Beandoni, vice castellanum et Anthonium Fabri, clericum, commissarios ut supra deputatos in bancha curie dicti loci Campimuniti existentes in quorum commissariorum presentia ac de ipsorum consensu et voluntate et ipsi Johannes consindicus et Hugo procurator, et nomine proborum hominum totius communitatis et universitatis predicte Campimuniti protestati fuerunt et protestantur quod quodvis officium per ipsos commissarios, alterum ve ipsorum factum et fiendum in et penes juridictionem dicti loci Campimuniti non possit nec debeat ipsis probis hominibus et communitati nec eorum successoribus quoquomodo prejudicare nec in futurum quodvis judicium generare; attento quod dominus prior dicti loci Campimuniti in ipso loco Campimuniti ac etiam in vallibus Lacus et Ursine plenam et omnimodam habet juridictionem et merum et mixtum imperium. De quibus premissis jam dicti consindicus et procurator nomine predicte communitatis Campimuniti sibi fieri petierunt et requisierunt per me notarium subscriptum litteram testimonialem seu publicum instrumentum. Actum in Campomunito in dicta Bancha die, anno et indictione quibus supra, presentibus venerabili viro domino Johanne Defago, de Montegaudio, capellano, nobili Ansermodo Botollierii de Siervuz, Johanne Pyon alias Prevodi, de Passiaco et Roleto clerici, de Salanchia, serviente generali, testibus ad hec vocatis et rogatis. Et me Johanne Soliardi.

184

Investiture de l'office de notaire, clerc et scribe de la vallée de Chamonix, par R^d Guillaume de la Ravoire, prieur de Chamonix, en faveur de N. Guillaume de la Ravoire, pendant la vie de ce dernier, tant seulement.

(1479.)

25 Mai.

(Archives de l'église de Sallanches. — D'après une copie non signée du xviie siècle, écrite sur papier.)

Nos Guillelmus de Ravoria, prior prioratus Campimuniti,

dominusque temporalis ejusdem loci, ac vallium Ursine e^t Lacus.

Universis et singulis presentes litteras inspecturis fieri volumus manifestum quod nos de sciencia, industria, legalitate, probitate ac morum honestate nobilis ac providi viri Guillelmi de Ravoria in mere merito plene informati et de quibus meritis confidimus, etiam quia sic nobis fieri placet. Idcirco nos prior predictus damus, concedimus et per presentes impartimur pro nobis et nostris in dicto nostro prioratu successoribus quibuscumque prefato nobili Guillelmo de Ravoria. Videlicet officium clericature totius mandamenti nostri Campimuniti, cum emolumentis, juribus, actionibus et pertinenciis quibuscumque ejusdem officii per et dum ipse nobilis Guillelmus in humanis vixerit; promittente hoc ideo nos prior predictus pro nobis et nostris successoribus predictis, nostro mediante juramento, manum dexteram ad pectus, nostrorum more religiosorum ponendo, subque religionis voto, bona nostra et dicti nostri prioratus quecumque inde obligando et hypothequando, premissa et infrascripta rata et grata habere et contra ea non venire, imo inviolabiliter attendere et observare.

Ipseque nobilis Guillelmus nobis promisit atque juravit suo medio juramento ad Sancta Dei Evangelia per eum tacto prestito sub suorum omnium et singulorum expressa obligatione bonorum, se bonum et fidelem nobis et dicto nostro prioratui esse, commodumque nostrum dicti nostri prioratus servare, incommodumque posterius evitare, seque predictum officium bene, fideliter et probe exercere, neminem injuste opprimendo seu indebite gravando, cum juris et facti renunciatione ad hec necessaria pariter et cautela. Mandantes insuper et precipientes omnibus et singulis subditis nostris et dicti nostri prioratus ut predicto nobili Guillelmo de Ravoria, clerico, ac scribe nostro, pareant pariter et obediant prout suo incombit officio omnino respondeant et sub pena quinquaginta librarum gebennensium pro quolibet et vice qualibet contra facienti committenda, et nobis seu procuratori nostro irremissibiliter applicandæ. Datum et actum in aula dicti nostri prioratus, presentibus nobilibus Guillelmo de Ravoria, Ansermodo Bottelerii juniore et Petro Vhuit alias Couchy, de Servoz, testibus ad hec vocatis, die vigesima quinta mensis maii, anno Domini millesimo quatercentesimo septuagesimo nono.

Per dnm priorem.

(*Signé :*) Johannes SOLIARDI, *not.*

185

Criée soit publication faite à la porte de l'église de Chamonix, par Perronet-Berthoud, vice-métral du lieu, portant défense de la part des syndics, procureurs et conseillers de Chamonix, ensuite d'une délibération par eux prise, à tous leurs administrés, d'acquérir des bleds provenant des dîmes recueillies dans la vallée, à moins que ce fut des bleds de la dîme prise sur leurs biens, ou pour en faire le profit de la commune, sous peine de soixante sols; et assignation à deux jours de date, à tous opposants, pour paraître au banc du droit et à l'heure de la cour, pour former leur opposition à ladite délibération.

(1483.)

5 Janvier.

(Archives de l'église de Sallanches, non coté. — Liasse des criées de Chamonix. — D'après l'original écrit sur parchemin:)

Anno Domini millesimo quatercentesimo octuagesimo

tercio et die quinta mensis januarii, in valvis ecclesie Campimuniti in exitu magne misse, loco cridas fieri solitas, instante Francisco Felisaz et Johanne Comitis consindicorum communitatis Campimuniti, ibidem presentibus et requirentibus, in presencia Michaudi Berthout, Johannis Bossoney, Johannis et Petri Plat, Michaelis Bossoney, Rodulphi Comitis, Francisci Frasserens et majori parte communitatis et parrochie Campimuniti, fuit cridatum in hunc modum qui sequitur : quod cum fuerit arrestatum et deliberatum per sindicos, procuratores et consilliarios communitatis Campimuniti quod nulla persona audeat vel presumat emere de decimis bladorum tocius mandamenti Campimuniti nisi tantummodo suam decimam pro profiquo tocius communitatis. Hinc est quod ad instanciam supradictorum sindicorum ibidem presencium et requirencium in presencia majoris partis parrochianorum Campimuniti voce cride Peroneti Berthodi, vice mistralis retromentionate : quod nulla persona non audeat emere de decimis bladorum crescencium in toto mandamento Campimuniti nisi tantummodo suam decimam sub pena pro quolibet contra faciente sexaginta solidorum; et si quis in dicta crida, inhibicione et pena se opponere velit et qui dictum arrestum sic factum per dictos sindicos, procuratores et consilliarios dicte communitatis tenere noluerit, remictuntur et assignantur ad instanciam dictorum sindicorum ad diem martis proximam septimam hujus januarii, hora curie comparituros et de eorum opposicione justam causam dicturos et proposituros quare omnia retroscripta et gesta per prefatos sindicos et procuratores tenere non debeant. De quibus premissis omnibus et singulis a me notario subscripto peciit fieri hanc licteram testimonialem ad opus reverendi dni Guillelmi de Ravoyria, prioris prioratus Campimuniti et domini ipsius loci.

 Et ego Henricus Tromberti.

       (Signé :) Idem Henricus Tromberti, *not*.

186

Lettres testimoniales de l'opposition formée en présence de noble Antoine de la Ravoire, vice-châtelain de Chamonix, par Aimonet Mottier dit Favret, au nom et comme procureur de R^d Guillaume de la Ravoire, prieur et seigneur de Chamonix, à la délibération publiée l'avant-veille, au détriment des droits du prieur et de son prieuré, et aussi en la présence des syndics, procureurs, conseillers et d'environ quatre-vingts personnes de la vallée réunies, acclamant à cette délibération.

(1483.)

7 Janvier.

(Archives de l'église de Sallanches, non coté. — Liasse des criées de Chamonix. — D'après l'original écrit sur parchemin.)

Anno Domini millesimo quatercentesimo octuagesimo tercio, indicione prima et die septima mensis januarii. Comparent in bancha curie Campimuniti coram nobili Anthonio de Ravoyria, locum tenenti nobilis Guigonis de Ravoyria castellani Campimuniti Johannes Comitis, Franciscus Felisaz, Michael Coterens, Michael Carrerii, consindici Campimuniti; et Petrus filius Rodulphi Charlet, tanquam procurator ipsius communitatis Campimuniti, necnon circa quater viginti ex parrochianis, tam Campimuniti, vallis Ursine et Domine Nostre de Lacu, omnibus ipsius mandamenti. Qui consindici necnon supradicti Michael Coterens, Michael Carrerii eciam consindici et Petrus Charleti filius Rodulphi Charleti, procurator; necnon circa quater viginti ex ipsius parrochie viva voce requirentibus, ibidem in bancha curie Campimuniti requisierunt supradictum locum tenentem et vice mistralem quatenus cridam et inhibicionem factam ad eorum consindicorum instanciam et communitatis ejusdem loci Campimuniti die dominica elapsa, quinta mensis januarii, in valvis ecclesie Campimuniti, loco cridas fieri solitas ibidem proclamaretur prout in ipsa crida continetur. Qua attenta requisicione per Perronetum Berthodi vice mistralem dicti loci Campimuniti in bancha curie fuit cridatum et notifficatum in hunc modum qui sequitur. Quod cum ad instanciam consindicorum retromentionatorum et communitatis ipsius mandamenti fuit preconizatum die dominica elapso in valvis ecclesie loci Campimuniti quod nulla persona auderet vel presumeret emere de decimis bladorum Campimuniti nisi tantummodo quislibet suam decimam bladi prout in dicta crida et inhibicione plenius continetur, et hoc sub pena pro quolibet contra faciente sexaginta solidorum. Et si aliquis in dicta crida et inhibicione se opponere velit quod compareret in bancha curie coram castellano ipsius loci dicturum causam justam et racionabilem si quam habeant quare crida, inhibicio et pena locum habere non debeant. In qua crida nullus comparuit in contrarium dicens quin dicta inhibicio et pena locum non haberent preterquam discretus vir Aymonetus Moterii alias Fabreti veluti procurator et procuratorio nomine reverendi domini Guillermi de Ravoyria, priori et domini tocius vallis Campimuniti, castri Sancti Michaelis, Lacus et vallis Ursine. Dicens procuratorio nomine quo supra non consencio cridis, assignacionibus neque arrestis factis in hac causa tam prejudicialibus ipsius domini prioris et ejus prioratus, petendo procuratorio nomine quo supra pro interesse ipsius domini Campimuniti litteras testimoniales de omnibus gestis tam in publicacione facta¹, voce cride, in valvis ecclesie, quam in assignacione hodierna et omnibus supradictis. Presentibus ibidem in dicta bancha curie nobili Ansermodo Bottollierii de Servuz et viro discreto Jacobo Dejoria, clerico, de Martigniaco, testibus ad premissa vocatis et rogatis.

Et ego Henricus Tromberti.

(Signé:) Idem Henricus TROMBERTI, not.

187

Sentence rendue par le vicaire temporel de l'abbé de la Cluse dans une cause mue entre le prieur de Chamonix et Jean Comte et ses consorts.

(1483.)

20 Octobre.

(Archives de l'église de Sallanches. — Liasse du titre de la justice de Chamonix, marqué DD. — D'après son original sur parchemin qui se trouve d'une mauvaise écriture.)

Nos Vincencius de Sancto Amore, prior prioratus Beate Marie de Bagnolio, Vercellensis diocesis, etc., vicarius generalis in spiritualibus et temporalibus reverendi in xpo Patris Domini Domini Johannis de Varax, decretorum doctoris, Dei gracia, episcopi Bellicensis et perpetui commendatarii incliti monasterii Sancti Michaelis de Clusa, ordinis Sancti Benedicti, Thaurinensis diocesis, Romane Ecclesie immediate subjecti, necnon prioratus Villemonasterii ac Sanctissimi Domini Domini nostri Sixti pape quarti refferendarii. Notum presencium serie facimus universis quod anno Domini millesimo quatercentesimo octuagesimo tercio, indicione prima et die vigesima mensis octobris a die decima octava ejusdem ob reverenciam dierum intermedium seriatorum subrogata. Subscriptis partibus assignata ad audiendum ordinacionem nostram in et super quadam causa tam coram predicto reverendo Domino Episcopo et commendatario, suis vicariis in actis presentis cause nominatis quam nobis diu versa. Inter Johannem comitis, de Campomunito et suos complices in predictis actis nominatos hinc, et venerandum dominum Guillelmum de Ravoria, priorem prioratus dicti loci Campimuniti indę. Comparuerunt predicte assignacionis vigore Javeni, in bancha juris ejusdem loci coram nobis ad jura reddendum pro tribunali seddentibus Egregius Michael Richati procurator ut acta presentis cause demonstrant et procuratorio nomine supra nominati domini prioris, instans aliis dictis petitis cedulatis et fieri requisitis parte predicti domini prioris et ulterius offerens se paratum audire ordinacionem alias responsionem super sua appellacione et protestatur pro se non stare, parte ex una. Et Egregius Jacobus Dudini, procurator ut acta predicte cause demonstrant et procuratorio nomine supra nominati Johannis Comitis et suorum consortium in predictis actis nominatorum inherens aliis hic parte dicto nomine cedulatis et fieri requisitis super quibus petit sibi jus et summariam justiciam ministrari, de expensis contra ejus partem adversam continue protestando, partibus ex alia. Et nos idem Vicarius, premissis auditis, hinc inde requisitis, visisque actis predicte cause, ceterisque dicte partes in predicta causa dicere, allegare et proponere voluerunt, formam predicte assignacionis insequentes, participatoque consilio spectabilis, juris utriusque doctoris, domini secundini Panine, judicis predicti monasterii Sancti Michaelis de Clusa et locorum eidem subdictorum, cujusquidem consilii tenor de verbo ad verbum sequitur et est talis. Venerande domine vicarie, in causa domini prioris Campimuniti contra Johannem Comitis et alios homines in preinserta causa mencionatos que pandet ad audiendum ordinacionem super uno dubio principaliter, videlicet : an cognicio delictorum sive negocii principalis de quo in processu sit remittenda ipsi domino priori primo et ordinario judici. Item super alio dubio videntur partes dubitare silicet. An sit renunciatum appellacioni visis plene omnibus agitatio in presenti causa de particula in particulam ut ex infrascriptis unicuique recte intuenti constare poterit evidenter; xpi ejusque matris gloriose Virginis Marie nominibus invocatisque in quolibet jugio debemus permittere. In nomine domini de testibus et atesta, c. In nomine domini XXIII° d. L. In nomine domini, c. de offo. p, pre, aff. et in aut. de armis in principio col. VI. Ex hoc enim sequitur bonum initium medius medium et optimus suus, ut in aut. quoniam opporteat episcopos in principio col. I. dico per vestram dominacionem fore sentenciandum, declarandum, pronunciandum et ordinandum causam presentem fore remittendam predicto domino priori Campimuniti cum protestacione quod per hec non intendimus quod ad aliquam penam sanguinis procedatur, nec fuisse appellacioni producte partis ipsius domini prioris, necnon vice castellani seu mistralis renunciatum, victum victori in expensis in quibus neutra parcium adhuc extitit condempnata propter hoc factis condempnando, ipsarum taxacione vobis in posterum reservata. Et ut presens consilium meum videatur in jure fundatum ut cujus veritas eruatur quam ocultare pecatum est c. quisquis XI q. III et II q. VI statuendo primo videbo determinando de viabus appellacionis, videlicet an sit illi renunciatum prout supra dixi. Et pro ipsius majoris coroboracione determinacionis dicendum videretur quod ex quo post appellacionem suam alia deduxit pars supra scriptorum domini prioris et vice castellani seu mistralis ex quibus videtur dari debere recessum ab ipsa appellacione esse ut patet ex productis sub die decima septima marcii et sub die septima apprilis, et quod ex productis ab ipsa appellacione videatur recessum optime faciunt que habentur in c. gratum et c. relatum de offo de delegato et in c. sollicitudinem de oppe junctis hiis que habentur in ols appellante, de appll. Et ita aliquibus fuisse visum ordinando fore, sed supradictis non obstantibus in contrarium est veritas, et primo non obstant illa jura in contrarium allegata quia dico quod licet post appellacionem interpositam quod comparitur coram ipso judice, a quo non ad arguandum gravamen, sed faciendo alias probaciones vel actum qui respiciat juridicionem ipsius judicis a quo dicatur renunciatum appellacioni per ea que habentur in juribus supra allegatis, tamen si compareatur coram judici a quo ad allegandum gravamen vel et ad probandas causas gravaminis non tam dicitur renunciari appelacioni c. interposita de appellacionibus et est caus cum glo. in verbo tenesisque ita notabiliter et pulchre dicit in c. si a judice de appellacionibus libro VI. Secundo non obstent juraque videntur velle quod appellacioni sit renunciatum quia dico quod judex a quo extitit appellatum tenebatur requisitus infra triginta dies respondere de appellacionibus l. fi. c. appellatos c. de appellatione caus est in l. judicibus c. de temporibus appellacionum et in c. ab eo de appella, li. VI. Et si ulterius procedat non responso de appellacionibus processus est nullus ut de c. ab eo et c. ut supra de appellacione li. VI. Ita quod non potest cognoscere de causa desercionis appellacionis nisi per novam commissionem, ita ad litem determinant domini de Rotta in novis decisionibus in li° de appellacionibus in ex c. I. decisione. Dico igitur quod licet post appellacionem interpositam fuerit comparitum pro parte domini prioris coram ipso judice scilicet coram vicario domini abbatis et facta fuerit producio jurium coram eodem, non tamen dicitur esse renunciatum ipsi appellacioni, racio est quia si bene considerentur acta et proposita non fuit comparitum eciam eodem nec facta producio jurium ad finem cognicionis aut probacionis ipsius negocii principalis scilicet delicti cujus causa remissionis agitur, sed ut doceretur de jurisdicione ipsius domini prioris. Et quod alias eidem domino priori facta fuerat remissio. Et si non potest dici esse sibi contrarius aut renunciasse appellacioni. Quia ut dixi illa non respiciunt cognicionem negocii principalis, hoc est delicti sed probacionem fiende remissionis et sic non est dubium quod tales comparicones et probaciones possunt fieri coram judice a quo, ut a parte determinante pro glo. in d. c. si a judice et ibi per Johannem Andrean in novel. Quinimo ut eciam dicit illa glo. utilius videtur negocia tali experiri compendio quod per exactum subtilitates longo prorogari dispendio c. abbate. Sane in fi. de re jud.

in li VI predicta probantur ex eo quod videmus in sil. de eo qui appellavit quod tenetur comparere ad recipiendum appelatos, et tamen comparendo, non renunciat appellacioni. Ex premissis ergo patet et determinatur per glo. predictam et Jo. Andream ubi supra quod in casu isto per compariciones factas et produciones jurium non est renunciatum appellacioni et sic sum expedictus de prima questione. Nunc venio ad secundam scilicet : an remissio de qua supra sit fienda ipsi domino priori et antequam ulterius procedatur pro declaracione clariori, dico quod et si appellacioni renunciatum non fuerit, tamen non potest ulterius dominus abbas seu ejus vicarius in dicta causa procedere quia ut ex actis apparet fuit et est instatum respondere de appellacionibus, et transacti sunt triginta dies et non fuit responsum de appellacionibus et sic abdicata est jurisdicio ipsius domini abbatis, seu ejus vicarii quantum principalem cognicionem qreitti[1] petitur, et processus factus et qui fiet nullus est et irritis d. c. ut supra et c. ab eo de appellacione in VI. Et sic quod concluditur quod coram eodem domino abbate seu vicario ulterius procedi non potest per d. c. ut supra ubi est caus. Et si frustra instabat quothidie per partem adversam causam retineri coram ipso domino vicario per supra proxime jura allegata. Preterea presuposito quod aliquam adhuc jurisdicionem haberet, dico quod est remissio fienda de jure scilicet cognicionis ipsius negocii principalis, hoc est delicti ipsi domino priori quia licet de jure ubi non esse privillegium vel consuetudo in contrarium superior concurrat secundum aliquos cum inferiore et propter majorem auctoritatem defferatur ipsi majori tamen ubi est privillegium vel consuetudo quod inferior habeat cognicionem vel eciam cessante privillegio, vel si inferior preveniat superior se intromittere non potest sive debet, ita determinant pavor et cano. in c. pastoralis de offo. ord. et habetur in c. ex parte

---

[1] Peut-être *querenti*.

et per pavor in c. ex frequentibus de institucio. Et probatus racionem nam si jur⁰ pape potest preveniri per ordinarium ut c. VI debitus de appella forcius jur^cio episcopi seu abbatis nec debet episcopus seu abbas invictare ipsam prevencionem sicuti non potest alias disponere quam canones. Non obstat si dicatur quod iste est unius de criminibus de quibus superior potest se intromittere quia agitur de crimine sive de causa criminali inter subdictos et priorem, quia videtur quod dominus prior est consuetus de similibus causis cognoscere et solita est sibi fieri remissio ut constat per jura ejus parte producta, item uti patet exactis pervenit in inquissicione et formacione processus et ut predixi quando adest consuetudo vel privilegium vel defficiente consuetudine et privillegio prevenitur illius est cognicio qui prevenit, ita determinat pavor. post jo. glo. in d. c. pastoralis et est deveniente imo. nun ergo ipse dominus prior habeat et probaverit per jura producta ejusq. parte privilegium, vel saltem consuetudinem et prevencionem in processu non est dubium quod eidem est fienda remissio, et presuposito quod non habuisset aliquam consuetudinem in casu de quo agitur. Actento quod recognoscere non potest quia ut dixi ex quo non respondit de appellacionibus infra triginta dies est ab eo abdicata jurisdicio dictis c. ab eo et c. ut sup. de appellacione li VI. Et ideo non potest cognoscere quia processus qui fit et fieret esset nullus ipso jure per tes. in d. c. amplius non est judex et per consequens non poterit in expensis condampnare quia dico quod premissis non obstantibus quantum ad ipsam condampnacionem expensarum adhuc habet jurisdicionem ut voluit glo. no^lis in c. quia non nulli in verbo expensis et dampnis de rescriptis. Ex premissis igitur et aliis, animum moventibus meum dico per vos fore ordinandum ut supra; quia vero appellacionem interpositam a quibusdam assignacionibus factis extra districtum et Campimuniti cum sit alius articulus separatus ex quo inferri non potest L. paupini donis ff. de minoribus offeretis vel parectum debitum justicie complementum parti appellante si illam prosequi voluerit et sua interesse putaverit quandocumque petitum fuerit exhibere et reddere prout melius fuerit juris et racionis. Et ita dico teste signo meo infrascripto : Secundinus Penina, juris utriusque doctor et judex abbacie Sancti Michaelis de Clusa, cujusquidem consilii tenorem insequentes. Nos antedictus vicarius ut supra pro tribunali sedentes, visis predictis actis ut supra et que predicte partes in premissa causa dicere, proponere et alegare voluerunt, ceterisque de jure videndis xpi ac gloriose virginis Marie ejus matris necnon Beati Michaelis Archangeli nominibus invocatis dicimus, sentenciamus, pronunciamus et ordinamus causam premissam esse remittendam cum protestacione de qua in predicto consilio, victum victori in expensis in quibus neutra parcium extitit condempnata, condempnantes, quarum taxacionem nobis imposterum reservamus et prout in predicto consilio continetur. Lata, lecta, data et in hiis scriptis promulgata fuit suprascripta nostra sentencia seu ordinacio per nos eundem vicarium anno, indicione, die et loco quibus supra. Presentibus premissis partibus videlicet prenominato Michaele Richati, premisso nomine illam acceptante, nobisque regraciante de bona justicia sibi ministrata et de eadem sibi fieri petente publicum instrumentum. Supra nominatoque Egregio Jacobo Dudini quo supra nomine eidem non consanciante, sed quia sapit diffinitivam ab eadem viva voce appellante ad sanctam sedem appostolicam et ad illum et ad illos ad quem seu quos presens appellacio dignoscitur pertinere, petenteque appellatos et litteras dimissorias sibi decerni cum quibus se presentare possit coram judice ad quem et protestatur per se non stare cum illos recipiat et dictam appellacionem prosequatur cum protestacione appellandi in scriptis, si sua noverit expedire; et interim suis principalibus, appellacione pendente, nihil novi fieri quam quando appellacionem nos ante dictus vicarius tanquam a nullo gravamine interjectam non duximus admittandam nisi si, et in quantum de jure foret amitanda alias non, hanc responsionem dicto appellanti loco appellatorum denunciantes. Presentibus eciam nobilibus Johannethum ex dominis vallis Sancti Martini, castellano dicti loci Javeni, Marcho Depertuxio de eodem loco, et Egregio Petro Rubey, burgensi avilliane notario. Testibus ad premissa vocatis et rogatis. Datum ut supra.

Per dominum vicarium premissum.

Signé : Ja. DE MEGLORET.

188

Décret de spectable Pierre Milliet, lieutenant-juge de Chamonix, portant : 1° Ordre aux châtelain, greffier, métral et officier de Chamonix, d'arrêter et incarcérer François Felisaz, Michel Cotterand, Michel Carrier et Pierre Charlet; 2° commission à M° Henry Trombert, notaire, pour procéder à information contre eux et contre tous autres.

(1484.)

18 Mai.

(Archives de l'église de Sallanches, non coté. — Liasse des criées de Chamonix.— D'après l'original écrit sur papier.)

Petrus Millieti, legum doctor, vice judex terre et juridicionis Campimuniti pro domino ipsius loci. Dilectis nostris castellano aut vice castellano, clericoque curie, mistrali et ceteris dicte juridicionis officiciariis salutem. Certis justis de causis vobis serie presencium mandamus quatenus Franciscum Felisat, Michaelem Coterent, Michaelem Carrerii et Petrum filium Rodulphi Charlet et omnes alios in rotulo sub annexo nominatos, ubicumque eosdem, extra tamen loca sacra, quomodolibet apprehendere poteritis, visis presentibus, personaliter capiatis et captos detinetis carceribus mancipatos non relaxandos donec et quousque respondeant titulis adversus eosdem intitulandis, in manibus Henrici Tromberti, notarii et de ipsis fuerit justicia ministrata, vel a nobis habuerit in mandatis, procedatis absque alio a nobis expectato mandato. Datum in Campomunito die decima octava maii, anno Domini M' IIII° LXXXIIII°.

Per dictum dnm vice judicem.

RED. LICT. PORTITORI.

Absentibus scribis,

Contresigné : Ja DEVORSIA, *n*.

Scellé du sceau dudit lieutenant-juge, qui consiste en un écu chargé d'un chevron et de trois étoiles dont deux en chef et une en pointe.

Nota. Le Rotulus soit rôle dont est mention dans le décret ci-dessus est en blanc.

189

Interrogatoire de Collet Pellissier (alias du Crest) *par Pierre de Lucinge, vice-châtelain de Chamonix.*

(1484.)

16 Juin.

(Archives de l'église de Sallanches. — Liasse des criées de Chamonix. — D'après l'original écrit sur une feuille de papier.)

Responsio Colleti Pillicerii, alias de Cresco super processu contra eundem et ejus complices formato ex officio spectabilis et egregii viri dni Petri Millieti, utriusque juris doctoris, judicis Campimuniti.

Anno Domini millesimo quatercentesimo octuagesimo quarto, et die sexdecima mensis junii. Comparuit in Bancha curie Campimuniti coram nobili Petro Delucingio vice castellano ipsius loci, Colletus Decresco, assignatus ad respondendum super quodam processu contra eundem formato ex officio prefati dmni judicis Campimuniti. Quiquidem Colletus promisit et juravit in manibus dicti vice castellani super Sanctis Dei Evangeliis per eum tactis, prestitis et sub pena sexaginta solidorum et habere casum pro confesso, dicere et deponere super eodem processu et articulis ejusdem, puram et omnimodam quam sciverit veritatem, omnibus odio, amore timore rancore, vicinitate et quavis alia parcialitate semotis et tanquam principalis in suo et testis in alieno.

Super primo articulo, respondit quod credit quod venerabilis et egregius dns Guillelmus de Ravoyria fuit prior et dns Campimuniti ut in articulo, observatis juribus patrie. Confitetur ulterius quod ipse dns habet omnimodam juridicionem, reservatis juribusque habet communitas in eadem et de omnibus credit, observatis juribus ut supra. Dicit ulterius quod nunquam audivit fieri cridas, nisi ex parte dni Campimuniti.

Super secundo articulo, credit et confitetur quod sunt homines ligii seu censati, et quod de hiis ad que tenentur ad causam homagii nescit, sed se refert ad litteras homagiorum. Confitetur ulterius quod non tenentur juridiciarii facere conjuraciones, conspiraciones et monopolia ut in articulo, nescit tamen si fuerit facta transactio.

Super tercio articulo, dicit quod non fuit nisi in consilio generali et quibusdam arrestis. Interrogatus ubi se reperit et tenta fuerunt consilia generalia in quibus se reperit? Dicit in ecclesia, sono campane. Interrogatus si fuerint vocati dns et officiarii? Dicit quod nescit et quod pluries venit dns ad loquendum eisdem qui tenebant consilia ; dicit ulterius quod se reperit in faciendo plura arresta producendo bestias in montibus, pro mictendo in pedemoncio pro litigio, videlicet in domo confratrie subtus ulmo et pluribus aliis locis et suo videre non se reperit in aliquo arresto quod possit prejudicare dno, nec ejus prioratui, confitetur ulterius quod se reperit infra domum confratrie ubi pluribus vicibus, januis apertis, fuerunt facta arresta tam promictendo in pedemoncio pro litigio, quam in monte, bestias. Item dicit quod neminem vidit ex officiariis in ipsis arrestis et nescit quod nemines ex officiariis fuerint vocati. Interrogatus si in dictis arrestis se reperierint multi in numero in dictis arrestis? Quod quandoque circa quatuor viginti et quandoque minus.

Super quarto articulo dicit quod audivit cridasse per mistralem quandam cridam ad causam decimarum, ad instanciam Francisci Felizaz et Johannis Consitis, non tamen recordatur si fuerit cridata modo et forma contentis in articulo. Interrogatus si ante dictam cridam se reperit in aliquibus consiliis nec arrestis quod fuerit loquutum de dictis decimis et quod fuerit factum aliquod arrestum? Dicit quod fuit in quodam consilio ubi fuerunt concordes omnes assistantes quod si debere fieri racione et quod non prejudicaret dno nec ejus prioratui quod fieret, et fuit dictum consilium tentum in ecclesia, cimbalo pulsato. Dicit ulterius quod non recordatur de nomine cujusvis, et quod erat in dicto consilio circa quinquaginta aut sexaginta persone; dicit insuper et confitetur quod se reperit quadam alia vice in quadam congregacione ultra pontem, videlicet in confratria vel subtus ulmo ubi loquendo de aliis arrestis ad causam animalium montium, fuit loquutum de dictis decimis, non tamen recordatur quomodo fuit loquutum, bene tamen recordatur quod fuit deliberatum quod si reperiretur quod non prejudicaret dno quod fieret. Interrogatus si se reperit quod fuerit traditum onus notifficandi dictum arrestum per patriam superius et inferius? Dicit quod non.

Super quinto articulo, dicit quod non audivit quod Franciscus Felizaz preceperit mistrali ut assignaret in articulo nominatos, nec eciam audivit eosdem assignare, nec eciam comparere ante confratriam ; cetera vero contenta in eodem articulo negat.

Signé : G. DE RAVOYRIA, *not.*

190

Acte d'accusation contre Michel, fils de Michel Bertout et ses complices, dressé par Henri Trombert, notaire public commis par Pierre Milliet, vice-juge de Chamonix, assisté de noble Pierre de Lucinge, vice-châtelain et Peronet-Berthod, vice-métral.

(1484.)

22 Juin.

(Archives de l'église de Sallanches, non coté. — Liasse des criées de Chamonix. — D'après l'original non signé, écrit sur cinq feuillets de papier.)

Processus contra et adversus Michaelem filium Michaelis Bertout parrochie Campimuniti et omnes alios et singulos qui de infrascriptis cuppabiles reperiri poterunt tam pretextu cujusdam informacionis per me Henricum Tromberti tabellionem publicum, commissariumque in hac parte specialiter deputatum.

Anno Domini millesimo quatercentesimo octuagesimo quarto, et die vicesima secunda mensis junii. Sequens processus inquisicionalis fuit et extitit intitulatus et formatus per me Henricum Tromberti tabellionem publicum, commissariumque in hac parte specialiter deputatum per spectabilem virum dominum Petrum Millieti, legum doctorem, vice judicem terre et juridicionis Vallium Campimuniti, Sancti Michaelis Lacus et Vallis-Ursine contra supra nominatum Michaelem filium Michaelis Bertout et omnes alios et singulos qui de infrascriptis quomodolibet poterunt cupabiles reperiri, michi dicti commissario adsistantibus nobili Petro de Lucingio vice castellano ipsius loci Campimuniti et Peroneto Berthodi vice mistrali equidem dicti loci.

In primis super eo quod Reverendus in xpo dominus Guillermus de Ravoria est et fuit prior et dominus temporalis Vallium Campimuniti, Lacus et Vallis-Ursine spacio triginta et quadraginta annorum salva pluri, et tam ipse quam ejus predecessores in dicto prioratu ex largicione principum habet et habuerunt racione dicti prioratus merum et mistrum imperium cum omnimoda juridicione in omnes ipsarum vallium homines et quoscumque alios in eisdem delinquentes et cujus pretextu solitus est ipse dominus Campimuniti et sui predicti antecessores in valvis ecclesiarum predicte sue juridicionis et aliis locis assuetis cridas generales facere sue fieri facere per eorum officiarios sine et absque eo quod quisquam alius hujusmodi potestate penes dominium prefati domini prioris hoc facere possit nec debeat, et ita hucusque et per dicta tempora fuit, exceptis excessibus et delictis inferius annotatis. Videlicet quod die quinta mensis januarii, anni proxime decursi, sindici et procuratores communitatis dicti loci Campimuniti de qua communitate est ipse delatus, eorum propria auctoritate, sineque mandato et scitu prefati domini prioris fieri fecerunt acque jusserunt cridam sequentem videlicet in valvis ecclesie dicti loci Campimuniti, populo ibidem congregato, inhibendo ibidem, voce preconia Peroneti Berthodi vice mistralis ipsius loci Campimuniti, omnibus et singulis personis debentibus decimas suas prefato domino priori, de cetero non auderet vel presumeret admodiare seu emere de ipsis decimis bladorum, nisi quilibet suam decimam particularem, et hac sub pena sexaginta solidorum, officium magistratus propterea exercendo et penam super contra tales delinquentes edictam sprete commictendo et incurrendo. Et hoc est verum ?

2) Item. Super eo quod nichillominus pluribus annis et potissime de anno presenti juxta assuetum extitit per officiarios prefati domini prioris et domini Campimuniti, scilicet : in festivitatibus beatorum Michaelis Archangeli et Johannis-Baptiste extitit voce preconia ex parte prefati domini prioris et domini Campimuniti expresse prohibitum omnibus et singulis personis ne auderent vel presumerent penes dominium et juridicionem, officium magistratus exercere, sub pena a jure edicta. Et hoc est verum ?

3) Item. Super eo quod ex juris disposicione vetitum est acque prohibitum ne aliqui audeant vel presument congregaciones seu convinculas facere vel se invicem congregare sine presencia dominorum suorum seu eorum officiariorum, neque quicquam in prejudicium dominorum suorum agere vel patrare, quinymo quecunque incommoda et sinistra in prejudicium eorumdem dominorum suorum facta vel inhita, illico prefatis dnis suis officiariis suis revellare, si interesse voluerint prout pariter de anno presenti prout supra inhitum voce preconia extitit, sub pena a jure et dominicalibus Sabaudie statutis edicta. Et hoc est verum ?

4) Item. Super eo quod omnes et singule decime tam de jure divino quam humano pertinent et spectant ecclesiis et rectoribus ipsarum cum omnimoda libertate ipsas decimas seu fructus ipsarum recolligendi, admodiandi et vendendi et alias ad ejus voluntatis libitum faciendi, cujus causa decime predictarum vallium Campimuniti, sancti Michaelis Lacus et Vallis Ursine pertinent et spectant, pertinueruntque et spectaverunt per tanti temporis spacium quod de contrario memoria hominis non extitit, prefato domino priori, domino ipsius loci Campimuniti. Et hoc est verum ?

5) Item. Super eo quod hiis non obstantibus prefatus Michael filius dicti Michaelis Bertout inquisitus seu eciam ejus certi complices non verantes jura ecclesie ac eorum

temporalis domini, usurpare verum pocius ea sibi appropriare in detrimentum et prejudicium prefati domini prioris sui domini ultraque prohibiciones penales superius mencionatas certis diebus dominicis et festivis ante cridas superius in primo articulo descriptas, nonnullas congregaciones et convinculos illicitos ultra juris et statutorum dominicalium Sabaudie formam, tam occultas quam manifestas absque scitu et voluntate ejusdem domini prioris, eorum domini, nec ejus castellani; in quibus convenculis et congregacionibus practicaverunt hiidem condelati quamplurima illicita in vituperium et detrimentum ejusdem domini prioris et ejus predicti prioratus, et potissime de anno tam presenti quam proxime precedenti et signanter in suis predictis congregacionibus et convinculis arrestaverunt cridari et publicari facere prout et fecerunt per dictum vice mistralem; quod nulla persona auderet ex inde emere seu admodiare de decimis prefati domini prioris, nisi quilibet suam ipsius decimam; officium magistratus prout supra faciendo in prejudicium prefati domini prioris et penam juris comictendo et incurrendo. Cui cride se illico opposuit Aymonetus Fabreti procurator et procuratorio nomine prefati dni prioris et dni Campimuniti, protestando de nullitate ipsius cride ac interesse et dampnum prefati dni prioris. Et hoc est verum?

6) Item. Super eo quod premissa enorma et illicita noticie prefati domini prioris devenissent, scilicet die septima predicti mensis januarii, cupiens talibus enormiis et illicebris operibus providere ne ulterius dicti delinquentes ad talia procederent; ipse enim dominus prior ad bancham curie sue ubi multi ex dictis delatis existebant et potissime dictus Michael filius dicti Michaelis Bertout, inquisitus, personaliter se gessit, eisque omnibus delatis tam sindicis quam ceteris aliis ibidem existentibus, deffendit ne ulterius ad predictas cridas et prohibiciones per ipsos ut supra fieri postulatas et preceptas procederent cum forent ipse cride

irrite et in ejus grande prejudicium, contraque libertatem ecclesie factas et inhitas. Qui nichillominus maxime Franciscus Felisaz, Michael Cotherans, Johannes comitis et Michael currerii, consindici, et Petrus Charleti procurator tocius communitatis Campimuniti et multi alii eorum complices et precipue dictus Michael inquisitus iterata vice dictam cridam et inhibicionem per dictum vice mistralem modo simili quo supra fieri jusserunt et preceperunt in maximum dampnum et prejudicium prefati domini prioris, ejusque juridicionis enervationem penam propterea contra tales delinquantes editum sprete commictendo et in ea incidendo. Et hoc est verum?

7) Item. Super eo quod prenominati delinquentes de premissis non contenti in suis malis et perpecant operibus perseverare sutagentes ante hujusmodi cridas et post adcesserunt ad quosdam qui jam de decimis predictis admodiaverant a prefato domino priore, ipsosque reprehenderunt de hoc quod has decimas admodiaverant in prejudicium dictarum cridarum; ipsisque et ipsorum cuilibet verbothenus deffendentes ne ipsas decimas sub admodiacione predicta tenerent, nisi tantum quilibet suam ut supra in prejudicium prefati dni prioris, officium magistratus ut supra faciendo et in penam juris incidendo. Et hoc est verum?

8) Item. Super eo quod predicti delati de premissis non contenti, mala commictando malis quosdam de eorum communitate coram se in domo confratrie dicti loci Campimuniti evocari et assignari fecerunt, et cum inibi fuerint hujusmodi assignati; predicti delati eisdem notifficaverunt hujusmodi arrestum inter ipsos factum et inhitum, causantibus dictis cridis et inhibicionibus dictarum decimarum : Inhibendo eisdem ut supra ne ulterius auderant admodiare vel accipere decimas prefati domini prioris, nisi tantum quilibet suum. Et hiis actis dicti delati maxime dicti procurator et sindici et multi alii, ipsis adsistantibus onus dabant certis personis dicte communitatis ut vellant et deberant hujus-

modi conclusionem et arrestum per villagia et opida tocius mandamenti Campimuniti omnibus et singulis personis notificare, eisdemque dicere et referre quod si quis foret dictum arrestum et conclusionem infringere volens et non obtemperare quod per dictam communitatem castingaretur acque removeretur a communione dicte communitatis. Que omnia cedunt in magnum prejudicium prefati domini prioris ejusque predicte juridicionis enervacionem semper dictum magistratus officium in hiis exercendo et penam juris sprete commictendo. Et hoc est verum?

9) Item. Super eo quod premissa omnia sunt vera, notoria et manifesta, deque ipsis omnibus est vox et fama publica inter notos et vicinos.

Unde cum talia illicita et enormia sint mali exempli et correctione digna nec debeant per justiciam tollerari; ea propter procedit justicia ad inquirendum de premissis veritatem; ut ipsa veritate comperta, dictus inquisitus secundum ejus merita pugniatur, ut ceteris sic presumentibus delinquere cedat et redeat in exemplum.

Responsio dicti Michaelis filii jandicti Michaelis Bertout, inquisiti, facta in manibus mis dicti commissarii in bancha curie dicti loci Campimuniti, michi dicto commissario adsistantibus supradictis vice castellano et vice mistrali Campimuniti, testibusque illic vocatis et presentibus, Johanne Fabri et Johanne Burnet seniore.

Anno et die premissis, fuit supranominatus Michael Bertout inquisitus in manibus mis dicti commissarii cum debito juramento interrogatus dicere, respondere et confiteri veritatem super presenti inquisicionali processu et articulis ejusdem tanquam principalis in facto suo et ut testis in alieno, imposita sibi prius pena per me dictum commissarium viginti quinque librarum per eundem inquisitum commictenda si et in contrarium sue responsionis reperiretur.

Et primo. Super primo articulo dicti processus interrogatus : dicit dictum articulum et contenta in eodem fore vera; exceptis franchesiis et libertatibus eorum communitatis Campimuniti, hiisque de quibus presencialiter inter ipsam communitatem et dictum dnm priorem lis pendet indecisa; neque audivit cridas de quibus in articulo agit, negatque presens fuisse in eisdem, quo vero ad alios dicit se nichil scire deponere nisi ex auditu dici a pluribus de quibus non est memor.

Super secundo dictorum articulorum articulo interrogatus, dicit dictum articulum fore verum, quia sic est.

Super tercio dicti processus articulo interrogatus, dicit quod contenta in eodem articulo sunt vera.

Super quarto dicti processus articulo interrogatus, dicit et confitetur dictum articulum fore verum.

Super quinto dicti processus articulo interrogatus, dicit et confitetur de contentis in eodem articulo verum fore quod ipse quadam die dominica per certum tempus ante cridam superius in primo articulo mentionatam, cum suis certis aliis complicibus, signanter cum Francisco Felisaz et Johanne Comitis et Hugo Folliguet nonnullis aliis de quibus ad presens non est memor extiterunt congregati invicem in ecclesia Campimuniti, ibidem praticaverunt et arrestaverunt ne quis de eorum communitate auderet admodiare de dictis decimis prefati dni prioris, nisi quilibet suam decimam sui bladi; in quo consilio ipse loquens respondit prout dicit quod volebat ut iretur ad consilium; de premissorum cetera in dicto articulo contenta contra ipsum faciencia quo ad se negat fore vero, quo vero ad alias dicit se nichil scire deponere nisi quantum superius deposuerit.

Super sexto dictorum articulorum articulo interrogatus dicit quod negat dictum articulum fore verum quoad se; quo vero ad alios dicit se nichil scire deponere, nisi ni ex auditu dici a nonnullis personis de quibus non recolit ad presens.

Super septimo dicti processus articulo interrogatus, negat

dictum articulum, quantum contra ipsum facit, fore verum ; quantum vero contra alios facere posset, nihil scire deponere.

Super octavo dicti processus articulo interrogatus, dicit quod negat contenta in eodem articulo fore vera quantum contra ipsum faciunt, quantum vero contra alios facit articulus dicit se nichil sire deponere. Interrogatus idem loquens si aliquam notifficacionem fecerit de premissis illicitis arrestis et congregacionibus prefato dno suo dno priori, dicit quod non.

Super articulo vocis et fame interrogatus, dicit et confitetur dictum articulum fore verum quoad confessate per eum, quo vero contra alios facit negat dictum articulum fore verum.

191

État des amendes auxquelles ont été condamnés par le juge de Chamonix divers particuliers du lieu, qui avaient tenu plusieurs assemblées en différents endroits et pris une délibération, en l'absence du prieur ou de ses officiers, laquelle fut publiée aux portes de l'église, sur l'ordre des syndics et procureurs de la communauté de Chamonix, portant défense aux habitants, sous peine de 60 sols d'amende, d'acquérir ou d'affermer les dimes du prieuré, mais permettant cependant à chacun de leurs administrés d'acquérir ou de louer la dime par lui due sur son propre bien.

(1485.)

16 Mai.

(Archives de l'église de Sallanches. — Liasse de la justice civile et criminelle de Chamonix. — D'après l'original écrit sur parchemin.)

Rotulus assisiarum mandamenti Campimuniti, tentarum apud Campummunitum de anno Domini millesimo quatercentesimo octuagesimo quinto et die sex decima mensis maii per virum spectabilem dnm Petrum Milllieti, legum doctorem vice judicem terre et juridicionis Campimuniti, pro Reverendo dno Guillelmo de Ravorea priore et dno ipsius loci Campimuniti; secum assistentibus nobili Guigone de Ravorea, castellano dicti mandamenti Campimuniti, ac nobili Petro de Lucingio, procuratore prefati dni prioris, pro juribus et interesse ejusdem Domini.

CONDEMPNACIONES.

Johannes filius Michaelis Pavyot inculpatus ex officio curie cum certis aliis suis complicibus in grande prejudicium prefati Reverendi dni Guillelmi de Ravorea prioris et dni temporalis dicti loci Campimuniti conventiculam fecisse et consilium in pluribus et diversis locis, eo dno non vocato neque officiariis ejus, tenuisse et quam plurimas deliberaciones in prejudicium ejusdem domini fecisse, maxime deliberando quod nullus de Campomunito auderet neque presumeret emere aut admodiare de decimis bladorum tocius mandamenti Campimuniti, nisi tantum modo quilibet suam decimam per ipsum debitam et sub pena per quemlibet contra facientem sexaginta solidorum, et ita proclamari fecisse, in valvis ecclesie Campimuniti ex parte sindicorum et procuratorum Campimuniti ibidem congregato, voce preconia Peroneti Berthodi, vice mistralis Campimuniti, inhibendo omnibus personis sub consimili pena per quemlibet contra facientem commictenda ne auderent neque presumerent emere et admodiare de dictis decimis Campimuniti nisi unusquisque suam, nec contra eorum prefactam deliberacionem facere, et hoc contra propriam deffensionem prelibati dni prioris. Deinde hos qui jam de ipsis decimis emerant et admodiarant molestari et assignari fecisse ipsis deffendendo ne auderent ex inde de ipsis decimis quidquam emere et admodiare nisi suas necque facere contra eorum arrestum quam tum formidabant dictas penas et indignacionem sindicorum et procuratorum ejusdem loci Campimuniti incurrere, dandoque in mandatis certis personis dicte communitatis ut dictam conclusionem et arrestum per villagia et opida tocius mandamenti Campimuniti ut omnibus personis dicte communitatis notifficarent eisdem dicendo quod si infringerent dictas cridas et arrestum quod pugnirentur et castigarentur et quod deponerentur de communione dicte communitatis, fuit condempnatus ad.. quinquaginta libras.

Petrus Bruni inculpatus pro consimili causa fuit condempnatus ad....... quinquaginta libras.

Johannes Margant inculpatus pro consimili causa fuit condempnatus ad quinquaginta libras.

Franciscus Jordaneys pro consimili causa fuit condempnatus ad............. quinquaginta libras.

MARCIACIONES

Johannes Jorant, inculpatus pro consimili causa, marciavit idem ad.... viginti quinque flor. pp.

Johannes filius Michaelis Loeys, pro consimili causa, marciavit idem ad.... viginti quinque flor. pp.

Johannes Bochardi pro consimili causa, marciavit idem ad................ viginti quinque flor. pp.

M(ichael) filius Michaelis Be(rtout) pro consimili causa, marciavit idem ad viginti quinque flor. pp.

Petrus filius Moterii Plat, pro consimili causa, marciavit idem ad........... viginti quinque flor. pp.

Michael Deallioux, pro consimili causa, marciavit idem ad................ viginti quinque flor. pp.

Per dictum dnm vice judicem.

Signé : Ja DEVORJIA, *n.*

Scellé du sceau dudit juge Milliet.

Lettres exécutoires contre les condamnés, et commission donnée par le juge de Chamonix, au châtelain et aux autres officiers du lieu, pour les contraindre au paiement des amendes.

(1485.)

20 Août.

D'après l'original écrit sur parchemin.)

Petrus Millieti legum doctor, locum tenens spectabilis viri Johannis Chapuysii utriusque juris doctoris judicis, terre et juridicionis insignis prioratus Campimuniti, dilectis nostris castellano aut vice castellano, clericoque seu vice clerico curie, mistrali et ceteris dicte juridicionis officiariis seu ipsorum loca tenentibus, salutem. Visis rotulo assisiarum sub annexo et consideratis contentis in eo, vobis et vestrum cuilibet insolidum, harum serie, precipimus et mandamus districte quatenus Johannem filium Michaelis Paviot, Petrum Bruni, Johannem Margant, Franciscum Jordaneys, Johannem Jorant, Johannem filium Michaelis Loeys, Johannem Bochardi, Michaelem filium Michaelis Bertout, Petrum filium Mocterii Plat et Michaelem Deallioux reos, inibi pariter nominatos, hiis visis, cogatis precise et compellatis per bonorum suorum quorumcunque capcionem, levacionem, vendicionem, subastacionem, incantacionem et plus offerenti, festiva expedicione, necnon personarum suarum arrestacionem, detencionem et incarceracionem, modisque omnibus aliis debitis prout in exactione debitorum fiscalium fieri est assuetum, ad dandum et solvendum in manibus castellani dicti loci Campimuniti vel cujus duxerit exactionem commictendum, quantitate in dicto rotulo in fine ipsorum, nominis cujuslibet singula singulis congrue refferendo, descriptas; opposicionibus quibuscunque in adversum adducendis rejectis et non obstantibus. Datum in Bonavilla die vicesima mensis augusti, anno Dni M° IIII° octuagesimo quinto.

Per dictum dnm judicem.

REDDANTUR LITTERE PORTITORI.

Signé : Ja. DEMARNIX, *n.*

Scellé comme la pièce précédente du sceau dudit juge portant sur l'écu un chevron et trois étoiles, deux en tête et une en pointe; la légende autour de l'écu est illisible.

Les deux documents qui précèdent sont liés par leurs sceaux.

192

Acte de mise en possession du prieuré de Chamonix, ensuite de la démission en cour de Rome de Guillaume de la Ravoire, en faveur de Jacques de la Ravoire, nommé prieur par bulle du pape Innocent VIII et installation par Georges de Compey, prieur de Megève.

(1487.)

2 Septembre.

(Tiré des Archives de l'église de Sallanches. — Sans marque. D'après l'original écrit sur parchemin.)

In nomine Domini. Amen. Anno Domini millesimo quatercentesimo octuagesimo septimo indicione quinta die secunda mensis septembris Pontificatus sanctissimi in xpo patris et domini nostri domini Innocencii divina providencia pape octavi anno quarto. Hujus instrumenti serie fiat manifestum unicuique. Quod in mei notarii publici et testium inferius nominatorum presencia existentibus in ingressu ante portam ecclesie prioratus sancti Michaelis de Campomunito ordinis sancti benedicti Gebenn. diocesis. Videlicet venerabili viro domino Jacobo de Ravoyria priore dicti prioratus ex una. Necnon Reverendo in xpo patre et domino dno Georgio de Compesio priore prioratus Megeve partibus ex altera. Ipse inquam dns Jacobus tenens in manu sua quasdam litteras appostolicas cum cordula canapis vera bulla plombea memorati domini nostri pape more romane curie bullatas sanas et integras non viciatas non cancellatas nec in aliqua sui parte suspectas sed ut prima facie apparebat omni prorsus vicio et suspicione carentes datas Rome apud sanctum Petrum anno incarnacionis dominice millesimo quadringentesimo octuagesimo septimo, tercio decimo kalendas Julii Pontifficatus ipsius domini nostri pape anno quarto. Necnon et quendam processum ipsarum litterarum appostolicarum a reverendo dno domino Andrea de malvenda utriusque juris doctore appostolice sedis prothonotario cantore et canonico acque officiali Gebenn. judice exequutore et commissario ipsarum bullarum unico auctoritate appostolica specialiter deputato emanatum sigillo suo sigillatum debite que signatum datum Gebenn. die martis vicesima octava mensis augusti proxime lapsi, graciam collacionem et provisionem auctoritate appostolica eidem domino Jacobo de dicto prioratu Campimuniti factas continentes, peciit et instanter requisiit se in dicti prioratus jurium pertinenciarumque emolumentorum et racionum ejusdem vigore premissorum et mandatorum in eodem processu contentorum possessionem vel quasi realem actualem et corporalem nudam et vacuam poni micti et induci per prefatum dnm priorem Megeve. Quiquidem dns prior Megeve visis prius per eum dictis litteris et processu et eorum tenoribus inspectis. Peticioni et requisicioni premissis tanquam justis et racioni consonis assenciendo volens ut verus obediencie filius mandatis appostolicis in dictis litteris appostolicis et processu contentis quantum in eo est toto posse parere et obedire. Eundem dnm Jacobum de Ravoyria priorem predictum in possessionem prioratus predicti sancti Michaelis de Campomunito juriumque proventuum pertinenciarum et racionum ejusdem tanquam verum et legitimum priorem ejusdem prioratus Campimuniti corporalem vel quasi realem actualem nudam et vacuam nemine contradicente nemineque predicta detinente nec quovismodo se ad hoc opponente. Quinymo voluntate et consensu venerabilis et egregii viri domini Guillermi de Ravoyria olim dicti prioratus Campimuniti prioris per cujus liberam resignacionem prioratus ipse vacavit. Et de eo prefato domino Jacobo provisum extitit intervenientibus posuit et induxit modo et forma sequentibus. Videlicet per tradicionem vectis seu ferrolii magne porte introitus ecclesie dicti prioratus ac palpacionem seu tactum ejusdem. Et post per ingressum ipsius ecclesie per tradicionem cordarum cimballorum campanilis ejusdem ecclesie. Consequenter per tradicionem unius missalis et unius calicis, palpacionem anguli magni altaris ac ulterius per palpacionem ymaginis beati Michaelis ipsius ecclesie et postmodum per tradicionem et expedicionem clavium ejusdem ecclesie et domus prioratus predicti in signum vere possessionis dicti prioratus sancti Michaelis de Campomunito jurium proventuumque pertinenciorum emolumentorum et racionum ejusdem quorumcumque. Quaquidem possessione sic adhepta et habita ut prefertur prefatus dominus Jacobus prior predictus de possessione ipsa acque de omnibus et singulis premissis fieri peciit et requisiit per me notarium subscriptum unum publicum instrumentum et tot quot inde fuerint petita et requisita ad opus sui et quorum intererit in futurum. Acta fuerunt premissa in Campomunito in locis quibus supra dicte ecclesie, presentibus nobilibus Andrea de Fracia, Petro de Curnillione, de Salanchia, Jacobo de Cruce, de Montegaudio, Petro de Lucingio, Ludovico de Reymondeys, de Passiaco, Francisco Botollierii de Siervuz, testibus ad premissa vocatis et rogatis.

Ego vero Johannes Soliardi clericus auctoritateque imperiali ac Sabaudic ducali notarius publicus presens publicum instrumentum rogatus recepi ac ipsum aliis occupatus negociis levari feci per alium notarium coadjutorem meum vigore potestatis super hoc michi concesse, indeque ipsum subscripsi et meo tabellionatus signeto signavi in testimonium premissorum.

193

Acte de prestation de serment de R^d Jacques de la Ravoire, prieur de Chamonix, entre les mains de R^d Jean de Varax, évêque de Belley, abbé commendataire du monastère de Saint-Michel de la Cluse, de n'observer les libertés et franchises de la vallée de Chamonix, qu'autant qu'elles ne dérogent aux droits de l'église de Chamonix et du prieuré.

(1448.)

6 Mars.

(Tiré des Archives du ci-devant chapitre de Sallanches, non coté. — D'après l'original écrit sur parchemin.)

In nomine Domini, Amen. Anno a nativitate ejusdem Domini sumpto millesimo quatercentesimo octuagesimo octavo, indictione sexta et die sexta mensis marcii, in mis notarii publici, ducalisque secretarii et testium subnominatorum presencia, personaliter constitutus et existens ante presenciam Reverendi in Christo Patris et Domini Domini Johannis de Varax episcopi Bellicensis, commendatarii perpetui monasterii Sancti Michaelis de Clusa, etc. Venerabilis religiosus vir dominus Jacobus de Ravoyria prior prioratus Campimuniti, exponens et proponens quod non potest habere obedienciam hominum et subditorum dicti prioratus nisi juret eorum franchisias et libertates et ne tale juramentum franchisiarum sibi et dicto ejus prioratui in aliquo prejudicet de quo debite protestatur. Igitur gratis et sponte juravit in manibus prefati reverendi domini episcopi et commendatarii defferentis super Sanctis Dei Evangeliis per eum manualiter tactis quod ipse imposterum non jurabit nec jurare intendit neque observare dictis suis hominibus et subdictis Campimuniti aliquas libertates et franchisias aut immunitates nisi racionales et possibiles, juribus et libertatibus ecclesie Campimuniti et eidem domino priori non obviantes neque contrarios; quoquidem juramento sic prestito ipse dominus prior requisiit per me dictum notarium sibi fieri litteram testimonialem et instrumentum publicum. Actum Bellicii in domo episcopali in camera in qua pernoctat prefatus reverendus dominus episcopus; presentibus venerando domino Claudio Perisii, officiali, venerabili domino Humberto de Balma, canonico Bellicii et nobili Stephano de Gradimonte, testibus.

Et me Claudio Mommyer, curie Bellicensis notario.

Signé : MOMYER, *not.*

194

Injonction faite par R^d Guillaume de la Ravoire, ex-prieur de Chamonix, aux syndics et procureurs de la vallée de ce nom, de faire hommage et fidélité à R^d Jacques de la Ravoire, prieur moderne et seigneur temporel du lieu.

(1489.)

25 Février.

(Tiré des Archives de la commune de Chamonix.

Anno Domini millesimo quatercentesimo octuagesimo

nono, indicione septima, die vicesima quinta mensis februarii. Convocatis et existentibus hominibus aut saltim majori parte hominum communitatis tocius mandamenti et juridicionis Campimuniti infra chorum et ecclesiam ipsius loci pro homagiis et fidelitatibus per ipsos homines prestandis reverendo patri et domino Jacobo de Ravoyria moderno priori et domino temporali Campimuniti; venerabilis et egregius vir dominus Guillermus de Ravoyria, olim prior ipsius prioratus jubsit acque precepit, consensumque auctoritatem pariter et licenciam quantùm sua interest et ipsum concernit, prebuit acque contulit Johanni de Nanto, de Valle-Ursina, Petro Garguent, Petro Meczat, Johanni filio Michaelis Paviot, Francisco Comitis, Michaeli Deallioux, Michaeli filio Michaelis Tieceys et Johanni filio quondam Perreti Gabet, sindicis et procuratoribus dicte communitatis ac aliis omnibus et singulis dicte communitatis hominibus, me notario subscripto more et officio persone publice viceque nomine et ad opus omnium et singulorum quorum interest et interesse poterit quomodo libet in futurum. Quathenus ipsi homines dicte communitatis presentes et futuri homagia et fidelitates prestent acque prestare velint prelibato domino Jacobo de Ravoyria moderno priori et domino temporali dicti loci Campimuniti. D. Promictens insuper jam dictus dominus Guillermus de Ravoyria sub medio juramento manum suam dextram ad pectus suum more religiosorum ponendo, subque religionis voto omnia et singula in presenti instrumento publico contenta, rata, grata, valida et firma habere perpetuo et tenere, et nunquam contra facere, dicere, opponere vel venire neque alicui contra venire volenti in aliquo de cetero consentire cum juris et facti renunciacionibus ad premissa necessariis pariter et opportunis. De quibus premissis supranominati procuratores et sindici sibi fieri pecierunt per me notarium subscriptum unum publicum instrumentum quod dictari, corrigi et refici ac emendari possit dictamine et consilio peritorum unius et plurium, facti tamen substancia in aliquo non mutata. Actum in predicto choro ecclesie Campimuniti, presentibus venerabilibus viris dominis Andrea de Ravoyria, monacho claustrali prioratus predicti Campimuniti, Johanne de Fago, Johanne de Pratis, ambobus de Montegaudio, ac Petro Buthodi curato Vallis-Ursine; necnon nobilibus Petro Danielis et Johanne donato nobilis Johannis de Lucingio de Marlio, Parrochie Passiaci, testibus ad premissa vocatis pariter acque rogatis. Et me Johanne Soliardi, clerico, auctoritateque imperiali ac Sabaudie ducali notario publico qui presens publicum instrumentum rogatus recepi, indeque ipsum scripsi subscripsi et meo tabellionatus signeto signavi in robur et testimonium premissorum omnium et singulorum.

195

Déclaration de Jacques de la Ravoire, prieur de Chamonix, que Pierre Daniel n'a rempli que pendant une année l'office de secrétaire à lui admodié pour trois ans par le procureur de noble Guigon de la Ravoire, pour le prix de vingt florins annuels, mais qu'il a été pourvu à cet office par Guillaume de la Ravoire, ancien prieur, son vicaire et administrateur.

(1492.)

30 Septembre.

(Archives de l'église de Sallanches. — Cléricature et notariat de Chamonix. — Copié sur l'imbréviature originale, non signée.)

Nos Jacobus de Ravoyria, humilis prior insignis prioratus Campimuniti, ipsiusque loci Campimuniti, Valliumque Lacus et Ursine temporalis dominus; serie presencium fieri volumus manifestum quod cum de anno Dni m⁰ jjjj⁰ Lxxx nono, indicione sexta, die decima septima mensis augusti. Officium scribanie sive clericature dicti prioratus Campimuniti fuerit per ven^lem dnm Andream de Ravoyria, discretos viros Aymonem Mocterii, Petrum Delavancherio tanquam procuratores, procuratorio nomine nobilis Guigonis de Ravoyria, spacio et per tempus trium annorum tunc sequencium, nobili Petro Danielis admodiatum, et sub firma vigenti florenorum pro quolibet anno traditum. Igitur nos prior et dominus prefatus actestamus dictum nobilem Petrum Danielis non tenuisse dictum clericature officium de ipsis tribus annis, nisi per primum annum tantum, admodiatorem ipsorum trium annorum, sed in dicto officio et clericatura fuit per reverendum patrem dnm Guillelmum de Ravoyria, olim priorem et tunc vicarium et administratorem nostrum de uno alio sufficienti et ydoneo servitore nostro provisum. In quorum testimonium hanc litteram testimonialem sub sigillo et scribe manufactu signato duximus tradendam.

Datum in Campomunito die ultima mensis septembris, anno Dni m⁰ iiii⁰ Lxxxx secundo.

Sans signature.

L'écriture paraît être celle de N.-Jean Solliard, *not.*

196

Conventions passées entre Jacques de la Ravoire, prieur de Chamonix et les syndics et prudhommes de la vallée, ses sujets, pour mettre fin à un procès porté d'abord devant le vicaire général de l'abbaye de la Cluse, leur supérieur direct et ensuite à Rome devant les auditeurs de Rote, à l'occasion du droit que les prudhommes de Cha-

monix avaient, dès les temps les plus reculés, de juger les criminels, ce que ledit prieur et Guillaume de la Ravoire, son prédécesseur, avaient résolu de leur contester. Pour éteindre toute discussion, il fut réglé : 1º Que toutes sentences en matière criminelle, où la peine de mort pouvait être appliquée, appartenaient auxdits prudhommes, lesquels avaient le droit de condamner ou d'absoudre; 2º que l'instruction de ces procès devait être faite et les frais de détention des accusés supportés par le prieur, lequel devait aussi fournir aux prudhommes un jurisconsulte expert pour résumer le procès et les diriger dans la sentence qu'ils devaient porter, sans cependant être astreints à suivre le conseil de ce jurisconsulte ; 3º que le prieur ne pouvait retenir les accusés plus de dix jours avant de commencer l'instruction qui devait être faite sans torture ; les accusés avaient droit d'avoir un défenseur ; 4º que le prieur devait produire les enquêtes à trois des prudhommes tenus d'en garder le secret, etc., etc.

(1493.)

4 Juin.

(Tiré des Archives de la commune de Chamonix. — D'après l'original écrit sur parchemin.)

In nomine Domini nostri ihu xpi, Amen. Anno a nativitate ejusdem Domini sumpto millesimo quatercentesimo nonagesimo tercio, indictione undecima cum eodem anno sumpta, die vero quarta mensis jugnii. Hujus instrumenti serie fiat manifestum unicuique quod cum lis, questio et differencia hactenus fuerint inter venerandum patrem dominum Guillelmum de Ravoyria olim priorem prioratus Campimuniti, ordinis Sancti Benedicti, Gebennensis dyocesis, dominumque temporalem ejusdem loci ac Vallium Lacus et Ursine et successive venerabilem et egregium virum dominum Jacobum de Ravoyria modernum priorem dicti prioratus ex una ; ac homines et communitatem ipsius totius loci Campimuniti predictarumque Vallium Ursine et Lacus, partibus ex reliqua, et ob id eo extiterit inter easdem partes multo tempore litigatum, primo coram reverendo in Christo Patre Domino vicario incliti monasterii Sancti Michaelis de Clusa, dicti ordinis, Taurinensis dyocesis, et inde per appellationem ab eodem domino vicario a certa interloquutoria per ipsum dominum vicarium in favorem dicte communitatis et hominum ejusdem et contra prefatum dominum Guillelmum olim priorem predictum lata ad sanctam sedem apostolicam fuerit causa ipsa devoluta et seriatim certis commissariis ad partes commissa; ultimo vero reverendo patri domino Ludovico Depetra canonico Lausannensi, ipseque dominus Ludovicus sententiam tulerit in favorem et pro memorato domino Jacobo de Ravoyria, moderno priore predicto ac contra predictam communitatem et homines ejusdem cum condempnatione expensarum ; nunc vero pendeat causa ipsa per appellationem a dicta sententia per dictum dominum Ludovicum lata in urbe coram venerandissimis dominis auditoribus Rote, et hoc ex eo quod parte predicte communitatis et hominum ejusdem dicebatur, asserebatur et pretendebatur ipsos communitatem et homines ejusdem habuisse et habere ipsisque spectasse, spectare etiam debere jus potestatem quoscumque malefactores pridem per Mistralem juridictionis dicti loci Campimuniti, castellano seu vice castellano ejusdem juridictionis remissos, deinde detentos et in carceribus dicti prioratus mancipatos condempnandi si deberent condempnari et presertim ex tenore franchesie eisdem communitati et hominibus dudum per reverendum patrem, dominum Aynardum de Montebello pro tunc priore dicti prioratus concesse in ea precipue parte ut dicitur. *D.* Item super eo quod dicunt priorem debere eisdem hominibus prestare consilium de extra terram suis sumptibus et expensis judicando malefactores quod in casu premisso hactenus extitit consuetum de cetero volumus observari. *D.* Ita dicebant fuisse prememorati homines dicte communitatis per tempora hominum memoriam excedentia continue et ultimo fluxa in usu et quasi possessione in dicta juridictione Campimuniti malefactores sicut predicitur remissos condempnare si fierent condempnandi cum consilio tamen sibi parte prefati domini prioris de extra terram Campimuniti ut supra ministrato. Item dicebant et asserebant dicti homines predicte communitatis sibi de jure competere et competiisse jus et potestatem absolvendi si justa subesset causa quoscumque pro maleficio pretenso per mistrales aut alios justicie dicti prioratus officiarios et ministros captos et inde castellano ejusdem loci seu ejus locumtenenti remissos, deinde in carceribus dicti prioratus mancipatos acque detentos. *D.* Ex adverso excipiendo dicebat et opponebat supra nominatus dominus Jacobus de Ravoyria prior predictus, nomine dicti sui prioratus, nullum jus, nullamque potestatem seu facultatem competiisse neque competere dictis communitati et hominibus ejusdem malefactores, per officiarios dicti prioratus seu eorum locumtenente qui pro temporibus fuerunt detentos et carceratos, condempnandi etiam ut dicte franchesie per dictum dominum Aynardum de Montebello ut supra concesseque clare non disponit ubi dum dicitur : « Quod in casu premisso hactenus extitit consuetum de cetero volumus observari. » Et si aliquando dicta communitas aliquos malefactores judicaverit et ad penam corporalem condempnaverit, scientibus et videntibus, seu scire et videre volentibus dominis prioribus qui pro temporibus fuerunt in dicto prioratu patientibusque et non contradicentibus hoc fuit in paucis casibus nec potuit predicto prioratui prejudicare neque prejudicium inferre. Quoad vero ad absolutionem dicebat et opponebat jam dictus dominus Jacobus de Ravoyria prior predictus jamdicte communitati et hominibus ejusdem minime competiisse neque competere illaque nunquam usos fuisse ; multaque alia dicebat, proponebat, opponebat acque replicabat quelibet dictarum partium adversus aliam et econtra que latius sunt exarata in actis cause litis predicte que brevitatis causa obmittuntur et adque si et dum necesse extiterit relatio habeatur. *D.* Tandem in nostrum Johannis Defago, Johannis Soliardi et Jacobi Defago notariorum publicorum ac testium subnominatorum presentia propter infra scripta que sequuntur peragenda, constituti personaliter prefatus dominus Jacobus de Ravoyria prior predictus, agens in hoc facto, suo ac dicti sui prioratus suorumque successorum in ipso prioratu canonice intrantium nominibus, ex una parte; necnon Colletus filius quondam Michaudi Berthodi, Petrus Garguent, Mocterius Plat, Petrus Garnerii, Michael filius quondam Michaudi Mermodi, consindici et procuratores, ut asserunt, hominum predicte communitatis, ac discretus vir Aymo Mocterii notarius, Petrus Meczacti, Petrus Plat, Franciscus Frasserens alias Symondi, Petrus Juverii, Michael et Johannes filius quondam Johannis Charlet, Michael filius Rodulphi Charlet, Johannes filius quondam Michaelis Paviot, Aymo Lechie alias Doucropt, Colletus filius quondam Michaudi Gillier, Colletus Marguent, Franciscus Depratis alias Richardet, Johannes Rodulphi, Michael filius quondam Johannis Claret, Johannes senior filius Berthodi Depratis, Michael filius quondam Peroneti Veytet, Franciscus filius quondam Rodulphi Decupellino, Aymonetus Lechie alias Jacodi, Franciscus Jordaneys, Johannetus Deplanis, Raymondus Bonefidei, Johannes filius quondam Johanneti Jorandi, Franciscus Bonefidei, Johannes Combet, Johannes Polli, Michael Malliardi, Raymondus Carrerii, Johannes Juglardi senior, Petrus Alisat, Petrus Deterra, Franciscus Fabri alias Aymoneti, Johannes filius quondam Petri Sapientis, Johannes filius Johannis Sapientis, Guillelmus Juglardi, Guillelmus filius quondam Michaelis Deterra, Franciscus Garguent, Franciscus Henriat, Aymo Bonefidei et Amedeus Meczat, communitatem dictorum locorum Campimuniti, Lacus et Vallis-Ursine facientes et communitatem ipsam facientes et representantes, agentes in hoc actu suis ac dicte communitatis et proborum ejusdem suorumque heredum et successorum quorumcumque nominibus, parte ex reliqua. Quequidem partes gratis et suis voluntatibus spontaneis ac de suis dictorumque prioratus et communitatis juribus ad plenum, ut asserunt, informate et advise, omnibus, inquam, vi, dolo, metu et qualibet alia fraudis machinatione in hoc facto cessantibus totaliter et sublatis, litis anffractus et dubios eventus evitare volendo ne tempore futuro diei mereantur gravati, cupientes etiam prementionatos litem, questionem et differentiam potius via amicabili quam litigioso tractatu sedari ut verus amor et concordia inter easdem partes, ut decet, imposterum conserventur, ad pacem, transactionem et veram concordiam devenerunt acque deveniunt in hunc qui sequitur modum. In primis enim transegerunt et transigunt jam dicte partes contrahentes, quibus supra nominibus, quod dicte lis, questio et differentia cessent acque cessare debeant; amorque cum omni benevolentia inter easdem partes imperpetuum sic duret acque foveatur, salva ipsi domino priori debita honoris et obedientia prerogativa.

Item, transegerunt et transigunt jam dicte partes contrahentes quibus supra nominibus, quod dictus dominus prior et ejus in dicto prioratu successores a modo in antea, teneantur et debeant predictis communitati et hominibus ejusdem prestare aliquem bonum virum sufficientem et ydoneum ad ipsos probos homines consulendum et consilium prebendum secundum casus exigentiam de extra terram dicti prioratus, suis ipsius domini prioris qui pro tempore fuerit, propriis sumptibus et expensis. Quiquidem consultor ipsis communitati et probis hominibus ejusdem assistere debeat judicando malefactores remissos castellano seu vice castellano predicti prioratus pugniendos et eos condempnando vel etiam absolvendo cujuscumque sexus, gradus et conditionis existant dicti malefactores sive rei, quoniam sic ab antiquo retroactis temporibus fuit usitatum, consuetum et observatum.

Item transegerunt et transigunt jam dicte partes contrahentes quibus supra nominibus, quod omnis inquisitio fienda in et penes juridictionem predicti prioratus Campimuniti ac quorumcumque processuum formatio, criminosorumque captio, detentio, carceratio et examinatio usque ad sententiam diffinitivam ferendam exclusive sit et pleno jure pertineat ad dominum priorem dicti prioratus qui pro tempore fuerit et ejus officiarios prout de jure habet et consuetudine est assuetum.

Item transegerunt et transigunt jam dicte partes contrahentes nominibus quibus supra quod si et quando contingerit aliquem seu aliquos utriusque sexus pro crimine capi, carcerari et detineri culpabilem de crimine ex quo pena corporis vel sanguinis veniret imponenda, completo prius processu contra ipsos detentos unum vel plures ut sola restet diffinitiva ferenda, possint et teneantur ipsi homines dicte communitatis et eis licitum sit dictos detentos unum et plures absolvere si veniant absolvendi; aut condemnare si debeant condempnari ad consilium tamen sibi per dictum dominum priorem ut supra prestandum.

Item transegerunt et transigunt predicte partes contrahentes nominibus premissis quod si in futurum contingat aliquem seu aliquos utriusque sexus per officiarios domini prioris qui pro tempore fuerit capi et incarcerari, ipse dominus prior qui pro tempore fuerit tales carceratos unum et plures per decem dies post remissionem de ipsis carceratis uno vel pluribus per mistralem dicti loci Campimuniti seu ejus locum tenentem in manibus castellani qui pro tempore fuerit seu ejus locum tenenti, more solito, factum sine aliqua tortura componere possit ad penam pecuniariam et etiam eis indulgere in casibus et delictis criminalibus in quibus potest et debet pena corporis vel sanguinis infligi, satisfacto prius per dictos criminosos parti lese de juribus et interesse suis, et de quibus casibus et delictis lapsis predictis decem diebus condempnatio corporis vel absolutio prefate communitati et hominibus ejusdem ut supra reservatur.

Item transegerunt et transigunt jam dicte partes contrahentes quibus supra nominibus quod alter ex officiariis domini prioris qui pro tempore fuerit lapsis supradictis decem diebus infra duos dies proxime sequentes teneatur et debeat notificare uni aut duobus ex sindicis dicte communitatis detentionem criminosi seu criminosorum; qui sindicus vel sindici si voluerint habeant eligere infra duos dies tunc proxime sequentes tres ex probis hominibus dicte communitatis non suspectos qui jurare habeant de non revellandis confessionibus et interrogationibus eidem criminoso vel criminosis tunc factis et etiam faciendis vel fiendis, et qui probi homines si voluerint et sua interesse putaverint interesse possint et debeant omnibus interrogationibus, officiis et questionibus contra dictos detentos unum et plures fiendis; et ipsos tres probos homines tunc per sindicos electos evocare debeant dicti officiarii seu alter ipsorum per duos dies ante aliqualem interrogationem, officium et questionem contra dictos detentos unum vel plures fiendam, qui probi homines si dictis interrogationibus, officiis et questionibus interesse renuerint aut deveniendo morosos se reddiderint lapsis dictis duobus diebus, predicti officiarii contra dictos detentos et unum et plures via juris procedere possint.

Item transegerunt et transigunt predicte partes contrahentes nominibus premissis quod si in futurum contingerit pro dictis detentis criminosis uno vel pluribus fieri aliquas deffensiones pro juribus suis prosequendis ac innocentia et inculpabilitate tuendis, quod ille deffensiones fieri debeant et teneantur coram domino judici per dominum priorem qui pro tempore fuerit tunc in omnibus causis civilibus et aliis subditorum dicti prioratus constituto et deputato, teneanturque dicti officiarii pro dictis deffensionibus fiendis copiam processus seu processuum tradere et expedire dicto detento vel detentis seu ejus procuratori vel procuratoribus ad rationem unius grossi monete pro singulo folio.

Item transegerunt et transigunt jam dicte partes contrahentes quibus supra nominibus quod si in futurum aliqua seu alique ex dictis sententiis diffinitivis per probos homines dicte communitatis ferendis foret seu veniret sigillanda, quod illa seu ille teneantur et debeant sigillari sigillo dicti domini prioris qui pro tempore fuerit veluti domini temporalis aut sui judicis ordinarii sumptibus et expensis dictorum detentorum.

Item transegerunt et transigunt jam dicte partes contrahentes quod dicti communitas et probi homines habeant acque tencant predictas absolutionem et condemnationem, ipsisque utantur de directo prefatorum domini prioris et ejus prioratus dominio.

Item transegerunt et transigunt jam dicte partes contrahentes quibus supra nominibus quod premissis mediantibus unaqueque dictarum partium, teneatur et debeat renuntiare prementionate ordinationi seu sententie per supra nominatum dominum Ludovicum de Petra in dicta causa late, necnon omnibus aliis ordinationibus et sententiis in causa ipsa per quoscumque judices latis ac etiam omnibus et singulis suis ipsarum partium juribus premissis pronuntiatis et transactis contrariantibus.

Quanquidem transactionem omniaque alia et singula in presenti instrumento contenta, dicte partes transigentes laudarunt, ratifficarunt et approbarunt, laudantque, ratifficant et approbant ac quibusvis ordinationibus et sententiis tam per dictum Ludovicum de Petra, canonicum Lausanensem, et alios judices inter dictas partes latis ac omnibus juribus premissis transactis contrariantibus, renunciarunt et renunciant per expressum, promittuntque jam dicte partes contrahentes.

Supplicans jam dictus dominus prior acque humiliter requirens reverandum in Christo patrem et dominum abbatem et conventum dicti monasterii Sancti Michaelis de Clusa quatenus premissa approbare, ratifficare, emologare pariter et confirmare dignentur, eisque auctoritates suas interponere velint pariter et decreta. De quibus premissis jam dicte partes contrahentes voluerunt acque preciperunt fieri et confici per nos notarios subscriptos duo ejusdem tenoris et substancie publica instrumenta ad opus cujuslibet ipsarum partium unum, que dictari, corrigi, reffici, meliorari et emendari possint et valeant dictamine et consilio peritorum unius et plurium, levata vel non levata, in judicio producta vel non producta, facti tamen substancia in aliquo non mutata. Acta fuerunt premissa et publice recitata ante magnam portam ecclesic dicti loci Campimuniti, presentibus venerabilibus viris domino Andrea de Ravoyria, de Chamberiaco, monacho, ac Dompnis Petro Baptenderii, Petro Quibleti, ambobus de Montegaudio, presbiteris, necnon nobilibus Johanne de Ferro, de Salanchia, Petro de Lucingio, de Passiaco, et provido viro Glaudio Parvi Johannis, de Sancto Brancherio, clerico, testibus ad premissa vocatis pariter et rogatis.

Ego autem Johannes Soliardi, de Salanchia, clericus auctoritateque imperiali ac Sabaudie ducali notarius publicus, premissis omnibus et singulis dum sic, ut supra scribuntur, agerentur et fierent, presens fui, presensque publicum transactionis instrumentum cum Johanne et Jacobo Defago notariis subscriptis rogatus recepi indeque ipsum subscripsi et meo tabellionatus signeto signavi in robur et testimonium premissorum omnium et singulorum ad opus et pro interesse jam dicte communitatis ac hominum ejusdem et suorum.

Et ego Johannes Defago, parrochie Sancti Gervasii de Monte-Gaudio, in Foucigniaco, Gebennensis dyocesis, clericus, auctoritate imperiali notarius publicus premissis (ut supra)....

Et ego Jacobus Defago (ut supra)....

197

A. *Lettre comminatoire adressée par le grand Bailli du Vallais à R^d Jacques de la Ravoire, prieur de Chamonix, à l'occasion de l'impunité qu'il accordait sur ses terres à Pierre Veylet et à Jacques Bontemps qui avaient assassiné sur les terres du Vallais un nommé Collet-Métral, à l'instigation de Jacques Métral et Jeannette, frère et belle-sœur de ce dernier.*
B. *Lettre, à ce sujet, de l'évêque de Syon, préfet et comte du Vallais audit prieur.*
C. *Supplique adressée par le châtelain de Chamonix à Blanche, duchesse de Savoie, tutrice et régente des États de Charles II, duc de Savoie, pour faire opérer, dans ses États, la recherche et l'arrestation desdits assassins et leur extradition et remise entre ses mains, pour être jugés suivant leurs méfaits.*
D. *Ordre donné, à cette fin, par ladite princesse aux gouverneurs de Verceil et de Vaud, et aux Baillis d'Aoste, du Genevois, du Faucigny et autres officiers ducaux.*

(1494.)

3 Juin.

(Archives de l'église de Sallanches, non coté. — Copié d'après les pièces originales écrites sur papier.)

A.

Nos Georgius major ballivus generalis patrie Vallesii pro reverendissimo in xpo patre et dno nostro Jodoco de Fillinaci episcopo sedunen. prefecto et comite Vallesii : venerabili dno priori Campimuniti, salutem. Ex confessione et sufficientissimis informacionibus Jacobi Ministralis de Arbingnione et Janete ejus uxoris firmiter precepimus quod jam per anni spacium dicti conjuges invicem tractaverunt et pratichamque sierunt Colletum ipsius Jacobi fratrem interficere et morti tradere ut sedarent littes contraversiarum inter ipsos ortas et ut bona et domus paterna sibi indivisa remaneret. Cum enim ipsi duo conjuges per se id efficere non potuerunt dicta Janna, ad instigacionem et voluntatem dicti sui mariti Jacobi, perquirere deberet, consilio suorum parentum de Campomunito, aliquos qui pro pecuniis hoc facerent; quibus sic peractis, reperierunt ambo duo unum in martiniaco, de Campomunito, nomine Petrus Vetett, et alium nomine Bontans, gerentem calligas rubeas cissas sub genu, et bonetum rubeum a latere, eciam cissum qui, precio propociato decem et novem florenorum p. p., dictum colletum ipsius fratrem expedirent et morti traderent quod eciam promiserunt et dictam summam pro parte acceperunt et jam die lune in crastinum festivitatis Sanctæ Trinitatis in vinea propria retro domum propriam dicti Colleti in cumisia laborantem a tergo invaserunt, ipsum mortrando vulneraverunt, et pro mortuo dimiserunt, gladium suum cum bursa in qua erant viginti floreni Sabaudie quam reposuit a longe, receperunt et deportaverunt, ultra summam mortui ipsius conventam habuerunt. Quapropter vobis notificamus, ut visis presentibus, diligenciam faciatis ut dicti latrones et mortrones capiantur et justiciam brevem juxta eorum demerita faciatis. Vobis promittendo quod si mala malis accumulaveritis, et inter subditos vestros omnes latrones, murtratores et homicidas manutenere volueritis sicut prius..... fecistis de illo parvo Johanne et suis sociis quod una die vos penitebit et taliter vos castigabimus quod justiciam de cetero administretis et vobis pro nunc manifestamus quod si aliam justiciam facere non curaveritis et omnes latrones et fures manutenere volueris, quod subditis vestris percepietis ut ullus ipsorum ad dominium reverendissimi domini principis nostri veniat, aliter ipsos ponemus ad loca secura quousque nobis latrones de ditione vestra retentos restituere faciatis et de vestris justiciam summatis. Valete pauca et bona pro conservatione rei publice, notatis sy placeat; nos vero de dicto Jacobo et ejus uxore bonam justiciam faciamus. Datum ex sedun. die tercia junii anno Dni millesimo quatercentesimo nonagesimo quarto.

Le sceau qui cachetait cette lettre est rompu.

B.

Mos^r le Prior nous vous recommandons vous voyes ce que nostre Ballif vous escript par deliberacion de nostre conseil et burgays de Syon tochant les malffactors que sunt de vous sujes et autres estraniers tan nous suges et autres que sustenes et loges en vostre jurisdicion en grand mal et prejudicze des nous pays et contre honor et justicia a ceste cause avises et dilligentes de fere justicia et non vous excuses plus ne sur Madame ne Mos^r autrement vous troveres un jor mal enpent et vous juges seront mal trecties. Voyes le maux que nous avenet de vous mortrier et larons. dones ordre bien tost aultrement on porvoira. escript à Syon le III jors de juin M 4. 94°.

Signé : JODACUS, *episcopus sedun. ppta.*

C.

Illustrissime princeps. Exponitur humiliter pro parte castellani Campimuniti. Sicuti Petrus Veytet et quidam vocatus Jacobus Bontemps de Campomunito, tractate et appensate ac parte appreciato aggressi fuerunt Colletum Mistralis de Albinione laborantem in quadam ejus vinea verberaverunt, percusserunt et eum quum mortuum derelinquerunt credendo ipsum morti tradidisse juxta premissa per ipsos Jacobo Mistrali dicti Colleti fratri et Johannete ejus uxori pecuniam exbursantibus ut ipse morti traderet quo percusso et semimortuo derelicto non contenti de premissis gladium ipsius Colleti cum bursa in qua erant viginti floreni Sabaudie et que erant longe a loco in quo laborabat et in quo fuit percussus acceperunt et exportarunt homicidium assasinagium et furtum committentes prout de premissis fuerit ipse castellanus admonitus per Episcopum et Bayllivum Valexii penes quos ipsi Jacobus et Johanneta ejus uxor detinentur, eundem castellanum requirendo ut de ipsis malefactoribus justiciam ministrare vellet eidem communicando ut ex eisdem litteris apparet que exhibentur. Qui supplicans debitam fecit diligenciam, premissis litteris habitis de eos reperiendo quos reperire non potuit cum fugam accipuerunt et quod talia sunt magna punitione digna decrevit ad illu. D. V. recurrere humiliter supplicando ut dignemini ipsos malefactores mandare capi et captosque remitti dicto castellano pro justicia ministranda, mandando dno Gubernatori Vercellarum et aliis officiariis et Baylivo Foucigniaci, Gubernatori Vaudi ac quibuscumque aliis officiariis dni mediatis et immediatis sub magnis penis ut ipsos capiant et captos remittant dicto castellano ut de eis justicia ministretur prout eorum delicta. Ill. D. V. in premissis humiliter implorando quam conservet altissimus.

D.

Blancha Ducissa Sabaudie, tutrix et tutorio nomine illustrissimi filii nostri carrissimi Caroli Johannis Amedei Sabaudie et ducis. Dilectis Gubernatoribus Vercellarum et Vaudi, Baillivis et procuratoribus Auguste, Gebennensis et Foucigniaci ac ceteris universis et singulis ducalibus officiariis mediatis et immediatis super hoc requirendis seu ipsorum loca tenentibus, servientibusque generalibus salutem. Visis supplicatione et litteris his annexis et omni tenore considerato. Vobis et vestrum cuilibet insolidum per has expresse precipimus et mandamus sub pena centum marcharum argenti pro singulo quatenus inquisitos in quos supplicatur si et ubi eosdem foris tamen loca sacra apprehendere possitis personaliter capiatis et captos castellano Campimuniti supplicanti pro justicia de eis secundum quod delinquisse comperientur ministranda, remictatis et expediatis. Quoniam nos in premissis et circa cum dependenciis universis vobis plenam presentibus impartimur potestatem, ab omnibus officiariis fidelibus et subdictis ducalibus pareri volumus et intendi cum et sine penis velut nobis Licteris mandatis ac aliis contrariantibus quibuscumque non obstantibus. Datum Vercellis die duodecima mensis jugnii millesimo quatercentesimo nonagesimo quarto.

Per' Dnm, presentibus D.

RICHARDI.

198

Déclaration et promesse faites par R^d Jacques de la Ravoire, prieur et seigneur temporel de Chamonix, de Vallorsine, du Lac et de Saint-Michel du Lac, à l'instance des syndics et de plusieurs des prudhommes de la vallée de Chamonix, de maintenir bonne justice dans ladite vallée et de faire réprimer les délits et les crimes qui s'y commettent; sous l'offre que firent lesdits syndics et prudhommes de prêter leur appui soit audit prieur, leur seigneur, soit à ses officiers, dans l'exercice de la justice, toutes les fois qu'ils en seraient par eux requis.

(1494.)

8 Juin.

(Tiré des archives du ci-devant chapitre de Sallanches, non coté. — D'après l'original écrit sur parchemin.)

In nomine Domini amen. Anno Domini millesimo quater-

centesimo nonagesimo quarto, indicione duodecima et die
octava mensis jugnii. Serie presencium unicuique fiat manifestum quod personaliter constitutis et existentibus in
parrochiali ecclesia Campimuniti in navi ipsius ecclesie
ante capellam domine nostre, Reverendo domino Jacobo de
Ravoyria priore prioratus dicti loci Campimuniti, ipsiusque
loci Campimuniti valliumque Lacus, Ursine, et castri Sancti
Michaelis de Lacu temporali domino ex una; necnon honestis viris Mocterio Plat, Petro Garnerii, Johanne Carrerii et
Johanne Meczacti, consindicis ipsius loci Campimuniti secum assistentibus provido Aymoneto Mocterii notario, Petro
Plat, Petro Charlet, Johanne Bossoneys et pluribus aliis ex
hominibus dicte communitatis ipsius loci, ex alia, partibus
dictis consindicis et aliis probis hominibus dicte communitatis ibidem assistentibus, nomine ipsius et totius communitatis ipsius loci Campimuniti, vallium Lacus et Ursine
postulantibus, petentibus et requirentibus eidem domino
Campimuniti ibidem presenti et audienti quathenus velit et
dignetur bonam justiciam manutenere et inde de quibuscumque malefactoribus et justiciam deviantibus, offendentibusque et delinquentibus, justiciam ministrare facere, ut
fuerit juris et racionis; requirentibus ulterius eidem domino
quod si forent aliqui qui offenderint contra dominationem et
reverendam paternitatem ipsius domini nec ceteras quasvis
personas unde justicia veniant pugniandi quathenus a modo
in antea justiciam ministrari faciat ut fuerit racionis et juris ;
se offerentibus ibidem prefati consindici et homines nomine
ipsorum et tocius communitatis de ipsum dominum, ejusque officiarios et justiciam fortes faciendo adversus et contra
quoscumque pro justicia manutenenda et ministranda tociens quociens per prefatum dominum seu ejus officiarios
vel altero ex eisdem forent requisiti et ut eciam a jure uti
eorum domino tenentur et sunt astricti. Prefato domino
Campimuniti eisdem consindicis et aliis probis hominibus
ibidem assistentibus respondente et dicente quod paratus

crat de quibuscumque malefactoribus, delinquentibus et justiciam deviantibus dum ad sui pervenerit noticiam, bonam justiciam ministrare, facere et tenere prout justicie suadebit. De quibus premissis omnibus et singulis prefatus dominus Campimuniti ex una et dicti consindici et homines nomine ipsorum et tocius communitatis ex alia sibi fieri pecierunt per me notarium subsignatum presentes Litteras testimoniales videlicet ad opus cujuslibet partis unam. Datam ubi supra, die et anno premissis; presentibus venerabili domino Andrea de Ravoyria, monacho et nobili Johanne de Lucingio de Marlio, testibus ad hec petitis. Et me Jacobo Defago auctoritate imperiali notario publico subsignato in testimonium premissorum.

J. Defago.

199

Sentence de mort contre Michel Berthoud prononcée par les syndics et le juge élu, après que Pierre Milliet, juge démissionnaire de Chamonix, leur eut été donné pour conseil par le prieur.

(1495.)

11 Mai.

(Archives de la commune de Chamonix, cahier des franchises.)

In nomine Domini, Amen. Magistra rerum experientia salubri procerum consilio decrevit hominum gesta solemnis et aucthentice scripture memorie commendari ut quod hominis memoria labilis implere nequit aucthenticarum et solemnium scrippturarum suffragio suppleatur. Igitur anno Domini millesimo quatercentesimo nonagesimo quinto, inditione decima tertia et die undecima mensis maii, presentis publici instrumenti series recitata universis et singulis presentibus et posteris veram et indubitatam prebeat noticiam quod in mis notarii publici et testium subscriptorum presentia existens et personaliter constitutus spectabilis vir et dominus Petrus Millieti, legum doctor, judex Fucigniaci pariter et terre ac juridictionis Campimuniti pro reverendo pio domino Jacobo de Ravoyria, priore et domino ipsius loci ac Vallium Lacus et Ursine. Ipse siquidem dominus Petrus Millieti sua sponte renuntiat dicte judicature Campimuniti officio in manibus prefati domini prioris ipsum Petrum renunciantem ad id admittentis in presentia honestorum virorum Metterii Plat, Johannis Messat, Johannis Carrerii, et Petri Garnerii sindicorum modernorum hominum et communitatis Campimuniti petentium de hujusmodi renunciatione per me notarium subsignatum fieri litteram testimonialem seu publicum instrumentum quod eisdem ex meo incombenti officio duxi concedendum. Datum et actum in dicto prioratu Campimuniti in stupha ejusdem; presentibus discretis viris Mauricio Chardonis, Jacobo Charlet, Petromando Palmerii et Petro Moret testibus ad hec petitis. Post hec anno, inditione et die supra scriptis : cum communitas dicti loci Campimuniti et homines ejusdem habeant et habuerint per tempora hominum memoriam excedentia continue et ultimo fluxa jus et potestatem condemnandi malefactores puniandos pena corporali vel absolvendos sibi remissos per castellanum dicti loci seu ejus locum tenentem absolventi, in observanciamque suarum franchesiarum hactenus ipsi communitati et hominibus concessarum, necnon transactionis postremo inite inter memoratum dominum priorem et dominum Campimuniti et dictum communitatem hominesque ejusdem. Teneaturque idem dominus Campimuniti eisdem communitati et hominibus juxta et secundum tenorem franchesie et libertatis Campimuniti ipsis probis hominibus sepedicte communitatis tanquam judicibus et cognitoribus predictis in judicando et condemnando malefactores pena corporali puniendos, vel absolvendo absolvendos ipsis communitati et hominibus parte curie ejusdem domini Campimuniti remissos, ministrare, tradere et expedire, suis ipsius domini prioris sumptibus et expensis, aliquem bonum et idoneum consiliarium ad consulendum eisdem probis hominibus in supradictis casibus, et occurrat casus ut fuerit et sit captus et carceribus firmis dicti prioratus detentus Michael Berthouz ex hominibus et juridiciariis ipsius domini Campimuniti ad causam certorum delictorum per cum perpetratorum, necnon steterit idem Michael (sicut preest) carceratus per decem dies continuos et ita incombat oneri ipsorum communitatis et hominum ejusdem officium facere de et super processu dicti Michaelis; ad consilium sibi parte prefati domini prioris prestandum et ministrandum, prelibati sindici (in presentia predicti domini prioris) humiliter requisierunt eundem dominum priorem quatenus dignaretur eisdem communicare et ministrare consilium sufficientem et idoneum in condemnando vel absolvendo dictum Michaelem juxta tenorem franchesie super hec edite et transactionis prementionate. Qui dominus prior dicte requisitioni tanquam juri et rationi consone annuens eisdem sindicis nominavit, tradidit et ministravit in consilium bonum et sufficiens memoratum dominum Petrum Millieti presentem et ita fieri volentem et quem ipsi sindici acceptaverunt ut talem; petentes de premissis fieri litteras testimoniales seu publicum instrumentum per me notarium subsignatum. Datum et actum ubi supra in quorum supra presentia. Preterea anno et die premissis; dictis sindicis necnon Johanneto Bruneti, parte predicte communitatis ad infra scripta electo sedentibus in bancha curie castellanie ipsius loci Campimuniti, memorato domino Petro Millieti sibi assistente, nobilis Franciscus Bottollier vice castellanus

Campimuniti adduxit et adduci fecit predictum Michaelem Berthouz quem exhibuit dictis sindicis, et electo pro ipsum judicando secundum ipsius fore facta. De qua exhibitione petiit sibi fieri litteras testimoniales, et quem delatum sic sibi exhibitum ipsi sindici cum electo oneri ipsorum judicandum susceperunt promptos se reddentes in judicando super processu et demeritis ejusdem delati ad consilium sibi ministratum; et quia constat tenore dicti processus ipsius delati, presertim repetitis confessionibus sua sponte factis coram prefato domino Petro Millieti, uti tunc judice dicte juridictionis, comparente itaque nobilis Johanne de Ravoyria, procuratore fiscali memorati domini prioris, petente super processu dicti delati justiciam sibi ministrari. Dictus Johannetus sicut supra electus, in presentia etiam sepedictorum sindicorum deque ipsorum voluntate et consensu, invocato Christi nomine, factoque venerande sancte crucis signo, dicendo : In nomine Patris et Filii et Spiritus Sancti, Amen. Ipsum delatum quem cum suis complicibus legitur deliberasse et attemptasse et ad propinquos actus pervenisse morti tradere prelibatum dominum priorem Campimuniti, dominum suum cum tota ejus familia, ipsumque furtum fecisse et alia commisisse in processu suo contenta, fretus consilio jam dicti domini Petri Millieti legum doctoris, condamnavit et sententiavit eundem Michaelem presentem ad furchas more solito conducendum, conducique debere et ibi laqueo canabis collo ejus apposito suspendendum suspendique debere sic quod anima de ipsius corpore separetur, sic penam sui reatus sentiat et ceteris cedat in exemplum. Quibus premissis sic actis prefati sindici cum dicto electo nomine dicte communitatis eumdem delatum remiserunt nobili vice castellano supra nominato pro executione fieri mandanda. Petentes de dicta sententia et supra gestis sibi instrumentum per me notarium publicum fieri et tradi, quod eisdem duxi concedendum et faciendum. Datum et actum in dicta Bancha, presentibus Bonohomine Frigard, parrochie Sancti Laurentii d'Antrenaz, Antonio Derichard, parrochie predicte, Mauritio Chardonis, servitore prefati domini Petri Millieti et Melchiore Debossiz, testibus ad premissa vocatis et rogatis. Meque Petro Defago, de Sancto Gervasio in Monte-Gaudio, clerico, aucthoritate imperiali notario publico, qui premissis omnibus et singulis dum sic agerentur et fierent, cum prenominatis testibus presens fui hocque publicum instrumentum et litteras testimoniales quod et quas manu propria scripsi, rogatus recepi, signetoque mihi fieri solito signavi in testimonium veritatis omnium et singulorum prout constat mihi notario supranominato de translatione dicte dictionis judicandi, Defago.

In quorum fidem et testimonium Nos Petrus Millieti legum doctor, judex juridictionis Campimuniti noviter constitutus, sigillum nostrum duximus apponendum et quod interponimus per presentes.

200

A. *Défense faite par R^d Guillaume de la Ravoire, prieur de Chamonix, aux habitants du lieu, de sonner les cloches pour la convocation du conseil de la communauté, sans sa permission ou celle de son châtelain, sous peine de 25 livres.*

B. *Demande des syndics de Chamonix d'une copie de cette défense.*

C. *Opposition desdits syndics à l'exécution de cette défense, et réquisition à eux faite par N.-André de la Ravoire, au nom dudit prieur, de produire l'acte de leur nomination.*

D. *Et opposition privée des mêmes syndics faite, au contradictoire dudit N.-André de la Ravoire, toujours au nom dudit prieur, par-devant le châtelain du lieu qui rejette leur opposition ainsi formulée.*

(1506.)

29 Juin.

(Archives de l'église de Sallanches, non coté. — Copié d'après son original écrit sur papier.)

A.

PROCLAMACIO PENE.

Anno Domini millesimo quingentesimo sexto, indicione nona et die penultima mensis junii, in valvis ecclesie Campimuniti, loco talia fieri solitis, ex parte reverendi in xpo patris et dni Guillermi de Ravoria, commendatarii et dni Campimuniti, per Petrum Blancheys, vice mistralem ipsius loci, fuit proclamatum. Quod nulla persona cujuscumque status, gradus et condicionis existat, audeat sive presumat sonare sive pulsare quodvis cimballum sive campanas pro aliquo sive quocumque consilio tenendo sine licencia prefati reverendi patris et dni, vel ejus castellani, et sub pena pro quolibet et vice qualibet viginti quinque librarum per ipsos sic delinquentes committendarum et prefato dno applicandarum, presentibus ante dictam ecclesiam Petro et Johanne Plat, testibus.

B.

LITTERA TESTIMONIALIS PRO DNO.

Ceterum die eadem comparuerunt in platea publica prefati reverendi patris et dni et coram eodem Jacobus Decupellino, Colletus Gillier, Johannes Charleti Depratis et Petrus Bossoneys, sindici et sindicario nomine communitatis Campimuniti, petentes sibi dari copiam suprascripte pene. De quibus premissis sibi a me subsignato fieri petiit prefatus reverendus pater et dns litteram testimonialem. Datum ubi supra, presentibus no[li] Johanne de Lucingio, Johanne Berthodi, Mocterio Plat et pluribus aliis.

Signé : J[nes] DE RAVORIA, *not.*

(1506.)

15 Octobre.

C.

COPIA LITTERE TESTIMONIALIS ASSERTORUM SINDICORUM.

Anno quo retro et die quinta mensis octobris, comparuerunt in Bancha curie Campimuniti coram No. Johanne Soliardi, castelano ipsius loci, videlicet. Jacobus de Cupellino, Colletus Gillier, Johannes Charleti Bonjor et Petrus Bossoneys tamquam sindici et eo nomine tocius communitatis Campimuniti, se opponentes nomine ipsius communitatis pene retroscripte ubi posset inferre prejudicium dicte communitati. Venerabili dno Andrea de Ravoria comparente nomine reverendi patris dni Campimuniti, requirente et petente quod edoceant qualiter sunt et fuerunt electi sindici et habeant monstrare litteram eorum sindicatus, alias non admitti ipsorum oppositio. De quibus premissis dicti sindici sibi dari pecierunt litteram testimonialem. Datam ubi supra presentibus Michaele Bonaffey, Michaele Veytet et Jacobo Pillicerii, testibus. *(Signé)* : Jo^{nes} DE RAVORIA.

Pro copia *(Signé)* : J^{es} DE RAVORIA.

D.

LITTERA TESTIMONIALIS.

(Même jour.)

Anno, et die proxime descriptis, ubi supra proxime comparuerunt Colletus Gillier, Johannes Charlett Bonjor, Jacobus de Cupellino et Petrus Bossoneys suis propriis et set minime adherere volentes nominibus se opponentes semper premisse pene imquantum ipsos concernit, venerabili dno Andrea de Ravoria semper comparente ut supra et protestante de interesse, injuria et dampnis qui possent evenire. Quamquidem opposicionem non admittit castelanus nisi imquantum ipsos opponentes concernit, si non nominent ipsos secum adherere volentes. De quibus premissis sibi dari pecierunt ambe partes litteram testimonialem. Presentibus ubi supra Petro Depratis et Jacobo Vulliuz testibus.

Signé : J^{es} DE RAVORIA, *not.*

201

Vente passée par noble François fils d'Aymon Botollier, de Servoz, en faveur de vénérable Amédée de la Ravoire, recteur des églises de Megève et de Chamonix, et Guillaume de la Ravoire, commendataire du prieuré de Saint-Pierre de Clages, en Vallais, frères, du quart indivis pour l'autre quart avec noble Ansermod Botollier, son frère, et pour la moitié avec les héritiers ou ayant droit de noble François de Lucinge, d'un fief consistant en hommages, lige et taillable à miséricorde, rentes, servis et autres devoirs féodaux, situé dans le territoire de la juridiction de Chamonix, dès l'Église de Notre-Dame du Lac jusqu'au prieuré de Chamonix. Prix : 100 florins d'or, petit poids. — Confirmation de ladite vente par noble Jeanne (N), femme du vendeur.

(1508.)

10 Novembre.

(Titre marqué K¹⁰ n° 1 de l'inventaire de la famille de la Ravoire de Passy, fait en 1679 environ, par Claude-L. Beaune, archiviste du Bourbonais. — Propriété de l'auteur. — D'après l'original sur parchemin.)

Anno Domini millesimo quingentesimo octavo, indicione undecima et die decima mensis novembris. Hujus publici instrumenti tenore cunctis appareat evidenter et sit notum. Quod in mis notarii publici et testium subscriptorum presencia propter infra scripta peragenda, personaliter constitutus nobilis Franciscus filius quondam nobilis Aymonis Botollierii, de Siervuz, qui sciens, prudens, gratis, et spontanea ejus voluntate motus, de que suis juribus et factis ad planum, ut asserit, informatus, obque suam evidentem utilitatem et urgentem necessitatem ac pro suis negociis melius peragendis et expediendis, pro se et suis heredibus et successoribus universis, vendit perpetue vendicione pura, tituloque pure, perpetue, perfecte, simplicis et irrevocabilis vendicionis, dat, donat, transfert, tradit pariter et concedit, omnibus eis melioribus modo, via, jure et forma quibus melius firmius, securius et efficacius vendicio fieri, dici potest et debet ad intellectum cujuslibet sapientis. Viro venerabili dno Amedeo de Ravoyria, rectori ecclesiarum Beati Johannis Baptiste Megeve et Sancti Michaelis Campimuniti, tanquam privata persona, presenti, ementi, stipulanti et recipienti ad opus sui et suorum heredum et successorum quorumcumque, necnon reverendo patri dno Guillermo de Ravoyria, commendatario perpetuo insignis prioratus Sancti Petri de Clagis, sedunensis dyocesis, equidem tanquam privata persona, licet absenti, me tamen notario infra scripto more et officio publice persone stipulanti et recipienti nomine et ad opus dicti absentis et suorum heredum et successorum quorumcumque aut cui vel quibus ipsi dni emptores aut sui dare, vendere, cedere, quictare, permutare, remictere aut quomodolibet alienare voluerint in testamento vel extra et pro ipsorum omnimoda voluntate fienda. Videlicet medietatem pro indiviso cum nobili Ansermodo Botolier, ejusdem nobilis venditoris fratre, medictatis indivise cum heredibus seu causam habentibus nobilis quondam Francisci de Lucingio. Omnium universorum et singulorum hominum, homagiorum, censuum, talliarum, reddituum, tributorum, serviciorum, usagiorum, juridicionum, auxiliorum, donorum, munerum, laudimiorum, vendarum, commissionum, excheutarum, fidelitatum, auchegiorum, alpagiorum, dimengiarum[1] et aliorum jurium infra scriptorum prefato nobili Francisco venditori pertinentium et spectantium pro dicta medietate medietatis indivisa ut supra.

Et primo, medietatem medietatis Colleti filii quondam Petri Decrosa, hominis talliabilis pro persona et rebus, indivisam ut supra, ac quatuor solidorum et decem denariorum Gebennensium tallie, unius poysie et unius pyte sufferte. Septem picotorum ordei, duorum quartorum et unius picoti avene et quatuor picotorum cum dymidio pisorum ad mensuram omnium premissorum Campimuniti eidem nobili venditori pro indiviso ut supra annualiter per dictum Decrosa debitorum.

Item Nycodi filii quondam Girodi de Villa, hominis ligii et talliabilis ad misericordiam ut supra dicti nobilis venditoris pro indiviso ut supra, ac octo solidorum quinque denariorum et unius peyte sufferte, trium quartorum unius picoti, et trium parcium alterius partis ac duodecime partis alterius picoti pisorum, omnium ad mensuram predictam Campimuniti, dicto venditori annualiter debitorum per dictum Nycodum Devilla pro indiviso ut supra.

Item Petri filii quondam Ramusii Devilla, hominis talliabilis ad misericordiam pro persona et bonos pro indiviso ut supra, necnon octo solidorum decem denariorum et unius oboli Gebenn. Duorum quartorum ordei et trium picotorum pisorum, omnium ad mensuram ejusdem loci Campimuniti, per dictum Petrum Devilla annualiter debitorum pro indiviso ut supra.

Item providi viri Aymonis Devilla notarii filii quondam Nycodi Devilla hominis talliabilis ut supra, necnon trium solidorum undecim denariorum Gebenn., unius denarii

---

[1] *Pro dimagium*, droit de dimes.

sufferte, unius quarti et trium parcium alterius quarti ordei; unius quarti et trium parcium alterius quarti avene, ad mensuram predictam per dictum Aymonem prefato nobili venditori, annualiter pro indiviso ut supra debitorum.

Item Nycodi filii quondam Ramusii Devilla, hominis talliabilis ad misericordiam pro persona et rebus, necnon trium solidorum et sex denariorum Gebenn, unius picoti cum dymidio ordei, quatuor picotorum avene et unius picoti cum dymidio pisorum ad eandam mensuram annualiter per ipsum Nycodum Devilla prefato nobili pro indiviso ut supra.

Item Francisci filii quondam Jaquemeti Devilla, hominis talliabilis ad misericordiam pro indiviso ut supra pro persona et rebus, necnon quatuor solidorum quatuor denariorum et unius oboli Gebenn. unius peyte sufferte; unius picoti ordei, unius picoti cum avene et dymidii picoti pisorum ad dictam mensuram Campimuniti per dictum Franciscum Devilla prefato nobili venditori annualiter pro indiviso ut supra debitorum.

Item Johannete filie quondam Colleti Devilla, mulieris talliabilis ut supra, necnon duorum solidorum duorum denariorum et unius oboli Gebenn. predicto nobili venditori debitorum per dictam Johannetam pro indiviso ut supra.

Item septem solidorum undecim denariorum Gebenn. ac unius oboli peyte cum dymidia pita sufferte; duorum quartorum et duorum picotorum ordei, trium quartorum duorum picotorum cum dymidio avene; et septem picotorum cum dymidio pisorum ad dictam mensuram Campimuniti eidem nobili venditori pro indiviso ut supra per Johannetam relictam Francisci Pyon filiam quondam Jaquemeti Devilla, Franciscum et Petrum Pyon seniores filios dicti quondam Francisci et Johannete, ac Petrum juniorem filium quondam Petri Gabet antenatum debitorum.

Item Penthaleonis filii quondam Petri Devilla, hominis talliabilis ad misericordiam pro indiviso ut supra, nec non sex solidorum et unius oboli Gebenn. unius quarti et quinque picotorum ordei, duorum quartorum et unius picoti avene et quinque picotorum cum dymidio pisorum, ad mensuram supradictam per dictum Penthaleonem prefato nobili venditori pro indiviso ut supra annualiter debitorum.

Item medietatem medietatis pro indiviso ut supra duorum solidorum trium denariorum et unius oboli Gebenn. et unius oboli peyte sufferte; quatuor picotorum cum dymidio ordei, unius quarti avene et duorum picotorum pisorum, omnium ad mensuram Campimuniti annualiter per Johannem, Michaelem et Aymonem filios quondam Petri Pyon alias privodi debitorum pro indiviso ut supra.

Item quatuor solidorum novem denariorum Gebenn. et unius oboli sufferte, unius quarti et quarte partis unius picoti ordei, unius quarti et quinque picotorum avene et quatuor picotorum pisorum ad dictam mensuram annualiter per Johannetam uxorem Guillermi Deaquis, filiam quondam Johannis Pion alias privodi, pro indiviso ut supra debitorum.

Item quatuor solidorum, unius oboli et unius poysie Gebenn. unius oboli sufferte, septem picotorum cum dymidio ordei unius quarti et trium picotorum avene, et trium picotorum cum dymidio pisorum, ad mensuram predictam, per colletam uxorem Petri Decosta filiam quondam Johannis Pyon, prefato nobili venditori pro indiviso ut supra debitorum.

Item viginti trium denariorum et unius oboli Gebenn., dymidie pyte sufferte, trium picotorum cum dymidio et quarte partis alterius picoti ordei, sex picotorum cum dymidio avene et duorum picotorum cum dymidio pisorum ad dictam mensuram per Bartholomeam uxorem Mermeti Decombis, filiam quondam Petri Decrosa, antedicto venditori annualiter pro indiviso ut supra debitorum.

Item decem denariorum unius peyte Gebenn. et unius peyte sufferte, unius picoti cum dymidio ordei, duorum picotorum cum dymidio avene et quarte partis unius picoti pisorum, omnium ad dictam mensuram, predicto nobili venditori debitorum per Johannem seniorem filium quondam Petri Bochardi miterii pro indiviso ut supra.

Item viginti duorum denariorum Gebenn., unius denarii oboli et unius pite sufferte, trium picotorum et quarte partis alterius picoti ordei, sex picotorum avene et duorum picotorum pisorum, unius denarii poysie et quarte partis unius pyte monete eciam sufferte, dictorum bladorum ad dictam mensuram, per Colletum filium quondam Vuillermi Gabet et Andream ejus uxorem filiam quondam Petri Decrosa annualiter dicto nobili venditori pro indiviso ut supra debitorum.

Item quatuordecim denariorum Gebenn, trium picotorum cum dymidio et tercii alterius picoti ordei, duorum picotorum avene et dymidii picoti pisorum ad dictam mensuram per Johannem filium quondam Petri Cornuti prefato nobili venditori annualiter pro indiviso ut supra debitorum.

Item Antherii, Petri et Anthonii filiorum quondam Jacobi Decrosa, hominum talliabilium ad misericordiam ut supra, necnon sex solidorum undecim denariorum, obolorum Gebenn., duorum quartorum et septem picotorum ordei, duorum quartorum unius picoti cum dymidio avene et quinque picotorum et quarti unius picoti pisorum ad eandam mensuram annualiter per cosdem Decrosa dicto nobili venditori pro indiviso ut supra debitorum.

Item decem septem denariorum unius poysie et unius peyte sufferte, duorum picotorum cum dymidio ordei et duorum picotorum avene et dymidii picoti pisorum ad eandem mensuram per Johannem juniorem filium quondam Petri Bochardi antedicto nobili venditori annualiter pro indiviso ut supra debitorum.

Item quindecim denariorum Gebenn. duorum picotorum cum dymidio ordei unius picoti avene, dymidii picoti et quarte partis alterius picoti pisorum ad dictam mensuram annualiter per Johannetam Ludovicam et Peronetam filias quondam Petri Combet prefato nobili venditori pro indiviso ut supra debitorum.

Item quatuor denariorum cum obolo Gebenn. unius picoti ordei, dymidii picoti avene, et quarte partis unius picoti pisorum, ad mensuram predictam, per Nycolletum filium quondam Petri Bochardi, prefato nobili venditori pro indiviso ut supra annualiter debitorum.

Item sex solidorum unius oboli Gebenn. unius poysie et unius pite sufferte ; unius quarti, duorum picotorum cum dymidio ordei, unius quarti et septem picotorum avene et sex picotorum cum dymidio pisorum ad predictam mensuram, per Petrum filium quondam Petri Cornuti annualiter dicto nobili venditori pro indiviso ut supra debitorum.

Item trium solidorum et quinque denariorum Gebenn. unius quarti et duorum picotorum ordei et duorum picotorum cum dymidio pisorum ad dictam mensuram, per Nycodum, Guillermum et Petrum filios quondam Johannis Bochardi predicto nobili venditori pro indiviso ut supra annualiter debitorum.

Item quatuor denariorum et tercii duorum denariorum cum obolo Gebenn. Septem partis unius picoti ordei, tercie partis unius picoti avene et quarti unius pite ac medietatis quarte partis unius pite sufferte dictorum bladorum ad eandem mensuram, Per Petrum filium quondam Jacobi Cornuti prefato nobili venditori annualiter pro indiviso ut supra debitorum.

Item tercie partis duorum denariorum cum obolo Gebenn. sexte partis unius picoti ordei et tercii unius picoti avene ad eandem mensuram, ac medietatis quarte partis unius pite sufferte per Ludovicum filium quondam Jacobi Cornuti prefato nobili venditori annualiter pro indiviso ut supra debitorum.

Item tercie partis duorum denariorum, sextt unius picoti ordei, tercii unius picoti avene ad eandem mensuram, ac medietatis quarte partis unius pite sufferte per Johannem filium quondam Jacobi Cornuti, prefato nobili venditori annualiter pro indiviso, ut supra debitorum.

Item decem denariorum cum obolo Gebenn. duorum picotorum cum dymidio ordei, et quarte partis unius picoti pisorum ad supra dictam mensuram, per Petrum filium quondam Nycodi Bochardi, eidem nobili venditori annualiter pro indiviso ut supra debitorum.

Item quatuor denariorum Gebenn. unius poysie monete sufferte, dymidii picoti ordei, unius picoti cum dymidio avene et dymidii picoti pisorum, ad jam dictam mensuram Campimuniti per Jacobum Gay alias Pontanerii prefato nobili venditori annualiter pro indiviso ut supra debitorum.

Item quatuor solidorum quinque denariorum cum obolo Gebenn. unius denarii sufferte, unius quarti et unius picoti ordei, duorum quartorum et quarti unius picoti avene, quatuor picotorum et sexti unius picoti pisorum ad mensuram predictam, per Colletum juniorem, Johannem seniorem, Johannem juniorem, Guillelmum et Colletum seniorem, Peronetam, Francesiam, Colletam seniorem, et Colletam juniorem liberos quondam Petri Pyon alias Privodi predicto nobili venditori annualiter pro indiviso ut supra debitorum.

Item quinque denariorum Gebenn. Dymidie pite sufferte, unius picoti ordei, dymidii picoti avene et duodecime partis unius picoti pisorum ad eandem mensuram per Franciscum Gabet prefato nobili venditori annualiter pro indiviso ut supra debitorum.

Item decem solidorum et quatuor denariorum Gebenn. sex quartorum et trium partium alterius quarti ordei, octo quartorum et trium parcium alterius quarti avene ad eandem mensuram, et sex denariorum sufferte per dictos dnos emptores ac Guillelmum Decosta et Stephanum Basqueraz annualiter et per quemlibet ipsorum prorata, prefato nobili venditori pro indiviso ut supra debitorum, de bonis que fuerunt Petri Cornuti alias Borrelli senioris.

Item jus, partem, actionem et racionem quas et que

supradictus nobilis Franciscus Botollierii venditor habet et habere usus est in tota juridicione et mandamento Campimuniti, vigore et pretextu premissorum, unacum auchegio seu alpagio quod habet ipse nobilis venditor habereque et percipere solitus fuit in et super hominibus et feudatariis rerum et bonorum premissorum venditorum in toto mandamento predicto Campimuniti ac parrochia Beate Marie de Lacu.

Item omne id et quicquid juris, actionis, racionis, dreyture, partis, proprietatis et successionis, nominibus premissis, jamdictus nobilis venditor habet, habereque potest et sibi complere possunt et debent in et super ipsis hominibus, homagiis, redditibus, serviciis, talliis, usagiis et aliis quibuscumque tributis, rebus et bonis, pro et super quibus hiidem sensus, servicia, tributa et alia annualia debentur ab ecclesia Beate Marie de Lacu de Servuz et usque ad prioratum beati Michaelis Campimuniti et infra totum ipsum mandamentum Campimuniti et territorium ejusdem, vigore, pretextu et occasione acquisiti per spectabilem dnm Johannem Botollierii, nomine suo et nomine nobilis Aymonis ejus fratris, patris dictorum Francisci Botollierii venditoris et Ansermodi ejus fratris a nobilibus Ludovico, Matheo, et Guillermo filiis quondam nobilis Mathei de Lucingio suis et nobilium Johannis et Georgii eorum fratrum nominibus, constante instrumento ipsius acquisiti per Egregium virum Glaudium Exerterii, notarium, habitatorem Heyriaci super Albiacum, Gebenn. dyocesis, sub anno dni millesimo quatercentesimo quinquagesimo quarto et die quinta mensis januarii, recepto, subscripto et signato. Unacum directo feudi dominio, rerum et bonorum pro quibus dicta servicia et alia debentur, laudesque et vendas, commissiones et echeutas, eidem nobili Francisco venditori in et super rebus et bonis pro et super quibus hujusmodi census et tributa quacumque annualiter debentur quolibet-spectantia et pertinentia; juridicionemque et obedienciam quas ipse nobilis venditor et sui habent in et super ipsis hominibus feudatalibus et tenementariis premencionatis et venditis. Ad ipsas res et bona premencionatas per ipsos dnos emptores et suos, habendum, intrandum, tenendum et paciffice possidendum. Et quicquid sibi et suis ex nunc in perpetuum placuerit et videbitur faciendum ; nichil enim juris, actionis, racionis, partis, proprietatis, porcionis, aut tituli cujuscumque in se et suos retinendo, sed in dictos dnos emptores et suos penitus remictendo, cedendo, quictando et transferendo. Et hoc precio et nomine justi et legalis precii centum florenorum parvi ponderis semel, quolibet ipsorum florenorum valente duodecim grossos bone monete cursibilis Sabaudie, per ipsum nobilem Franciscum venditorem, a dictis dnis emptoribus, manibus tamen dicti dni Amedei de Ravoria coemptoris ; et hoc tam in viginti septem scutis auri cugni regio cum sole, quam residuum in moneta, eidem nobili venditori per dictum dnm Amedeum in mis notarii et subscriptorum testium presencia, traditis, numeratis et expeditis sic quod de eisdem se habet, tenet et reputat pro bene soluto et pagato. De quoquidem precio idem nobilis venditor pro se et suis quibus supra eosdem dnos emptores, dicto Amedeo presente et me notario ut supra stipulante, solvit et quictat ; pactum expressum faciendo de non ulterius petendo a quoque exigendo, neque recuperando. Prevalenciam vero si que et quantacumque sit rerum prevenditarum vel fuerit nunc et in futurum dictus nobilis venditor pro se et suis quibus supra prefatis dnis emptoribus dicto dno Amedeo presente et me notario ut supra stipulanti, dat et donat pura, perpetua et irrevocabili donacione inter vivos nuncupata, sine spe de cetero propter aliquam causam revocandi. Constituensque se et suos jamdictus nobilis venditor, hujusmodi res venditas tenere et possidere nomine et ad opus prefatorum dnorum emptorum et suorum, donec et quousque iidem fratres emptores aut sui per se vel alium ex eisdem rebus superius venditis possessionem apprehenderint corporalem, realem et actualem, quam apprehendere possint quociens et quandocumque eosdem dnorum emptorum vel suorum fuerit voluntatis, nullius alicujus persone licencia super hoc minime expectata vel requisita. Devestiens se et suos dictus nobilis venditor de rebus superius per eum venditis et dictum dnm Amedeum de Ravoria co-emptorem, meque dictum notarium ut supra stipulantem de eisdem, investiens, unius calami scriptoris tradicione, more solito investiri. Mandans et precipiens ea propter idem nobilis venditor, tenore hujus publici instrumenti, predictis hominibus feudatariis et tenementariis supra venditis ac aliis quibus pertinebit quathenus a modo in antea supradictis emptoribus, tanquam privatis personis ut supra, aut cui vel quibus dare, vendere aut alienare voluerint, pareant, obediant, respondeant, solvant, satisfaciant, recognoscunt, confiteantur et homagient, prout et quemadmodum ante presentis instrumenti confectionem eidem venditori tenebant, parebant et obediebant plene et cum effectu, nichil de contingente in eisdem obmictendo. Qui ipsos homines feudatarios et tenementarios supra venditos de premissis venditis et suos et omnes quos spectat jam dictus nobilis venditor, pro se et suis predictis solvit, liberat penitus acque quictat, stipulacione mis notarii subscripti ad opus cujus intererit interveniente. Rogans hoc ideo et requirens idem nobilis venditor notarios, commissarios et receptores extentarum, regichiarum sive recognitionum ipsarum rerum et bonorum prevenditarum ut eisdem emptoribus et suis predictis informaciones et expleta ipsarum recognicionum eciam in forma probatoria, si opus fuerit, tradant, ministrent et expedient, cum fuerint requisiti pro juribus ipsorum emptorum consequendis, et hoc absque alterius expectacione mandati. Quequidem omnia universa et singula supra et infrascripta promictit supradictus nobilis venditor pro se et suis quibus supra, per juramentum suum ad Sancta Evangelia Dei corporaliter prestitum, subque expressa obligacione et ypotheca omnium et singulorum bonorum suorum mobilium, immobilium, presencium et futurorum quorumcumque, rata, grata, firma, stabilia et valida habere perpetue et tenere, nec alieni contra ire vel venire volenti in aliquo consentire publice vel occulte. Quinymo res ipsas prevenditas pro precio premisso prefatis dnis emptoribus tanquam privatis personis et quibus tradere aut alienare voluerint acque suis prenotatis perpetue manutenere, deffendere et garentire ab omnibus et contra omnes in judicio et extra, ipsasque bene usagiatas et ab omni impedimento desbrigatas reddere a toto tempore preterito usque nunc, suis ipsius venditoris propriis missionibus et expensis, omne enim onus litis et periculum evictionis in se et suos penitus assumendo, sentencia tamen super evictione minime expectata. Premissaque omnia ratifficari, facere per nobilem Janam ejus uxorem ad prefatorum emptorum requestam. Renuncians....

De quibus premissis omnibus dictus Amedeus coemptor a me notario subscripto fieri peciit ad opus sui dictique ejus fratris coemptoris et suorum hoc publicum instrumentum dictandum et corrigendum consilio et dictamine peritorum, levatum vel non levatum, productum in judicio, vel non productum, substancia non mutata. Actum apud Servuz in coquina domus dicti nobilis Francisci venditoris, presentibus venerabili dno Petro Buctodi, curato Vallis-Ursine, Nobili Johanne Soliardi, de Sallanchia et Guillermo filio Petri Ravanelli, de Campomunito, testibus ad premissa vocatis et rogatis.

Successive vero, anno, indicione et die suprascriptis, in mis notarii et testium subscriptorum prescncia, personaliter constituta nobilis Jana uxor superius nominati nobilis Francisci Botollierii venditoris, que sciens, gratis et spontanea ejus voluntate mota, ut reffert, deque suis juribus et factis, ad plenum, ut asserit, informata, agens itaque de auctoritate, velle, jussu, consensu et voluntate prefati nobilis Francisci ejus viri, ibidem presentis, volentis et auctorizantis, informata nunquam de vendicione suprascripta, ac in ea contentis, pro se et suis heredibus et successoribus universis, vendicionem ipsam et contenta in eadem superius nominatis dnis emptoribus, dno Amedeo de Ravoria presente, et me notario ut supra stipulantibus. Laudat, grantat, ratifficat, confirmat, corroborat pariter et approbat de puncto ad punctum, nichil de in ea contingenti obmictendo, nichilque juris, actionis, racionis, pactis, proprietatis, dreyture, querele vel demande in eadem per se neque suos retinendo, sed in dictis dnos emptores totaliter transferendo. Et premissa fecit dicta nobilis Jana de auctoritate qua supra, liberaliter et de gracia speciali quia sic eidem fieri placet. Quequidem premissa omnia et infrascripta promictit dicta nobilis Jana, de qua supra auctoritate pro se et suis quibus supra juramento suo, corporaliter tactis Evangeliis Dei Sanctis, omnia ejus bona quecumque inde obligando, rata habere et non contravenire neque contravenire volenti consentire publice vel occulte, omnibus insuper juribus canonicis et civilibus, quibus mediantibus contra premissa facere posset, aut aliquo se tuheri specialiter et expresse, renunciando, potissimo juri suo ypothecario, beneficio Velleyani, senatus consulti, legi jullie de fondo dotali non alienando et illi autentice si qua mulier, omnique alii juri et legum auxilio in favorem mulierum introducto vel introducendo, juridicenti generalem renunciacionem nisi speciali precedente minime valituram. Actum ubi supra, presentibus quibus supra testibus ad premissa vocatis et rogatis.

Et me Amedeo Blanchet, de Salanchia, imperiali auctoritate, notario publico, curieque ill[mi] dni nostri Sabaudie dnis jurato, qui in premissis omnibus dum sic ut premictitur agerentur et fierint, cum prenominatis testibus presens fui, eaque omnia sic fieri vidi et audivi, indeque supra manu mea propria scriptum instrumentum, rogatus recepi, subscripsi et signavi fideliter in testimonium omnium et singulorum premissorum.

202

Bulle du pape Alexandre VI, qui autorise la permutation de leurs prieurés respectifs entre Jacques de la Ravoire, prieur de Chamonix, et Guillaume de la Ravoire, recteur de l'église de Saint-Simphorien de Fully et prieur commendataire de Saint-Pierre de Clages, dans le diocèse de Sion, et nomination dudit Jacques de la Ravoire à ce dernier prieuré, avec réserve d'une rente annuelle de cent ducats d'or sur les revenus du prieuré de Chamonix, qui est donné en commande à Guillaume.

(1502.)

Le jour des nones d'avril soit le 5 dudit mois.

(Archives de l'église de Sallanches. — Copié sur l'original écrit sur parchemin.)

Alexander episcopus servus servorum Dei. Venerabili fratri episcopo Lausanen, et dilectis filiis preposito Lausanen. ac archipresbitero Taurinen, ecclesiarum salutem et apostolicam benedictionem. Religionis zelus vite ac morum honestas, aliaque laudabilia probitatis et virtutum merita super quibus dilectus filius Jacobus de Ravoria monachus monasterii Sancti Michaelis de Clusa, Ordinis Sancti Benedicti, Taurinen diocesis, apud nos fide digno commendatur testimonio nos inducunt ut sibi reddamur ad graciam liberales cum itaque prioratus Sancti Petri de Clagis dicti ordinis, Sedunen. diocesis quem dilectus filius Guillermus de Ravoria rector parrochialis ecclesie Sancti Simphoriani de Fuliaco, dicte Sedunen. diocesis ex concessione et dispensatione apostolica nuper in commendam obtinebat commenda hujusmodi ex eo quod ipse Guillermus illi hodie in manibus nostris sponte et libere cessit nosque....

Cessionem ipsam duximus admittendam cessante adhuc eo quo ante commendam ipsam vacabat modo vacare noscatur ad presens. Nos eidem Jacobo cui etiam hodie pensionem annuam centum ducatorum auri de camera super fructibus, redditibus et proventibus prioratus Sancti Michaelis de Campomunito, dicti ordinis, Gebenen. diocesis sibi quoadjuveret vel procuratori suo ad id ab eo specialiter constituto per dictum Guillermum qui etiam hodie dictum prioratum Sancti Michaelis certo modo tunc expresso vacantem et antea dispositioni apostolice reservatum per quasdam commendavimus annis singulis in certis terminis tunc expressis integre persolvendam ipsius Guillermi ad id expresso accedente consensu per alias nostras litteras reservamus constituimus et assignavimus secum ut eandem pensionem etiam unacum dicto prioratu Sancti Petri si sibi vigore presentium conferretur percipere valeret dispensando pro ut in illis plenius continetur quique ut asserit defectum natalium patitur de monacho dicti ordinis ordinem ipsum expresse professo genitus et conjugata premissorum meritorum suorum intuitu specialem gratiam specialem facere volentes, ipsumque....

Prioratum predictum Sancti Petri qui conventualis non est et a monasterio Athanaten. dicti ordinis, Lugdunen. diocesis dependet, cujusque fructus redditus et proventus sexaginta ducatorum auri de camera secundum communem extimationem valorem annuum ut dictus Jacobus etiam asserit non excedunt....

Quibus omnibus eundem Jacobum in assecutione dicti prioratus Sancti Petri volumus anteferri sed nullum per hoc eis quoad assentionem prioratuum vel beneficiorum aliorum prejudicium generari seu si venerabili fratri nostro episcopo Sedunen. et dilectis filiis Abbati et conventui dicti monasterii Athanaten. vel quibusvis aliis communiter vel divisim ab eadem sit sede indultum quod ad receptionem vel provisionem alicujus minime teneantur et ad id compelli aut quod interdici suspendi vel excommunicari non possint....

Aut quod dictus Jacobus defectum natalium patitur antedictum nos enim cum eodem Jacobo ut prioratum predictum Sancti Petri si sibi vigore presentium conferatur recipere et retinere libere et licite valeat defectu predicto, ac Pictaven. concilii et aliis constitutionibus et ordinationibus apostolicis ac statutis et consuetudinibus supradictis ceterisque contrariis nequaquam obstantibus auctoritate apostolica tenore presentium de speciali dono gratie dispensamus et insuper ex nunc irritum decernimus et inane si secus super hiis a quoqua quavis auctoritate scienter vel ignoranter contigerit attemptari. Datum Rome apud Sanctum Petrum anno incarnationis dominice millesimo quingentesimo secundo, nonas aprilis, pontificatus nostri anno decimo.

Le sceau de plomb est emporté.

Sur le replis est signé : F. DE GOMIEL.

203

Déclaration de Charles III, duc de Savoie, que c'est à titre de subside que la commune de Chamonix lui a fait un don gratuit de 136 florins et six gros, de petite monnaie, et quittance du receveur.

(1510.)

Dernier Mai.

(Tiré des Archives de la commune de Chamonix. — Copié d'après l'original écrit sur parchemin.)

Karolus dux Sabaudie, Chablaisii et Auguste, Sacri Romani Imperii Princeps Vicariusque, Marchio in Italia,

Princeps Pedemontium, Comes Gebennesii, Baugiaci et Rotondi-Montis, Baro Vuaudi, Gay et Foucigniaci, Nycieque, Breyssie ac Vercellarum, etc., Dominus. Universis serie presencium fieri volumus manifestum quod cum per tres status dicionis nostre Sabaudie cismontane ultimate in loco Annessiaci tentos ad subveniendum, occurrendum nobis fuerit concessum subsidium seu donum gratuitum ad racionem octo florenorum parvi ponderis pro quolibet foco hominum nostrorum immediatorum et ecclesiasticarum personarum, ut moris est, baronum vero banneretorum et aliorum nobilium in et super homines suos merum mixtum imperium et juridicionem omnimodam cum ultimo supplicio habencium, quatuor florenorum parvi ponderis solvendorum terminis in concessione hujusmodi subsidii stabilitis et solvi ordinatis, quorum secundus terminus fuit in festo omnium sanctorum novissime decurso ad racionem predictam quoad homines nostros immediatos et ecclesiasticarum personarum unius floreni parvi ponderis. Hinc est quod dilecti nostri homines sindici et communitas Campimuniti nobis graciose concesserunt et donarunt pro secundo termino ejusdem subsidii citra tamen jurium nostrorum prejudicium videlicet centum triginta sex florenos et sex denarios grossos parvi ponderis solvendos in manibus benedilecti fidelis nostri Johannis Lamberti dicti subsidii receptoris, qui de illis nobis legitime tenebitur computare. Mandantes hoc ideo castellano Montis-Gaudii ac ceteris ad quos spectat, officiariis nostris quod ipsos homines, sindicos et communitatem ad solucionem dicti secundi termini ejusdem subsidii nullathenus inquietent vel molestent, presidentique et magistris camere computorum nostrorum quod ipsos officiarios ad quicquam pro premissis nobis computandum non compellant sed duntaxat dictum receptorem de dicta summa habita. Datum Chamberiaci, nobis absentibus quia sic fieri jussimus nostri absencia non obstante, die ultimo maii millesimo quingentesimo decimo.

Per Dominum relacione Dominorum :

> Ludovici DE DEYREA, *Sabaudie Presidentis;*
> Janus DE CRANS;
> Petri GORRATI;
> A. PANETI;
> Pauli DE CAPRIS, *Advocati fiscalis.*

Signé : BALMEM.

Quos centum et triginta sex ff. et sex gross. parve monete habui ego : Lambert. Recepta est cxxxvi ff. vi g.

204

Grâce accordée par R^d Guillaume de la Ravoire, prieur et seigneur temporel de Chamonix, à la recommandation de François de Luxembourg, vicomte de Martique, gouverneur de Savoie, à François fils de feu Rolet-Charlet, accusé d'homicide sur la personne de Reymond fils de Michel Mottier, moyennant composition de soixante florins, payables en quatre termes de 15 florins et livrables à la fête de Saint-Michel de chaque année (29 septembre) jusqu'à final paiement.

(1516.)

17 Novembre.

(Archives de l'église de Sallanches. — Titre de la justice civile et criminelle de Chamonix. — D'après copie authentiquée écrite sur papier sur imbréviature.)

Anno Domini millesimo quingentesimo sexdecimo, indicione quarta et die decima septima mensis novembris. Cum

Franciscus filius quondam Roleti Charlet inculpatus fuisset de morte Reymondi filii Michaelis Mocterii. Hinc est quod R. P. dns Guillermus de Ravoyria dns Campimuniti contemplacione illus^{mi} dni Francisci de Lucembour, vice comitis Marticii, gubernatoris generalis Sabaudie qui in favorem ejusdem Francisci scripsit et postulavit eidem Francisco graciam misericorditer facit et, atque ad postulationem Michaelis ejusdem Reymondi patris jam pridem factam et pro et mediantibus sexaginta florenis, de quibus in manibus castellani composuit solvendis in proximo venturo festo Sancti Michaelis quindecim florenis et sic sequenter et quictavit per Roletum ejus patrem qui, etc., et que, etc. Promictens, etc. Renuncians, etc. Actum in Bancha Campimuniti, presentibùs nobili Johanne de Lucingio, Egregio Francisco Charlet et Aymone Charlet testibus, etc.

Doné par copie de la propre menute extrayt, escripte de la main de Me André Frilet, de Domencier, au papier (de) la court dudit R. Seigneur où de sa justice par moy.

Signé : DE LA RAVOYRE, *not.*

205

Bulle de Sa Sainteté Léon X, par laquelle elle unit le prieuré rural de Chamonix au vénérable chapitre de Sallanches, ensuite de la cession qu'en fit, en cour de Rome, au nom de R^d Guillaume de la Ravoire, dernier prieur; R^d Pierre Lambert, chanoine de Genève, notaire apostolique, son mandataire. Création en l'église de Sallanches d'un nou-

veau canonicat, sous le nom de prévôté, à la nomination de la maison de la Ravoire, et union à ce bénéfice des dimes des Chavans et de Mont-Cuard, dans la vallée de Chamonix.

(1519.)

3 des Kalendes de mars, soit 27 février.

(Archives de l'église de Sallanches. — Marqué O, n° 6.)

Leo episcopus, servus servorum Dei, ad perpetuam rei memoriam. Superna dispositione cujus inscrutabili Providencia ordinationem suscipiunt universa ad apostolice dignitatis apicem meritis licet imparibus assumpti ad ea per que ad Dei laudem et gloriam in singulis ecclesiis, presertim insignibus collegiatis, divine laudes jugiter exsolvuntur et ministrorum numerus ac divinus cultus cum earum decore et venustate ac xpi fidelium devocione augeatur ac personis cultui hujusmodi insistentibus opportune subveniatur, necnon nobis et apostolice sedis devoti id exoptantes a nobis speciales gracias et favores reportasse letentur libenter intendimus et ut id juxta cordis nostri desiderium feliciter subsequi valeat cum a nobis petitur operarias manus favorabiliter adhibemus prout ecclesiarum ipsarum ac locorum et temporum qualitate pensata, conspicimus in domino salubriter providere. Cum itaque prioratus Sancti Michaelis de Campomunito, Ordinis Sancti Benedicti, Gebennensis diocesis, quem dilectus filius magister Guillelmus de Ravoyria, presbiter, notarius noster, ex concessione et dispensacione apostolica, in commendam nuper obtinebat, commenda hujusmodi ex eo quod dictus Guillelmus illi hodie per dilectum filium magistrum Petrum Lambertum, canonicum Gebennensem litterarum apostolicarum majoris presidencie abbreviatorem notarium et familiarem nostrum, procuratorem suum ad hoc ab eo specialiter constitutum in manibus nostris sponte et libere cessit; nosque cessionem ipsam duximus admictendam cessante adhuc eo quo dum eidem Guillelmo commendatus fuit vacabat, modo vacare noscatur. Et sicut exhibita nobis nuper pro parte dilectorum filiorum capituli Ecclesie Sancti Jacobi Salanchie, dicte diocesis, peticio continebat cum fructus, redditus et proventus mense capitularis prefate ecclesie non ita uberes et abundantes existant ut ad capituli et ministrorum ac personarum ipsius ecclesie divinis officiio in ea insistencium et illius negociis intendencium sustentationem et onerum eisdem capitulo pro tempore incombencium supportacionem commode suppetant si dictus prioratus prefate mense perpetuo uniretur, annecteretur et incorporaretur; ac in ipsa ecclesia, unus de novo canonicatus, et una de novo prebenda, prepositura nuncupanda, pro uno alio canonico, preposito nuncupando, qui primum stallum a parte sinistra in choro et primum locum et primam vocem immediate post decanum pro tempore existentem ejusdem ecclesie in illius capitulo haberet et obtineret ac tantum ex fructibus mense hujusmodi juxta residenciam per eum apud ecclesiam hujusmodi faciendam ac statuta et consuetudines dicte ecclesie quantum unus ex aliis canonicis percipit et percipere consuevit, perciperet et percipere posset, erigeretur et institueretur, ut ex hoc profecto capitulum, ministri et persone hujusmodi commodius substentari ac obsequiis et negociis dicte ecclesie eciam circa divina intendere, ipsique capitulum onera predicta facilius perferre possint ac in eadem ecclesia divinus cultus et ministrorum numerus ad Dei gloriam ac ipsius ecclesie decorem et venustatem susciperet incrementum; pro parte tam capituli quam Guillelmi predictorum, asscrentium fructus, redditus et proventus dicti prioratus tricentorum ducatorum auri de camera, secundum communem extimacionem, valorem annuum non excedere. Nobis fuit humiliter supplicatum ut prioratum predictum eidem mense perpetuo unire, annectere et incorporare, ac in dicta ecclesia unum de novo canonicatum et unam de novo prebendam, preposituram nuncupandam, pro uno alio canonico preposito nuncupando, ut prefertur, erigere et instituere; ac illis sic erectis ultra fructus per canonicum, illos pro tempore obtinentem, percipiendos predictos, pro eorum uberiori date, post decessum dicti Guillelmi, decimas locorum de Chavens et de Montcuard, ejusdem diocesis, ad ipsum prioratum nunc legitime pertinentes, quarum fructus, valorem annuum sexaginta ducatorum similium, communi extimacione, ut asseritur, non excedunt, perpetuo applicare et appropriare; necnon jus patronatus et presentandi prefatis capitulo, personam ydoneam, ad dictos exigendos canonicatum et prebendam quociens illos vacare contigerit, per ipsos capitulum ad presentacionem hujusmodi instituendam, eidem Guillelmo quoad vixerit et, post ejus obitum, dilectis filiis Amedeo ejus fratri, ac Francisco eciam de Ravoyria, ejus nato illegitimo, ac eorum filiis et descendentibus masculis naturalibus et legitimis; et illis deficientibus Johanni eciam de Ravoyria, similiter ipsius Guillelmi fratri, suisque filiis et descendentibus masculis, naturalibus et legitimis; et ipsis eciam deficientibus, nobili viro Ludovico eciam de Ravoyria, domino in temporalibus loci crucis, prefate diocesis, et similiter suis filiis et descendentibus, masculis naturalibus et legitimis; et illis eciam deficientibus, Johanni Rolandi, similiter de Ravoyria, de Montemelliano et suis filiis et descendentibus eciam masculis naturalibus et legitimis, videlicet semper primo genito seu majori natu ex filiis et descendentibus hujusmodi qui pro tempore fuerit; et ipsis omnibus similiter deficientibus, collacionem et omnimodam disposicionem ipsorum erigendorum canonicatus et prebende quociens pro tempore vacabunt, decano pro tempore existenti et capitulo prefatis qui illos libere conferre et de illis disponere possint perpetuo reservare, concedere et assignare ac alias in premissis opportune providere de benignitate apostolica dignaremur. Nos igitur....

Cum omnibus juribus et pertininciis suis eidem mense, auctoritate apostolica tenore presencium perpetuo unimus, annectimus et incorporamus ; ita quod liceat capitulo prefatis per se vel per alium seu alios corporalem possessionem prioratus, juriumque et pertinenciarum predictorum, propria auctoritate, libere apprehendere et perpetuo retinere, illiusque fructus, redditus et proventus in suos ac mense et prioratus predictorum usus et utilitatem convertere diocesani loci et cujusvis alterius licencia super hoc minime requisita. Et insuper in dicta ecclesia unum de novo canonicatum et unam de novo prebendam, preposituram nuncupandam pro uno novo canonico, preposito nuncupando qui primum stallum a parte sinistra in choro ac primum locum et primam vocem immediate post dictum decanum in capitulo ipsius ecclesie-Sancti Jacobi habeat et obtineat, ac tantum ex fructibus dicte mense juxta residenciam per eum apud ecclesiam Sancti Jacobi hujusmodi faciendam, ac illius statuta et consuetudines, quantum unus ex aliis ejus canonicis percipit et percipere consuevit, percipiat et percipere possit.

Ita tamen quod dum voces personarum capitularium, vocem in capitulo habencium, quarum numerus, racione ereccionis novi canonicatus et novi prebende hujusmodi, par seu equalis efficitur, erunt equales voces personarum a latere decani, locum in ipso capitulo habencium in eorum capitularibus eleccionibus ac aliis tractatibus et disposicionibus, aliis preferantur et locum habeant cum ipsorum capituli ad hoc per eundem Petrum, eciam procuratorem eorum ad hoc ab eis specialiter constitutum expressus accedat assensus, auctoritate et tenore predictis erigimus et instituimus, ac illis sic erectis ultra fructus per canonicum illos pro tempore obtinentem, ut prefertur, percipiendos predictos, pro eorum uberiori dote, post decessum Guillelmi hujusmodi, decimas predictas, ex nunc prout ex tunc et econtra, auctoritate et tenore predictis, perpetuo applicamus et appropriamus....

Volumus autem quod propter unionem, annexionem et incorporacionem predictas, dictus prioratus debitis non fraudetur obsequiis et animarum cura in eo, si qua illi immineat nullathenus negligatur, sed illius congrue supportentur onera consueta, et insuper ex nunc irritum decernimus et inane si secus super hiis a quoquam quavis auctoritate scienter vel ignoranter contigerit attemptari. Nulli ergo omnino hominum liceat hanc paginam nostre absolucionis unionis, annexionis, incorporacionis, ereccionis, institucionis, applicacionis, appropriacionis, reservacionis, concessionis, indulti, derogacionis, voluntatis et decreti infringere vel ei ausu temerario contra ire, si quis autem hoc attemptare presumpserit indignacionem Omnipotentis Dei ac Beatorum Petri et Pauli apostolorum ejus se noverit incursurum. Datum Rome apud Sanctum Petrum, anno incarnacionis dominice millesimo quingentesimo decimo nono, tercio kalendas marcii, pontifficatus nostri, anno septimo.

Signé: F. Bernardus.

206

Mémoire sur les circonstances qui ont amené Guillaume de la Ravoire, protonotaire apostolique, conseiller de Mgr Charles III, duc de Savoie, et prieur de Chamonix, à consentir l'union de son prieuré au vénérable chapitre de Sallanches.

(1519.)

Environ.

(Archives de l'église de Sallanches. — Liasse de l'union de Chamonix au chapitre de Sallanches. — D'après l'original écrit sur papier.)

En ce présent traicté est desclayré tout au long la solicitation et le moyen par lesqueulx fut au ven. colliege de Sallanche unys le Prieurer de Chamonix, ensemble la Seignieurie et toute juridition temporelle aulte et basse compregnant grace sus les desliquans condampnés pur cas criminel a mort ou aultre effusion de sang.

Et pour ce que tous biens faictz et ovres vertueuses procede de Dieu le createur né de la glorieuse Vierge Marie ; aly seulx et à sa mere premierement sera donc loange, gloyre et toute exaltacion, ly priant tres humblement de cueur et de parfaycte intencion ly plaise en ce monde noz donner paix et à la fin de noz jours en son triunphant reaulme de paradix. Amen.

Suyvant le cas proposé est à noter que l'an de nostre Seignieur courant mille cinq cens et dix et neuf, pour lors regnantz Tres Illustres et soverains Seignieurs Monseignieur Charles, duc de Savoye et Monseignieur Phillippe conte de Genesve et de Genevoys et baron de Foucigniez, nos soverains princes et seignieurs regnant aulxi, Reverend signieur Monsr Guillaume de la Ravoyre appostolique protonotayre des conseillers de Monseig[r] duc et prieur du prieurer de Chamonix, lieu assys es frontieres des Vallesiens pres de Teste noyre dessus Martigniez, en age de IIII[xx] ans en la ou près, voyant et considerant le temps de sa vielliesse et le lieu aulxi des montagnies ou il restoyt pour fere sa demeurance et parelliement grosse poyne et traval qu'il avoyt à governer ses subgestz dudit lieu de Chamonix, lequel traval à cause de sa vielliesse il ne povoyt ainsy que il appartenoyt regir ny governer a debvoyr, considerant aulxi que ledi lieu est lieu limitrophe ne vollyst permectre le laysser tomber en vaccation pour eviter que personne ny home estrangier venissez habiter aud. lieu qui peusse porter domage à nos dits seig[rs] ny à tout le peys. De bon voulloyr et mature deliberation se retyra par devers mondit signeur le duc auquel avoyant, première faycte la reverence, ly pria comme tres humble vassal et orateur, du nombre de ses conselliers que il ly pleu de pourvoyr dud. prieurer a sa belle et franche volonté, retenant à ly à sa vie les fruyctz, honeurs et preheminences dudict prieurer, allegant les raysons dessus dictes de sa viellesse et aultres charges.

Lequel sig^r de Chamonix fut benignement recepeu et futz accepté de fere a sa bonne volonté, le remercyant de son bon volloyr.

Puys estre retirer mond. signieur, en futz devisé en conseyl a qui l'on debvoyt donner led. prieurer, et par resolution futz dist que le mellieur seroyt de le unyr à la Sancte Chapelle de Chambery pour ce que jamays il ne tombysse à vacquer, chose bien prise. Toutes foys sans scavoyr à qui il tenyst, il futz rompu de unyr le d. prieurer à la d^{te} Sancte Chapelle. Pourquoy les sig^{rs} doïen et chanoennes de Annessy entendant que il ne se unyssoyt point à la d^{te} Sancte Chapelle en firent des requestes et instances envers nos d^{ts} princes affin que il fusse unys en leur d^{te} esglise de Annessy.

Et comme Dieu conduyt les affeyres, et propostz dessus tenuz vindrent a scavoyr à ung parfayct et entiers amys du colliege de Sallanche, assis en la baronye de Foucigny, lequel est nommé noble et puyssant Guillaume[1] fils de noble aulxi et puyssant Petremand de Chissé de la d^{te} ville de Sallanche.

Lequel suyvant la bonne volonté, amour et dilection de ses enceptres de ly mesme sans le sceu de personne ecclesiastique, gentilzhomes ny aultres a ses frez et despens envoya un message exprestz de là les montz là où estoyt mond. seigneur le duc de Savoye auquel il l'en rescripvyst en faveur dud. colliege de Sallanches, allegand aulcunes raysons par lesquelles led. prieurer se debvoyt plus tout unyr au chappitre de Sallanches que aultre part, auquel fut fayete gracieuse response.

[1] Sa mère était Ysabelle de Dunois.

Puys après et secretement priast audit sig^r de Chamonix que il y pleu de voulloyr venyr esbastre jusque à Sallanche pour ly dyre quelque parolle touchant son honeur et proffyt, laquelle chose fitz led. sig^r de Chamonix. Pourquoy ly estre descendu, led. sig^r de Chissé comme le principal de ses amys ly remontra comme il avoyt ycy la plus part de ses parens et amys et le continuel et devost service que se fayct jornellement en l'esglise collegiale de Sallanches et que il feroyt chose loable et à Dieu fort agreable se il ly plaisoyt voulloyr permectre de unyr son prieurer de Chamonix aud. colliege et esglise de Sallanche et ce faysans il feroyt plaisir à tous gentihomes de Foucigny.

Lequel sig^r de Chamonix respondist que il l'avoyt remys es mains de mond. seignieur le duc et que il ny oseroyt venyr à contrayre, toutes foys led. sig^r de Chissé replicat disant si mond. seig. le duc en estoyt contant, et vous series vous contant, lequel respondist que ouy; et alors se contenta led. seig. de Chissé et ne ly en parlaz plus avant.

Puys apres led. sig^r de Chissé suyvant le bon voulloyr que il avoyt à l'esglise, de sa main propre il escripvit certains articles, raysons et causes raysonables pour lesquelles led. prieurer devoyt estre unys aud. chappitre de Sallanche.

FIN DU MÉMOIRE.

207

Acte de prise de possession du prieuré de Chamonix, par R^ds Messires Charles du Coudrey, chantre, et Pierre Quinerid, chanoines, tant de leur chef que comme mandâtaires des autres membres du vénérable chapitre de Sallanches, en la présence de R^d seigneur Guillaume de *la Ravoire, ancien prieur du lieu, protonotaire apostolique et doyen de Sallanches, et encore en la présence de R^d Amédée de la Ravoire, frère du précédent, curé de Chamonix.*

(1520.)

31 Juillet.

(Archives de l'église de Sallanches. — O. N° 6. — D'après son original écrit sur une feuille de parchemin.)

In nomine Domini Amen. Anno a nativitate ejusdem Domini millesimo quingentesimo vigesimo, indicione octava et die ultima mensis jullii, pontifficatus sanctissimi in xpo patris et domini nostri dni Leonis, divina Providencia, pape decimi, anno octavo. Coram Reverendo dno domino Guillelmo de Ravoyria, sancte sedis apostolice prothonotario ac decano ecclesie Sancti Jacobi de Salanchia, Gebenn. dyocesis, et venerabili viro dno Amedeo de Ravoyria, rectore parrochialis ecclesie Campimuniti, dicte diocesis; in meique notarii publici et testium inferius nominatorum ad hoc specialiter vocatorum et rogatorum presencia. Personaliter constituti in prioratu Sancti Michaelis de Campomunito, Ordinis Sancti Benedicti, dicte diocesis Gebenn. Venerandi viri domini Karolus de Coudreto, cantor, et Petrus Quinonridet, canonici ecclesie collegiate Sancti Jacobi de Salanchia, Gebenn. diocesis, suis propriis ac procuratorio nominibus prepositi, sacriste, aliorumque canonicorum et capituli predicte ecclesie Salanchie, prout de eorum procuracionis mandato, per quoddam publicum instrumentum, manu et subscripcione mis notarii, subscripti, die penultima proxime lapso mensis jullii, receptum, subscriptum et signatum quod ibidem presentarunt et ostenderunt, legitimis constat documentis, habentes, tenentes et realiter exhibentes litteras prelibati sanctissimi in xpo patris et domini nostri domini Leonis, divina Providencia, pape decimi, ejus vera bulla plombea cum cordula fisi sericci rubei croceique coloris, more romane curie impendenti bullatas, sanas siquidem et integras, non viciatas, non cancellatas, nec in aliqua sui parte suspectas, sed omni prorsus vicio et suspicione carentes ut in eis prima facie apparebat, sub date Rome apud sanctum Petrum anno incarnacionis dominice millesimo quingentesimo decimo nono, tercio kalendas marcii, pontifficatus sui, anno septimo, ac per dnm Franciscum Bernardum apostolicum scriptorem scriptas et signatas de et super unione dicti prioratus Campimuniti per prelibatum sanctissimum dnm nostrum papam, facta mense capitulari predicte ecclesie Sancti Jacobi de Salanchia ac erectione unius prepositure per eundem dominum nostrum papam in prefata ecclesia Sancti Jacobi erecte, ut in eisdem litteris apostolicis lacius legitur contineri, hujusmodi sub tenore : Leo, episcopus servus servorum Dei, etc.

(Suit la teneur de ladite bulle, n° 205, p. 353.)

Postquarum quidem litterarum apostolicarum vigore, prenominati domini Karolus de Coudreto, cantor, et Petrus Quinonridet canonici et procuratores, suis propriis et procuratorio nominibus premissis, corporalem, realem et actualem possessionem predicti prioratus Sancti Michaelis de Campomunito, jurisdictionis, ac jurium et pertinenciarum omnium ejusdem, libere ac de dicti domini Guillelmi de Ravoyria, ibidem presentis, audientis et intelligentis, expresso consensu, apprehenderunt et perpetuo retinuerunt, et inde possessionem hujusmodi continuarunt, nemine contradicente nec opponente; et in signum vere et realis adepte possessionis, portas predicti prioratus et ejusdem ecclesie ac choro apperuerunt et eosdem prioratum et ecclesiam intrarunt, missamque et alia divina officia alta celebrarunt et decantaverunt voce, campanas pulsarunt, calicem, casulam, missale, ydrias ac Sancti Michaelis ymaginem et alia ipsius ecclesie ornamenta ac claves tractarunt, tenuerunt et habuerunt, ac alias et alia fecerunt et exercerunt que veris possessoribus facere et exercere incombunt, nemine, ut supra, contradicente. De et super quibus omnibus et singulis premissis prefati domini Karolus, cantor, et Petrus, canonici et procuratores sibi a me notario publico, infrascripto unum vel plura publicum seu publica fieri pecierunt acque confici instrumentum et instrumenta quanta fuerint requisita. Acta fuerunt premissa in prefatis prioratu et ecclesia Campimuniti, presentibus ibidem venerabilibus viris Aymone Comitis, de Campomunito et Jacobo Scrasset, alias de campo, de Salanchia, presbiteris; nobilibusque viris Francisco Festi, de Salanchia, et Johanne de Lucingio, de Passiaco, ac discretis viris Petro Deaquis et Michaele filio Johannis Perini, de Megeva, Gebennen. dyocesis, testibus ad premissa vocatis specialiter acque rogatis.

Et me Johanne Soliardi, de Salanchia, clerico, Gebennen. diocesis, apostolica et imperiali auctoritatibus, notario publico, qui in premissis omnibus et singulis dum sic agerentur et fierent cum prenominatis testibus presens fui, presensque publicum instrumentum rogatus recepi, ipsumque manu mea propria scripsi et subscripsi, acque meo tabellionatus signeto signavi in robur et testimonium omnium et singulorum premissorum.

208

Fondation et dotation de la chapelle des Saints Christophe, Félix et Barbe en l'église de Chamonix, par R^d Guillaume de la Ravoire, prieur commendataire et seigneur temporel *des vallées de Chamonix, de Vallorsine et du Lac, et par R^d Amédée de la Ravoire, son frère, curé du lieu. — Ils se réservent pour eux et leur famille le patronage de ladite chapelle et la nomination des recteurs.*

(1520.)

16 Janvier.

(Archives de l'église de Sallanches. — Titre de l'église de Chamonix, non coté. — D'après une copie contemporaine, écrite sur papier et non signée.)

In nomine sancte et individue Trinitatis Patris et Filii et Spiritus Sancti. Amen. Quoniam in presentis etatis discursu, nichil tam firmum quun ad eo permaneat quod non aut tacita annorum revolucione aut hominum habundanti malicia et memoria labili subverti valeat seu alias pertubari. Ea propter fidei explorate auctoritas et veneranda proborum circumspectio rerum gestarum seriem decrevit in publica conferre instrumenta ne preteritorum memoriam edax consumat oblivio et condicionis humane sensus depereat, sed semper remaneat publicorum instrumentorum munimine indiscussa probatio veritatis. Sane igitur per hujus publici instrumenti tenorem cunctis tam presentibus quam futuris patefaciat et luculenter sit manifestum. Quod anno a nativitate ejusdem dni sumpto currente millesimo quingentesimo vigesimo, indicione octava et die sex decima mensis januarii. Existentes et propter infrascripta peragenda personaliter constituti in mis notarii publici, testiumque inferius nominatorum presencia, Reverendus in xpo pater et dns Dominus Guillelmus de Ravoyria, commendatarius perpetuus insignis prioratus Campimuniti, ipsiusque loci ac Vallium Lacus et Ursine temporalis dns. Et venerabilis vir dns Amedeus de Ravoyria, curatus Campimuniti, ejusdem dni frater, Geben. diocesis, quiquidem domini fratres cupientes, ut asserunt, quantum cum Deo possint ac juxta modulum facultatis sue temporalis insistere augmento, sueque ac omnium aliorum patris, matris suorum, xpique fidelium vivorum et defunctorum, eorum specialiter quos in visceribus gerit caritatis saluti animarum in hac parte salubriter consulere; et unum altare seu unam capellam in honorem Dei omnipotentis, glorioseque Virginis Marie et maxime et potissime Sanctorum Xpofori, Felicis et Barbare in ecclesia hujus loci, a parte sinistra cori, prope capellam Beate Marie, erigere et construere et edificari facere, ac pro remedio patris et matris et aliorum prelocutorum, eandem capellam redditibus et bonis quantum poterunt munire et dotare. Igitur prefati dni Guillelmus et Amedeus de Ravoyria fratres, fondatores et dotatores, scientes gratis et eorum spontaneis voluntatibus moti, de suisque juribus et factis, ut asserunt, informati, pro se et suis heredibus et successoribus universis, dant, donant, tribuunt, cedunt pariter et concedunt donacione pura, vera et irrevocabili, facta inter vivos ut melius, tucius et securius fieri et intelligi potest et in talibus de jure canonico et civili convenit, prefato altari per ipsos dominos in honorem et sub vocabulo Sanctorum Xpofori, Felicis et Barbare fiendo, construendo, edificando et fondando in predicta ecclesia Campimuniti, michi notario publico infrascripto stipullanti solemniter et recipienti, vice nomine et ad opus prefati altaris et capelle ejusdem, necnon rectoris, seu servitoris in dicta capella, seu altari eligendi et per ipsos dnos, fondatores ac collatorem seu collatores presentandi et instituendi, in juris est, et qui pro tempore fuerint, et omnium quorum interest, intererit et interesse poterit in futurum. Videlicet septem centum et quinque florenos parvi ponderis pro semel quolibet floreno valente duodecim grossis monete Sabaudie, seu triginta quinque florenos parvi ponderis annuales, per rectorem seu rectores presentandos et qui pro futuro fuerint percipiendos, exigendos et recuperandos a et super hominibus, homagiis, censis, redditibus, talliis argenti, bladi, pisorum, avene et auchegiis acquisitis per prefatos dnos fondatores a nobilibus Guillelmo Martini, Francisco Botollierii et Aymone ejus filio, sitis et existentibus in parrochiis Campimuniti et lacus de Servuz, ut constat instrumentis super hoc confectis. Item super quatuor octavis bladi annualibus per ipsos dnos acquisitis a nobili Ansermodo Botollierii, precio quadraginta florenorum; nec non super sex octanis acquisitis per eosdem a nobili Francisco Botollierii quondam, precio sexaginta florenorum, constante instrumentis duobus confectis; ac in et super ducentum et viginti quinque florenorum parvi ponderis semel seu undecim florenis et tribus grossis eidem capelle, responsorio nomine nobilis Ansermodi Botollierii, debitis per Petrum Rosset alias Vallet et Petrum de Garneriis, de Passiaco, ut constat in instrumento per Aymonem Comitis notarium die presenti, paulo ante istud recepto; ad habendum, intrandum, tenendum et perpetue possidendum per dictam capellam seu rectores ejusdem premissa donata, donec et quousque eisdem capelle et rectoribus de dictis septem centum et quinque florenis plenarie fuerit satisfactum. Volentes et retinentes dicti donatores jus patronatus dictorum altaris et capelle ipsis dnis semper superviventi; et post ipsorum decessum no[li] Johanni de Ravoyria corum fratri et suis liberis masculis semper primonato viventi; et in defectu dictorum nobilis Johannis et liberorum suorum, nobili Petro de Ravoyria, et successive nobili Francisco de Ravoyria de Campomunito et suis spectare et pertinere, ipsosque presentacionem ipsius capelle habere in perpetuum, sub tali condicione et pacto quod ille vel illi qui fuerint rectores et presentati in eadem capella non possint neque valeant resignare cuique sine presentacione fondatorum. Item volunt et ordinant prefati dni fondatores quod dictus rector, qui pro tempore fuerit, non possit neque valeat presencium reddituum seu principale ejusdem capelle exigere neque recuperare in toto nec in parte nisi prius habito consensu patronorum. Quamquidem capellam seu altare nunc et de presenti dant, donant cum juribus et emolumentis suis nobili Guillelmo de Ravoyria clerico, licet absenti, michi notario publico stipulanti ad opus ipsius, ad tenendum, serviendum, regendum et gubernandum sive regi et gubernari faciendum, et quem volunt et intendunt presentari instituendumque de presenti et per presentes presentant cui vel quibus spectat et pertinebit. Et hanc donacionem faciunt et facere intendunt ut dictus rector vel servitor celebret vel celebrari faciat qualibet eddomada imperpetuum quinque missas per se vel per alium in predictis altari et capelle ; super quibus omnibus consciencian cujuslibet rectoris ipsi dni fondatores onerant....

Acta fuerunt hec in Campomunito in domo cure ipsius loci, presentibus venerabilibus dnis Glaudio Gaudini et Petro Viandi, capellanis, nobili Johanni de Lucingio, de Passiaco et Johanne Mermodi, de Valle-Ursina, testibus ad premissa vocatis et rogatis.

Et me Jacobo Cohennet, de Salanchia, etc.

209

Instructions données par la communauté de Chamonix à ses quatre syndics qu'elle députa auprès de Charles III, duc de Savoie, probablement pendant le séjour de ce prince à Genève (janvier 1521), pour le remercier de la part qu'il avait prise à l'annexion du prieuré de Chamonix au vénérable chapitre de Sallanches, et aux capitulations qu'ils obtinrent de leurs nouveaux seigneurs, par son intercession et la médiation de N.-Alexandre Dufresnoy, seigneur de Chuet, son écuyer et commissaire.

(1521.)

Sans date.

(Archives de l'église de Sallanches — Copié d'après
le document de l'époque.)

La charge des sindiques de Chamonix a eux baillée par la communaulté et chouse publicque dud. lieu pour fere vers nostre tres redoubté et souverain seigneur et dire ce que s'en suyt :

Premier. feront yceulx sindiques a nostre d. seigneur au nom de toute la communauté et chouse publique leurs très humbles et très obeyssantes recommandations, le merciant très humblement du bien et prouffit que de sa bonté et clemence luy a pleu pourchasser pour ladicte communaulte en faisant annexer et unir le prieuré de ce present pays au venerable et inclite chappitre de Salanche ; car plus grant bien ne leur pourroit estre venu, à ce que de present cognoyssent : Luy suppliant en oultre tres humblement excuser leur ignorance si en aulcune chouse se sont arrestes a non fere si tost les hommages ; car de premiere venue n'entendoyent pas le bien que nostre dit souverain seigneur en ce faisant leur avoyt pourchassé.

En appres le remercieront tres humblement des articles et chappitres que de sa benigne grace leur ha fait conceder a leurs d. seigneurs de chappitre jouxte la requestre quil avoyent fait au s. de Chuyt ycy de sa part envoyé.

Le prieront en oultre très humblement avoyr tousjours par recommandé et tenir en sa bonne grace et sous sa protection et saulve garde leurs d. seigneurs ensemble la communaulté et chouse publicque de cest present lieu de Chamonix comme les très humbles, très loyaux et très obeyssans orateurs, serviteurs et subjectz et aussi les voulloyr recommander à leurs d. seigneurs.

Plus luy supplieront quil luy playse donner tel ordre sur les prises et aultres biens de Mons. de Chaumonix, que les ausmones ordonnées soient distribuées et données à la coustume encienne, et que les biens d'icelluy feu s^r de Chamonix demeurent au lieu et en l'esglise dont led. feu s^r de Chamonix les avoyt heus et tiré pour en mieulx fere les ausmones et supporter les charges necessayres dud. prieuré que sont tres grandes et secourir à la extrême necessité en laquelle sont mis leurs d. seigneurs de chappitre tant par le feu qui les ha brûlé si cruellement[1], que aussi pour la exped.cion des bulles de lad. union que nostre d. souverain seigneur ha fait fere.

Demanderont en oultre son playsir soit avant que distribuer aulcuns biens dud. feu s^r de Chamonix lever et expedier d'iceulx pour faire et achever les funerailles et aultres bienfaits pour l'ame de leur dit feu seigneur jouxte la forme de son testament, en appres pour achever ungne chappelle quil avoy commancé aud. lieu. Et aussi pour poyer les crediteurs de ce présent lieu aulqueulx il debvoyt, affin quil ne perdent leurs debtes, car mieulx et plus a prouffist leur seroit les perdre que de courir appres, ny les demander a plus grans que eulx et hors du pays.

Au surplus demanderont justice leur soit ministrée de ceulx qui les ont appellés matins et dist aultres parrolles redondantes a toute la communaulté predicte a tres grande injure et reprouche.

[1] Incendie de Sallanches du 10 octobre 1520.

210

Lettre de l'état-major de l'armée valaisanne, adressée au chapitre de Sallanches, comme seigneur de Chamonix et aux habitants de ce dernier lieu, les prévenant de l'occucupation et conquête prochaine de leur vallée, par leur armée après l'envahissement d'une partie de la Savoie par les seigneurs de Berne. A.
Lettre à ce sujet de dame Charlotte d'Orléans, duchesse douairière de Nemours et de Genevois, rappelant aux Valaisans les traités qu'elle avait conclu avec eux. B.
Réponse à cette lettre du capitaine général Kalbermaten, faisant ses escuses.

(1536.)

22 Février.

(Archives de l'église de Sallanches, non coté. — D'après les trois copies non signées du temps, écrites sur papier.)

A.

CAPITANEUS GENERALIS, BANDERETI SEU VEXILLIFFERI ET CONSILIARII TOCIUS EXERCITUS PATRIE VALLESII.

Salute previo. Reve^{di} Ven^{les} acque Devoti dni insignis prioratus et conventus incliti monasterii; nobilesque et hon^{tes} viri sindici, officiarii ac vallicole tocius vallis et loci Campimuniti. Postquam dni Bernenses, certis moti occasionibus, patriam Sabaudie ipsam suppeditare, prout in parte suppeditaverunt et in dies in actu ipsam appropriandam procedunt, conati sunt id propter, ne totaliter secta illa circumdaremur Lutteriana; eciam ut tutus nobis pateret passus, exitus et introitus mercanciarum nostrarum, ac pro fidei catholice et Sancte Matris ecclesie conservacione, visum est nobis quoque aliquam ipsius patrie Sabaudie partem appropriare, prout patriam Chablesii ab aqua Drancye superius obtinuimus. Vestreque Dominationes earumdem, subditi et vallicole dicti monasterii et loci Campimuniti, ad ipsam Sabaudie patriam spectancium nostri propinquiores existunt vicini. Igitur, presentium per tenorem, eisdem V. D. illarum, subditis et vallicolis loci predicti et monasterii Campimuniti significamus illas earum subditis et vallicolis loci ejusdem pro fidei nostre catholice sancteque matris ecclesie conservatione, cui nostram velle suscipere protectionem prothegere et deffendere, prestito prius per easdem R. D. V. illarum subditas et vallicolas loci predicti et monasterii fidelitatis juramento, principi et dominis patriotis nostris, de illarum mandato, tanquam illarum principis et superiorum suorum, ut subditum decet, parendo. Que premissa equo animo, acceptare nobisque benigne annuere ne ulterius vos querere et ad premissa compellere cogemur dignemini. Facient R^{mus} Dns Princeps et Dni patriote nostri, ut principis et superioris est officium, auxiliante Salvatore nostro, qui easdem R. D. illarum, subditos et vallicolas monasterii et loci predictorum conservet incolumes. Datum Aquiani die xxii februarii anno Dni m° v° xxxvi.

De mandato capitanei generalis, Banderetorum et consiliariorum tocius exercitus patrie Vallesii....

Signé : DEPONTE,
Scriba generalis ipsius exercitus.

SUPERSCRIBITUR.

R^{dis} ac Devotis Dnis incliti monasterii, necnon nobilibus et hon. viris syndicis officiariis ac vallicolis tocius vallis et loci Campimuniti.

(1536.)

26 Février.

B.

Messrs mes bons amys. Jey veu une lettre quave escripte aux chanoenes et chappitre de Salanche dactee a Evian le xxiime de febvrier contenant commant vous aves delibere de saisir de ma terre et seigneurye de Chamonis dont je suys mervellieusement esbaye attendu les promesses et conventions que maves faictes et accordees par le rapport que faict men a este par mes conselliers les seig^rs de Marcossey et juge de Foucigny, et pour ce que naves a ignorer que ne vueille vivre et mourir en nostre saincte foy et sous icelle proteger et garder mes peys et subgets a layde de Dieu, du Roy et de vous jay bien voulu vous en advertir et escripre ceste par mes Bally de Gennevoys et Juge dud. Foucigny pour vous prier tres affectueusement et de bon cueur que suyvant la bonne volente que jusque icy aves demonstree avoyr envers moy, promesses et conventions que maves convenues il vous plaise vous desister et despourter de telle entreprinse et en lieu de ce, vous ayder a preserver et garder mesd. pays et seignories commant a telz S.g^rs et protecteurs de la foy xpienne appartient et que jey an vous ma parfaicte et antiere confidence ; estant asseuree que ne scauroy fere au Roy plus grant pleisir et quant a moy si aulcune chose vous plaict que je puisse, men advertissant je emploierey très voulentiers priant Dieu qui vous donne, Messrs mes bons amys, ce que desiré.

Dannessi le xxvi febrier.

Vostre antyerement bonne amye,

Charlotte d'Orlean.

A Messrs les Capp^nes g^aulx, Consseillers et Banderetz de l'exercitee et armee de Valleys, mes bons amys.

C.

(1536.)

3 Mars.

JESUS MARIA.

Tres honnoree Dame, tant humblement que fere pouvons a vostre bonne grace nous recommandons

Tres chere Dame, Avons receu vous lettre faisant mencion que avons mande au chapp^re de Challanche de nous transporter sus la terre de Chamonys, de quoy estes esbaye sus les convenances faictes avecq vous ambassadeurs, Madame, saches que nostre volloyr est, lesdictes convenances tenir et observer et aussi tous les plaisir et service que a nous sera possible, et navons pas este informe que ladicte terre de Chamonys fust a vous, sus quelle lettre avons donne response a vous ambassadeurs, d'icelle porteurs de volloyr toujours bien vivre et visiner avecq vous en bonne amytie et visinance suyvant lesdictes convenances entre vous des ambassadeurs et nous faictes, vous suppliant vous plaise adverti vous subjecs de Foucigny de volloyr bien vivre et visiner avecq nous subjecs et quant vous plaira nous commande aulcune chose, nous trouveres prest a le fere. Priant Dieu, Madame vous donner vie longue. C'est a Evian le tiers de mars.

SUBSCRIBITUR.

Vous bons amys et serviteurs : JOST KALBMAT,

Capp^ne g^nal ansamble le Conseil.

SUPERSCRIBITUR.

A tres honnoree Dame, Madame DE NEMOURS.

211

Procès-verbal de la visite faite par le directeur général de la taille (imposition foncière) en Savoie, des registres de la taille à Chamonix. — Mode de perception et tenue des comptes au moyen de coches sur des bâtons.

(1700.)

8 Mai.

PIERRE-ANSELME, comte DE MONTJOIE, conseiller de S. A. R., maître auditeur en la souveraine Chambre des comptes, directeur général de la taille, deçà les monts, etc., vaccant à la commission à nous donnée pour le fait de la taille.

(Archives de la commune de Chamonix. — D'après l'original écrit sur papier.)

Du huitième mai mil sept cent, nous nous serions cheminé pour nous rendre à Chamonix, où nous sommes arrivés à cinq heures après midi, et mis pied à terre chez Mᵉ Charlet, chatelain, et sur notre chemin, passant aux Chanans, nous aurions demandé Gaspard Monard, grand sindic de la partie d'en bas, et à la dixmerie d'Excert François Comte, second sindic aussi du quartier d'en bas, auxquels nous aurions ordonné de nous suivre, et de nous joindre au bourg du prieuré dudit Chamonix, auquel lieu Mᵉ Jean-François Charlet, chatelain, et Mᵉ Nicolas Charlet, curial, après leur avoir ordonné de nous représenter les régistres et cottets de la taille deüe à S. A. R. nous auraient répondu qu'il n'y a jamais eu dans ladite paroisse ny régistre, ny cottet par écrit et que d'un temps immémorial la taille y a toujours été exigée par des coches vulgairement dites *houches* sur des bâtons de bois qu'ils m'ont dit être conservés dans leur maison commune, leur servant d'archives, auquel lieu nous

nous serions transportés accompagné de révérend messire Jean Jaccoux, chanoine de Sallanches et administrateur du prieuré dudit Chamonix, desdits M⁰ˢ Charlet, chatelain et curial, et des susdits Gaspard Monard, grand sindic de la partie d'en bas, de Claude Simond, aussi grand sindic de la partie d'en haut, et de François Comte, second sindic de la partie d'en bas, où étant et à la première chambre d'en haut, ils nous auraient fait voir plus de soixante bâtons taillés en carré desquels nous en aurions pris deux ; lesquels font et contiennent la cotte générique de la taille de toute la communauté et jurisdiction de Chamonix, dans laquelle y comprise la paroisse de Vallorcine, et la dixmérie de Vaudagne ; quoique pour le spirituel elle relève de la paroisse de Servoz. Ladite communauté et jurisdiction de Chamonix étant divisées en deux parties, l'une appelée la partie d'en haut, et l'autre la partie d'en bas, dans chacune desquelles on a toujours été en coutume d'établir deux sindics, quoiqu'il ne s'en nomme qu'un chaque année, parce qu'il en sort chaque année un de charge qui est le plus ancien nommé et qui vulgairement est appelé le sindic maître, et l'autre, le second sindic qui est appelé vallet, si bien que tous les lundis de Pentecoste, la nomination du second soit du vallet étant faite, le second sindic de l'année précédente se trouve être premier sindic et maître et ainsi à alternative des uns aux autres, et les deux premiers sindics de la partie d'en haut et d'en bas sont saisis des clefs des archives et chacun du grand bâton qui contient la cotte générique de la partie en laquelle ils sont sindics. Les grands bâtons nous ayant été présentés, nous aurions reconnu iceux être divisés, savoir celui des Chanans en quinze parties par des grandes coches, faisant le tour dudit bâton qui les divisent, lesdits bâtons carrés, sur une des faces duquel est marqué en coche, les sommes auxquelles arrive la cotte sur chacune desdites quinze divisions qui font autant de dixaine ou autant de hameaux dont ladite partie d'en bas est composée.

Sur la seconde face du carré desdits bâtons sont écrits les noms de chaque dixaines, chacun sur chacune desdites divisions.

Sur la troisième face du carré dudit bâton sont marqués les payements faits par chacune des susdites dixaines ou hameaux, lesdits payements en coche, chaque coche faisant vingt florins, n'étant pas la coutume d'y marquer aucun sols, ny deniers jusques à la fin de l'année et à la clôture des comptes.

Ladite partie d'en bas composée comme sus est dit de quinze dixaines, savoir : de celle de la Côte, les Chanans, les Verneys, le Follier, l'Excert, les Jeans, la Griaz, le Borgeaz, les Granges, le Pont, Tacconnard, le Nant, Montquart, les Bossons et Vaudagne.

En un autre semblable bâton de la partie d'en haut divisé comme sus est dit en seize parties qui font autant de dixaines ou hameaux qui sont le Tour, Mont Roche, Frasserant, Argentière, la Rozière, la Joux, Lavanchy, les Bois, les Praz, les Plans, la Frasse, les Barats, les Pellarins, les Moussoux, la ville du Prieuré et Vallorcine, marqués et cochés comme le précédent, auxquels grands bâtons doivent répondre d'autres bâtons de chaque dixaine ou hameau dont est saisi le recouvreur de chacune desdites dixaines ou sont marqués les cottets de chaque particulier desdites dixaines par autant de divisions qu'il y a de cottisés, les recouvreurs étant tenus de rapporter les deniers de leur recepte entre les mains du grand sindic de la partie de laquelle ils dépendent, n'étant tenu de faire aucune diligence, mais de compter seulement des deniers qu'ils reçoivent, et lors du solde de leurs comptes à la fin de l'an, ils donnent notte de ceux qui n'ont pas payé. Lesquels le grand sindic prend pour argent content sauf à lui d'en faire les poursuites; lequel grand sindic posant aussi son compte charge son successeur des restats qui se trouvent en la partie en laquelle il a été grand sindic : ceux pourtant de Vallorcine et de Vaudagne exceptés. Étant obligés de souder et appurer leurs comptes, lesquels deux grands et deux second sindics ont eu de i ut temps, quarante florins chacun de gages payés par la communauté et des deniers provenants des levées qui leur sont accordées par la souveraine Chambre des comptes. Ceux de Vallorcine et Vaudagne n'ayant que vingt florins chacun pour toutes choses. Les susdits quatre sindics outre leurs dits gages étant defraés pour leur nourriture, lorsqu'ils sont employés, et les recouvreurs de chaque dixaine sans aucuns gages, parce qu'ils sont obligés à tour de rôle de faire ladite charge, à l'exception des refus et orphelins, au lieu que les quatre sindics sont faits par élection et à la pluralité des voix sans avoir égard s'ils ont déjà eüe ladite charge ou non, et peuvent être contraints à servir pendant quatre années ce que étant fait ils sont déclarés exempts.

Leur ayant demandé s'il y avait quelques cadastres ou cottets par écrit dans ladite paroisse, ont tous unanimement répondu qu'il n'y en avait jamais eu aucun; que dans les archives ils n'avaient que les titres concernants les biens et les priviléges de leur communauté. Les comptes et les titres ou pièces justificatives d'iceux qui se posent toutes les années par les syndics, dans lesquelles archives nous ayant introduits nous y aurions vu deux coffres serrants à quatre clefs qui sont entre les mains des sindics et conseilliers, un petit coffre serré à une clef duquel on aurait tiré une révision générale du cottet de la taille dudit Chamonix en date du 20ᵉ octobre 1656, signé Descombes notaire qui est la dernière qui ai été faite par ordre de la souveraine Chambre des comptes, par laquelle ledit Mᵉ Descombes a été expressément commis le 4ᵉ décembre 1655, laquelle ne contient autre que son verbal contenant que les pérécateurs nommés ont rapporté d'avoir faite la révision générale du rôle et cottet de la taille dudit Chamonix après avoir dûement reçu et visité tous les biens et fonds cottisables dudit Chamonix, tant plaines que montagnes, les dommages et dégats faits aussi bien que la bonté et fertilité des terres, et déclarée la cotte de la paroisse de Vallorcine être de cent neuf florins cinq sols neuf deniers, celle de la dixmerie dessus les Tines de cent trente-deux florins six sols, celle de la dixmerie des Thines cent quatre florins un sol six deniers, celle de la dixmerie de l'Eglise de cent trente-quatre florins dix sols, celle de Montquart de nonante-neuf florins six sols neuf deniers, celle de la dixmerie de la Griaz de cent huitante-trois florins cinq sols trois deniers, celle de la dixmerie de Lexcert de quarante-neuf florins trois deniers, celle de la dixmerie des Chanans de cent et quinze florins cinq sols six deniers, et finalement celle de la dixmerie de Vaudagne de quarante-trois florins trois sols neuf deniers, les susdites sommes faisants la totale de neuf cent septante-un florins huit sols neuf deniers qui était la cotte générique de ladite communauté et juridiction de Chamonix de l'année 1656, et pour savoir s'il y avait eu quelques cottes perdues dès un si long lapse de temps ou s'il y avait eu quelques changements faisant augmentation ou diminution de ladite cotte; nous aurions recontés sur lesdits bâtons, celle de tous lesdits hameaux en particulier et premièrement recognus que la cotte du hameau appelé le Tour de la partie d'en haut est marqué dans la division sur ledit bâton pour   fl.   18 »   0 »   9 »

Celle de Mont-Roch	pour	fl.	16 »	0 »	3 »
Celle des Frasserens	pour	fl.	21 »	1 »	0 »
Celle de l'Argentière	pour	fl.	26 »	8 »	3 »
Celle de la Rozière	pour	fl.	25 »	6 »	9 »
Celle de la Joux	pour	fl.	24 »	2 »	0 »
Celle du Lavanchy	pour	fl.	28 »	8 »	9 »
Celle des Bois	pour	fl.	32 »	10 »	9 »
Celle des Praz	pour	fl.	42 »	6 »	3 »
Celle des Plants	pour	fl.	13 »	7 »	3 »
Celle de la Frasse	pour	fl.	19 »	5 »	0 »
	A reporter....		269 »	0 »	0 »

	Report....	269 »	0 »	0 »
Celle des Barats	pour fl.	32 »	5 »	3 ».
Celle des Pellarins	pour fl.	20 »	2 »	3 »
Celle des Moussoux	pour fl.	22 »	10 »	9 »
Celle de la Ville du prieuré	pour fl.	26 »	2 »	6 »
Celle de Vallorcine	pour fl.	109 »	5 »	9 »

Total des dixaines soit hameaux
de la partie d'en haut.   480 » 2 » 6 »

DE LA PARTIE D'EN BAS.

La première dixaine qui est la Coste dont la cotte est marquée dans la division du grand bâton

	pour fl.	15 »	2 »	9 »
Celle des Chavans	pour fl.	50 »	10 »	6 »
Celle des Verneys	pour fl.	39 »	5 »	6 »
Celle du Folliez	pour fl.	09 »	11 »	6 »
Celle de l'Excert	pour fl.	22 »	8 »	6 »
Celle des Géants	pour fl.	26 »	5 »	3 »
Celle de la Griaz	pour fl.	33 »	1 »	6 »
Celle du Borgeat	pour fl.	34 »	10 »	9 »
Celle des Granges	pour fl.	34 »	3 »	0 »
Celle du Pont	pour fl.	34 »	11 »	9 »
Celle du Tacconnard	pour fl.	46 »	2 »	6 »
Celle du Nant	pour fl.	37 »	3 »	3 »
Celle de Montquart	pour fl.	21 »	0 »	6 »
Celle des Bossons	pour fl.	36 »	3 »	9 »
Celle de Vaudagne	pour fl.	43 »	3 »	9 »

Total des dixaines de la partie d'en
bas monte à la somme de   fl. 491 » 1 » 0 »

Les deux sommes faisant la totale de neuf cent septante-un florins huit sols six deniers qui est la même portée par la susdite révision faite par Mᵉ Descombes en l'année 1656, ce qui fait voir que la cotte générique a bien été entretenue et qu'il n'y a eu aucune altération au préjudice des finances de S. A. R., mais nous étant presque impossible ou du moins un travail de plusieurs jours et même de plusieurs mois nous étant nécessaires pour entrer dans la connaissance de chaque cotte en particulier et pour savoir s'il y aurait eu des abus à leur préjudice. Ladite communauté et juridiction étant d'une étendue de six heures de chemin et composée de trente-un villages. Nous aurions ordonné, aux sindics et conseillers de faire publier aujourd'hui dimanche à l'issue de la grand messe que ceux qui auroient quelque subjet de plainte contre les grands sindics, les recouvreurs de chaque hameau et même contre les officiers locaux, soit dans l'exaction de la taille pour les charges d'icelles, ou de quelle autre manière que ce soit par rapport à ladite taille, ils eussent à comparaître par devant nous, avec déclaration que nous étions venus exprès par ordre de S. A. R. pour recevoir leurs plaintes et les tirer de toutes vexations qui pourroient être faites.

Ensuite nous étant trouvé présent à l'assemblée générale qui s'est faite à l'issue de la messe paroissiale, composée d'environ deux à trois cents hommes, auxquels nous aurions fait savoir par Me Charlet, curial, à haute et intelligible voix, qu'ils devaient nous porter leurs plaintes sur les griefs qu'un chacun pourrait avoir touchant la taille, et nous faire connaître si la charge des collecteurs particuliers dans chaque dixaine leur était honereuse, et s'il ne leur tournerait pas mieux à compte que ladite exaction de taille se fît par un seul exacteur à gage, lesquels nous auraient tous unanimement répondu que ladite exaction de la manière qu'elle se faisait ne leur était en aucune façon à charge, qu'ils n'en souffroient aucun frais, n'y dépens, et qu'il était de l'utilité et l'avantage de la communauté de continuer pour ce regard comme ils avoient fait dans les temps passés, puisque le gage dudit exacteur en serait moindre de beaucoup. C'est pourquoi, ayant bien considéré que l'intérêt des finances de S. A. R. n'a de rien souffert jusqu'à présent et qu'il n'y a eu aucune plainte de qui que ce soit et que nous nous sommes apperçus que l'usage des bâtons apporte aucune confusion, et que au contraire tous les paisans illitérés et même les plus grossiers sont sachants et expérimentés dans cet usage établis d'un temps immémorial.

Nous avons ordonné et ordonnons que les collecteurs particuliers de chaque hameau continueront à exiger la taille de leurs dits hameaux toutes les années à tour de rôle, sans aucun gage, à l'exception des veuves et orphelins, et qu'ils conteront les deniers de leur recepte à l'accoutumée entre les mains du grand exacteur qui sera nommé dans chacune desdites deux parties de la communauté, appelées d'en haut et d'en bas, un exacteur à la pluralité des voix des plus apparants et solvables et littérés s'il se peut; et attendu que les deux premiers sindics ont déjà payé le quartier de l'année courante, qu'ils continueront ladite exaction jusqu'au premier de juillet, afin d'éviter confusions sur le billant de la trésorrerie, et que les deux qui seront nommés feront exaction du reste de l'année, afin de procéder à une seconde nomination au premier jour de l'année prochaine qui seront pour toute l'année et ainsi continuer dans la suite en conformité de l'édit. Le gage desquels exacteurs a été réglé en pleine assemblée à raison du trois pour cent de leur cotte générique, moyennant lequel ils seront obligés d'exiger tous les quartiers de taille tant imposées qu'à imposer, tant celles levées par S. A. R. que pour les charges domiciliaires et autres quelconques.

Et attendu que le cottet ne se trouve ny fort ny faible et que la paroisse est obligée de faire quantité de faux frais pour le remboursement desquels il convient faire encore des plus grands frais pour aller à Chambéry, pour obtenir de la souveraine Chambre des comptes des levées du quartier par rapport à la distance des lieux.

Nous avons de même ordonné et ordonnons qu'il sera faite une augmentation générale de taille sur la cotte de tous les particuliers de trois deniers par florins, pour rendre ledit cottet fort de deux pour cent en conformité des édits, à moins qu'il ne se trouve quelques fonds cottisables non cottisés pour les cottiser, et par ce moyen trouver les forts dudit cottet dont l'exacteur comptera à la fin de chaque année pour les deniers en provenant être employés au payement des frais comme sus est dit, et par délibération du Conseil fait à Chamonix, ce neuvième mai, mil sept cent.

(Signé :) P.. Anselme DE MONTJOYE.

FINIS.

ERRATA

TOME PREMIER

Page 4, note 2, Vau ou Vozerier.
Page 4, note 3, de Salins (Savoie.)
Page 5, Nansiacum s'applique aussi à Annecy.
Page 7, Vion, abbé de Tamié, est le même que Berlion (1224-1238.) Besson, page 238.
Page 9, note 2, château de Châtillon.
Page 16, ligne 5, Chouiz pour Chuyt, branche de la famille de Faucigny.
Page 17, ligne 17, P au lieu de B et note 1, Pierre le petit Charlemagne.
Page 29, indiction VI et non VII.
Page 31, voir la liste des prieurs de Saint-Michel de la Cluse.
Page 43, Aycanes, Octanes.
Page 45, note 1 de Chissé, famille noble de Sallanches dont une des branches s'établit à la Roche.
Page 73, ligne 20, Charmos, Chianoc. archidiacre de Tarentaise.
Page 81, l'original de cette charte, photographié par M Vaccarone dans le 41e *bolletino del Club Alpino italiano*, porte, ligne 1, *permissione* au lieu de *miseratione*, et page 82, avant dernière ligne, *Chambariacum* au lieu de *Chanti*. Il lui donne la date du 26 novembre 1289 ?
Page 98, note 1, Rosey, il y a deux localités de ce nom en Faucigny
Page 103, note 1, presie a aussi le sens de possession.
Page 194, note 1, Lombards banquiers qui fourmillaient en Savoie.
Page 221, ligne 23, par acte du 13 août 1413.
Page 279, vende, impôt sur les ventes.
Page 292, *stractus, traict* soit ours entier.
Page 300, note 4, Barat nom d'homme, non pas baril.

TOME SECOND

Page 5, ligne 6, florins d'or p.p. au lieu de sols.
Page 45, ligne 30, les notes doivent se lire 2 et 3, et non 3 et 2.
Page 81, ligne 25, *restituere* et non *restitutis*.
Page 293, ligne 2, lisez *pro ducendo*.
Page 293, ligne 16, *Comitis* non *Consitis*.

SERIES ABBATIUM

SANCTI MICHAELIS DE CLUSA

966. — Advertus.
1010. — Hermengardus.
1202. — Petrus.
1240. — Bonifacius.
1247. — Guillelmus de Camera.
1264. — Decanus.
1272. — Marcanus.
1290. — Raymondus.
1306. — Andreas.
1308. — Antonius.
1312. — Guillelmus de Sabaudia filius Comoe comitis.
1326. — B.
1333. — Rodulphus de Montebello.
1344. — Rodulphus de Montebello, nepos.
1359. — Hugo Demarbosco.
1361. — Jacobus.
1365. — Petrus.
1381. — Guido de Sawargia.
1391. — Guillelmus de Chalant.
1408. — Amedeus de Montemajore.
1411. — Antonius de Chalant, cardinalis.
1418. — Joanes Saiturier de Refort.
1446. — Guillelmus de Varax.
1463. — Joanes de Varax.
1505. — Urbanus de Miolano.
1524. — Joanes Baptista Palavicini, cardinalis.
1525. — Bonifacius Ferrero, cardinalis.
1535. — Philibertus Ferrero.
1550. — Philibertus Ferrero, nepos.
1570. — Guido Ferrero.

1589. — Michaelus Bonellus, cardinalis.
1600. — Laurentius Capris.
1603. — Philibertus de Sabaudia.
1610. — Joanes Bottero de Benne.
1625. — Mauricius de Sabaudia, cardinalis.
1642-1671. — Antonius de Sabaudia.

SERIES PRIORUM

PRIORATUS DE CHAMONIX

1205. — Petrus [1].
1212. — Stephanus [2].
1224-1255. — Humbertus de Belloforte [3].
1255-1296. — Richardus de Villetta.
1296-1325. — Guillelmus de Villetta.
1325-1361. — Aynardus de Montebello.
1361-1402. — Jean Bochard.
1402-1417. — Antoine de Saint-Amour.
1420-1439. — Jacques de Crescherel (1441), administrateur du prieuré.
1439-1517. — Guillaume de la Ravoire (1466), Georges de Compeys, prieur de Megève, administrateur et ascensataire du prieuré.
1517. — Le chapitre de Sallanches.

---

[1] Est dit prieur de Megève et de Chamonix, serait-ce l'abbé de Saint-Michel de la Cluse?

[2] Cité à la page 1187 du tome I, *Chartarum des Monumenta historiæ patriæ* : *Stephanus prior de Chamonix*.

[3] 1229 Guifrey de Campo a été indiqué par Besson, p. 158, comme prieur de Chamonix.

INDEX RERUM

A

Abbadare (remictere), t. II, p. 190.
Abbas Sancti Michaelis, p. 385 ; t. II, p. 55.
Abbergaria, t. II, p. 168.
Abbergamentum, t. II, p. 229.
Abellæ, p. 275.
Abissus, p. 99.
Abnegatio Dei, t. II, p. 210, 214.
Absolucio, p. 299 ; t. II, p. 315
Accensamentum, p. 142.
Achones, p. 38.
Actio, p. 142.
Adulterium, p. 10, 103, 105, 108, 109 ; t. II, p. 253, 259, 261.
Advocatus ecclesiæ, p. 65.
Advoyria, p. 93.
Affinare, t. II, p. 174.
Aggeres, p. 202.
Agni. t. II, p. 45.
Albergamentum, p. 19, 21, 30.
Albergatio, p. 46, 48.
Albergati pauperes, p. 355.
Albergum, p. 30, 116, 122, 123, 181, 191, 233.
Alerium, t. II, p. 312.
Alesæ carnes, t. II, 221.
Aleti, p. 355 ; t. II, p. 155.
Alienatio, p. 201 ; t. II, p. 131.
Alieni, t. II, p. 44.
Allioux, Allioz, Allouz, p. 281, 282, 307, 322.
Allumen, t. II, p. 174.
Alpacio, Alpagium, p. 10, 36, 37, 153 ; t. II, p. 163.
Alpare, inalpare, p. 53, 102.
Alpes, p. 2, 24, 37, 38, 48, 53, 102, 106, 247, 251, 252, 363 ; t. II, p. 184.

Altare, p. 8, 80 ; t. II, p. 247.
— . Beati Michaelis, p. 27.
— — Jacobi Sallanchiæ, p. 80.
Altariensis, p. 296.
Altaris palpacio, t. II, p. 363.
Amedulœ, p. 368,
Amicabiles compositores, p. 155.
Amicus medius, p. 234 ; t. II, p. 144.
Amodiator, p. 354.
Amphiteosis, p. 53, 201.
Anathemate, p. 2.
Anguillœ, p. 355.
Animalia in chalesiis ducta, p. 73, 247, 251.
Animalia lattifera, t. II, p. 43.
Anniversarium, p. 361, 378.
Annorum curricula, t. II, p. 214.
Annualis prestatio animalibus, t. II, p. 211.
Annuale, p. 292, 339,
Apostasia, t. II, p. 216.
Appelacio, t. II, p. 285.
Appostata, t. II, p. 201.
Aquagium, aquiagium, p. 5, 10 ; t. II, p. 10.
Arare, p. 298.
Arbitratores, arbitri, p. 155, 230 ; t. II, p. 144.
Archa, archeta, p. 333, 383 ; t. II, p. 155.
Archiepiscopus Vienensis, p. 72.
Argentaria, p. 281, 282, 307.
Argentum, t. II, p. 173, 221
Arma offencibilia, t. II, p. 117
Armatrium, t. II, p. 147.
Armarium, t. II, 155.
Arragii, p. 294, 295.
Arrea, t. II, p. 196, 222.
Arrestum, p. 247, 250.
Arvesia, t. II, p. 103.
Assisiæ, p. 285, 329, 366, 377, 378 ; t. II, p. 91, 30, 106, 162, 304.
Asta, p. 40.
Auchachia, aucheges, auchieges, auchige, auchegium, p. 352, 373 ;
    t. II, p. 143, 367.
Auditor causarum, p. 237.
Augmentum dotalis, t. II, p. 237.
Auricula, p. 361.

Aurum, t. II, p. 173, 221.
Aurum falsum, t. II. p. 116.
Avena, p. 281, 308, 254, 357, 351, 354, 385 ; t. II, p. 337 à 342.
Aves capti ad pedem, cum pede, p. 151.
Aycana, p. 43.

B

Baculi traditio (investitio), p. 116, 143, 159.
Baculum ferratum, t. II, p. 117, 252.
Bacz, p. 344.
Balista, p. 40.
Balmœ, p. 2, 178.
Bancha curie, t. II, p. 128, 151, 179, 201, 209, 231, 249, 260, 277, 292, 297, 334.
Banna, p. 2, 137, 138, 284, 285, 288, 921, 925, 329 ; t. II, p. 115.
Banc, p. 333.
Banum curie, p. 2, 13.
Barallum (vini), p. 32, 300.
Barberius, p. 344.
Barletum, p. 333.
Bastar vacharum, t. II, p. 255.
Batendarium, p. 46.
Batitorium, battenterium, baptitorium, p. 136, 174, 202, 341 ; t. II, p. 8, 243.
Bestiœ, p. 24, 40, 41, 102.
Bezeria, beczeria, p. 236, 334.
Bichetus, p. 281, 364. 379.
Bladum, blada, p. 26, 65, 85, 305, 318, 329, 380, 382.
Boch-extagni, p. 336.
Bocheare (faire le feuillerin), p. 102
Bona mobilia, p. 103, 106 ; t. II, p. 118, 192.
— imobilia, p. 102 ; t. II, p. 192.
— pupilorum, t. II, p. 43.
Bornelum, p. 352.
Bossoctum, t. II, p. 222.
Bostra, t. II, p. 274.
Bougeriœ, p. 200 ; t. II, p. 131.
Boverius, p. 292.
Boves, p. 289, 358.
Boynes, p. 87.
Brida, p. 369.
Brigidœ, p. 98.

Buxinum, bucinum, p. 130 ; t. II, p. 104.
Bulla plombea, p. 196 ; t. II, p. 306, 362.
Burgenses, p. 113 ; t. II, p. 42.
Burici, t. II, p. 104.
Bursa, p. 201 ; t. II, p. 323,
Buttirum, p. 299, 347, 349, 363, 372.
Bychelfz, p. 240.
Bynlit, p. 108.

C

Cabana, p. 62, 140 ; t. II, p. 142.
Cabellata, p. 300, 352, 362.
Cacabum, p. 99, 284, 290, 331, 333.
Cadiouz (librum vocatum), t. II, p. 185.
Cagnes, p. 240.
Calami traditio, p. 122, 208.
Calces, p. 26, 345.
Calix, p. 190 ; t. II, p. 247.
Caligæ, p. 201, 300, 350, 351, 363, 368, 369.
Camelinum, p. 300.
Camera, p. 73, 106.
Camera computorum, p. 159.
Caminata veteri, p. 33.
Caminum, p. 36, 85.
Campana, p. 207 ; t. II, p. 247, 333, 364.
Canabum, p. 26, 36, 65, 85.
Canapis, p. 291.
Candelabrum, p. 370.
Candelœ, p. 338.
Cani, p. 308.
Canonici, p. 361.
Canonicatum, t. II, p. 357.
Capcio, t. II, p. 304.
Capella, p. 213.
— Beatæ Mariæ, t. II, p. 366.
— S^{ti} J^{is} Baptistæ. t. II, p. 245.
— Sanctorum Christophori, Felicis et Barbaræ, t. II, p. 366.
Capellanus, p. 65, 361, 376, 378.
Capita, domus, p. 258.
Capitalis supplicium, p. 180.
Capitula, p. 219 ; t. II, p. 112.

Capituli, t. II, p. 235.
Capræ, p. 19, 40.
Capreolum, p. 355.
Capucium, p. 200, 350, 362, 369.
Carbones, t. II, p. 174.
Carcer, p. 95.
Carceres, p. 142, 180, 193, 196 ; t. II, p. 59, 154, 192, 209, 249, 253, 261.
Cartæ, p. 31 ; t. II, p. 221.
Casalis, p. 70, 136, 154.
Caseum, p. 65, 349, 350, 357, 366, 372.
Castelani, p. 78.
Castingare, p. 195.
Castrones, p. 344, 351, 359, 360, 368, 373.
Casula, t. II, p. 247.
Cauthelam (ad), p. 122.
Cautio, p. 247. 260.
Cautiones, p. 78, 194, 242.
Cavallata vini, p. 32.
Cayenairier, p. 86.
Cedulæ, p. 111, 300, 348, 370 ; t. II, p. 69.
Cena, p. 347, 349, 369, 371.
Censæ, p. 77, 97 99, 125, 271, 351.
Census, p. 10, 278 ; t. II, p. 88, 183, 367.
Cepa, p. 354, 369.
Ceræ, p. 27.
Cessio commandæ, t. II, p. 355.
   — prioratus Chamunisii, t. II, p. 355.
Cetornum (serre tout), p. 69, 173.
Challechium, challesium, chaletus, challeges, challeys, calletus, chaloyes, p. 122, 145, 258.
Chamosii, p. 52, 99, 130, 292, 336.
Chasubla, p. 365.
Chavanæ, p. 37.
Chirpa, p. 321, 324.
Chivicia, t. II, p. 252.
Chorum laicis prohibitum, t. II, p. 116, 147, 155.
Chouderegium, t, II, p. 2.
Cibus, p. 10.
Ciccullæ, p. 368.
Cimballum, t. II, p. 293, 307, 333. .
Cimeterium, p. 32.
Cirurgicus, cirurgien, p. 126.

Cisoria, p. 331, 333.
Citatio, p. 247.
Clamores, p. 32.
Clarerium. p. 350.
Claustraria, t. II, p. 264.
Claustrum, p. 48, 52, 111.
Clavelli, p. 219.
Clavis, p. 352 ; t. II. p. 193.
Clericatura, t. II, p. 278.
Codicillus, p. 33.
Cognitores, t. II, p. 179, 198, 208.
Cognoscere carnaliter, t. II, p. 251.
Colona justicie criminalium, t. II, p. 211.
Colonus partiarius, p. 105.
Comblum, p. 354, 369.
Combustio, t. II, p. 180, 202..
Comestio puerorum, t. II, p. 211.
Comitiva, t. II, p. 272.
Commendatarius, t. II, p. 264, 283.
Communia, t. II, p. 117, 192.
Communia sibi appropriare, t. II, p. 104.
Communitas de Chamonix, p. 69, 361 ; t. II, p. 351.
Compositio, p. 10 ; t. II, p. 13, 156, 266, 274, 318.
Concordare, t. II, p. 156, 274.
Concordia, t. II, p. 265.
Condemnatio ad mortem, t. II, p. 21, 38.
Confirmatio, t. II, p. 211.
Confratria Passiaci, p. 33.
    — Sancti Spiritus, p. 104, 109, 280, 335, 350.
Congerie (massum lignorum), t. II, p. 203.
Congregationes, t. II, p. 296.
Consiliarum (consilium), t. II, p. 196, 198, 208.
Consilium, t. II, p. 257.
Consilium gebennensis, p. 11, 118, 142.
Consilium generalis proborum hominum, t. II, p. 292.
    — proborum hominum judicantium, t. II, p, 113, 177, 317.
    — de extra terra, p. 203.
    — residens, t. II, p. 150, 286, 330.
Consindici, t. II, p. 239.
Conspirationes, t. II, p. 261.
Contractus illiciti, t. II, p. 117.
Controversia , t II, p. 130.

Contumacia, t. II, p. 71, 91.
Convincula, t. II, p. 296.
Convinticula, t. II, p. 302.
Copertorium, p. 267 ; t. II, p. 45.
Copula carnalis, t, II, p. 251.
Coquina, p, 352 ; t. II, p. 244, 346.
Cordula canapis, t. II, p. 306.
Coria, p. 289, 298, 364.
Corvata, p. 20,
Cremalium, p. 333.
Creoborum festum , t. II, p. 251.
Creyut, p. 333.
Cridœ, t. II, p. 42, 45, 99, 115, 280, 292, 295.
Crota, t. II, p. 45.
Cultelus, cutelus, p. 284, 286 ; t. II, p. 117.
Cupa, p. 153, 281.
Cuprum, t. II, p. 173.
Curbilia, p. 333.
Curia (in), p. 22, 30, 78, 114, 218 ; t. II, p. 117.
Currus, t. II, p. 222.
Curtina seu revelinum, t. II, p. 56.
Custodia reorum, p. 263.
Czingulæ, p. 347.
Czuel, p. 326.

D

Dasilli, t. II, p. 221.
Debita, t. II, p. 236.
Decapitatio, t. II, p. 262.
Decimœ, p. 10, 26, 30, 65, 85, 143, 281, 282, 284, 355, 376, 379, 381 ; t. II, p. 223, 293, 296, 300.
Defensiones, t. II, p. 319.
Deflorare, t. II, p. 236.
Defloratio, t. II, p. 261.
Defuncti sine liberis, t. II, p. 131.
Denariatæ, t. II, p. 116.
Denarii, p. 20, 122, 133, 146, 281, 315, 340, 342 ; t. II, p. 184, 185, 337, 338, 339, 340, 341, 342.
— gebennenses, p. 46, 53, 61, 106, 130, 192, 206, 255, 278 ; t. II, p. 10.
Denarium aureum, p. 77, 179 : t. II. p. 98.

Denier poys, p. 316.
Deosculatio turpis, t. II, p. 213.
Desseysina, p. 194,
Detenti, t. II, p. 269, 319.
Detentio preventiva, t. II, p. 269.
Detentio notificata sindicis, t. II, p. 319.
Dextræ amputatio, t. II, p. 260, 262.
Devestire, p. 122, 208.
Diabolus, t. II, p. 211.
Diabolo homagium, t. II, p. 210, 213, 214.
Diffamatio, t. II, p. 355.
Dilatio, p. 30.
Diluvia, p. 375.
Dominium, p. 20, 21, 26, 138.
— directum, t. II, p. 320.
— merum et mixtum, p. 26, 54, 138 ; t. II, p. 320.
Domus, t. II, p. 192.
Domus confratrie, t. II, p. 298.
Donatio hominis, p. 55.
— mobilium, p. 105, 109.
Donum gratuitum, t. II, p. 351.
Dorassiæ, t. II, p. 131.
Dos, p. 32, 109 ; t. II, p. 237.
Dotalicium, t. II, p. 25.
Dotis subsidium, p. 109.
Druliæ, drollia, p. 285 ; t. II, p. 40.
Ducata auri, p. 278.

E

Echerenes, echeyrenæ escharenœ, p. 24, 138.
Echeuta, echette, excheuta, exchitat, p. 289, 332 ; t. II, p. 244.
Efusio sanguinis, p. 137, 332.
Ejaracasse, (avoir coupé le jarret), t. II, p. 349.
Elemosinœ, helemosinœ, p. 2, 3, 293, 339 ; t. II, p. 306, 307.
Emphiteosis, p. 255.
Enses, t. II, p. 42, 117.
Epidemia, t. II, p. 49.
Equancia, p. 202, t. II, p. 133.
Equa, equæ, 40, 217, 333, 344, 346, 354, 356, 366, 389 ; t. II, p. 349, 350.

Equi, equui, p. 66, 275, 356, 369, 383; t. II, p. 185, 222, 345, 347, 350, 371.
Escambii, t. II, p. 118.
Escus au Soloy, p. 147.
Exceptiones, t. II, p. 236.
Excommunicatio, t. II, p. 110.
Excurioli, p. 105, 109, 292, 336.
Exhibitio. t. II, p. 331.
Extrahere metalla, t. II, p. 174.
Extranei, p. 202.
Eymina, t. II, p. 9.
Eysimenta, p. 285.

F

Facinorosi, t. II, p. 159.
Falx, p. 333.
Familia, p. 354, 366.
Familiares, p. 356.
Farina, p. 337.
Faves, p. 346.
Fenare, p. 352, 372.
Fenum, p. 104, 110, 298, 352, 372.
Feodatarii, p. 242.
Fere, ferra, p. 292, 336.
Feretrum, t. II, p. 217.
Ferma, ferme, p. 282, 319, 320, 341, 380, 382.
Ferore, t. II, p. 60.
Ferum, t. II, p. 173.
Ferrare, p. 298.
Ferratura, p. 298, 346, 351.
Ferrolium, t. II, p. 307.
Ferri, p. 219, 352, 356 ; t. II, p. 128.
Ferrum, t. II, p. 211.
Feudales, p. 242.
Feudatarii, t. II, p. 345.
Feudum, p. 8, 30, 34, 50, 77, 120, 124, 136, 147, 242; t. II, p. 185, 343.
— ligium, p. 20, 64, 178, 192 ; t. II, p. 93.
— — censatum, t. II, p. 292.
— franchum et nobile, t. II, p. 107.

Fevœ, p. 346.
Fidejussores, p. 73, 149 ; t. II, p. 13, 60.
Fidelitas ligia, p. 58, 185, 189, 214 ; t. II, p. 111, 113, 310.
— manuale, p. 189 ; t. II, p. 113.
Fides, t. II, p. 372.
Filiolagium, p. 104, 109.
Filum, p. 369.
Fimarium, p. 284.
Fimus, p. 247, 284, 352.
Floreni, p. 244, 320 ; t. II, p. 220, 266, 366.
— in ambrosanis, p. 372.
— aurei, p. 297 ; t. II, p. 5, 6, 45, 190, 223.
— auri boni et regine ponderis, p. 268, 273.
— — — regis, p. 344.
— — monetœ novœ Sabaudiæ, p. 372.
— — p.p., t. II, p. 13, 167, 344.
— — b.p., p. 297.
— ducat, p. 372.
Focum, foca, p. 180, 202, 282 ; t. II, p. 23, 77.
Fodere, p. 353, 365.
Folium, p. 110.
Foramina molarum, p. 293, 337.
Foratura, p. 301, 350, 370.
Forenses, t. II, p. 44.
Fores, t. II, p. 131.
Foriginare, p. 351.
Forisseta, p. 293.
Fornil, p. 333.
Fornata, p. 377.
Franchi, t. II, p. 195.
Franchesiœ, franchire, t. II, p. 112, 195, 227, 235, 276, 309.
Freppœ, p. 300.
Fromagia, t. II, p. 143.
Fullonus, p. 336, 341.
Furchœ, t. II, p. 38, 260, 262, 331.
Furnum, t. II, p. 39.
Frumentum, p. 302, 304, 354.
Fructus alpium, p. 353, 373.
Fusinœ, p. 246.

G

Gabellœ, t. II, p. 229.
Gageria, p. 50, 108, 242, 317.
Galiœ, p. 308.
Galinœ, p. 342, 343, 347, 357, 359, 360, 363, 364, 365, 366, 367.
Garda, p. 34, 35, 40, 73, 78, 95, 125, 179 ; t. II, p. 85, 88.
Garnimenta, p. 32, 367.
Gartifer, p. 121.
Gausapiœ, p. 114; t. II, p. 45.
Gerbœ, p. 100, 311.
Gevellinœ, t. II, p. 117.
Gingimber, p. 368.
Gladium, p. 352 ; t. II, p. 42, 323.
Glaudiculum, t. II, p. 102.
Gleyroni, p. 272.
Grangerii, p. 350.
Grangia, p. 73 ; t. II, p. 192, 227.
Granerium, p. 47, 70, 192, 196; t. II, p. 7, 45.
Gravamina, p. 73.
Greyres, p. 337.
Grillia, p. 352.
Grossi, t. II, p. 243, 344.
Guardia, p. 29.
Guerra, p. 108, 173.

H

Herba, p. 110.
Heresis, t. II, p. 178, 190, 193, 194, 200, 208, 225, 240.
Heretica, t. II, p. 195, 201.
Heretici, t. II, p. 208, 211, 215, 216.
Homagiare, t. II, p. 123.
Homagium, p. 120, 291, 263 ; t. II, p. 5, 111, 113, 183, 185, 340.
Homagium diabolo, t. II, p. 210, 213, 214.
Homicidium, p. 267.
Homo censatus, t. II, p. 292.
— ligius, p. 20, 64, 178, 192 ; t. II, p. 93, 292, 337.
— — nobilis, t. II, p. 107.
— taillabilis, t. II, p. 337, 338.
— — ad misericordiam, t. II, p. 337, 338, 340.

Hospicium, p. 299, 343, 344, 351, 354, 368.
Hospites, p. 383.
Hostiœ, p. 344.

I

Ignis, t. II, p. 202, 211, 216.
Imbreviatura, t. II, p. 80.
Immobilia, t. II, p. 236.
Immunitates, t. II, p. 112.
Imperium, merum, mixtum, p. 77, 179 ; t. II, p. 97, 98, 295.
Impositio manualis, p. 33.
Inalpare, p. 8, 104, 149 ; t. II, p. 143.
Incantatio, t. II, p. 80, 304.
Incarceratio, t. II, p. 269.
Incaustrum, p. 358, 366, 373.
Incestum, t. II, p. 252, 259, 261,
Inferrata, t. II, p. 128.
Ingravidasse, t. II, p. 251.
Inquisitio, t. II, p. 2, 247, 318.
Inquisitor, t. II, p. 240.
Interdictum, t. II, p. 171.
Interloquttoria, t. II, p. 314.
Introgia, p. 289, 332.
Invasor viarum, t. II, p. 261.
Inventa, p. 293, 337.
Iter, t. II, p. 221, 222.
Itinera publica manutenere, t. II, p. 104, 117.

J

Judicare, t. II, p. 329.
Judices, t. II, p. 18, 179, 198, 286,
Jura, t. II, p. 236.
Juramentum, p. 162, 249 ; t. II, p. 242, 309.
Jurgia, t. II, p. 42.
Juridictio, t. II, p. 97, 99, 276, 292.
Justicia, t. II, p. 327.

L

Lampades, p. 364.
Lancea, t. II, p. 117.

Laqueus ursi, p. 24.
Laqueum, t. II, p. 38, 331.
Lapis (pondus), t. II, p. 252.
Latœ, p. 359.
Latrinœ, p. 349.
Latrones, t. II, p. 323.
Laudes, t. II, p. 244.
Lavanchiœ, p. 273, 292, 337, 339 ; t. II, p. 131.
Legatus, p. 32.
Levacio, t. II, p. 304.
Leyda, p. 348.
Libelli, t. II, p. 188.
Libertates, t. II, p. 112, 227, 235, 309.
Libratœ, p. 342.
Libre censuales, p. 10, 20, 21, 342.
— gebenenses, p. 32, 116, 123, 135, 140, 143, 148, 155, 176, 196, 200, 304, 205, 278 ; t. II, p. 124, 278.
— viennenses, p. 90, 94, 176, 177.
Libri, t. II, p. 185.
Ligii, p. 20.
Ligna, p. 305, 358.
Lignaria, p. 356.
Ligo, p. 333.
Linamentum, p. 365.
Lingua layca (sermo vulgaris), t. II, p. 202, 210, 259, 262.
— romana, t. II, p. 259.
Lingue animalium, p. 293, 337.
Lintuamina, linteamina, p. 331, 332, 333, 360, 367 ; t. II, p. 45.
Lis, t. II, p. 130.
Litigacio, t. II, p. 314.
Littera, litera, p. 347, 366, 367, 394.
Litteræ dominicales, apostolicæ, t. II, p. 122, 306.
Lodix, p. 331, 333.
Lucrum, lutrum, p. 353, 358, 360 ; t. II, p. 174.
Ludere, t. II, p. 210.
Ludi, t. II, p. 221.
Lugia, p. 357.
Lumbardi pecularii, p. 384.
Luminarium, p. 295, 340, 381.
Lunœ dies, p. 2, 98, 176.
Lutteriana secta, p. 371.

M

Mala, p. 372.
Maladeria, p. 33, 43.
Malla, p. 345.
Maledictio, p. 2.
Malefactores, t. II, p. 217.
Mandamentum, t. II, p. 183.
Manumissa, t. II, p. 115.
Manus mortua, t. II, p. 237.
Marmotanœ, p. 292, 336, 355.
Matrimonium, p. 205.
Maxum, p. 10.
Menayde, p. 20, 192.
Mencia, p. 53, 153.
Mensura Chamunisii, t. II, p. 337, 338, 339, 340, 341.
Mensura domini, t. II, p. 42.
Mensurœ justœ, sigillatæ, t. II, p. 104, 116.
Mercurii dies, p. 64, 91.
Merenda, p. 371.
Metalla, t. II, p. 221.
Mete lapidee, p. 171.
Minœ, t. II, p. 173, 228.
Misericordia, p. 285.
Missa, p. 207.
Missalis, t. II, p. 247.
Mistrales, p. 28.
— terrœ, p. 145.
Mistralia, t. II, p. 166.
Mistum, p. 305, 308.
Mobilia, p. 20 ; t. II, p. 234.
Modium, p. 14, 63, 85, 281, 302, 345, 376, 382 ; t. II, p. 86, 96.
Molendina, p. 10, 46, 202, 303, 306, 341 ; t. II, p. 243.
Mollie, t. II, p. 192.
Monitiones canonice, t. II, p. 213.
Moneta falsa, t. II, p. 116.
— vetus, p. 271.
Montanea, p. 22.
Montes, t. II, p. 192.
Mortaligia, p. 66, 248.

Mortrones, t. II, p. 323.
Mula, p. 363, 365, 369.
Muglar, p. 350.
Mulierum successio, t. II, p. 234.
Mustellœ, p. 292, 336.
Muthones, t. II, p. 104.
Mutuum, t. II, p. 45.

N

Nemora, p. 201, 248. Bannita, p. 272. Admassata, t. II, p. 192.
Nemus, t. II, p. 174, 229.
Nonas, p. 21, 29. 178.
Notarii, p. 199 ; t. II, p. 16, 119.
Nuncupatio, p. 32.
Nundinœ, p. 156, 194 ; t. II, p. 27.

O

Oblaciones, p. 26, 293, 339, 360, 365.
Obligatio bonorum, p. 23, 247.
Oboli aurei, p. 29.
Obolum, p. 342 ; t. II, p. 184, 185.
— gebenensis, p. 337, 338, 339, 340, 341.
— peyte, p. 338, 339.
Obventiones, p. 293, 338.
Octana, Octoyna, p. 281, 301, 302, 330, 342, 343, 344, 355, 359, 375.
Officiarii, p. 383.
Oleta, p. 368.
Oleum, p. 359.
Oncors, p. 359.
Orationes, p. 2.
Ordeum, p. 37, 85, 281, 307, 330, 380, 385 ; t. II. p. 338, 339, 340, 341, 342.
Osculum fidelitatis, t. II, p. 94.
Ospicium, p. 33.
Ova, p. 360, 364, 366 ; t. II, p. 45, 240.
Oves, p. 367.

P

Pacis tabula, t. II, p. 247.
Partum, t. II, p. 118.
Pagnum, p. 300, 301.
Pala fustea, p. 140.
Palafrerium, p. 219.
Pallea, pallia, p. 289, 329, 357.
Palliolata, p. 339, 339.
Palonjonum, t. II, p. 252.
Palpacio, t. II, p. 307.
Panis, p. 342, 343, 359, 364, 377, 378; t. II, p. 104.
Paniterii, p. 367.
Pannum album, Alamaniæ, Valesii, de Maline, p. 349, 350, 351, 362, 368, 369, 372.
Papirus, p. 366, 373.
Paradisus, p. 2.
Parrochiani, p. 381 ; t. II, p. 43.
Pascua, p. 24, 37, 108, 110, 170, 202, 343; t. II, p. 163, 192.
Pasqueragium, p. 24 ; t. II, p. 143.
Pastura, t. II, p. 45.
Patronatus, p. 65.
Pauperes, p. 355, 377, 378.
Pax, p. 265.
Pecia, p. 360.
Pecus, p. 26.
Pedis amputatio, t. II, p. 212.
Pedagium, t. II, p. 229.
Pelles, p. 289, 343, 363.
Pelvicheria, p. 94.
Penna, p. 259. — Condita, p. 351.
Pensio, t. II, p. 349.
Pera, t. II, p. 38.
Permutationes, p. 317.
Persicum, p. 350.
Personagium, p. 293, 338, 341.
Peticiones, p. 23.
Picotum, p. 350; t. II, p. 337, 338, 339, 340, 341, 342.
Pidancia, p. 305.
Pignora, p. 104, 108.
Pillicerius, p. 370.

Pilliczonum, p. 342, 343.
Pioleta, p. 333.
Piper, p. 368.
Pira, p. 343, 345, 352, 366.
Pisa, t. II, p. 337, 338, 339, 340, 341, 342.
Piscatura, p. 151, 379.
Pisces, p. 329, 348; t. II, p. 243.
Pissi, p. 354.
Placita, p. 2, 8.
Plombatum, t. II, p. 42, 103, 117.
Plombum, t. II, p. 173.
Pluminaria, p. 367.
Pocheta, p. 368.
Pomœ, p. 354.
Pondus, p. 354; t. II, p. 42.
Pontanagium, p. 353, 371.
Porcus, p. 299, 308, 348, 349, 367, 370, 371; t. II, p. 21.
Possessio, t. II, p. 363.
Poysia gehennensis, t. II, p. 337, 339, 340, 341.
Poytrales, p 347.
Prandium, p. 33, 317, 348.
Prata, p. 21, 352, 372; t, II. p. 192.
Prebenda, t. II, p, 264.
Primiciæ, primitie, p. 10, 26, 65, 296, 307, 310.
Privilegia, t. II, p. 276.
Probi homines, p. 201, 271; t. II, p. 160, 176, 208, 273, 276, 317.
Processus, p. 373; t. II, p. 320.
Procuratio, p. 219.
Procurator fiscalis, t. II, p. 266, 274.
Procuratores, p. 22; t. II, p. 189.
Professio, t. II, p. 264.
Provisio domini, t. II, p. 43, 118.
Pugini, p. 345, 360, 363, 364.
Pugni, t. II, p. 117.
Pulvinal, pulvinar, p. 332, 333; t. II, p, 45.
Pupilli, t. II, p. 15, 117.
Pyta, peyte, t. II, p. 337, 338, 340, 341.

Q

Quadra, quadratum, p. 355, 359, 361.
Quadragesima, p. 353, 355.

Quartæ, t. II, p. 104.
Quarteronum, p. 342, 357 ; t. II, p. 221.
Quartus, p. 282, 354, 371. 382 ; t. II, p. 184, 337, 338, 340. 341.
Quaternus, p. 366, 373.
Quoquipendium, p. 311, 333, 352.

R

Racterium, t. II, p. 154.
Raczemos, p. 352.
Rangri, p. 369.
Rape, p. 354.
Rassia, reysia, p. 46, 334 ; t. II, p. 10, 243.
Rasura, p. 281.
Recogniciones, t. II, p. 99.
Rector, t. II, p. 245.
Redditus, t. II, p. 97.
Res aliena, t. II, p. 117.
— in dotem tradita, p. 248.
Residentia, p. 27.
Resignacio, t. II, p. 270.
Responciones, p. 23.
Restitutio, p. 247.
Retrobapnum, p. 260.
Revellinum, t. II, p. 39.
Rivuli, p. 202.
Rixœ, t. II, p. 103, 117.
Roncini, p. 219.
Rumores, t. II, p. 42, 103. 117.

Sacrilegia, t. II, p. 159.
Saculum, p. 331, 333.
Sal, p. 299, 346, 364.
Salarii, p. 298.
Salvum conductum, t. II, p. 272.
Saysina, p. 326 ; t. II, p. 15, 115.
Scandallum, t. II, p. 117.
Scripnia, p. 332.
Scutella, p. 331, 333.

Scuti auri regni Franciæ, t. II, p. 13, 40, 171.
— cum sole cugni regis, t. II, p. 344.
— regis, p. 372.
Secare prata, p. 356
Sectores, p. 20.
Secularis brachium, t. II, p. 201.
Securis, p. 43, 333.
Segetes, p. 65.
Segnoria, p. 20, 21.
Sella, p. 363.
Seminare, p. 298.
Sepulturæ, p. 26, 293, 339.
Seræ, p. 298.
Servicium novum, p. 279; t. II, p. 183.
— ecclesiæ, p. 10, 143, 146, 249; t. II, p. 97.
Servitutes, t. II, p. 111, 183.
Sestarium, p. 37, 44, 148, 282, 346, 382.
Seturnum, t. II, p. 172.
Seytore, p. 192.
Sietoz, p. 368.
Sigillum, p. 4, 6, 11, 14, 15, 146, 290, 334; t. II, p. 320.
Signeti manuales, p. 25.
Siligo, p. 85, 282, 304, 308, 330, 379, 381.
Silvæ, p. 2,
Siri, p. 349.
Sirum, t. II, p. 143.
Solidi, p. 10, 33, 192, 196, 219, 260, 278, 281, 286, 343; t. II, p. 184, 185, 280.
Solidi gebennenses, p. 8, 10, 11, 27, 33, 37, 48, 51, 66, 122, 143, 146, 153, 156, 162, 176, 182, 206.
Solidi viennenses, p. 29.
Solucio, p. 272.
Sororia, t. II, p. 251.
Sotulares, p. 292, 345, 363, 364, 368.
Stabulum, 371.
Stagnum, t. II, p. 243.
Stractus (tractus), p. 235, 292, 336.
Stratœ, p. 136.
Stupha, t. II, p. 82, 141, 168, 195, 246, 329.
Stuprum, t. II, p. 261.
Subastacio, t. II, p. 304.
Subsidium, t. II, p. 204, 351.

Successiones, p. 2, 237. 249.
Suferta homagii, t. II. p. 6, 339.
Suffania, p. 365.
Sumata, t. II, p. 222.
Supplicium capitale, t. II, p. 260.
Suppositio persone diabolo, t. II, p. 211.
Supprum, t. II, p. 104.
Sus, t. II, p. 19.
Suspensio a divinis, t. II, p. 171.
Sutagentes, t. II, p. 298.
Synagoga, t. II, p. 211.
Syndicatus, t. II, p. 205, 239.
Syndici, sindici, p. 22; t. II, p. 179, 195, 201, 205, 227, 242, 319, 369, 370.

T

Tachia, p. 356.
Taconare, tactonare, p. 292, 364.
Talæ, t. II, p. 104, 183, 184. 185.
Talia, tallia, p. 116, 143, 296; t. II, p. 88, 367
Talliabilis, p. 156.
Talliabilitatis successio, t. II, p. 237.
Taveliones, p. 344.
Taxa, t. II, p. 38.
Tela, p. 333, 343, 361.
Tenta feudi, p. 248.
Tercia pars reditus priori, p. 289, 290, 334; t. II, p. 118, 225.
Termina, p. 23.
Tertium denarium, p. 248.
Testamentum, p. 32.
Testes, p. 2, 6, 8.
Terragium, p. 10, 339.
Terrarii, p. 10.
Theutonici, p. 19, 20, 21.
Tissones, p. 286.
Torchiæ, p. 367.
Tradicio, t. II, p. 307.
Trentenarium, p. 293.
Tres status Sabaudiæ, t. II, p. 351.
Trinæ, p. 357.
Troselli, p. 372.

U

Uitine, p. 86.
Ulnæ, p. 300.
Ungleti, p. 361.
Usagia, p. 20, 30, 143, 146 ; t. II, p. 97.
Usus boni, t. II, p. 112, 160, 192, 235.
Urmum, t. II, p. 239.
Ursi, p. 26, 235, 292, 336.
Utenda, p. 23.

V

Vaccæ, vachœ, p. 289, 299, 344, 357, 368, 373 ; t. II, p. 45, 274.
Vacerini, p. 368.
Vadia, p. 108.
Valetus, p. 377.
Valvia, t. II, p. 14.
Vayssel, p. 333.
Vectis, t. II, p. 307.
Velones, p. 344
Venationes, p. 2, 8.
Venabuli, t. II, p. 117.
Venda, vende, p. 103, 104, 106, 109, 110, 201, 247, 271, 279, 316 ;
   t. II, p. 43, 118, 244.
Vendentes obligati per annum, t. II, p. 116.
Venditio hominum, p. 51 ; t. II, p. 183.
Veneris dies, p. 56, 74, 123, 177.
Vestis, p. 259, 300, 349, 350, 369, 370.
Veyturæ, p. 354.
Victum mestrali debitum diebus festis, p. 211, 260.
Vigilia, p. 347.
Vindemiæ, p. 44, 361.
Vinculum, t. II, p. 254.
Vinea, p. 44 ; t. II, 323.
Vinum, p. 288, 342, 361. — Aleysium, p. 300. — Fori, p. 345, 357.
   — Levatum, p. 300, 362. — Maude, p. 362.
Viollencia, t. II, p. 116.
Visitatio, p. 66.
Vitri, p. 364.

Y

Yemacio, t. II, p. 240.
Ydriæ, t. II, p. 247.
Ydus, p. 65.

Z

Zona, t. II, p. 94.

INDEX NOMINUM

A

A. Bolomier notarius, t. II, p. 100, 102.
A. Comitis notarius, p. 165.
A. de Draconibus presidens consilii Gebenensis, t, II, p. 123.
A. de Dugnio, t. II, p. 275.
A. Jaconis notarius, t. II, p. 74.
A. Paneti advocatus fiscalis, t. II, p. 352.
A. Pignet, p. 6.
A. Trochet, p. 342.
A. de Velle Truchii computorum magister, t. II, p. 123.
Aalaïs comitissa Gebennensis, p, 13.
Abbas Sancti Michaelis, t. II, p. 160.
Abiron, p. 2.
Agna uxor Humberti Dalphini Vienne, p. 91.
Agnes uxor Johanondi Mocterii des Dus, p. 196.
Agnes peclessa, p. 68.
Agnessona dou Follier, p. 283.
Agneta uxor Petri de Sabaudia, p. 17.
Aimo, Aymoz Comes Gebennensis, p. 1, 2. 3.
Aimo de Cupilis, p. 4.
Aimo capellanus Campimuniti, p. 4.
Aimonetus Meczat, t. II, p. 63.
Alanus cardinalis tituli sancte Praxedis, t. II, p. 169.
Albertus de Gomoens miles, p. 2.
Albertus de Villa miles, p. 101.
Albertus de Compeis, p. 6.
Alexander VI papa, t. II, p. 348.
Alexander Richardonis, t. II, p. 307.
Alexander de Freysineto dominus de Chuyt, t. II, p. 347.
Alliodus Dorlie, p. 165.
Amblardus de Bellomonte canonicus Maurianensis, p. 185, 187, 189, 191, 198.
Amedeus VI dux Sabaudiæ, p. 257.
— VIII dux Sabaudiæ, t. II, p. 23, 48, 49, 57, 78, 84, 95, 101, 122.
— (Ameys) II comes Gebennensis, p. 69, 74, 86, 88, 95, 99.
— Blanchet de Salanchia notarius, t. II, 347.

Amedeus de Blancheto de Javen notarius, p. 253; t. II, p. 347.
— Bochard, p. 368.
— de Compesio castelanus, p. 187.
— de Conflans, p. 73.
— de Crecherello magister hospicii, t. II, p. 79.
— de Curnillione, t. II, p. 307.
— de Cursin clusinus sacrista, t. II, p. 309.
— Fulcigniaci, p. 2.
— de Lay clericus, p. 8.
— Meczat, t. II, p. 316.
— Malleti computorum magister, t. II, p. 352.
— de Nangy, p. 4, 6.
— de Orsino, p. 104, 200.
— de Passiaco mistralis, p. 29, 30, 33, 45, 49. 55, 56, 120, 135, 138, 155, 230, 233.
— de Piro, p. 23.
— Quoquati, t. II, p. 31.
— de Ravoyria rector ecclesiæ Megevæ et Campimuniti, sacrista clusinus, p. 209; t. II, p. 336, 344, 356, 362, 365.
— — nobilis, t. II, p. 244.
— clericus, p. 9.
— mistralis de Passier, p. 330.
— notarius de sancto Michaeli, p. 25.
— prior Megevæ, p. 136, 138, 144, 151, 154, 168, 176.
— sacrista sancti Michaelis, p. 212.
Amex Dubioley, p. 330.
Amicus de la Mola, p. 357.
Amyet du Coudrey, t. II, p. 356.
Amyet du Freiney, notaire, t. II, p. 334.
— Charlet, t. II, p. 306.
— de Corberia, p. 100.
— de Crosa, t. II, p. 340.
— de Fracia, de Curnillione de Salanchia nobilis, t. II, p. 307.
— de Cresco curatus Fuliaci, t. II, p. 168.
— de Gera, p. 25.
— de Malvenda sedis apostolicæ doctor, t. II, p. 306.
— de Ravoyria monachus de Chamberiaco, t. II, p. 311, 319, 321, 328, 334
Andreas prior d'Arlexit de Domenciez, p. 186.
Sancti Andreæ festa, p. 277.
André Frilet, t. II, p. 353.

André Pusseti scolarum rector S. Mauricii Agaunensis, t. II, p. 114.
Anricus de Lay miles, p. 8.
Anricus de la Mola, p. 128.
Anriodus Mounerius, p. 208.
Anselmetus de Ponte clericus vallis Miolani, p. 209.
Anselmus Balbus, p. 4.
— Libauz, p. 6.
— Pignet, p. 6.
Ansermetus de Palude, p. 15, 117.
— Rubini clericus, t. II, p. 94.
Ansermodus Ambr, p. 233.
— Botollierii, t. II, p. 276, 279, 343, 367, 282, 336.
— Quarterii clericus notarius, t. II, p. 114.
Ansermus Albi serviens generalis Sabaudiæ, t. II, p. 192, 195, 196.
— Bollet, t. II, p. 130.
— Gravet, p. 115
— de Lacu, p. 254.
— de Laya notarius, p. 238.
— Lussadu, p. 55, 61.
— Mychala, p. 245.
— piscator, p. 115.
— Poygnant, p. 385.
— Rochex, p. 298.
— Trabit, p. 186.
— Tyssot, p. 55, 57, 58, 59, 61.
— Venoz, Venuz, p. 214, 269. 284, 286, 322, 328, 349.
— de Voudagna, p. 279.
Antherius Decrosa, t. II, p. 340.
Anthonius de Avisio advocatus fiscalis, t. II, p. 275.
Anthonius de Basqueria, t. II, p. 254.
— de Bellagarda, p. 145.
— Berthodi, p. 373.
— Burdini vice ballivus Fulcigniaci, t. II, p. 271.
— de Caraman, p. 274.
— filius de Caraman, p. 274.
— de castellario, t. II, p. 168.
— Chervellus, p. 226.
— Claret, t. II, p. 354.
— Clericus, p. 357.
— de Crecherel miles, p. 367; t. II, p. 56
— Decrosa, t. II, p. 340.
— de Draconibus presidens Gebennesii, t. II, p. 124.

Anthonius Derichard sancti L¹ d'Antrenaz, t. II, p. 332.
— Fabri clericus, notarius, t. II, p. 273, 276.
— dou Follier, t. II. p. 153.
— Forrerii de Turnone (nobilis), t. II, p. 62, 169.
— de Frassia, miles, t. II, p. 307.
— Gancyus, Gavayus d'Espagnie, p. 129, 132.
— Gay, t. II, p. 184.
— Giberti de Roumon coudurerius, t. II, p. 195, 196, 200.
— de Gingino dominus Dyvone preses patrimonialis, t. II, p. 337.
— Legerii clericus, p. 314 à 385; t. II, p. 2.
— Meczat, t. II, p. 316.
— bastardus de Miolano, t. II, p. 19, 35, 39, 43.
— Raver notarius, p. 277.
— de Ravoyria vice-castelanus, t. II, p. 281.
— Rosset, p. 352, 357.
— de Sancto Amore prior, t. II, p. 5, 8, 13, 15, 18, 23, 25, 37, 40.
— de Salicibus, p. 312.
— Sostionis, legum doctor, Sancti Mauricii Agaunensis, t. II, p. 199, 200, 201.
— Torrerius de Turnons, t. II, p. 62.
— de Valle de Sezaz in Berguero, t. II, p. 228.
Antoine Delamouille, chapelain de Megève, p. 12, 17.
Antonius de Brenjcio clusinus pidenciarius, p. 371; t. II, p. 4, 264.
— de Grangia, t. II, p. 315.
— Pollieni lugdunensis diocesis, t. II, p. 264.
Appolonius obedientiarius, p. 4.
Ar. de Compes, p. 13.
Arducius celarius Sancti Michaelis de Clusa, p. 8, 15, 16.
— monachus, id, id., p. 8, 16.
Ay. notarius Anaciaci, p. 39.
Ay. de Lornay, p. 238.
Aymardus de Montebello prior, p. 185, 187, 190, 194, 196, 197, 205, 210, 261, 264.
Aymarus pitanciarius clusinus, p. 177.
Aymé Botollier L., chatelain, t. II, p. 164.
Aymo de Anassiaco notarius, p. 39.
— Archerii, p. 285, 355.
— Barri notarius, t. II, p. 151.
— de Belavarda, p. 6.

Aymo de Bellagarda domicellus, p. 71, 110, 120, 121, 123, 127, 129, 136 139, 141, 145.
— Ballaval, p. 280, 356.
— Bellon alias Guerbilliodi de Argenteria, p. 349 ; t. II, p. 13.
— Berguerand, p. 324, 359.
— Berthodi filius, p. 210.
— Bezer, p. 51.
— du Biol, p. 360.
— Bochard, t. II, p. 241.
— Bonefidei, t. II, p. 316.
— Bonneti, t. II, p. 75.
— du Bormey, p. 40, 42.
— Botellier mistralis, p. 25, 257.
— Botolierii procurator fiscalis, t. II, p. 201.
— — de Servius, p. 25, 226, 254, 257, 322, 358 ; t. II, p. 141, 142, 161, 276, 336, 367.
— Bullat, Burlat corderius, p. 283 ; t. II, p. 290, 358.
— Challet, p. 215, 279.
— Charlet, p. 356 ; t. II, p. 353.
— de Chissiez monacus, p. 257.
— Decombis, de Combis, t. II, p. 184, 244.
— de Costa, p. 356 ; t. II, p. 105, 146, 185.
— Comitis, presbyter, t. II, p. 364.
— — notarius, t. II, p. 367.
— Coteti, p. 351.
— de Crosa de Voudagny, p. 125, 360.
— de Cruce de Salanchia, p. 12, 56, 117.
— de Cupellino de la Mola, p. 176, 323, 327, 357.
— Cysoris de la Mola, p. 59.
— Devilla notarius, homo talliabilis, t. II, p. 33, 337.
— Doubiol, p. 285, 360.
— Dufolie, p. 351, 384.
— Fabri dictus Pico, p. 284, 370.
— Fabvreti procurator prioris, t. II, p. 274, 297.
— Dominus Faucignaci, p. 9, 10, 11, 13, 14, 15, 17, 63, 257 ; t. II, p. 85.
— Frochet saltor, p. 300, 301, 343, 345, 350, 358, 364, 368. 369, 384.
— de Gado, p. 114.
— Gaudens, p. 71, 196.
— Gay alias Pontinerii, t. II, p. 242.
— Geneveys, p. 372.

Aymo Gravet, p. 115.
— Guillot, p. 287.
— Huguet, t. II, p. 130.
— Juglars de Fraci, p. 215.
— de Lacu, p. 84.
— Landerii, t. II, p. 54, 266.
— Landriuz, p. 318, 327.
— Lavancherii filius Johannis syndicus, p. 215, 246; t. II, p. 233.
— Lavuet capellanus de Salanchia, t. II, p. 175, 191, 215, 224, 227.
— Lechie, alias Doucropt, t. II, p. 316.
— — — Jacodi, p. 350, 352; t. II, p. 307, 376.
— Magnini, t. II, p. 185.
— Martini, p. 114, 115, 117.
— Masuel, t. II, p. 98.
— Matelli, p. 285, 317, 356. 361; t. II, p. 129.
— Meczat, t. II, p. 316.
— Membruz, p. 301, 304, 305, 308, 350, 352.
— de Menthonay curatus de Chamonix, p. 216, 221, 226, 236.
— Mercerii, t. II, p. 257.
— Mermerii, p. 323, 327.
— Mermet Mocterii Faber, p. 298, 318, 326, 356; t. II. p. 75.
— Micheleti, p. 208.
— Mistralis, p. 311.
— Mocterii de Chamonix, t. II, p. 12.
— Mocterii alias Favret, p. 284, 252, 104, 139, 207, 209.
— procurator fiscalis, p. 224, 282, 286.
— Mocterii Faber de Ducibus, t. II, p. 15, 45, 62, 63, 65, 146, 147.
— Mocterii filius Johanneti, p. 298, 327, 356; t. II. p. 59.
— — clericus notarius, p. 269; t. II, p. 220, 242, 254, 255, 257, 258, 266, 312, 316, 327.
— Myat, t. II, p. 63.
— de Nantis, p. 214.
— notarius de Ducibus, t. II, p. 127. 246.
— de Palacio, p. 365.
— Paviot, Pavioz, mistralis, t. II, p. 27, 101, 110, 145, 146, 172.
— Pécloz (Pecluz), p. 111; t. II, p. 120.
— Pilaudi, p. 321.
— Pion, t. II, p. 339.

Aymo Pitondi. p. 321.
- de Ponte, p. 68.
- Regis, p. 348.
- Rigardi notarius, t. II, p. 121.
- Rochex, p. 298.
- Sadoux, p. 215.
- de Taningio, judex, t. II, p. 63.
- Trochet, p. 300, 342.
- Tyssot, p. 214.
- Vachy, t. II, p. 146.
- de Voserier, Vosseyrier domicellus, p. 235, 283, 318, 330.
- Viviandi, t. II, p. 82, 189, 190, 191.
- Vuil, alias Cochy de Lacu, t. II, p. 270.
- Xpini, p. 215.
- Campimuniti, p. 17, 242.
- frater, p. 357.
- filius Jaquerii Berthodi, p. 210.
-   — Jacqueti Viviandi, t. II, p. 82.
- filius Ansermi Rochex, p. 298.
- mistralis de Chamonix, p. 27, 185, 187, 211, 212, 216, 226, 242. 259, 261, 264.
- nuctrictus Perreti de Voseyrio, p. 215, 245, 155, 283, 318, 330.
- de Sancto Jorio judex de Chamonix, p. 190, 196.

Aymon Gay, t. II, p. 242.
- Métral, p. 216, 226, 242.

Aymoneta filia Johannis Meczat uxor Perreti Bossoneys, p. 332.
- relicta Hugonis Regis, t. II, p. 185.
-   — Jacquerii Landriuz, p. 285, 291.

Aymoneta uxor Johannis Delavancherio, p. 328.
-   — Martini de Fago, p. 285, 291.
-   Petri Huguet, p. 285.

Aymonetus Bardi, t. II, p. 243.
- Bellon, alias Guerbilliodi, p. 345.
- Bocard, p. 186.
- Bossoneys, t. II, p. 224.
- Botolierii, t. II, p. 161, 183.
- Brunet, t. II, p. 129, 158, 189.
- Charrerat, t. II, p. 182.
- de Chiedes, p. 144.
- de Costa, p. 227.

Aymonetus de Cuppellino, t. II, p. 45.
— de Fabricis in Vyennesio, p. 187.
— Landriuz, t. II, p. 266.
— de Ducibus notarius, t. II, p. 54, 127, 204.
— Mermeti. Moclerii des Dus, p. 318, 350.
— de Planis alias Chaudet, t. II, p. 190, 191, 193.
— mistralis, p. 186.
— Vuil alias Cochy, t. II, p. 270.
Aymonodus mistralis de Olono, t. II, p. 166.
Aynardus de Montebello prior, p. 185, 187, 189, 194, 196, 197, 205, 207, 210, 211, 261, 264; t. II, p. 233, 314.

B

B. Marceie de Gab, p. 6, 13.
B. Dominus Menthonis, p. 171, 184, 187; t. II, p. 275.
B. de Reza Dereya presidens, p. 171, 184, 187; t. II, p. 275.
Baillivus Faucignaci, p. 28.
Baromer filius Udrici de Boseria, p. 174.
Bartholomea uxor Mermeti de Combis, t. II, p. 339.
Bartholomeus abbas S^i M^{ei} Agaunensis, p. 193.
— Burgensis, procurator, t. II, p. 84.
— Burgondi, judex S^{ti} Mauricii, t. II, p. 112, 198.
Barullus de Chamonix, p. 30.
Beatrix filia Petri de Sabaudia, de Faucigny cayenairier, p. 14, 28, 63, 72, 74, 76, 81, 86, 88, 92, 95, 96.
— Sabaudiæ comitisa Vienne, etc., p. 97, 137, 139, 163, 166, 168, 179, 257; t. II, p. 84.
— filia Botolierii, p. 51.
— Robini dou Follier, p. 183.
— relicta Jehanodi (Picoudi), p. 291.
Beatrixia uxor Ansermi de Voudagna, p. 279.
— Lorys, p. 365.
Belona uxor Fabronerii de Darbeleto, p. 145.
Belona filia Melioreti Bezer, p. 134.
Belona de Voudagny, p 118.
Benedictus sacri palatii notarius, p. 18.
— papa XIII, p. 348, 370.
Berardus Brossie not., p. 343, 345.
— de Castro, don Chatel, noble, p. 258, 266.

Berardus Hospitis, t. II, p. 215.
— de Monteforti, t. II. p. 258.
Bernard Chater, p. 6.
Bernardus de Solerio, t. II, p. 92
Bernenses, t. II, p. 371.
Berthetus de Pratis, p. 348.
— p. 40.
Berthodus Forner de Voudagny, p. 141.
— Girard, p. 360.
— Grillez de Chamonix, p. 146.
— Mulud, p. 303, 306.
— Mussodi, Mussot, Mussouz, p. 70, 136, 206.
— Onceys, t. II, p. 206.
— de Pratis, p. 215, 269; t. II, p. 316.
— Semblanet, p. 215.
Bertoldus de Piro, p. 23.
Bertondus de Burdignin.
Bertrandus, prior de Megève, p. 253.
Bertrandus de Charmos archidiaconus Tarentasiensis, p. 73.
Blancha ducissa Sabaudiæ, t. II, p. 325.
Bochardonus nepos prioris, p. 327, 357, 358, 379, 384, 385.
— de Clusis, p. 363, 368.
Bochetus de Servuz t. II, p. 146.
Bona de Byturio Armagnaci comitissa, t. II, p. 24.
— de Sabaudiæ, t. II, p. 63.
— uxor Johanis Belli, t. II, p. 166.
Bonetus Alondaz, p. 23.
Bonjor Burlat, p. 356.
Bonjor Quinter, p. 115, 116.
Bonjornus Charlet sindicus, t. II, p. 258.
Bonhomo Frigard, t. II, p. 331.
Bonus Johanes Diuquenat, t. II, p. 21.
Borboneys nuncius comitis Sabaudiæ, p. 364.
Bosco (de), t. II, p. 337.
Boso Balmat, p. 215.
Boso Cochat, p. 215.
Boso de Funceto, p. 119.
Boso miles de Masony, p. 16.
Boso terrerii de Juria, p. 267.
Boso de nanto, p. 288, 360.
— filius Falconis Demurenchia, p. 186.
Bossunus, p. 41, 42.

Boxonetus Monacus claustralis, p. 81, 208.
Brocardus monacus, p. 4.
Brunetus Albiergi, p. 183.
— de Tacuney, p. 77, 192.
— dou Mulyn, p. 186.
Bueyn, p. 234, 239.
Burgier, p. 159.

C

Calistus III, p. 150; t. II, p. 172.
Camere dominus, p. 359.
Capitulum ecclesiæ Gebenensis.
— Salanchiæ, t. II, p. 355, 357, 373.
Capré, notaire, p. 274.
Carolus de Cheyneto, p. 237.
— Joh^{es} Amedeus Sabaudiæ, t. II, p. 201, 325.
— de Chamonix, p. 28.
Challant, p. 187.
Chamonix Challet, p. 215.
Chamos Johanes, p. 23.
Chamossetus Malavart, p. 285, 321, 323, 327.
Chanoennes de Annessy, t. II, p. 360.
Capelanus de Pasiaco, p. 33.
— Vallis ursinæ, p. 26.
Charles-Emmanuel III, p. 280, 283.
— III, duc de Savoie, t. II, p. 359.
— du Coudrey, chanoine, p. 214, 216, 217, 222.
Charletus de Chamonis, p. 18, 38.
— Vulens, p. 31, 70.
Charlet, t. II, p. 130, 353.
Charlotte d'Orléans, t. II, p. 373.
Charossa, Charossia (domini de), p. 30, 189, 223.
Claudius Forreriis nobilis de Turnone, t. II, p. 172.
— Mugnerii de Bonavilla, t. II, p. 176, 178.
— Perini, t. II, p. 309.
Clauso (de), p. 77.
Clemencia Ferrerii, p. 331, 342, 344, 345.
Clemencia Roliard, p. 346.
Clément VII, p. 299, 300.
Colleta uxor Petri de Costa, t. II, p. 339.
Colleta Pyon, t. II, p. 342.
Colletus de exerto sindicus, t. II, p. 333.

Colletus Berthodi sindicus, t. II, p. 366.
— de Allioux, t. II, p. 206, 231, 242.
— de Cresco, t. II, p. 292.
— de Crosa, t. II, p. 337.
— Gabet, t. II, p. 340.
— Gillier. sindicus, t. II, p. 316, 333, 335.
— Marguent, t. II, p. 316.
— Ministralis, t. II, p. 324, 323.
— Pilleserii de Cresco, sindicus, p. 283.
— senior, p. 343.
— Pyon junior, t. II, p. 342.
— — senior, t. II, p. 342.
— de villa, t. II. p. 338.
Colliege de Sallanches, t. II, p. 360.
Columbus de plano Passiaci. p. 43.
Commarez (dicta), p. 360, 363, 364, 366.
Constancia uxor Petri de Chivron, p. 384.
Cortesius Seytor, p. 186.
Corteys de Cresco, p. 42.
Corteysus de Planis, p. 125.
Crescensius de Salanchia not., t. II, p. 9, 126.
Creso (de) S^i Pauli nobilis, t. II, p. 146
Curatus Castillionis, p. 301.

D

Dagnier presbiter, p. 160.
Dathan, p. 2.
Decanus abbas S^i Michaelis. p. 20.
— Salanchiæ, t. II, p. 357.
Delphina viennæ, p. 72.
Delphinus, p. 7, 72, 79.
Dermago. p. 12.
Dura uxor J. de Cl., p. 128, 129.
Durandus canonicus de Intermontes, p. 8.
— Caplayn.
— Bosson, p. 71.
— Caphayns de Syervu, p. 121, 236.
— Cormant de Monte Valterio, p. 214.
— de Castellareto, p. 154.
— Dulormey, p. 186.
— Gillet, p. 192.

Durandus Gilliers, p. 186.
— Leone, p. 234.
— Nayleus, p. 35.
— Nalyn, p. 186.
— Pezclos, p. 40, 41, 42.
— de Planis, p. 236.
— Quinter, p. 115.
— Savyu, p. 161.
— Tressard, p. 298.
— de villa de Voudagny, p. 125.
Durencia de planis, p. 53.

E

Eduardus comes Sabaudiæ, p. 193.
Elidona suscepta Hugonis, t. II, p. 75.
— soror Nicodi Bochard, t. II, p. 75.
Emericus Bruydans de Megeva, p. 54, 67, 70, 85.
— de Chessye clericus, p. 56.
— de Geria, p. 89, 91, 103, 113.
— Pavioz de Ch^{ls}, p. 145.
— de turre de Chatellon, p. 12.
Engeldrandus presbiter, p. 2.
Enudonus castelanus Montis Gaudii, p. 63.
Episcopus gebennensis, p. 196.
Eustachius de Crans, t. II, p. 275.
Eymo decanus de Villionay, p. 73.
Eynardus de Montebello prior campi Muniti, t. II, p. 198.

F

F. de Aurillaco, t. II, p. 89.
Faber de Chamunis, p. 48.
— Dulormey, p. 42.
Fabio de Trivulce, prieur de Mégève, p. 12.
Falco de Megeva capellanus, p. 181, 186.
— regis, p. 353.
Falconetus Blancheys, t. II, p. 77.
— de Darbeleto, p. 134, 145, 156.
— Donczat, p. 192.
— de Pelerino, p. 245.
— Roseys, p. 186.
Falconus curatus Megevæ, p. 204.

Falquetus dou Bioley, p. 70.
— dou Bochet, p. 196.
— Chacotinz, p. 215.
— de Girars, p. 186.
— Gras, p. 183.
— nepos Gyrodi Biol, p. 70.
— filius Guigonis, p. 52.
— Moctelli, p. 215.
— Milex notarius, p. 350, 354, 356, 368, 371, 382, 384, 385.
— d'Orsins, p. 119.
— Roulet, p. 186.
— de terra excoferius, p. 280, 290, 292, 298, 318, 364.

Farneria Chamonix, p. 208.
Farquetus de Combis, p. 42.
Felix felixie roseta, p. 294.
Francesia uxor Botollierii, t. II, p. 5.
— Guilliot, p. 287.
— uxor Moterii, p. 291.
— relicta Francisci Paviot, t. II, p. 182.
— uxor J^{is} Pecluz, t. II, p. 251.
— Pyon, t. II, p. 312.
— Vouterii, t. II, p. 259.
Franciscus Balmat, t. II, p. 220.
— Berthod de Chamonix, p. 204.
— — alias Bovet, t. II, p. 152, 154, 158.
— Bonafey, p. 356.
— Bone fidei, t. II, p. 316.
— Bosseti notarius, p. 166.
— Botolierii, Botelliers, p. 196 ; t. II, p. 22, 45, 47, 51, 142, 307, 330, 336, 367.
— Bragnys, p. 359.
— Brazat, notarius, p. 159, 173.
— Brunet, p. 324, 326.
— Bullat, p. 289, 345.
— Buthodi, Butodi de Passiaco, curatus, t. II, p. 169, 175, 215, 221, 241.
— Chamonix notarius, t. II, p. 7, 13, 17, 25, 39, 40, 43.
— Charlet, p. 356 ; t. II, p. 353.
— de Combis. p. 215.
— Comitis, t. II, p. 247, 310.
— Compesii, t. II, p. 58.
— Corsat faber, p. 334, 351, 356.

Franciscus de Cupelino, t. II, p. 316.
- Depagnie (d'Epagny), p. 128, 129, 134.
- des Dus, p. 285, 335.
- Fabri alias Aymoneti, t. II, p. 316.
- Felissaz, syndicus, t. II, p. 280, 291, 294, 298, 300.
- filius Jullianaz, p. 367.
- de Fracia domicellus, p. 221.
- Frasserens alias Symondi, t. II, p. 280, 316.
- Gahet, t. II, p. 104, 130, 342.
- Gardeys, p. 287, 338.
- Garquent, t. II, p. 316.
- Guillelmi monachus, p. 204.
- Henriat, t. II, p. 316.
- Hospes, p. 348, 369.
- Jacquemet, p. 355.
- Jordaneys, t. II, p. 302, 304, 316.
- Landryu, p. 285.
- de Lavancherio, p. 328.
- dou Lavuet, p. 300, 362.
- de Lucembour, t. II, p. 353.
- de Lucingio nobilis castelanus, p. 227, 323 ; t. II, p. 107, 152, 157, 164, 175, 182, 190, 194, 200, 205, 215, 246, 260, 270, 356.
- Malleni, t. II, p. 119.
- de Menthone, p. 292 ; t. II, p. 50.
- de Monteforti, scutifer, t. II. p. 144.
- de Nantis, p. 215, 360.
- nuctrictus Aymonis de Menthone, p. 221.
- Pecluz p. 325 ; t. II. p. 2.
- Pelisserii clericus, t. II, p. 19.
- Perrini Balmat, p. 356, 358.
- Porterii, t. II, p. 207, 212.
- de pratis alias Richardet, t. II, p. 316.
- Pyon, t II, p. 338.
- de Ravoyria tesorarius, t. II, p. 367.
- — natus illegitimus Guillelmi, t. II, p. 356.
- de villa, t. II, p. 338
- de Voseyrie, p. 255, 282 ; t. II, p. 4.

François Daniel, notaire, t. II, p. 4.
Fraretus Vulens, p. 70.
Frochetus. p. 348, 377.
Fucigniaci judex, t. II, p. 51

G

G. del Bosc, p. 6.
G. Marchiandi cancellarius, t. II, p. 24.
G. Marci tesaurarius, t. II, p. 24.
G. de Manzenio, p. 11.
Gabriel de Costa, p. 134, 140, 154 ; t. II, p. 105, 146.
— donatus curati de lacu, p. 108 ; t. II, p. 22.
— de Laude, p. 210, 211.
Gaspard Balmat, syndic, p. 281.
Gaudinus Onceys, p. 110, 318, 323.
— . Vachonis de Salanchia, notarius, p. 155 ; t. II. p. 188.
Gaudina, t. II, p. 25, 37.
Gaufredus, prior de Campo, p. 13.
Gebennensis Comes, p. 67. 168.
— Comitissa, p. 99.
— episcopus, p. 73, 168, 180.
Gedeo de Aquabella, p. 32, 73, 103.
Georgius ballivus generalis Valesii, p. 201 ; t. II, p. 322.
— de Compesio, prior Megevæ, p. 166, 196 ; t. II, p. 306.
— de Cons abbas Stamedei, t. II, p. 169.
— de Coudreto, p. 253.
— de Frassia, nobilis, p. 245, 258.
— Grosseti notarius, p. 214.
— — juvenis notarius, p. 258, 260, 261.
— de Lucingio, t. II, p. 343.
— Palueli, p. 104 ; t. II, p. 7.
Gerardus de Chissiez miles, p. 257.
Geroldus filius Aymonis comes Gebennensis, p. 1.
— Mistralis de pany (d'Epagny), p. 52.
Gervasius Devernet, p. 23.
Gigonet de Bosco, p. 4.
— de Chamonix, p. 85.
Girardus Blondaz, p. 134, 140 ; t. II, p. 105, 146.
— dou Bor, p. 215.
— Bouruz, p. 139 ; t. II, p. 121, 123.
— Cornuti de Ravanez, p. 93, 254.
— Falconet, t. II, p. 233.
— de Fucigniaco, p. 67.
— Ganaz de Lacu, t. II, p. 222.
— Gravaz, t. II, p. 98.

Girardus de Martent, p. 7, 9.
— Mistralis, p. 22.
— monachus, p. 155; t. II, p. 193.
— de ponte, p. 214.
— realis de ponte bellivicini, t. II, p. 134.
— Rubini notarius, p. 121; t, II, p. 71. 73.
— de Rumilliaco castellanus, p. 39.
— Serralionis notarius, p. 121; t. II. p. 74.
— Tissot, p. 154 ; t. II, p. 105, 185.
— — filius Willelmi, p. 134.
— serviens prioris, p. 24, 30.
Girauda uxor Voutereti, p. 64.
Girodus Actricas, Atricaz, Attrica, p. 328, 330, 333, 342, 347, 350, 354, 361, 366, 367, 369, 371, 381, 383; t. II, p. 4.
— Allioz, p. 186.
— lu Aymonet, p. 192.
— Bruni d'Ormaret, p. 39.
— de Campis, p. 186.
— Chaveyn, p. 186.
— Danielis de Goleta, p. 159.
— Despagnie, p. 128, 129.
— Falconeti, p. 215.
— Finesii, t. II, p. 98.
— de Follierio, p. 301.
— Fonters, p. 136.
— Garguens, p. 285.
— Gays, p. 301.
— Gravet, p. 115.
— de lacu, p. 84, 125, 160, 166, 236.
— messerii, p. 160.
— de marto, p. 18.
— Mola, t. II, p. 146.
— Mossat, p. 122.
— de Nantis, p. 186.
— pator, p. 186.
— de pelerino p. 246.
— de Perrina, p. 4.
— de Planis, p. 125.
— Plat, p. 47, 59.
— Praes, prays, t. II, p. 54, 104, 115, 120, 128, 130.
— rassiour, p. 186.
— retallion, p. 255.

Girodus Tieceys alias prays, t. II, p. 158, 337.
Glaudius Exerterii notarius, t. II, p. 343.
— Gaudini capellanus, t. II, p. 368.
— Parvi Johanis clericus, t. II, p. 321.
— Perrete serviens, t. II, p. 192.
— Rup vice inquisitor, t. II, p. 209, 212, 217.
Gr. de Frieres, p. 12.
Gr. de la Sarra, p. 11.
Grossus Micheletus, p. 322, 329.
Guichardus de Varey miles, p. 22.
— Perret notarius, p. 12.
Guido abbas S^u Michaelis, p. 97.
Guido de Aquabella, p. 113.
— Columbi, t. II, p. 58.
— de Curnilio, p. 9.
— de portis, p. 103, 112.
— Rucelin, p. 9.
— de Salins, p. 4.
— Guifredus de Cornillione, 165.
— Guiga relicta Melliereti Balmat, t. II, p. 178, 182.
Guigardus de Frassia, p. 108; t. II, p. 21.
— de cupelino, p. 323.
Guigo Berthodi, p. 215.
— de Bossons, p. 326.
— capellanus S^i Gervasii, p. 15, 25, 30.
— de Chamos monachus, p. 15, 30.
— Coyndat, Cohendat, p. 97, 215, 269, 283.
— de Cruce, p. 63, 159.
— incuratus de lacu, p. 22, 52, 236.
— de lacu notarius, p. 68, 172, 173.
— Meczat, t. II, p. 127, 130, 139; syndicus, p. 232.
— Nycola, p. 283, 285.
— de planis, p. 215.
— de Ravoyria, Ravorea castellanus, t. II, p. 148, 152, 156, 161, 178, 201, 209, 227, 267, 281, 302.
— — pater dictus Banderet, t. II, p. 166, 238.
— — clericus, t. II, p. 312.
— — filius Guigonis, 149; t. II, p. 166.
— Psalterii, p. 55, 138.
Guigoneta Guiga, p. 152, 153.
Guigonardi, t. II, p. 90.
Guigonetus Cohendet de Scalis notarius, p. 197, 204.

Guillelma Sonna, p. 295.
Guillelmus, Guillaume de Aulanova curatus, t. II. p. 168.
— Balista capitaneus, t. II, p. 172.
— Bescuti, p. 217.
— Bochardi, t. II, p. 341.
— Bolomieri, t. II, p. 102.
— Botollier, Botellier, p. 258, 261, 335; t. II, p. 142.
—   — curatus, t. II, p. 215, 221.
— Byolli sacerdos, p. 181.
— Carerii. t. II, p. 21.
— de Challand abbas S^i Michaelis, t. II, p. 3.
— de Chanya monachus, p. 221, 287, 296, 358, 365 ; t. II, p. 4.
— de Charreriis, p. 111.
— de Chesa marticularius, p. 215.
— de Chissé, p. 214, 258; t. II, p. 360.
— de Costa, p. 212; t. II, p. 342.
— Ferrerii, p. 342.
— de Foresta baillivus Faucigniaci, p. 124.
— Forners, p. 57, 141.
— Inglardi, t. II, p. 316.
— de Marlio, p. 228.
— de Maros monachus, p. 177.
— Martini, p. 218; t. II, p. 367.
— de Montebello, p. 187, 296.
— nuctrictus Aynardi de Montebello, p. 243.
— de passu, p. 215.
— de petris, notarius, p. 34, 80, 82.
— Pipinus, miles, p. 8.
— de planis, t. II, p. 204.
— prior de Alunda, p. 63, 158.
—   — St Siriscii, p. 253.
— de Prissay, p. 37, 38, 87, 89, 91.
— Pyon, t. II, p. 342.
— de terra, t. II, p. 316.
— Ravanelli, t. II, p. 346.
— de Ravoyria prior, p. 208 à 222 ; t. II, p. 109 à 354 ; decanus, p. 362, 365.
—   — commendatarius St Petris de Clagis, t. II, p. 336.
—   — curialis, p. 245, 260, 273.
—   — junior, t. II, p. 264, 278.
—   — notarius, p. 238, 258; t. II, p. 294, 368.
—   — rector St Simphoriani, t. II, p. 348.

Guillelmus de Veramolin canonicus gebennensis, p. 24, 80.
— de Villetta prior, p. 64 à 74, 145, 147, 152, 155, 161 à 184.
— Viviandi, p. 34, 80.
— de Voseyrier, p. 166.
Guillerma Columbeysa, p. 285.
Guillermata Bruneti, t. II, p. 235.
Guillerminus de Aquis, t. II, p. 339.

H

Hebertus de Bardonechy castelanus, p. 56.
Heinardus Faber, p. 22.
Hemardus Falco, p. 23.
Henrieta uxor Petri Onseis, t. II, p. 184, 194, 200.
Henricus Botellers, p. 137.
— Bragny, p. 359.
— capellanus de Chamonix, p. 27.
— Chacotini, p. 353, 358.
— de Cruce. p. 12.
— de Cursono de Fabricis notarius, t. II, p. 62, 77.
— Desfichiffuer, p. 285.
— Fabri judex Faucigniaci, t. II, p. 24.
— Girod des Allioz, p. 321, 323.
— Gleiat, p. 186.
— de Graveralio castelanus, p. 163, 166.
— de l'Hôpital curatus Megevæ, p. 12, 33, 45.
— de Menthone miles, t. II, p. 7.
— de la Mola, p. 71, 121, 151, 176.
— Paviot, t. II, p. 245.
— Pecolerii, p. 347.
— Poralis canonicus maurianensis, p. 348, 374.
— Tromberti, t. II, p. 258, 260, 280, 282, 291, 294 ; notarius.
— Uerza, t. II, p. 272.
— de Villeta prior Ugine, p. 179, 190.
— Vouterii, p. 328.
Hudricus de Fribor, p, 12.
Hugo Amblard castelanus S¹ Gervasii, p. 350.
— de Avisio canonicus tarentasiensis, p. 170.
— Bertrand magister hospicii, t. II, p. 129.
— Botollier mistralis, p. 302, 376 ; t. II, p. 5, 23.
— Burlat, p. 355.
— Cachat, p. 287, 303, 306, 308.

Hugo de Combis, t. II, p. 98, 121, 123.
— Dartas celerarius, p. 343, 351, 356, 363, 365, 367, 369.
— de Fenias mistralis, p. 172.
— Frasserens alias Foliguet, t. II, p. 190, 205, 206, 239, 268, 276, 300.
— Janini, p. 301.
— Johanes de Sº Stephano, p. 4.
— Johannon, p. 368.
— Mermet, t. II, p. 75.
— Mistralis notarius, p. 215, 255, 259, 274, 302, 375.
— de Monte Vouterio. p. 324, 335.
— de Moussie, p. 73.
— Onseys de Argenteria, t. II, p. 93.
— de Ravoyria, t. II, p. 169, 224, curatus Campimuniti.
— Rolliard notarius, castelanus, p. 315, 321, 333, 344, 350, 356, 358, 361, 365, 367, 374, 377.
— de Somon, p. 12.
— Villicus de Sallanchia, p. 11.
— de Vosseriaco, p. 325.

Hugonetus Boveti, p. 275, 283, 322, 344, 372 ; t. II, p. 19.
— Duntort de Mieussy, t. II, p. 4.
— de Menthonay, p. 266.
— Pecluz, p. 284 ; t. II, p. 45, 247.

Humbertus Agathonis, p. 315.
— Andreas curatus Vallis ursinæ, p. 221.
— de Balma canonicus, t. II, p. 309.
— de Belloforti prior, p. 57.
— de Chamosseto monacus, p. 30, 38, 45, 50, 65, 80.
— de Chissiaco monacus, p. 192; t. II, p. 84, 86, 90, 101.
— de Chivrone, p. 384.
— comes Gebennensis, p. 5.
— de Cremiaco, p. 196, 221, 243.
— de Curnillione miles, p. 261.
— Dalphinus Viennensis, p. 86, 92, 95.
— Landrici curatus Vallis ursinæ, p. 338, 341.
— Marchiant, p. 240.
— prior Campi muniti, p. 7, 8, 9, 11.
— — de Tella, p. 212.
— de Thonons officialis Gebennensis, p. 60.
— de Thoria et de Vilars, p. 88, 91.

Hutus de Rivo, t. II, p. 50.

I

Innocencius VIII. t. II, p. 305.
Imperio romano vacante, p. 6.

J

J. A. ex Marchionibus Saluciarum, t. II, p. 58.
Jacoba uxor Jaqueti Joria, p. 310.
Jacobus abbas S᠋ Mauricii Agaunensis, p. 169.
— de Albiaco notarius, p. 209.
— de Avullier procurator fiscalis, p. 25.
— de Balmis clericus, t. II, p. 186.
— Bertod, p. 208.
— Besson, p. 294.
— Bocardi, t. II, p. 190, 191.
— Bollet, t. II, p. 153, 154, 179, 201, 202, 206, 209, 315.
— Bonarent, p. 127.
— Bondis, t. II, p. 84.
— Bontemps, t. II. p. 323, 324.
— Bornendi barbitonsor, t. II, p. 114.
— de Bosco notarius, p. 101.
— Bossonus, p. 68, 102.
— Botollier, p. 7, 25, 34, 127, 137, 155, 156.
— Bouruz, Burut alias Ganat, p. 121, 123, 146; t. II, p. 129.
— Brossie notarius, p. 335, 343, 344, 351, 355, 358, 362, 367, 373.
— Broyssat, p. 360.
— de Campo, p. 266.
— capelanus de Combloux, p. 30, 45.
— Carrerii, t. II, p. 22.
— Chamonix notarius, t. II, p. 14.
— Cohennet, t. II, p. 368.
— Cornuti, t. II, p. 341.
— de costa, t. II, p. 146.
— de Crecherello prior, t II, p. 52, 54, 57, 59, 63, 65, 71, 75, 78, 80, 84, 91, 93, 96, 101, 105, 121; administrator, p. 130, 232, 234.
— de crosa, t. II. p. 340.
— Crottus, t. II, p. 264.

Jacobus de cruce Montisgaudii, t. II, p. 307.
— Detyssiors, p. 71.
— Dudini, t. II. p. 284.
— Dumont notarius, p. 12.
— Eschaquet, p. 73, 89, 91, 103, 112.
— Fabri notarius, p. 196, 197.
— Faydit, p. 70.
— de Fago notarius, t. II, p. 316, 321.
— Gravez, p. 139. 140.
— Henriodi, notarius, t. II, p. 56.
— Igarde de Camera notarius, p. 212.
— de Joria, t. II, p. 282.
— Lechie alias Jacodi, p. 339; t. II, p. 221.
— Marescalli castelanus Salanchiæ, p. 22, 23, 24, 25.
— Martini, p. 55, 57,
— Michaudi clericus, t. II, p. 168.
— ministralis de Arbingnonis, t. II, p. 323.
— de molario judex Fulcigniaci, t. II, p. 124.
— dominus Montismajoris, t. II, p. 102.
— Mossa de la mola, p. 122.
— Mussouz, p. 70.
— Peclu, p. 68, 70, 102, 112, 113, 236, 285, 294; t. II, p. 2.
— Pelliodi rendutus, t. II, p. 172.
— Pilicerii, t. II, p. 334.
— de ponte alias Monachon, t. II, p. 207.
— de Ravoyria prior, t. II, p. 14, 206, 310, 329, 356.
— — monachus, t. II, p. 348.
— de Raymondeis notarius, t. II, p. 80, 91, 186.
— de Riða, t. II, p. 86.
— Samoens notarius, t. II, p. 255.
— Serasset alias de campo presbiter, t. II, p. 364.
— Sostio judex, p. 275, 310, 313, 325, 344, 537, 358, 361, 366, 378; t. II, p. 50.
— de S[to] Sigismondo, p. 65.
— de Vosoirier, p. 4, 6.
— Vulliuz, t. II, p. 335.
Jacodus de Fillinaci episcopus Sedunensis, t. II, p. 322, 324.
Jacomodus Chamonix, p. 186.
Jacques Germane notaire, t. II, p. 4.
Jacqueta Borda, p. 323.
— uxor Peroneti mistralis, p. 32.
Jana uxor F[si] Botolierii, t. II, p. 346.

Janeta uxor Jacobi ministralis, t. II, p. 323.
Janinus Quinonridet notarius, t. II, p. 19, 22, 49, 51, 82.
Janus de Crans, t. II, p. 352.
— Sabaudiæ comes Gebennensis, t. II, p. 270.
Jacquemeta de Villa, t. II. p. 338.
— de Viverio, p. 205.
— Delormey, p. 186, 196.
Jaquemetus Allioz, p. 186.
— des Bochards, p. 196.
— Cholet, p. 280.
— de combis, p. 186.
— Doex notarius, p. 226.
— Folleys, p. 191.
— Girars, p. 186.
— Henriodi, p. 239, 241, 243.
— Huet, p. 353.
— Huguet, p. 358, 362, 367, 372.
— Hugonet, p. 323.
— de Lucingio castelanus, t. II, p. 39, 107.
— de Macley, t. II, p. 38.
— de Marthod, t. II, p. 4.
— Michala, p. 267, 285.
— Pelos, p. 215.
— de porta, p. 183.
— Sapientis, p. 215.
— de Saxo. p. 348.
— de submonte, p. 232, 239.
— de villa, t. II, p. 184.
— Viviand, t. II, p. 66, 77.
Jaquemus Mussoz, p. 150.
Jaquerius Bart, p. 186.
— Bertodi, p. 210.
— Charlet, p. 284, 310, 327, 329, 357.
— Corsat, p. 326.
— Garniz, p. 186.
— Genera, p. 275.
— Gras, p. 215.
— Huguet, p. 308.
— Landriu, p. 285, 291.
— Lueysi, p. 280.

Jaquerius Lupi, p. 285.
— Treceys, p. 327.
Jaqueta de molario, p. 324.
Jaquetus de Bellagarda, p. 129.
— Bossuni, p. 40, 41.
— Cachat, p. 334, 356, 362.
— de Chatel-vez, p. 128, 130, 147; 149, 154.
— Cochat, p. 283, 304, 308.
— Gamyns Despagnie, p. 128.
— Gravet, p. 115.
— Henriodi de Clusis, p. 187, 190, 221, 226, 245, 264.
— de Joria, p. 221, 277, 310, 358 ; t. II, p. 4.
— Lacha, Lachoz, p. 289, 342, 344, 363, 366, 372.
— de Marlio, p. 173.
— Mermod, p. 282, 324.
— Quarerii, t. II, p. 81.
— Riqueti, p. 215.
— Sadou, p. 285.
— Viviand, t. II, p. 14, 41, 54, 80.
Jay de cresco, p. 186.
— de Passiaco, p. 323.
Jofredus de Claromonte balivus, p. 139.
Johana la Jordaneysa, p. 40.
Johanna de Sabaudie, t. II.
Johannes de Aberiis monachus, t. II, p. 14, 17.
— Abet, t. II, p. 255, 256.
— Albi alias Frasserens, t. II, p. 45, 77.
— Andrea, t. II, p. 286.
— Aragon notaire. p. 232.
— Attricaz, p. 214.
— Aymonard, t. II, p. 215, 246, 247.
— Balyn, p. 295.
— de Barberina, p. 172.
— dominus Barjacti, t. II, p. 100, 102.
— Barmat, t. II, p. 152.
— bastardus de muretis, t. II, p. 45.
— Barri notarius, t. II, p. 151.
— Belli notarius, t. II, p. 112, 196, 198.
— de Belloforti cancelarius, t. II, p. 48, 50, 90, 102.
— Beraudi de Ste Genisio, p. 229.
— Bernardi, p. 315.

Johannes Berrot, p. 323.
— Berthodi, t. II, p. 333.
— de Bertrand archiepiscopus Tarentasiensis, t. II, p. 55.
— dou Bettex, p. 280.
— Beyeguy, t. II, p. 12.
— Beyer, p. 51.
— de Billia monachus, p. 365.
— Biolli vice castelanus, t. II, p. 150.
— Bionasset capelanus Montisgaudii, t. II, p. 238, 266.
— de Blancheto, t. II, p. 61, 110.
— Blonda, t. II, p. 105, 121, 123.
— Bollion, t. II, p. 44.
— Bochard prior, p. 187, 213, 216, 218, 221, 224, 225, 240, 242, 244, 246, 257, 259, 264, 267, 269, 275, 277, 302, 309, 315; t. II, p. 1, 3, 4, 19, 132.
— Bochard, t. II, p. 232, 302. 304, 340, 341.
— Bocotet, p. 287.
— Bonafey, p. 318.
— de bosco, p. 197.
— Bossoneys alias Bontemps, t. II, p. 119, 220, 230, 238, 239, 280.
— Bossy alias Bontemps, t. II, p. 206.
— Botellers, p. 155, 156, 158, 159.
— Botollier, t. II, p. 142, 183, 215.
— Boverius faber, p. 285, 328.
— Brochat officialis Gebennensis, t. II, p. 193.
— Brossie, p. 190, 342, 361, 365, 371, 384.
— Broyssat, p. 366.
— Bruneti, t. II, p. 189, 235, 249, 254, 255, 256, 257, 266.
— Burtaud Cleriaci, t. II, p. 172.
— de campis.
— capelanus Megevæ, p. 4, 16.
— capelanus de Scionzier, p. 6.
— Cavelli, p. 259.
— Challes, p. 186.
— de Chalon sire d'Arley, p. 86.
— Chambelli, p. 285, 322, 359.
— Chamonix, p. 186.
— Chamos, p. 22, 23, 287.
— de campis, p. 186, 288.
— Chapuys judex, t. II, p. 304.

Johannes Charcotini, p. 215.
— Charlet du Pecloz, t. II, p. 221, 316.
— Chave, p. 358, 372.
— Cheno, p. 361.
— Chinardi notarius, p. 190.
— de Chissiaco miles advocatus judex, t. II, p. 124, 133, 134, 135, 140, 155, 159, 162, 232, 234, 236.
— Chivilliard, t. II, p. 223.
— de Chivrone, p. 383.
— Choudet, p. 317, 356.
— Claret, t. II, p. 130, 232, 316.
— de Clarmont, p. 129.
— de clauso procurator fiscalis, t. II, p. 121.
— Clavelli, p. 327, 370, 371, 372.
— Clairger, p. 173.
— Columberius, p. 170.
— Combat, t. II, p. 268, 316.
— de Combis, t. II, p. 184.
— Comitis, t. II. p. 298, 300.
— de Compesio, p. 8; t. II, p. 58.
— Coquet notaire, t. II, p. 4.
— Cortesii, t. II, p. 190, 191, 193, 221.
— Cornuti, t. II, p. 280, 281. 283. 293, 340.
— Corteys, p. 152.
— de Costa, p. 225, 294.
— de Costis, t. II, p. 55.
— li cotaz corbos, p. 172.
— coudurerius, p. 360; t. II, p. 45.
— de Cresco, p. 214, 285.
— de Culuz domicellus, p. 266.
— de Cupelino, p. 162, 172.
— Cusin, t. II, p. 56.
— Dautanz barberius, p. 346.
— demolata, p. 357, 359, 368.
— de pessia.
— de planis, p. 33, 125.
— de roria cirurgicus. p. 126.
— desbreons, p. 255.
— desalouz Tyssot, p. 71.
— Devillier notarius, p. 12.
— de Dingiaco, p. 155.
— Doel, t. II, p. 184.

Johannes donatus nobilis J¹ˢ de Lucingio, t. II, p. 311.
— Doucet, p. 71.
— Doy, 322.
— Dubiol, p. 322.
— Dulormey, p. 41.
— Durand. p. 356.
— Enamoratus notarius, t. II. p. 3, 4.
— ses enfants, p. 42.
— episcopus Valiniensis et Diensis, p. 72.
— Escueni notarius, p. 232.
— Faber, p. 56, 59.
— Fabri notarius, p. 190, 215, 244, 284, 290, 319, 344, 345, 364; t. II, p. 123.
— de fago notarius, t. II, p. 168, 179, 181, 192, 195, 201, 245, 270, 276, 277, 311, 316, 321.
— Felisaz, t. II, p. 119, 130. 139, 147, 184, 205, 206, 232, 239.
— de Fenias, 172.
— Ferraud canonicus, p. 361.
— de Ferro, t. II, p. 321.
— filius a la Michala, p. 125.
— Fiveys, p. 129.
— Frareti allout de Allouz, p. 137, 138.
— de fonte judex, t. II, p. 1, 48, 100.
— forrerii, t. II, p. 114, 141.
— Francisci junior, t II, p. 208.
— Gabett, t. II, p. 310.
— Gacu, p. 299.
— Garniz, p. 186.
— Gaudini, t. II, p. 249, 256.
— Gay alias Pontinerii capelanus, t. II, p. 184, 238, 244, 342.
— Gay du lac, t. II, p. 4.
— Gillier, p. 322.
— Girard, p. 381, 383.
— Girardi, p. 331, 333.
— Girod des Alliotz, p. 324.
— Gophi d'Ormaret, p. 38.
— Grelant, t. II, p. 208, 212, 219.
— Greppone, p. 328.
— Grumisselli faber, t. II, p. 212.
— Guibert, p. 285.
— Guillelmis judex baptisatus, p. 365.

Johannes Guyer, t. II, p. 224.
— Gyrars, p. 71.
— Henriat, p. 353.
— Irrati, t. II, p. 36.
— Jacodi alias Lechiaz, t. II, p. 152, 189, 193, 221.
— Jaqueteys, p. 215.
— Jay clericus, t. II, p. 157, 161.
— Johannodi, t. II, p. 184.
— Jolys, p. 373.
— Jorand, p. 241; t. II, p. 302, 304, 316.
— Jordaneys, p. 71, 321.
— Juglardi, t. II, p. 316.
— de lacu, p. 30, 33, 232.
— Lambert, t. II, p. 351.
— Landriuz, p. 327.
— de Lant serviens, t. II, p. 193.
— de Latrovada domicellus, p. 253.
— lavancherii, p. 246, 328.
— de Lentenay collector apostolicus, t. II, p. 55, 65, 67, 74.
— Lestelley, t. II, p. 154, 156.
— Lombars, p. 186.
— du Lormey. p. 313, 345, 353.
— de Lucingio notarius, t. II, p. 107, 200, 258, 260, 343, 353, 368.
— Ludovicus de Sabaudia, t. II, p. 224.
— Lucys, t. II, p. 63, 75, 104, 127. 247, 302, 304.
— de Lugrino prior de Pollioney, p. 229.
— Liobard, magister computorum, t. II, p. 100.
— Margant, t. II, p. 241, 256, 302, 304.
— Marguella, t. II, p. 120.
— de Marnix, t. II, p. 305.
— Maruellat, t. II, p. 130.
— matelli, p. 285.
— de Megloret, t. II, p. 290.
— de Menthone, t. II, p. 94.
— Mermet, p. 362.
— Mermod, p. 324; t. II, p. 368.
— Meytent notarius, t. II, p. 44, 45.
— Michaletus notarius, p. 184, 187, 188, 190, 223, 245, 264
— Mistralis, p. 149, 154, 175, 176.
— Mistralis Martignaci, t. II, p. 166.
— — de Olono, t II, p. 166.

Johannes Mistralis valis ursinæ, p. 221, 268, 269, 284.
— de molario alias Peraudi, t. II, p. 208.
— Molyn, t. II, p. 185.
— monacus, p. 6, 27, 65, 71, 85, 144, 146.
— Moret alias Sardet, t. II, p. 151.
— Morii alias Reguet, t. II, p. 35.
— Mossat de la mola, p. 121.
— de mota, p. 121.
— motier, t. II, p. 59, 69, 72.
— de mouros, p. 172.
— Mugnerii, t. II, p. 251.
— Muriso, p. 358, 360.
— de nanto, p. 186, 288; t. II, p. 310.
— nobilis, p. 214, 276, 354, 362.
— de Ochiis, p. 360.
— de Orseriis notarius, p. 217, 238.
— pastor, p. 215.
— Paviot, p. 102, 134, 172, 176, 214; t. II, p. 302, 304, 310, 316.
— Peloczardi, t. II, p. 2.
— Perini, t. II, p. 184, 250, 364.
— Perisodi monachus, t. II, p. 172.
— Pernod, p. 355.
— li Perron, p. 172.
— Perollerii, p. 345, 346, 355, 368.
— Pessant, p. 260.
— de pessia, p. 215.
— Petrus Beauduin, t. II, p. 273, 276.
— Pigna, t. II, p. 247.
— Pigniez, t. II, p. 247, 249, 250, 254, 255, 258.
— Pillicerii, p. 285.
— de planis, p. 125, 215.
— Plat, t. II, p. 128, 130, 147, 215, 227, 239, 266, 280.
— de ponte, p. 215, 323; t. II, p. 77.
— Porta notarius, p. 243.
— de pratis, p. 71, 318, 356; t. II, p. 126, 128, 189, 311. 316.
— — alias Bollion, t. II, p. 75, 101, 115, 147.
— Pueuset clericus, t. II, p. 146.
— Pyon alias Prevodi, t. II, p. 276, 277, 339, 342.
— Raffin, p. 360.
— Rassiere, p. 186.

Johannes Ravanelli, p. 320.
— Raverii monachus, p. 177.
— de Revoyria dictus banderet, t. II, p. 169, 260.
— Rayes, p. 215.
— Regis, p. 22, 23; t. II, p. 185.
— Reymonde du tor, p. 71.
— Rollandi de Montemeliano, t. II, p. 356.
— Rodulphi, t. II, p. 316.
— Ros alias Billiam, t. II, p. 153, 154.
— Rosseti, t. II, p. 254.
— Rougeti, t. II, p. 188.
— Rubini de joux, p. 254.
— de Sabaudia, p. 48.
— Sadoz, p. 328.
— de Salanchia, p. 45.
— Salenove, p. 189.
— Samoens castelanus, p. 137, 139.
— Sapientis, t. II, p. 250, 316.
— Savyn, p. 161.
— Semblanet, t. II, p. 205.
— de Servin, p. 128, 236.
— Seyturerius abbas S^i Michaelis, p. 59, 60, 65, 70, 119.
— de S° Sigismondo monacus, p. 121, 136, 138, 151, 154.
— Solliard notarius castelanus, t. II, p. 44, 45, 114, 181, 182, 186, 189, 191, 192, 193, 196, 204, 205, 206, 207, 219, 221, 227, 230, 231, 238, 239, 240, 242, 246, 250, 263, 266, 270, 279, 308, 311, 316, 321, 334, 346, 364.
— de Somervato curatus de Scionzier, t. II, p. 108.
— dou Sonjon, p. 280.
— de Tacuney, p. 191.
— Tavelle, p. 221.
— de Thoria, p. 188, 222, 226.
— de Tomerii de Turno, p. 196.
— de turno, p. 215, 285.
— Tyeceys, p. 214.
— de Vallibus vice castelanus, t. II, p. 62, 68.
— de Varax administrator episcopatus Bellicensis, t. II. p. 237, 263.
— Venuz alias Brochet, t. II, p. 231, 242, 256, 276, 328.
— Veteris thesaurarius Gebennensis, t. II, p. 123.
— de Verneto, p. 355.
— de via notarius, p. 266, 274.

Johannes de Vigo monacus, p. 343, 315, 356, 364.
— Virar magister computorum, t. II, p. 100.
— Vouterii, t. II, p. 241.
— Vulens, p. 70.
— des Vuaczoz, p. 186.
— de Vorsia notarius, p. 302 ; t. II, p. 291.
Johanneta uxor Aymoneti Charrerat, t. II, p. 182.
— Boson, 291.
— relicta Combet, t. II, p. 340.
— Cupelini, t. II, p. 125, 128.
— uxor Johannis Mistralis, t. II, p. 167.
— uxor Francisci de Menthone, p. 292.
— relicta — Pyon, t. II, p. 338.
— uxor Guillermi de Aquis, t. II, p. 339.
— Loiys, p. 356, 360.
— Mercerii, p. 365.
— uxor Michaudi Gillier, t. II, p. 208.
— dicta Pollaz, p. 326.
— Salamonaz, p. 360.
— de Thoria, p. 222.
— de villa, t. II, p. 338.
— Vouterii, p. 328.
Johannetus Aymo des Dus, t. II, p. 40, 45, 54.
— Balmat, p. 285, 326.
— Bellon, t, II, p. 10.
— Broyssat, p. 349.
— Carrerii, t. II, p. 185.
— Chacotini, p. 285.
— Charlet, t. II, p. 130.
— Corbet, p. 280.
— Cortesii alias Martini, t. II, p. 82, 130, 152, 187, 190, 191, 193, 195.
— Desfichifuer, p. 285, 353.
— Felisaz, t. II, p. 127.
— Frasserens aliar Simondi, p. 204, 205, 206.
— Hospitis clericus, t. II, p. 127.
— Jaquerius, p. 360.
— Jorandi, t. II, p. 162, 227, 241, 256, 316.
— Lechiaz, t. II, p. 120.
— Lueys, t. II, p. 40, 54.
— ex dominis S^{ti} Martini, t. II, p. 290.
— Mermeti mocterii, p. 294, 347 ; t. II, p. 75.

Johannetus Michala, p. 269
— Mistralis, p. 275, 351, 357.
— Mocterius, t. II, p. 8.
— de molario, p. 324.
— de molendino, p. 215, 243, 287.
— de monte, p. 186.
— de nemoribus, p. 355.
— Peclu, p. 280, 284, 320, 325 ; t. II, p. 227.
— Perini, t. II, p. 227.
— de planis, t. II, p. 316.
— Prays, p. 285.
— Symondi, p. 294.
Johanodus Archerii, p. 283.
— Brioud, p. 291.
— Gaudini, p. 197.
— Matelli, p. 284, 285.
— dou Lavanchier, p. 215.
— Ponseys, t. II, p. 242.
Jordana de Clusis. p. 365.
— filia Jacobi Botellier, p. 51.
Jordaneta Maigna, p. 32.
Jordanus de Castro veteri, p. 39, 128, 129, 149, 152.
Jullianaz, p. 342, 347, 360, 363, 379.
Julianus de S^{to} Mauricio Agaunensis, p. 170.

K

Karolus III, dux Sabaudiæ, t. II, p. 350.

L

Lancelotus dominus Luyriaci, t. II, p. 102.
Leo X papa, t. II, p. 354, 362.
Leonarda Bothelier, p. 51.
Livaletus de la Grea, p. 41.
Loreta filia Jacobi Bothelier, p. 51.
Ludovica Combet, t. II, p. 340.
Ludovicus Botolierii de Nyviduno, t. II, p. 183.
— de Brena notarius, t. II, p. 102, 198.
— de Clauso, t. II, p. 150.
— Cornuti, t. II, p. 341.
— de Deyrea presidens, t. II, p. 352.

Ludovicus Gruet, t. II, p. 271.
— Lorys, p. 363, 364.
— de Lucingio, t. II, p. 343.
— de petra canonicus Gebennensis, t. II, p. 314. 320.
— de Ravoyria dominus crucis, t. II, p. 356.
— de Raymondeis notarius, t. II, p. 83, 176, 178, 179, 181, 186, 215. 248, 249. 250, 260, 267, 307.
— de Sabaudia dux, t. II, p. 95, 101, 149.

M

Manfredus ex marchionibus Saluciorum, t. II, p. 100, 102.
Maigna mistralis de Passiaco, p. 32.
Marcossey (S^r de), t. II, p. 373.
Marcus de Pertuxio, t. II, p. 290.
Margareta filia Jacobi Bothelier, p. 51.
Margarita uxor Francisci Bragnys, p. 359.
Maria filia Clemenciæ, p. 345.
— de lacu, p. 115.
— du Lormey, p. 186.
— de Marlio, p. 228.
— de planis, p. 51.
— filia Reymondei, p. 36.
— de Sabaudia duchissa Mediolani, t. II, p. 78.
Marieta Despecloz, p. 196.
— Jersonay, p. 333.
— du Lormey, p. 40.
Mariona uxor Moterii, p. 291.
— — Onseys, p. 318.
— dou Biol, p. 206.
Marquetus de Thoria, t. II, p. 7.
Martinus dou Biol, p. 206.
— Bosson, p. 214.
— Chavens, p. 71, 186.
— Chavoyuz, p. 215.
— Comitis, p. 365.
— Curti, t. II, p, 83.
— Cuynat, t. II, p. 240.
— de Fago, p. 323, 327.
— Garni, p. 280.
— Grossi de Servan, p. 172.

Martinus d'Heyriy, p. 186.
— de S° Jorio miles, p. 235.
— de Murenchia, p. 196.
— de Ochiis, p. 280.
— Onceys, p. 287.
— Paqual, p. 322.
— Rassiour, p. 186.
— dou Sayx, p. 71.
— Sostio, t. II, p. 210, 215, 257, 263.
— Terrens, p. 186.
Matheus Collogerii, p. 299, 300.
— de Lucingio, t. II, p. 343.
— Reymondi, p. 36.
Mathias filia Johannis Vouterii, t. II, p. 247, 259.
Mauricius Chardonis, t. II, p. 329. 333.
Mediolani dux, t. II, p. 78.
Melchior Debossy, t. II. p. 332.
Melieretus Atricaz, p. 186, 328.
— Audier, p. 285.
— Bart, p. 186.
— Benoz. t. II, p. 63.
— Bezer, p. 51.
— Boletz, p. 186.
— Bonafey, t. II, p. 82.
— Comberens, t. II, p. 224.
— Coyndat, p. 219, 295.
— de Exerto, p. 42.
— Garnyz, p. 186, 280.
— du Gerdyl, p. 71.
— Gilliers, p. 186.
— Girars, p. 186.
— Giraudaz, p. 287; t. II, p. 162.
— Girodus des Allious, p. 280, 328.
— Jaqueteys, p. 191.
— Jorancz, p. 214.
— Jordaneis, p. 186, 291.
— Mabilat de la Grea, p. 68, 102.
— — de ponte, p. 132.
— Milex, p. 372.
— de pratis, t. II, p. 105.
— Sordoz, p. 327, 328.

Melieretus Terynu, p. 186.
— Venuz, p. 323.
Melinetus de Cresco, p. 186.
— faber de Megeva, p. 168.
— de Thoria, p. 158.
— Tovery des dus, p. 68, 123.
Melmodus de Bellagarda, p. 71.
Merma Gavenchy Despagnie, p. 128, 129.
Mermerius Lombart, p. 192.
— Moterodi, p. 215, 216.
— Mugnerii, p. 376.
— Mussoz, p. 175.
Mermetus Berguerand, p. 324.
— de Ducs, p. 102, 112.
— de Exerto, p. 186.
— Falco, p. 283.
— Maugri, p. 232.
— Mistralis, p. 324.
— Mocterii, p. 269, 283, 291, 318; t. II, p. 8.
— Munfaudi curatus, 222.
— Quinter, p. 115.
— de Thoria, p. 188.
Mermodus Braza, p. 119.
— Belleys, p. 301, 362.
— de Chiedes, p. 39.
Mermondet filii, 346.
Michael Actricaz, p. 215.
— de Allioux, t. II, p. 302, 310.
— Alysat, p. 286.
— Bocard, t. II, p. 242.
— Bertout, t. II, p. 294, 299, 303, 301, 330.
— Bonafey, t. II, p. 334.
— Boson, p. 291.
— Bossoney, t. II, p. 280.
— Carrerii, t. II, p. 281, 291, 298.
— Charlet, t. II, p. 316.
— Claret, t. II, p. 316.
— Sanctus de Clusa, p. 3, 8, 10, 17, 29.
— Cochat, t. II, p. 206.
— Cohyndat, p. 327.
— Comberens, t. II. p. 191, 193, 204.

Michael Coterens, t. II, p. 281, 291, 298.
— Curatus de Chamonix, p. 48.
— Escofferii alias Vuelliet, t. II, p. 111.
— Faber Mugnerii, p. 206, 315.
— Falco, p. 59.
— Fatenioz, p. 214.
— de Ferro Thesaurarius Sabaudiæ, t. II, p. 79.
— dou Follier, p. 327, 351, 371; t. II, p. 154.
— frater, p. 27.
— Gaudin. t. II, p. 83.
— Gillier, p. 282.
— Gravet, p. 115.
— Johannet, p. 335.
— incuratus Chamunisii, p. 35, 56, 67.
— Landrioz alias Bellini, t. II, p. 265.
— Lechiez, p. 214, 285, 335.
— de Lormey, p. 205, 246; t. II, p. 232.
— Marchiand, p. 240.
— Mermodi, t. II, p. 316.
— Berthouz, t. II, p. 330.
— Michala, p. 267, 288.
— Michallodi, p. 215.
— Milliardi, t. II, p. 316.
— Mistralis, p. 324.
— de Monte Rossi, p. 27.
— Mocterii, t. II, p. 353.
— Moseliart, p. 361.
— Ondeerii, p. 267, 326, 329.
— Pavyot, t. II, p. 302, 304, 310, 316.
— Pelarins, p. 174.
— Pellicerii, p. 214, 283, 343; t. II, p. 19.
— Perini, Megevæ, t. II, p. 364.
— Perrerii, de Turno, p. 294.
— Perriardi, t. II, p. 153, 154.
— Pion, t. II, p. 339.
— Preys, t. II, p. 232.
— Richati, t. II, p. 284.
— Riqueti, p. 215.
— Rochex, de Bonavilla, t. II, p. 13, 45.
— Sadoux, p. 102, 112, 158, 186.
— de terra, t. II, p. 82, 316.

Michael dictus Tigiel, p. 192.
— Tyessey alias Prayes, t. II, p. 111, 130, 147, 159, 310.
— Veytet, t. II, p. 316, 334.
— de Viverio, p. 205.
Michala de Murenchia, p. 196.
— uxor Ramusii de villa, t. II, p. 208.
Michalerius Pachys vice mistralis Valis Ursinæ, t. II, p. 119.
Michaletus Chappot, t. II, p. 161, 178.
— Massiliard, t. II, p. 14, 54.
— Pilicerii, t. II, p. 54.
Michaudus Albi, t. II. p. 162.
— Berthod, t. II, p. 114, 119, 127, 130, 139, 147, 159, 222, 232, 239, 242, 280, 316.
— de Bossons, p. 326.
— Charlet, p. 322.
— dou Crot, t. II, p. 190, 191.
— escoferii alias Vulliet, t. II, p. 119, 120, 127, 130, 147, 232.
— Prasserens, p. 286; t. II, p. 130, 227.
— Gaudin, t. II, p. 40, 111, 119, 130, 139, 232.
— Gillier, t. II, p. 176, 177, 195, 199.
— Mermodi, t. II, p. 316.
— de Ochiis, t. II, p. 120.
— Perrialis, t. II, p. 231.
— Tressard, p. 298.
Mornyer, notaire, t. II, p. 309.
Moterius Bonjors, p. 214, 285.
— de buos, p. 241.
— Fabri alias pitor, p. 269; t. II, p. 62.
— de Grepone, p. 327, 328.
— Picton, t. II, p. 82.
— Pitondi, p. 321.
— Plat, t. II, p. 40, 302, 316, 329, 333.
— Sado, p. 326.

N

Nemours (Mme de), t. II, p. 374.
dicta Neyry, p. 290.
Nicholaus de Chereneis, p. 149.
— Donzel, p. 126.

Nicholaus dictus de la Bezry, p. 34.
— incuratus de Megeva, p. 131.
— de Pesseto, p. 119.
— de Ponte, p. 71.
— de Rullin, p. 11, 12.
Nicodus, Nycodus Bochard de Lacu, t. II, p. 75, 143, 341.
— — de Bosson, p. 324.
— de canali capelanus, t. II, p. 215.
— de castro, t. II, p. 146.
— de Cheneto capelanus Domenciaci, t. II, p. 114.
— de Crosa, t. II, p. 161.
— de cruce, vice castelanus Montis Gaudii, t. II, p. 49.
— du Pertuys, p. 355.
— de Monteforti castelanus, t. II, p. 115, 125, 128, 134, 141, 215, 246.
— Pascalis montis Vouterii, t. II, p. 185.
— Rosseti, t. II, p. 192, 195, 200.
— de via notarius, t. II, p. 107.
— de villa, t. II, p. 337.
— victuli, p. 335.
Nicola Factolly. p. 328.
Nicoleta Bochard, t. II, p. 341.
— relicta Girardi Gavay, t. II, p. 222.
— de Almesio, p. 18.
Nicoletus Bordonis, p. 215.
— Ganaz, t. II, p. 129.
— Longerii, t. II, p. 185.
— Martini Gebennensis, p 55, 56.
— du Pessey clericus, p. 117.
— de Voreriaco domicelus, p. 273.
Nycodus de Combis, t. II, p. 98.

O

Orytinus de Costa, p. 53.

P

Paganus clericus de Yriaco, p. 8.
Pantaleo de villa, t. II, p. 338.
Parisius capelanus, p. 209

Paulus de Capris advocatus fiscalis, t. II. p. 352.
Pavyodus, pavyotus de Chamonix, p. 47, 52, 54, 236.
— Jaqueteys, p. 191.
— Marquis, p. 356.
— Plat, p. 56, 58.
— de pratis, p. 102.
— Ros, p. 289, 298.
Peroneta Combet, t. II, p. 340.
— nobilis, p. 342.
— Pyon, t. II, p. 342.
— de Monte, t. II, p. 317.
Perralus marescalus, p. 164.
Perrerius Challet, p. 308.
— Charlet, p. 344, 355.
— Choudet, p. 356; t. II, p. 82.
— Franczonus, p. 356.
— Lombardi, p. 190.
Perreta Ballaval, p. 280.
— dou Betex, t. II, p. 208.
— dou folie, p. 303, 308, 309.
— Marguelat, p. 326.
— Nurus, t. II, p. 45.
— de Ochiis, t. II, p. 208.
— Onceys, p. 287.
— la pacoressa, p. 40.
— dicta patuola, p. 128, 129.
Perretus Balmat, p. 346, 349, 351, 354, 355.
— Bonet, p. 40, 42.
— Berthod, p. 215.
— Bossoneys, p. 331, 332, 356.
— Buchet, p. 295.
— Cachat, p. 215, 353.
— Calliet, p. 215.
— Challet, p. 214, 241.
— Cochat, p. 215.
— Darbelet, p. 356.
— Duchat, p. 349.
— a le fenies, p. 285.
— Fabri, p. 285, 327, 335, 342, 343, 362; t. II, p. 54.
— de fonte judex, t. II, p. 105.
— Franczonus, p. 356.

Perretus Gabet, t. II, p. 310.
— Gaudeys, p. 287.
— Gaytaz, p. 215.
— Girod des Alliotz, p. 321.
— Guigat, p, 291.
— Jacocius des nanz, p. 70.
— Jay Passiaci, p. 327.
— Lueysi, p. 280.
— Maciz, p. 362.
— Marguelat, t. II, p. 13.
— Michala, p. 294.
— Moterii Fabri, p. 328.
— Pavyot, p. 214, 326.
— Porment, p. 215.
— de ponte sindicus, p. 102, 112, 215, 269, 282, 317
— Potelens, p. 172.
— Prayes, p. 286.
— Quiblerii, p. 196.
— Riond, p. 291.
— Ros, p. 298.
— Sadouz, p. 215.
— sertor, p. 349.
— Symondi, p. 317, 323.
— Traperii, p. 214,
— Varnerii, p. 255.
— de Voseyrie, p. 196.
Peron de Compois, p. 87.
Peronetus Berthodi mistralis, t. II, p. 280, 282, 295, 302.
— Brussat, p. 190.
— Challes, p. 266.
— Charles, p. 323.
— de Chiedes, p. 134, 154.
— Coteti, sindicus, t. II, p. 176, 190, 195, 199.
— de cupillino, t. II, p. 39, 41. 82, 125.
— Fabri sindicus, p. 215, 344, 349, 355, 372; t. II, p. 242, 256.
— Feliseys, p. 186.
— dou foliuz, p. 190.
— Gilliers, p. 215.
— de la Grea, p. 71.
— Henrici, t. II, p. 146.

Peronetus Henriet, p. 352.
— Jacodi alias Lechiat, t. II, p. 30, 189, 221.
— de Marlio domicelus, p. 117.
— Michallie, t. II, p. 231.
— Mistralis de Passy, p. 32, 39.
— Mugnerii, p. 378, 379.
— Mussoz, p. 214.
— Or^{no} notarius, p. 310.
— Pascalis, p. 185.
— Perini, t. II, p. 184.
— Salterii, p. 117.
— Vallerii de Turno, t. II, p. 45.
— Veytet, t. II, p. 316.
— Vouterii, t. II, p. 119, 120.
Peronodus de via, p. 281, 289.
Perrinus de Anz Passiaci, p. 149.
— barberius Passiaci, 162.
— Johanodus de Lavancherio, p. 196.
Perrissodus Taliour canonicus Maurianensis, p. 258.
Perussodus de Costa, t. II, p. 146.
Petremandus de Chivrone, t. II, p. 164.
— Palmerii, t. II, p. 329.
Petrus (sanctus) Romæ, p. 162.
Petrus abbas Clusinus, p. 4.
— — Sancti Michaelis, p. 245.
— Adam, t. II, p. 77.
— de Alberosa notarius, p. 165.
— Albi de Castro veteri, p. 149.
— Albus de Salanchia, p. 59.
— des Alliotz, p. 42, 186.
— Alisa, t. II, p. 376.
— prepositus Almesii, p. 8.
— de Altavilla, p. 223.
— de Sancto Amore, t. II, p. 17.
— Andreveti, t. II, p. 24, 48.
— de Aquis, t. II, p. 364.
— de Arsenaz marescallus, p. 4.
— de Avalone, p. 164.
— Aymonis, t. II, p. 256.
— Balister, judex, p. 80.
— Balmat, p. 346.

Petrus Baptenderii presbiter, t. II, p. 321.
— Barberini, p. 182.
— Beguynat curatus Vallis-Ursinæ, t. II, p. 52.
— de Bellagarda, p. 181.
— de Bellomonte, p. 30, 33.
— Bertod, p. 291. 343, 351, 373.
— de Betex, p. 360.
— Bezer, p. 135, 156.
— Bezin, t. II, p. 186.
— Bioley de Passier, t. II, p. 223.
— Bioly de Flumeto, p. 39, 234.
— Biriaci notarius, p 111, 113.
— Blancheys mistralis, t. II, p. 333.
— Blonda, t. II, p. 22.
— Bochard prior Portus Valesii, p. 213.
— — vice mistralis, t. II, p. 104, 340, 341, 342.
— Boni, p. 217.
— Bossoneys, t. II, p. 45, 54, 120, 130, 139, 162, 333, 335.
— Boyssonet notarius de Chamberiaco, t. II, p. 74.
— Bruneti, t. II, p. 241.
— Bruni, t. II, p. 302, 304.
— de Bueyn, p. 36, 37.
— Buthod curatus Vallis-Ursinæ, t. II, p 311, 346.
— Byoz de Flumeto, p. 50.
— Cadrati monacus, t. II, p. 227.
— de Calcibus domicellus, p. 35, 45, 50, 59, 114. 117, 118, 234.
— de campis, p. 71, 269, 288.
— de campoplano, p. 370.
— de capella, p. 236.
— Carrerii sindicus; t. II, p. 204, 205, 206.
— de Castellario, p. 354.
— Casti curatus, p. 175, 176, 177, 183, 184, 187, 196, 198, 209.
— — notarius, de Megeva, p. 128, 134, 137, 139, 146, 150, 151, 154, 160, 162, 168, 172.
— Challet, p. 294.
— de Chamieusis, p. 42.
— Chamonix, p. 47.
— Chamos de Bionasset, p. 161.
— Chana, p. 300.

Petrus Charlet, t. II, p. 281, 291, 298, 327.
— de Chatel-vez, p. 128, 130, 149.
— Chelronis, p. 27.
— de Chiede, p. 39, 141, 142, 150, 151.
— de Chissie miles, p. 257, 302, 367, 375.
— de Chivrone, p. 381.
— de Clusa notarius, p. 14, 30, 107, 131, 133.
— Coenos de Albietz monacus, p. 215.
— Combet, t. II, p. 340.
— de Combis, t. II. p. 120.
— de Compesio, p. 89, 91.
— Coperii balivus, p. 80. 164.
— Cornuti alias Borelli, t. II, p. 340, 342.
— de Costa, p. 353, 362; t. II, p. 238.
— de Crescherello, t. II, p. 134.
— de cresco. t. II, p. 77.
— Creteys alias Jacquier, t. II, p. 162.
— de crosa, p. 254, 255, 257.
— de croso, t. II, p. 337, 339, 340.
— de Cupelino, p. 116.
— curatus de Chamonix, p. 190.
— de Curnilio de Salanchia, p. 9; t. II, p. 307.
— Daniel notarius de Passiaco, p. 221; t. II, p. 12, 94, 104, 108, 142, 146, 150, 152, 153, 154, 158, 161. 162, 215, 311, 312.
— de Laij, p. 6.
— Delessert, p. 42.
— Dergamo, p. 12.
— Doy, p. 356.
— Esternat prior Camere, p. 184, 186, 190.
— Faber, p. 4,
— Fabri, p. 364.
— de fago, t. II, p. 332.
— Flachiery, p. 16.
— de fracia castelanus, t. II, p. 50, 56.
— Finerii alias Borseis, t. II, p. 98.
— Gabet, t. II, p. 338.
— Galopini, p. 176.
— Garet, t. II, p. 24.
— Garguent, t. II, p. 310, 316.
— Garnerii, t. II, p. 227, 229, 316, 367.

Petrus Garuyz, p. 186.
— Gaudini sindicus, t. II, p. 204, 205, 206.
— Gay, t. II, p. 184.
— Gerardi, 39, 42.
— Gex, p. 146.
— Gilliquini nobilis, t. II, p. 168.
— Ginod inquisitor, t. II, p. 178, 181, 188, 189, 193, 194, 200.
— Girardeis, t. II, p. 91.
— Girardi de Chamberiaco notarius, t. II, p. 176, 178, 179, 181.
— Girars, p. 186.
— Girodi, t. II, p. 250.
— Gorrati, t. II, p. 352.
— Grassi, t. II, p. 238.
— Gravet, p. 115.
— de la Grea, p. 42.
— de Gruerio, p. 73.
— Guerreri, p. 286.
— Guiex de castro veteri, p. 149.
— Guilleyn curatus de Combloux, p. 12.
— Guinet, p. 371.
— Guizel, p. 119.
— Hugat, p. 266.
— Huguet, p. 283, 363.
— de Hugueti alias de Nanto, t. II, p. 206.
— Jorandi, t. II, p. 162.
— Jordanesii, t. II, p. 205.
— Jordaneys, p. 71.
— Jormytz, p. 186.
— de lacu, p. 84, 160.
— Lambert canonicus gebennensis, t. II, p. 354.
— de Lavancherio sindicus, t. II, p. 203, 204, 242, 250, 257, 258, 268, 312.
— de Lechaux, p. 111.
— Leone, p. 234.
— Leyderii de Bonavilla notarius, p. 182.
— Locerandi canonicus, p. 273.
— Lochon, p. 288.
— Lombardi, p. 79.
— Loucher, p. 300.

Petrus de Lucingio castelanus, t. II, p. 207, 209, 215, 292, 259, 304, 307, 321.
— Marguerat, p. 284.
— de Marigniaco, t. II, p. 164.
— de Marlio domicelus, p. 111, 118, 119, 120, 124, 131, 135, 158, 167, 189. 223, 230.
— de Marliu, p. 44, 89.
— Martini gebennensis, p. 9, 25.
— Meczat, t. II, p. 310, 316.
— de Menthone miles, p. 101, 103, 112, 235.
— ballivus gebennensis, t. II, p. 7, 10, 79.
— Mermerius, p. 310.
— Mermeti Mocterii, p. 318.
— de S° Michaele tesaurarius, p. 18.
— Michalla, t. II, p. 130.
— Milliet judex. t. II, p. 290, 294, 302, 304, 329.
— More, t. II, p. 105, 329.
— de Mota apud Megevam, p. 71, 85.
— Moura, p. 42.
— Murino, p. 346, 349, 358.
— Mussouz, p. 70.
— Nalyn, p. 186.
— de Nanto, t. II, p. 298.
— Nycolet, p. 371.
— official, p. 330, 343, 344, 346, 350, 356, 361, 362, 363.
— Olicus, p. 48.
— de Orsino. capellanus, t. II, p. 149, 154, 155, 159. 215, 266.
— Pavilliouz, p. 328.
— Pecluz, t. II, p. 252.
— Perrociuz, p. 329.
— Pianidi, p. 266.
— Pignati notarius, t. II, p. 170, 247.
— de les Plagnes, p. 149.
— de planis, p. 236.
— Plat d'Argenteria, p. 176. 192; t. II, p. 13, 40, 119, 130, 280, 302, 304, 316, 327, 333.
— de ponte, p. 35, 183; t. II, p. 151.
— de porta, t. II, p. 64.
— porterii de Charossa, p. 128, 129.
— de pratis alias Bolyon, t. II, p. 176, 177, 182, 195, 198, 249, 267, 335.

Petrus prepositus Almisii, p. 8.
— preys, p. 286.
— prior Megevæ et Campimuniti, p. 6.
— — Moncilesii, p. 372.
— — ecclesiæ sanctæ Tarentasiensis, p. 7.
— Pyon, t. II, p. 238. 342.
— Quarerii, t. II, p. 153, 155.
— Quibleti presbyter, t. II, p. 321.
— Quiblerii de Monte Quart, p. 132.
— Quinerit, t. II, p. 94, 362.
— Ravanel, p. 344, 349, 350, 351, 363, 369, 372, 374, 375.
— Ravanelli, t. II, p. 346, 354.
— de Ravanez, p. 254.
— de Ravoria prior Altivilaris, t. II, p. 238, 246, 367.
— Ressaz dou Chatelard, p. 71.
— Rosset alias Vallet, t. II, p. 108, 367.
— Rubey notarius Aviliani, t. II, p. 290.
— Rufus, p. 68.
— de Sabaudia, p. 17, 257; t. II, p. 224.
— Saltoris, t. II, p. 82.
— Sapientis de terra, t. II, p. 250, 316.
— de Serinjour, t. II, p. 121, 123.
— Sertour, t. II, p. 119.
— Sciunzie, p. 6.
— de Solerio, p. 22.
— Soliardi curatus Aquabellæ, t. II, p. 175, 215, 238, 246,
— Symond, p. 373.
— de Syz notarius, p. 196.
— Tagu, t. II, p. 28.
— de Thus curatus, p. 218.
— Tormerii de turno, p. 196.
— de Ulenta monacus de Clusa, p. 12.
— Uhit alias Couchy, t. II, p. 279.
— Vagniardus, p. 181.
— de Valle Ursina teutonicus. 46.
— Vaneus judex de Anessiaco, t. II, p 25, 37, 39.
— Velet, t. II, p. 206, 231.
— de Veroscia, p. 181.
— Vetet, p. 323, 324.
— de via notarius de subtus saxo, p. 266, 274.
— Viandi, t. II, p. 368.

Petrus de Villa, p. 125 ; t. II, p. 337, 338.
— Vidon, p. 18.
— Viollat gubernator puerorum, t. II, p. 240.
— de Voserier, p. 235, 245.
— de Vovrez, p. 45.
— Vuillelmus de Chatel vez. p. 128, 131.
— Vuychard, t. II, p. 185.
— de Yburnio capellanus, t. II, p. 4.
Perussodus archerii, p. 284, 285 ; t. II, p. 20, 22.
— de Costa, t. II, p. 146.
— dou Follier, p. 183.
— Girars, p. 190.
— dou Lormey, p. 190.
— de Muranchia, p. 214, 221.
— Pator, p. 190.
— Vuichard, p. 293.
Philibertus de Lessot prior de Clusa Sancti Bernardi, t. II, p. 7.
— de Ravoyria, t. II, p. 258, 260.
Philippus de Chivron, p. 383, 384.
— Martini, p. 114, 115.
— de Sabaudia comes Gebennensis, t. II, p. 127, 359.
Poncetus de Mathonay, p. 128.
— de la Mola, p. 206.
Poncius Clavelli, p. 80.
Pons de Lacu, p. 121.
Pontitius procurator, p. 184.

R

R....... abbas Alte Combe, p. 13.
— de Beigna, p. 6.
— de la Frasci, p. 13.
— de Lucingio, p. 11.
Ramusius Bochard de Lacu, t. II, p. 75.
— de Chissie, p. 39, 165.
— de Cresco, p. 180.
— de la Mola, p. 102, 112, 122, 150, 151.
— de Monteforti, p. 232, 266 ; t. II, p. 19, 22.
— de vernetis notarius, t. II, p. 712.
— de villa, t. II, p. 184, 337.
Reymonda Commaraz, p. 353.

Reymonda uxor Henrici Chacotini, p. 285.
— — Vuillelmi Onceys, t. II, p. 35.
Reymondus de Belloforti, p. 73.
— Bonefidei, t. II, p. 316.
— Carrerii, t. II, p. 316.
— Charlet mistralis, sindicus, t. II, p. 148, 152, 153, 158, 176, 177, 182, 190, 191, 194, 195, 206.
— Choup, p. 33.
— Curt notarius, t. II, p. 112, 114, 198.
— de Duyno alias de castro monachus, t. II, p. 82, 94, 134, 141, 174, 227, 245.
— Gay de Passiaco, t. II, p. 223.
— Luni, t. II, p. 151.
— Meczat, t. II, p. 224, 231, 242.
— Mocterii, t. II, p. 353.
— de Planai, p. 4.
— de rota, t. II, p. 181, 195, 200.
— Solliard curatus Chamunisii, t. II, p. 12, 14, 17, 56, 77, 83, 84, 114, 146, 161.
— de Taningio presbiter, t. II, p. 108.
Reynandus Gauteret notarius, t. II, p. 71.
Ricardus Martini, p. 114.
— de ponte prior Ayme, p. 209.
— Guey, t. II, p. 146.
Richardus de Coudreto, t. II, p. 94, 212 notarius.
— Canaros, p. 269, 280.
— Blondaz, t. II, p. 184.
— Bonjor, p. 313, 323, 326.
— Brigti notarius, t. II, p. 53.
— Colombeys, p. 324, 326.
— de Chiesa, Cheysia, p. 134, 154.
— prior Megevæ, p. 33.
— sacerdos, celerarius, p. 30, 38.
— de Vilieta prior Campimuniti, p. 14, 16, 19, 21, 22, 23, 25, 30, 33, 34, 36, 39, 44, 46, 48, 49, 51, 53, 55, 57, 60, 75, 76, 80, 81, 82, 84, 94, 98, 99, 102, 114, 118, 120, 122, 127, 128, 179, 230, 260; t. II, p. 84, 163, 233.
Robertus Camerarii canonicus Gebenensis, p. 237.
— de monte Vagnardo presidens computorum, t. II, p. 58, 79, 100, 102.

Robertus abbas Sancti Michaelis, p. 197.
— mistralis de Passiaco, p. 29, 81, 120, 124, 167.
Robinus dou Follier, p. 183.
Rodulphus Acelini Boneville, p. 160.
— Boteller de Siervu, p. 155, 156, 159.
— Bondrin, p. 115.
— Bruydans, p. 162.
— Carerii, t. II, p. 127.
— Charlet, t. II, p. 206, 281, 291, 316.
— de Chiedes, p. 141.
— Cheyssie, p. 45, 48, 50, 54, 59, 80, 85, 236.
— Comitis, t. II, p. 280.
— de Cupellino, t. II, p. 242, 316.
— de Curnilione clericus, p. 152, 165.
— de Gado domicelus, p. 45, 55, 67, 114, 117, 118, 120, 126, 131, 139, 141, 158, 235, 236.
— Girod des Allioz, p. 328.
— Girodi Gex, p. 147.
— de Graisie, p. 74.
— Jaqueteys, p. 191.
— Jordan de Chatel-vez, p. 128, 130.
— de Sancto Jorio, p. 15, 16.
— Lechiaz, p. 335.
— Marchis de Clusis, p. 16.
— de Marliu, p. 44.
— de Marcosey, p. 16.
— Martini, p. 114.
— Menneyus, p. 186.
— de Molendino, p. 186.
— de Monte, p. 42.
— Mussouz, p. 70.
— Mychola, p. 206.
— de Passyez, p. 15.
— de platea curatus Chamunisii, p. 221, 273, 307, 345.
— de Ponte vitreo, p. 73.
— Quarerii, t. II, p. 54.
— Salterii de Salanchia, p. 50, 234.
— de Vado, p. 111.
— Villici, p. 25.
— Viviandi, t. II, p. 81.
Roleta relicta Johanis Ducis, t. II, p. 178, 182.

Roletus Bochard domicelus, p. 241.
— de Castellario clericus, t. II, p. 151.
— Charlet, t. II, p. 353.
— de Chivrone, p. 384.
— Clerici serviens generalis, t. II, p. 277.
— dominus Coudree, t. II, p. 102.
— de Curnilione, p. 131.
— de Frassia, p. 117, 213, 221, 226, 243, 261.
— Hospitis notarius, t. II, p. 114, 119, 120, 127, 129, 138, 141, 148, 232, 233.
— de Javenno, p. 187.
— Regis de Salion, t. II, p. 111, 112, 198.
— Semblanet, t. II, p. 215.
Rolerius de Barberina, p. 173.
Rubinus Terrerii, p. 186.
Ruffinus Barbafella lombardus, p. 194.
Ruffus de Bocheto de Siervu, p. 160.

S

Sados Chaneys, p. 186.
Sadoudus castellanus Montis Gaudii, p. 111.
Lu Sadu dou Rosey carpentarius, p. 55.
Secundinus Papine judex, t. II, p. 284.
Sedunensis episcopus, p. 173.
Sextus IV papa, t. II, p 264, 283.
Li Seytor des Aylouz, p. 71.
Sigismondus romanorum rex, t. II, p. 23.
Silvo, p. 3.
Stephanus Bandeta curatus de Lacu, p. 226, 232.
— Basqueraz, t. II, p. 342.
— Bondrici, t. II, p. 36.
— Bouruz, p. 121, 123.
— Duruyquin Sancti Flori diocesis, t. II, p. 173.
— de Fenias, p. 172.
— de Frassia, p. 366.
— Galopini, p. 237.
— de Gradimonte, nobilis, t. II, p. 309.
— Gravet, p. 115.
— de Orseriis judex Campimuniti. p. 187, 216, 239.
— Rochete notarius Boneville, t. II, p. 142.

Stephanus de Syervu, p. 71.
— de Sys judex, t. II, p. 178, 180, 254.
Sybuetus piscatoris, clericus, p. 266.
Symondus de Gillier notarius, p. 190, 223.
— mistralis, p. 259, 276, 357; t. II, p. 39, 41, 166.

T

Taveller filius Bosonis de Flumet, p. 33, 119.
Theobaldus de passu, t. II, p. 37.
— de Poypia, t. II, p. 68.
Theutonici de Valle Ursina, p. 19, 20, 21, 27.
Thomas de Begna curatus Vallis Ursine, p. 26, 47, 67.
— Berchiat de Salanchia notarius, t. II, p. 20.
— du Beyssum, p. 117.
— Carrerii de Salanchia presbiter, p. 204.
Thorenci de Lacu, p. 84.
Thurumbertus de Nangiaco, p. 3.
Trumbertus Quinter, p. 115.
Tysetus Roet, p. 181.

U

Udricus Cavelli notarius, p. 258.
Ugo Dardelli, p. 155.
— monacus, p. 208.
Uldricus, p. 4.
Umbertus prior de Clusa, p. 16.
— de Belesio camerarius, p. 18.
— de Belloforti, p. 17.
— de Villeta, p. 17, 18.
Urbanus papa, p. 2.
— Cirirerii judex, t. II, p. 55, 90, 91.

V

Vachuerz, p. 346, 347, 349, 350.
Vacteretus de Bionasset, p. 22.
Valterius Audier, p. 285.
— Ondeyers, p. 267.
Varinus de Conflens p. 9.

Vernesius de planis, p. 71, 146, 162.
Vialetus de Camera, p. 18.
Viarma dou folier, p. 183.
Vibert, t. II, p. 238.
Victor de monte inquisitor. t. II, p. 178, 209, 217.
Viffredus frater, p. 18.
— de Brenecio, p. 347, 371.
— Say, p. 327.
Villelmus abbas Sancti Michaelis, p. 16.
— de Sestenay notarius, p. 30, 33.
— de Voseriaco domicellus, p. 127.
Villicus de Salanchia, p. 16, 23.
Vion abbas Tamidii, p. 7.
Vincensius de Sancto Amore prior de Bagnolio, t. II. p. 235, 283.
— Pellicerii notarius, p. 11, 168.
Viviandus Balmat, p. 215,
— Bocardus, p. 186.
— de Combis, p. 186.
— Tyssot, p. 215.
— Viamat, p. 215.
Vouteretus de monte Vouterio, p. 64.
Vouterus dictus Terrenus, p. 40.
Vuillelma Lechiaz, p. 339.
Vuillelmus Abbet Anceys, p. 319, 344, 345 ; t. II, p. 25, 37.
— Ardyz, p. 324, 325.
— du Bettex, p. 328.
— Bocart, p. 318.
— Bollet, t. II, p. 152, 154, 254, 255.
— Borra, p. 30.
— de Chavens, p. 214.
— de Combis, t. II, p. 121, 184.
— de Cupellino, p. 287.
— Daniel, 301, 362 ; t. II, p. 4.
— de l'Exert, p. 23.
— Fabri alias Aymoneti, t. II, p. 206.
— Gabet, t. II, p. 111, 158, 159, 253, 340.
— Gabolet, t. II, p. 184.
— Gardeys, p. 291.
— Gaudini Onceys, t. II, p. 93.
— Huguet, p. 285.
— Lechia, p. 285.

Vuillelmus du Lormey, p. 246.
— Manuel alias Challent, t. II, p. 129, 146.
— Mocterii junior, t. II, p. 205. 215.
— — senior, t. II, p. 239.
— Mognerii de Muris, p. 70.
— Moret, p. 329; t. II, p. 25.
— de Murenchia, p. 196.
— Pecluz, p. 325, 366; t. II, p. 2, 45.
— Pessat, p. 324.
— de Ponte, p. 11, 77.
— Porterrii de Charrossia, p. 128, 129.
— Riquet, t. II, p. 35.
— sertor, p. 324, 344. 345, 349, 362.
— Sougeriis, t. II, p. 184.
— Verneti Chamonix, p. 207.
— Villici, p. 25.
— Vullodi, p. 214.
Vuillermus Baptenderii. t. II, p. 240.
Vulledus mistralis Vallis Ursinæ, p. 172.
Vullelmus Cachaz, p. 215.
— de Cletis domicellus, p. 152, 173.
— curatus de Servans, p. 170.
— dou Lavanchier, p. 215.
— Rodulphi, p. 215.
— Sadouz, p. 215.
Vullelmeta uxor Johanis Regis, t. II, p. 185.
Vullermus de campis, p. 187.
— de Exerto, p. 187.
— de Heyrii, p. 187.
— notarius de Sestenay, p. 27.
— Tissoti. p. 11, 105.
— Tressart, p. 187.
— de Veramolin canonicus Gebenensis, p. 165.
Vullielmus de Belfort, p. 16.
— de Fenias, p. 172.
Vulliodus Poncior, p. 354.
Vyon Nalyns, p. 186.
Vyonetus de Chamosset domicellus, p. 48, 71, 117, 131.
Vyviandus de Cresco, p. 187.
— de Combis, p. 186.
— de Cresco, p. 186.
— Garny, p. 187.

Vyviandus dou Lormey, p. 186.
— dou Mulyn, p. 186.

W

Walterus Sedunensis episcopus, p. 11, 272.
Wilentus filius Petri de Lacu, p. 125.
Willelmus de Ancyet, p. 56.
— des bochars, p. 196.
— de Boegio miles, p. 181.
— de Bosco presbiter de Bionasset, p. 136, 137, 138, 146, 162.
— Botelerius, p. 4, 6, 7, 8.
— capellanus de Flumet, p. 4, 6, 11.
— capellanus de Voroysi, p. 33.
— de Ceris, p. 13.
— de Chamonix notarius, p. 35, 38, 45, 46, 50, 52, 53, 54, 59, 67, 72, 85, 121, 230, 236.
— de Chesie, p. 6.
— de Chouiz, p. 16.
— Comes Gebenensis, p. 3, 13.
— de la Cruz, p. 6.
— de Cruce, p. 12.
Wilentus De petris notarius, p. 95.
— Franceis, p. 4.
— de Fribor, p. 12.
Willelmus de Fulciniaco, p. 2, 3, 16, 95.
— Gravet, p. 115, 139, 140.
— de Gumuens, p. 16.
— Martini de Gebenna, p. 9.
— dictus Messer, p. 115, 126.
— Mistralis de Chamonix, p. 48, 54, 56, 67, 71, 123, 131, 132, 151, 152.
— dictus Plagni, p. 140.
— de planis, p. 175, 208.
— Pucoz, p. 12.
— de Tacuney, p. 191.
— Verney, p. 192.
— Veyret, p. 236.
— de Villeta prior Chamonisii, p. 134, 137, 141.
Wullelmeta Archerii, p. 283.
— dou Bettex, p, 280.

INDEX GÉOGRAPHIQUE[1]

A

Agaunensis diocesis. — Diocèse de Saint-Maurice d'Agaune (Valais), p. 353.

Alberon. — Arveyron, ruisseau qui prend sa source à l'extrémité inférieure du glacier des Bois, p. 145, 206.

Alliotz, Allioutz. — Aillouds, hameau de la commune des Houches, dimerie, p. 282, 307, 322, 381.

Alparsaz mons, Larpasaz, Alpes arsa. — Alpe brûlée, pâturage au nord de Chamonix, à mi-côte du Brévent, p. 48, 53, 102, 106, 359, 373.

Sanctus Ambrosius. — Saint-Ambroise, village voisin de Saint-Michel de la Cluse (Piémont), p. 18, 21 ; t. II, p. 61.

Annessiacus. — Annecy, capitale du comté de Genevois (chef-lieu de la Haute-Savoie), t. II, p. 25, 142, 271, 275, 351.

Aqua nigra. — Eau noire, ruisseau qui traverse la commune de Vallorcine et se jette dans le Trient (Valais), p. 19, 21, 169.

Aquagium des Bochards, cours d'eau des Bochards, t. II, p. 243.

Aquianus. — Évian, commune du Chablais (arrondissement de Thonon) ; Aquiani les habitants d'Évian, p. 22, 38 ; t. II, p. 372.

De Aquis mons. — Mont des Eaux, pâturage près du col de Bérard, entre les communes de Chamonix et de Vallorcine, p. 285.

Arlever, Arleveron, Arliver, Arlyveron mons. — Pâturages d'Arlevé au nord du Brévent, p. 129, 130, 131, 132, 147, 148, 152 ; t. II, p. 142.

Areris, Arva. — Arve, rivière qui prend sa source au col de Balme, traverse la vallée de Chamonix et va se jeter dans le Rhône au-dessous de Genève, p. 6, 13, 21, 50, 121, 179, 206, 236 ; t. II, p. 38, 98.

Argenteria. — Argentière, hameau de Chamonix, au pied du glacier et des aiguilles de ce nom, dimerie, p. 281, 283, 307, 381, 383.

Aisinorum nantus, p. 183. (Nant d'Aisins sur la rive droite de l'Arve

---

[1] Nous n'indiquons la province ou le pays que pour les noms qui n'appartiennent pas à la vallée de Chamonix.

près du mas le Praz-Vezin (Praz v'aisins, versaisins), au-dessous duquel existait encore, il y a quarante ans, une forge et un moulin dont il est question dans le même acte.

Avasum mons des Bochards, sur la montagne de la Tête noire au-dessus du hameau des Bochards, commune des Houches, p. 236.

Avios pratum. — Prés de Plan-Praz, p. 53.

B

Balmæ. — Balmes, col à la limite de Vallorcine et du Vallais, p. 2, 77, 101, 102, 148, 206; t. II. p. 85, 352.

Barbarina, barberina. — Barberine. ruisseau limite de la France et de la Suisse à l'extrémité de la vallée de Chamonix, p. 19, 21.

Bellicium. — Belley, chef-lieu du *pagus* Bellicensis (sous-préfecture de l'Ain), t. II, p. 309.

Bellum visum. — Belle vue, p. 29.

Berardus mons. — Mont de Bérard, pâturages au col de Bérard, entre Chamonix et Vallorcine, p. 285.

Biolley, hameau de Chamonix, p. 356.

Bionasset. — Byonasset, hameau de la commune de Saint-Gervais, p. 22, 24.

Birivina, Burivina mons. — Le Brévent, p. 129, 133, 148, 153, 162.

Bleteris pascua. — Bletière, pâturages au-dessus du Montanvers, p. 145.

Bochard. — Challet des Bouchards sur la montagne de Chaillon, t. II, p. 15.

Bocher, les Bochers. — Le Bouchet, nom du chef-lieu de la commune de Chamonix, dimerie, p. 381, 383.

Bochers. — Le Bochir, bois et chalet entre Mont-Vauthier et la Tour, p. 156.

Les Bois. — Hameau situé au-dessous du glacier de ce nom, dimerie, p. 376, 379, 383.

Bonavilla. — Bonneville, chef-lieu d'arrondissement de la Haute-Savoie, p. 53, 63, 83, 91, 92, 166, 347, 348, 369, 370; t. II, p. 36, 304.

Bornete. — Hameau de Saint-Pierre de Rumilly près de Bonneville, p. 87, 88.

Sanctus Brancherius. — Saint-Branchier, p. 194.

Breta nans. — Ruisseau de la Breta qui sort du glacier des Bossons et se jette dans l'Arve, p. 174.

Burgum. — Bourg-Saint-Maurice en Valais, p. 344. (V. Sanctus Mauricius.)

Bues. — Hameau de la commune des Houches au-dessous du Plan-de-la-Cri, montagne de l'Aiguillette, p. 355.

C

Calces Rodulphi, sur le plan de la Tueille, aujourd'hui Plan-Praz sur le Brévent, p. 53.

Camberium, Chamberiacum. — Chambéry, capitale du duché de Savoie (chef-lieu de la Savoie), p. 128, 129, 147, 209, 244, 358, 361, 367; t. II, p. 48, 100, 102, 301. (V. Chanti.)

Calescii Alpes. — Chaillou Alpe ou pâturage sur la montagne de ce nom (l'Aiguillette), p. 8.

Campus munitus, Chamonix, Chamoni, Chamony, Chamonnis, Chamunis, Chamunix, Chammunys, Chamunisius, Chamuni, Champmuny, Champmony. — Chamonix, prieuré rural de l'ordre de Saint-Benoît, dépendant de Saint-Michel de la Cluse; vallée de Chamonix. Nous avons groupé les diverses orthographes employées dans les actes, dans l'ordre de leur emploi plus ou moins fréquent, sans indiquer les pages.

Caput nigrum. — Tête noire, pointe au nord du col de Forclaz, p. 247.

Castellarium. — Chatellard, hameau à l'est du village de la commune des Houches, dimerie, p. 303, 304, 308, 356, 376, 382.

Castillionis castrum. — Château de Châtillon sur Cluses, p. 120, 11, 25.

Chablesium. — Chablais, province comprise dans l'arrondissement actuel de Thonon, p. 250, 280; t. II, 372.

Chaloyes. — Challex, paroisse du décanat d'Arbonne, aujourd'hui commune de l'arrondissement de Gex (Ain). p. 101.

Challiour, Chaliour, Challyou, Chalyou, Challioz, Challyun, Chalyun, Chalieu mons, alpe. — Challoud, montagne et pâturage sur la rive droite de l'Arve, versant sud de l'Aiguillette, commune des Houches, p. 37, 38, 43, 52, 53, 61, 115, 122, 133, 140, 145, 151, 258; t. II, p. 47, 75, 142, 163.

Chamiour. — Lieu dit au-dessous de la Tête noire, p. 24.

Chamonix Montanea. — Montagne de Chamonix, pâturage au-dessus des Houches vers le col de Voza, p. 22.

Chanti. — Chambéry, notre copie est erronée, l'original porte Chamberiacum, p. 24. (D'après la photographie de ce document donnée par M. Vaccarone dans le 41ᵉ Bolletino del club alpino italiano.)

Charamilla. — Chalet, p. 258.

Charossa castrum. — Château de Charousse, situé au-dessus de Passy, appartenait aux comtes de Genevois, p. 69, 100.

Chatellars Bochereys. — Lieu dit près du lac Cornu à l'est d'Arlevé, p. 129, 133.

Chatellet crestum. — Crest du Chatelet près du col de Voza, p. 236.

Chavens (Les). — Hameau de la commune des Houches, dimerie, p. 282, 307, 380, 382; t. II, p. 356.

Chenaz Bovard. — Rocher au-dessous du Brévent, p. 53.

Brévent (Le), montagne, p. 53.

Chessiaco de (chi?) — De Chissé, famille noble de Sallanches, p. 142, 144.

Cherdoney nantus. — Ruisseau du Chardonet, p. 283.

Clusa. — Cluses, commune du Faucigny, chef-lieu de canton, p. 14, 16, 232, 348, 354, 357, 367 371; t. II, p. 25.

Clusina ecclesia. — Saint-Michel de la Cluse, abbaye, p. 2, 3, 5.

Columbeys, p. 328.

Confleti hospitale. — Conflans, aujourd'hui Albertville (Savoie), p. 346.

Conteysii mandamentum. — Mandement de Contey, commune du Valais, t. II, p. 249.

Coteyn mons. — Mont-Coutant sur la commune de Passy. p. 255.

Crescum nemus. — Bois du Cret près du col de Voza, p. 161.

Crosa nantus. — Ruisseau de la Creuse, p. 236.

Cupillinum magnum. — Cupelin le Grand, hameau de Saint-Gervais, t. II, p. 21.

Curia. — La Curie, lieu où se rendait la justice et où se tenaient les assemblées poulaires de Chamonix, p. 291.

D

Darliveron revina. — Ravine d'Arléveron ou Carlaveron sur le versant nord de l'Aiguillette, t. II, p. 47.

Desa, Dyousa, Dyosa. — La Diozaz, torrent qui descend du Buet et se jette dans l'Arve au-dessus de Servoz, p. 2, 37, 76, 129, 133, 148, 153, 178; t. II, p. 85, 98, 243.

Diensis comitatus. — Comté de Diois, compris dans le département de la Drôme, t. II, p. 57.

Drancya. — La Drance, rivière du Chablais, t. II, p. 272.

E

Ecclesiæ, grangia, decima. — Grange et dimerie de l'Église de Chamonix, p. 303, 308, 376, 381, 382.

Ecclesia Sancti Joanis de Megeva. — Église de Saint-Jean de Megève, prieuré dépendant de Saint-Michel de la Cluse, commune de Faucigny. p. 4.

Ecclesia de lacu. — Église du lac, de Servoz, commune à l'extrémité inférieure de la vallée de Chamonix.

Ecclesia vallis Ursinæ. — Église de Vallorcine, p. 26, 66.

Echeyrenæ, éboulis, près du col de Voza, p. 24.

Col de Voza, p. 161.

Exertus, Esserts, Eysartos. — Les Esserts, l'Essert, hameau de la commune des Houches, dimerie, p. 282, 307, 381, 382, 346.

Eytone prioratus. — Prieuré d'Aiton, province de Maurienne, p. 212.

F

Fenias. — Fenias, commune du Valais, limitrophe à Vallorcine, p. 169.

Ferrum mons. — Pâturage de fer au-dessus de Mont-Vautier, où son les mines, t. II, p. 107.

Feugier, montagne qui entoure la Tête noire, près le col de Voza, p. 169.

Flumetum. — Flumet, commune du canton de Sallanches, p. 11; t. II, p. 151.

Frassia. — La Frasse, village au-dessus du chef-lieu de Chamonix, rive gauche de l'Arve, p. 310.

Fulliacum. — Fully, commune du Valais, t. II, p. 93.

G

Gaudii mons. — Montjoie, châtellenie de Faucigny, dont le chef-lieu était Saint-Gervais, p. 64.

Gaudineys. — Les Gaudeneys, hameau au-dessus du village des Praz, commune de Chamonix, dimerie, p. 356, 376, 379.

Gebennæ. — Genève, p. 344, 347, 351, 357, 369; t. II, p. 121, 154, 193, 213, 283.

Grea, Greaz. — Griaz, hameau de la commune des Houches, dimerie, p. 307, 356, 376, 380.

Greysiacum in Sabaudia. — Grésy-sur-Isère, commune, p. 315.
Heyriacum. — Héry, commune, p. 346, 347, 358, 361, 367 ; t. II, p. 48, 100, 102, 351.

J

Intrues. — Intrue, hameau du village de la vigne, commune de Saint-Roch, entre Sallanches et Domancy, appelé aujourd'hui les Bottolliers, p. 159.
Javena. — Giaveno, chef-lieu de mandement de la province de Suse (Piémont), p. 253 ; t. II, p. 4, 284.
Joria. — La Joux, hameau de Chamonix sur la rive droite de l'Arve, au bas de la Floriaz, dimerie, p. 281, 307.
Jornia nemus. — Bois de Jornia, p. 356.
Jours tenconiva. — Bois près du col des Montées, entre Argentière et Vallorcine, p. 66.
Joz. — Joux, village de Passy, p. 346, 349.
Jusselli pons. — Pont de la Joux sur l'Arve au-dessus du hameau de Lavancher, p. 328.

L

Lacus, molare villa. — Colline et hameau du Lac à l'entrée de la vallée de Chamonix, dimerie, p. 8, 77, 85, 121, 125, 133, 151, 179, 189, 223, 281 ; t. II. p. 107, 143, 307, 380, 381, 382.
Lavancherium. — Lavancher, village de Chamonix, entre le chef-lieu et Argentières, p. 281, 283, 307. 356, 380, 382 ; t. II, p. 2, 55.
Lavancherot. — Le Lavanchier d'Ortaz sur le chemin du Montanvers, p. 145.
Lecherchy rupes. — Rocher à la Limite de Vallorcine et du Valais, p. 171.
Lubeyssum. — Le Bosson, à Sallanches, ou les Bossons, vallée de Chamonix, p. 116.

M

Majorie castrum. — Château de la Majeure à Syon, t. II, p. 272.
Martigniacum. — Martigny, ville du Valais, p. 19, 21, 345, 368 ; t. II, p. 79, 168, 253.
Martini (Sancti) pons. — Pont Saint-Martin sur l'Arve près de Sallanches, p. 256, 349, 371.

Mauricius (Sanctus) Agaunensis. — Saint-Maurice en Valais, p. 353, 361, 366, 377 ; t. II, p. 198.

Megeva. — Megève, commune de Faucigny, dans la vallée de l'Arly, p. 9, 11, 30, 33, 38, 168, 350.

Megeva prioratus. — Prieuré de Megève dépendant de Saint-Michel de la Cluse, p. 204.

Melin (masum du). — Mas du Moulin à Chamonix, p. 183.

Mentho. — Menthon, village sur la rive droite du lac d'Annecy, p. 358, 361, 372.

Michaelis (Sancti) de Lacu, castrum, turris. — Château, tour de Saint-Michel du Lac élevé sur une colline à l'entrée de la vallée de Chamonix, t. II, p. 98.

Molendina curie. — Moulins au chef-lieu de Chamonix sur l'emplacement de l'Hôtel d'Angleterre, t. II, p. 8.

Molendina de Fracia. — Moulins de la Frasse, p. 283

Molendina Turri. — Moulin du Tour, p. 376, 380, 381.

Mollie closayn fons. — Fontaine sur la montagne de Vosaz, p. 161.

Moncilisii. — Montillissii prior. — Le prieur du Montcenis, p. 358, 372.

Mont-Bonod. — Saint-Martin (Isère), p. 181.

Mons Combe. — Montagne de la Combe de Balme, p. 282.

Mons-Quart. — Mont-Quart, village de Chamonix, rive gauche de l'Arve, dimerie, p. 174, 283, 326, 351, 356, 376, 380, 382; t. II, p. 356.

Mons Gaudii. — Montjoie, châtellenie de Faucigny, qui comprenait toute la vallée du Bonnant et dont Saint-Gervais était le chef-lieu, p. 137, 139; t. II, p. 79.

Montmelianus. — Montmélian, commune de la vallée de l'Isère, p. 346.

Mons Vouterii. — Mont-Vautier, hameau sur la rive droite de l'Arve au-dessus de Servoz, p. 281, 307, 380, 382, 384.

Montets (Li), les Montées. — Col des Montées ou des Montets entre Chamonix et Vallorcine, p. 66 ; t. II, p. 222.

Montets (Li). — Passage des Montées (les grandes Montées) entre le pont Pélissier et les Châvants, p. 102.

Montecii guerra. — Guerre de Monthey, p. 384.

Musson Alpes. — L'Alpe ou pâturage d'Emosson en Valais où la Barberine prend sa source, p. 169.

N

Nansiacum. — Annecy, p. 5.

Nantis (De) decima. — Les Nants, hameau sur la rive droite de l'Arve en amont de Chamonix, près des Praz, p. 355.

Nemora. — Les Bois, village de Chamonix au bas du Montanvert, p. 303, 305, 308.

Novarensis diocesis. — Diocèse de Novare en Piémont, t. II, p. 228.

Nyvidunum. — Nyon, ville sur la côte suisse du Léman, t. II, p. 186.

P

Passiacum, Passyié, Passier. — Passy, commune du mandement de Charosse au nord-est de Sallanches, p. 69, 73, 300, 343, 354, 364, 371; t. II, p. 108.

Peclerey mons. — Montagne et pâturage de Peclerey entre Argentière et le Tour, t. II, p. 2.

Pecloz. — Pecloz, hameau de Chamonix, au couchant du bourg, p. 356.

Pellarini, pellarins. — Les Pèlerins, hameaux entre Mont-Quart et Chamonix, p. 290, 303, 305, 308, 381, 383.

Perron (chantellum dou). — La Crête du Perron, limite entre Vallorcine et Servan, p. 169.

Petrus (Sanctus) de Clagis. — Prieuré de Saint-Pierre de Clages au diocèse de Syon (Valais), t. II, p. 348.

Petrus (Sanctus) Passiaci. — Église de Saint-Pierre de Passy, p. 355.

Pignorol. — Pignerol, ville de Piémont, t. II, p. 110.

Pissy croij nantum. — Ruisseau de Pissecrué sur le territoire du lac, p. 236.

Planas, planars. — Les Planaz, hameau sur la route du Montanvert, p. 145; t. II, p. 192.

Plani. — Les Plans, hameau de Chamonix, au nord-est, p. 334.

Prati, les Prats. — Les Praz, village d'Argentières, p. 303, 305, 308, 356, 376, 379, 382.

Pratus rotundus. — Le Prarion, sommité entre les cols de Forcla et de Voza, p. 138.

R

Raffurni nemus. — Bois du rafour, p. 356.

Rehenum. — Le Rhin, t. II, p. 169.

Roseres insulæ, roseria. — Les Iles de la Rosière entre le Lavancher et Argentière, p. 275, 281, 283, 307, 381, 383.

Rosery mons. — Alpage de la Rosière, au sud de l'Aiguillette, p. 38.

Rupes alba. — La roche blanche, le Mont-Blanc, p. 1, 2.
Ruyna alba. — Le Cheval-Blanc, montagne entre le Peron et le Buet, p. 169.

S

Sabaudia. — Savoie, est généralement pris pour la Savoie-Propre, arrondissement d'Albertville, p. 22, 343, 344, 346, 347, 349, 354, 356, 359, 372, 377; t. II, p. 371.
Salanchia. — Sallanches, ville de Faucigny, chef-lieu du décanat, p. 7, 50, 74, 80, 96, 117, 118, 140, 235, 256, 345, 347, 349, 350, 355, 359, 365, 367, 368, 369, 376.
Salansuns collis. — Col de Salanton, au-dessous du Buet, à l'ouest de Vallorcine, p. 19, 21, 96.
Saxo (subtus). — Sous les Sais, hameau entre la Tête noire et l'Arve, p. 274.
Saxus albus, says blanc. — La roche blanche. Voir *supra*, p. 77, 178, t. II, p. 85.
Says nigrum. — La Tête noire, p. 24.
Sedunum. — Syon, ville du Valais, p. 345; t. II, p. 272, 324.
Servans, commune du Valais, entre Finhaut et Martigny, p. 169.
Servoz, Siervuz. — Servoz, commune à la jonction de l'Arve et de la Diosaz, p. 15, 63, 302, 375; t. II, p. 22, 86.
Sanctus Sigismondus. — Saint-Sigismond, paroisse du décanat de Sallanches, à l'est de Cluses, p. 8.
Siunzie, ecclesia de. — Église de Scionzier, décanat de Sallanches, à l'ouest de Cluses, p. 6.
Sougers, sougiers. — Le Souget, rive gauche de l'Arve, au-dessus de Chamonix, p. 145, 356; t. II, p. 143.
Sougey. — Le Souget, localité voisine de Tête noire et de Mont-Coutant, p. 255
Sobeyron. — Clos de Soubeyron, p. 283, 359.
Stamedei grangia. — Grange de Tamié à Tournon, t. II, p. 172.
Syon. — Syon (Valais), t. II, p. 324.

T

Tacunay nans. — Ruisseau de Taconay, au-dessous de Mont-Quart, p. 174.
Ternye castrum. — Château de Ternier, au sud de Genève, p. 97.
Teste noire. — Tête noire, au-dessus de Martigny, t. II, p. 360.

Tettes (Les). — Territoire de Passy, p. 131.

Thonon, ville du Chablais, rive orientale du lac Léman, t. II, p. 50, 58, 79, 84.

Trembley. — Le Trembley, lieu dit du territoire de Nyon (Vaud), t. II, p. 186.

Tresluchant. — Lieu dit du Lavancher, t. II, p. 255.

Truclet, via du — Chemin du Truclet de Passy à Mont-Contant, p. 255.

Turnus. — Le Tour, village de la partie supérieure de la commune de Chamonix, dimerie, 281, 289, 307, 381, 389.

Tueyli planum. — Plan Praz sur le côté ouest du Brévent, p. 48, 53.

Turnon. — Tournon, commune de Savoie-Propre, rive droite de l'Isère, t. II, p. 172.

Tynæ. — Les Tines, hameau sur la rive gauche de l'Arve, au-dessous du Glacier des Bois, p. 283.

V

Valesium, Valexium. — Le Valais, p. 345; t. II, p. 325.

Vallesani. — Les Valaisans, t. II, p. 274, 359.

Vallis Ursina. — Vallorcine, commune de la vallée de Chamonix, p. 18, 21, 46, 93, 97, 99, 101, 102, 169, 218, 365; t. II, p. 42, 119, 120.

Valterius, Vouterius mons. — Mont Vautier (Voir *Mons Vouterii*), p. 64, 156; t. II, p. 143.

Vaux. — Veaux, commune du Genevois, au nord-est de Rumilly, p. 87.

Vercellum. — Verceil, ville de Piémont, t. II, p. 326.

Verney (Le). — Les Verney, hameau de la commune des Houches, p. 136.

Viber Petra. — Pierre à Vibert, p. 53.

Villarium. — Le Villard de Beaufort, commune de l'arrondissement d'Albertville, p. 346, 349, 354, 356.

Voudagnier, Voudagnia, Voudagny, Voudaynia, Voudania. — Vaudagne, hameau et territoire de la commune des Houches, sur la pente est du Prarion et de la Tête noire, p. 30, 50, 115, 121, 124, 189, 223, 228; t. II, p. 107, 143.

Vousa mons. — Alpage et col de Vosa, auprès du col de ce nom, p. 22, 23, 25, 137, 138, 162.